彬长矿区智能化高质量转型发展探索与实践

主编 白永明 焦小年 刘沛林

中国矿业大学出版社
·徐州·

内 容 提 要

陕西彬长矿业集团有限公司(以下简称彬长矿业公司)在国家八部委《关于加快煤矿智能化发展的指导意见》的指导下,积极贯彻落实陕西煤业化工集团有限责任公司"系统智能化、智能系统化"的工作要求,确立了"安全生产为基、智能智慧提质"的工作思路,以智能化项目研究、智能化示范矿井建设和智慧矿区打造为抓手,将智能化建设作为厚植煤炭产业发展优势、重构产业模式、赢得发展先机的重要战略举措。

为了实现智能化建设目标,彬长矿业公司提出了基础设施、生产、安全、经营管控和治理智能化的方法和思路。引入先进的新一代信息技术和智能设备,致力于建设智能化的矿区基础设施,提高矿区的信息化水平和自动化程度。同时,注重智能化管控和治理的建设,通过建立智能化监测系统和预警机制,实现对矿区的全面监控和管理。为此,彬长矿业公司在已有工作成果的基础上提出了涉及采煤、掘进、机电、运输、信息、通防、地质、物资供应、分选加工等方面的智能化生产管控、安全管控和治理管控体系,旨在通过智能化手段提高矿井的生产效率和安全性,利用智能化手段实现对矿井各个环节的精细化管理。在安全管理方面,彬长矿业公司提出了具有"彬长特色"的安全管控体系,并采取双重预防措施,既加强事前的安全预防措施,又做好事后的事故应急处理,确保矿区的安全生产。

彬长矿业公司通过总结智能化建设实践的经验,提出了智能化矿井常态化运行管理的理念、原则和方法,为其他矿井和矿区的智能化运行体系建设提供了有益的参考。

图书在版编目(CIP)数据

彬长矿区智能化高质量转型发展探索与实践 / 白永明,焦小年,刘沛林主编. — 徐州:中国矿业大学出版社,2024.11
ISBN 978-7-5646-6227-1

Ⅰ.①彬… Ⅱ.①白… ②焦… ③刘… Ⅲ.①矿业发展—研究—咸阳 Ⅳ.①F426.1

中国国家版本馆 CIP 数据核字(2024)第 079361 号

书　　名	彬长矿区智能化高质量转型发展探索与实践
主　　编	白永明　焦小年　刘沛林
责任编辑	章　毅
出版发行	中国矿业大学出版社有限责任公司 (江苏省徐州市解放南路　邮编 221008)
营销热线	(0516)83885370　83884103
出版服务	(0516)83995789　83884920
网　　址	http://www.cumtp.com　E-mail:cumtpvip@cumtp.com
印　　刷	苏州市古得堡数码印刷有限公司
开　　本	787 mm×1092 mm　1/16　印张 17.5　字数 448 千字
版次印次	2024 年 11 月第 1 版　2024 年 11 月第 1 次印刷
定　　价	98.00 元

(图书出现印装质量问题,本社负责调换)

作者简介

白永明，男，1965年9月生，陕西澄城人，研究生学历，正高级工程师，原陕西彬长矿业集团有限公司党委书记、董事长。主要从事矿井安全生产管理、机电智能化技术管理工作。先后在《中国煤炭》《工矿自动化》等核心期刊发表多篇论文。主持的彬长矿业煤炭产供销价值链智慧联动示范标杆项目荣膺2022年(第四届)全球工业互联网年度十大典型案例奖项，荣获国务院国有资产监督管理委员会首届"国企数字场景创新工作赛"二等奖，中国煤炭工业协会2021-2022年度煤炭行业两化深度融合优秀项目，中国煤炭工业协会2023年度煤炭企业现代化管理创新成果一等奖，第二十九届陕西省企业管理现代化创新成果二等奖。主导的"彬长矿区煤矿坚硬厚层顶板先压后采治理冲击地压关键技术"荣获2023年度中国煤炭工业协会科学技术奖一等奖，"5G+智能矿山建设研究与实践"荣获2023年度中国煤炭工业协会科学技术奖二等奖，"复杂条件下大型煤炭企业转型发展模式"获评中国煤炭工业协会2023年煤炭行业标杆模式。

焦小年，男，1968年6月生，陕西洛南人，研究生学历，正高级工程师，现任陕西彬长矿业集团有限公司党委书记、董事长。主要从事矿井安全生产技术管理工作。先后在《中国煤炭工业》《陕西煤炭》《科技创新与应用》等国家级、省级杂志公开发表多篇论文，其中"高瓦斯易自燃煤层冲击矿压条件下防灭火技术研究"荣获2017年中国煤炭工业协会科学技术二等奖；发表的《多重灾害下综放工作面安全开采技术研究》与《冲击地压矿井大断面开切眼支护技术》获得第八届陕西煤炭工业协会优秀论文二、三等奖，主持"典型冲击地压多参量信息判识预警与防治技术研究"项目获2019年度中国煤炭工业协会科学技术三等奖。个人先后多次被评为陕煤集团安全先进个人、优秀科技工作者、陕西彬长矿业集团有限公司先进工作者、领军人才、科技优秀工作者。经营陕西彬长胡家河矿业有限公司期间，企业荣获全国煤炭工业"双十佳煤矿"和特级高产高效矿井、陕煤集团安全生产标准化矿井、安全先进矿井等荣誉。

刘沛林，男，1965年10月生，陕西西安人，研究生学历，工学硕士，正高级工程师，西安科技大学兼职教授，原陕西彬长矿业集团有限公司副总经理。主要从事矿井安全生产技术管理、机电智能化技术管理工作。先后在《煤炭技术》《地下空间与工程学报》《煤矿安全》《煤炭工程》《中国矿业大学学报》《西安科技大学学报》等核心期刊发表多篇论文，其中《大佛寺坚硬顶煤预裂弱化爆破技术应用》一文获陕西省煤炭开采技术学术会议优秀论文一等奖，《富水弱渗地层立井施工注浆加固技术》一文获陕西省自然科学优秀学术论文二等奖。"陕西彬长矿区大佛寺煤矿复杂围岩环境大断面井筒掘进与支护技术研究及应用"获陕西煤炭工业科技成果二等奖，"井筒基岩冻结法施工解冻水害治理技术研究及应用"获陕西省人民政府科技一等奖，"特厚坚硬煤层分层放顶煤开采冲击机理及防治技术"获中国煤炭工业科学技术二等奖，"彬长矿区富水岩层井筒非全深冻结施工技术研究及应用"获中国煤炭工业科学技术二等奖，"彬长矿区深厚黄土及富水弱渗地层普通法建井变形控制及防渗保障技术研究"获陕西省人民政府科技三等奖，"深部构造区多巷掘进冲击地压发生机理与防控技术"项目荣获陕西省科学技术进步三等奖。

本书编写委员会名单

主　编　白永明　焦小年　刘沛林

副主编　佘文清　吴学明　刘战武　郭魏虎　张联队
　　　　　王建辉　刘建斌　赵华全　赵　洲　周朝阳
　　　　　周宏利　李建伟　王均利　董红涛

参　编　刘荣杰　杨景峰　梁若蒙　薛　鑫　潘明涛
　　　　　柳东林　马永航　田省强　刘晓卫　刘二平
　　　　　莫军华　邓智敏　陈　平　于文博　宁少锋
　　　　　白云鹏　刘　东　陈亚鹏　王　宁　刘　雷
　　　　　金鹏韬　张　勇　林逸鹏　刘志博　付文翔
　　　　　何　涛　叶　鸥

前　言

本书是编者多年来从事矿区矿井智能化技术管理工作的系统凝练，可供采矿工程、矿山机电、矿井通风、地质勘探、安全工程和信息化等专业的工程技术人员及灾害治理人员参考学习。彬长矿区目前在人员、装备、灾害防治、信息化和智能化等环节仍处于不断完善、提升的阶段，因此本书的编写旨在总结陕西彬长矿业集团有限公司在智能化建设方面的经验和成果，为其他矿区和矿井的智能化发展提供参考。

本书每一章都经过精心设计和撰写。白永明、焦小年、刘沛林负责全书的架构设计和内容审定，在整体上把握了矿区矿井智能化技术管理的核心要点，并将其分解为各个章节，以便更好地展现智能化建设的全过程。佘文清、吴学明、刘战武、郭魏虎、张联队、王建辉、刘建斌、赵华全、赵洲、周朝阳、周宏利、李建伟、王均利、董红涛分别在采矿工程、矿山机电、矿井通风、地质勘探、安全工程、信息化等领域具有丰富的实践经验和专业知识，主要负责各章节内容的编写。通过对各个领域的案例分析和理论探讨，为读者提供了全面深入的智能化建设指南。除了章节内容的编写，还有一批专家和学者参与了本书的案例资料收集及分析、文字编撰、图表绘制等工作，对书稿的形成有重要贡献。他们是刘荣杰、杨景峰、梁若蒙、薛鑫、潘明涛、柳东林、马永航、田省强、刘晓卫、刘二平、莫军华、邓智敏、陈平、于文博、宁少锋、白云鹏、刘东、陈亚鹏、王宁、刘雷、金鹏韬、张勇、林逸鹏、刘志博、付文翔、何涛和叶鸥。他们的辛勤工作和专业贡献使得本书的案例分析更加丰富和具体，更好地展示了彬长矿区智能化建设的实际效果。

总体来说，本书是经过多位专家和学者的共同努力完成的。通过案例说明和理论探讨，为读者提供了一本较为全面和系统的智慧矿区建设内容。在本书的编写过程中，参与者充分发挥各自的专业知识和经验，通过案例资料的收集和分析、文字编撰以及图表的绘制，确保了书中内容的准确性。编者深知自身水平的限制，因此在此特别强调，如果本书中存在偏颇或不妥之处，欢迎广大专家、学者指正，以便不断完善和提升本书的质量。

目 录

第 1 章	绪论	1
1.1	智能化是煤矿高质量发展的必然趋势	1
1.2	彬长矿区智能化发展转型的背景及现状分析	4
1.3	彬长矿区智能化发展战略目标	5
1.4	彬长矿区智能化发展转型的实施阶段	6
第 2 章	彬长矿区智能化建设需求及总体设计	8
2.1	彬长矿区智能化建设的发展要求	8
2.2	彬长矿区智能化建设总体目标	10
2.3	彬长矿区智能化总体设计	11
第 3 章	彬长矿区智能化基础设施建设	22
3.1	概述	22
3.2	主干网络	23
3.3	数据中心建设	25
3.4	数据中台	31
3.5	5G＋多场景智能应用	33
3.6	智能化综合管控平台	38
3.7	信息安全保障	43
第 4 章	彬长矿区智能化安全管控体系建设	46
4.1	智能化安全保障系统建设	47
4.2	安全双重预防管理信息系统建设	48
4.3	智能"千眼"视频监控系统建设	53
4.4	智慧救援系统建设	63
4.5	彬长矿区智能化安全管控的应用创新	69
第 5 章	彬长矿区智能化生产管控体系建设	73
5.1	生产计划与调度管理	74
5.2	智能化采煤	82
5.3	智能化掘进	86
5.4	主煤流运输及辅助运输	89

5.5 智能化通风与压风 ··· 95
5.6 智能化供电与排水 ··· 101
5.7 设备全生命周期管理 ·· 109
5.8 智能化分选 ·· 115
5.9 智能化运销 ·· 117

第6章 彬长矿区智能化经营管控体系建设 ······························· 121
6.1 数字化经营管理体系构建 ·· 122
6.2 经营成本"十大过程、十大环节"管控体系 ································· 123
6.3 内部市场化管理平台 ·· 126
6.4 煤炭产供销价值链智慧联动平台 ··· 136
6.5 应用成效 ··· 182

第7章 彬长矿区智能化管控与治理建设 ··································· 184
7.1 智能化管控模式构建 ·· 184
7.2 智能化组织建设 ··· 185
7.3 智能化管控流程设计 ·· 190
7.4 智能化绩效管理 ··· 191
7.5 智能化标准规范的制定 ··· 193
7.6 智能化保障措施 ··· 195

第8章 彬长矿区所属单位智能化建设成果及常态化运行管理 ······ 197
8.1 小庄矿智能矿井建设成果 ·· 197
8.2 大佛寺矿智能矿井建设成果 ··· 200
8.3 胡家河矿智能矿井建设成果 ··· 212
8.4 文家坡矿智能矿井建设成果 ··· 220
8.5 孟村矿智能矿井建设成果 ·· 224
8.6 生产辅助单位智能化建设成果 ·· 230
8.7 智能化煤矿系统常态化运行管理 ··· 242

第9章 彬长矿区灾害智能化防治关键技术及工程实践 ··············· 249
9.1 灾害防治关键技术体系 ··· 249
9.2 灾害防治工程实践 ··· 256

第10章 结论与展望 ··· 262

参考文献 ··· 264

第1章 绪 论

1.1 智能化是煤矿高质量发展的必然趋势

1.1.1 国家对煤矿智能化建设的要求

随着我国国民经济由高速增长阶段向高质量发展转型,煤炭需求增速放缓、产能过剩、价格下跌,同时安全生产与环保监控平衡、"用工荒"、设备利用率低以及矿山企业工业结构性调整等问题日益凸显,依靠资源要素投入、规模扩张的粗放式发展已经难以为继,如何在深度"两化融合"的形势下,促进矿山企业转型升级,加大创新驱动能力已经成为矿山行业新的发展主题。为践行习近平总书记"四个革命和一个合作"能源安全新战略,围绕"智能矿井、智慧矿区、一流企业"建设目标,全面加快煤矿智能化建设工作势在必行。

2016年6月,国家发展改革委《能源技术革命创新行动计划(2016—2030)》(发改能源〔2016〕513号)中指出"提升煤炭开采效率和智能化水平,研发智能化工作面等技术,到2030年重点矿区基本实现工作面无人化"。2020年2月,国家发展改革委、国家能源局、国家煤矿安全监察局等八部委联合发布《关于加快煤矿智能化发展的指导意见》(发改能源〔2020〕283号),提出"煤矿智能化是煤炭工业高质量发展的核心技术支撑,对于提升煤矿安全生产水平、保障煤炭稳定供应具有重要意义",这标志着煤矿智能化建设上升为一项国家层面的重点工作。同年12月国家能源局及国家矿山安全监察局印发《智能化示范煤矿建设管理暂行办法》和《煤矿智能化专家库管理暂行办法》(国能综通煤炭〔2020〕139号),规范了智能化示范煤矿在申报、建设、验收、监督及专家人员等方面的管理工作。2021年3月,国务院发布《中华人民共和国国民经济和社会发展第十四个五年规划和2035年远景目标纲要》,提出"要围绕强化数字转型、智能升级、融合创新支撑,促进数字技术与实体经济深度融合,赋能传统产业转型升级,在智慧能源等重点领域开展试点示范"。2022年4月,国务院安全生产委员会印发《"十四五"国家安全生产规划》(安委〔2022〕7号),提出利用信息化平台和智能化装备等先进技术手段,开展智能化作业和危险岗位的机器人替代,全面推进智能化煤矿的建设工作。根据上述计划、纲领和指导意见等文件精神,加快煤炭企业的"两化融合"建设,促进煤炭企业转型升级,已成为煤炭行业发展的必然趋势。在此背景下,煤炭行业各企业如何借助新一代信息化、智能化技术带动工业化跨越发展,进一步优化企业资源配置,降低企业运营成本,提高企业竞争力,已成为亟须解决的重要问题。

"十四五"期间,国内煤炭工业领域数字化转型进入实施阶段。大数据、云计算、物联网等先进的数字化技术将在煤炭工业领域得到广泛应用。人工智能、移动互联网和智能终端等新一代信息技术的应用将催生大量新业态、新模式和新产业,可以有效促进煤炭企业的数字化转型,实现生产环节的工艺创新和过程创新,提高自动化生产水平和生产效率,实现管理环节的商业模式创新、管理方式创新、营销创新和品牌创新,提高煤炭企业生产效率和资源配置效率。在此条件下,基于现代管理理念和新一代信息技术,将物联网、云计算、大数据、人工智能、自动控制、移动互联网技术、机器人和智能化装备等与现代煤矿开采技术深度融合,建立智慧矿区,可以形成矿区全面感知、实时互联互通、分析决策、自主学习、动态预测和协同控制的完整智能系统,并实现矿区开拓、采掘、运通、分选、安全保障、生态保护和生产管控等全过程智能化运行[1]。

矿区的智能化建设,不仅有助于矿区企业基础网络、数据中心、技术平台、应用系统、保障体系和数据服务的逐步完善,而且整体上可以形成平台化技术架构、一体化应用系统、专业化组织保障和共享化数据服务,具有智能化生产、透彻化感知、可视化管理和数字化决策的能力。此外,通过矿区的智能化建设与实践应用,不但可以实现煤炭企业从传统管理模式向智能化管理模式的跃升,在国民经济各行业中达到先进的管理水平,而且可以实现生产的自动化与远程化、资源的精益化、安全的智能化与超前化管控,对于加快推进煤炭行业数字化转型建设,进一步推动企业结构优化调整,促进煤炭行业供给侧结构性改革,实现煤炭安全、智能、绿色开发和企业经济效益、环境效益、社会效益的统一,具有非常重要的意义。

1.1.2 煤炭行业对智能化发展的要求

针对煤炭行业,《全国矿产资源规划(2016—2020)》中提出,要"加快资源开发利用科技创新。大力推进'互联网＋矿业'发展,加快建设智慧矿山,促进企业组织结构和管理模式变革,加快传统矿业转型升级"。《煤炭工业发展"十三五"规划》中制定了积极发展先进产能的目标,指出要"依托大型煤炭企业集团,应用大数据和物联网等现代信息技术,建设智能高效的大型现代化煤矿,实现生产、管理调度、灾害防治、后勤保障等环节智能感知及快速处理,全面提升煤矿技术水平和经济效益"。2020年2月,国家发展改革委和国家能源局等八部委联合发布了《关于加快煤矿智能化发展的指导意见》,吹响了煤炭工业向智能化进军的冲锋号,标志着煤炭工业迈进了实现智能化的新阶段。2020年9月在原兖矿集团召开了全国煤矿智能化现场推进会,发出了加快煤矿智能化建设、推进行业高质量发展的号召,以煤矿智能化建设为标志的新一轮煤炭行业重大技术变革全面展开[1]。

此外,在加快煤矿智能化发展和提高先进产能的同时,需要通过继续加大淘汰落后产能力度,以适应能源转型和煤炭行业高质量发展的要求[2]。为此,2020年颁布实施的《智能化煤矿(井工)分类、分级技术条件与评价》(T/CCS 001—2020)标准,根据煤矿生产技术条件进行分类。针对生产条件差的煤矿,如果不能在一定时间内改造达到智能化建设标准和安全生产质量要求,将纳入去产能关闭之列。国家能源集团总结了多个煤炭公司的实践经验,借鉴了国内外的先进理念和先进技术,2021年发布了《国家能源集团煤矿智能化建设指南(试行)》,通过构建200余项标准支撑的煤矿智能化标准体系,形成了3层5类的标准架构,并相继发布了《煤矿机电设备通信接口和协议规范 第Ⅰ-Ⅱ部分》和《井工智能掘进工作面建设指南》等16项煤炭企业标准编制工作,以实现高标准建设的要求和高质量发展的目标。2022年,国家能源集团以国家"十四五"规划为指引,编制了智能矿山"十四五"规划,明确了智能矿山的建设目标、应用蓝图、实施路线和保障措施,确定了2022年和2025年2个阶段的目标。至2025年，煤矿全部实现智能化，煤矿智能化建设将迈入新的阶段[2-3]。

总体来说，煤矿智能化建设对于国家的未来发展具有重要的意义，也是煤炭行业实现高质量发展的必由之路。《中国煤矿智能化发展报告（2022年）》指出，为在2060年之前实现我国"碳中和"的国家战略目标，必须促进新一代信息技术与煤炭工业深度融合发展，利用人工智能、大数据、云计算等先进技术实现煤矿的智能化建设，提高煤矿安全生产水平，降低工人劳动强度，在解决煤炭企业用工荒问题的同时，实现煤矿"无人则安，少人则安"，最终实现煤炭安全、高效开发与低碳、清洁利用，加快我国煤炭工业的高质量发展[4-6]。

1.1.3 陕煤集团发展战略对企业智慧化、数字化转型的要求

2021年，陕西省下发了《陕西省煤矿智能化建设指南（试行）》（陕发改能煤炭〔2021〕341号），要求扎实推进煤矿智能化建设，实现技术装备智能化、信息传输网络化、生产过程可视化、企业管理数字化。在此背景下，陕煤集团为了进一步推动智能化技术与煤炭产业融合发展，提升煤矿智能化水平，全面实现煤炭开采智能化、现场作业自动化、固定设施无人化和运行管理信息化，发布《陕西煤业股份有限公司关于加强煤矿智能化建设的实施意见》。该文件要求以习近平新时代中国特色社会主义思想为指导，深入贯彻落实"四个革命、一个合作"的能源安全战略，按照陕西煤业"111234"工作思路，坚持"智能矿井、智慧矿区、一流企业"发展目标，遵循"系统智能化、智能系统化"理念，坚持对标一流和跨界融合两个着力点，创建多层次科技研发团队，系统化地推进煤矿智能化建设工作。通过构建"智能感知、智能分析、智能决策、自动执行"的智能煤矿体系，建成一批示范性智能化煤矿，取得一批可复制推广的应用成果，打造行业内标杆，从而推进煤炭板块整体智能化建设工作，创建世界一流企业。

在此基础上，陕煤集团提出了"智能生产""智能矿井""智慧矿区""智慧陕煤"和"行业标杆"五个方面的工作目标，并明确了信息基础设施、智能地质保障等13个系统建设内容，要求结合各煤炭企业的实际情况，以经济效益为导向，以效果为目标，充分发挥技术创新关键变量和管理创新内生动力，围绕煤矿智能化建设，着力攻破关键核心技术，抢占科技战略制高点，助力打造科技陕煤、智慧陕煤，通过科学制定煤矿智能化建设方案，确保按期完成煤矿智能化的建设任务。

目前，陕煤集团积极开展了煤炭产业的机械化、自动化、信息化和智能化建设，但仍然存在缺少总体建设规划、煤炭生产系统智能化功能不完善、数据有效利用率低和信息孤岛严重等问题，严重制约了陕煤集团实现高质量发展。随着时代发展进步，我国劳动力资源明显减少，煤矿生产一线面临招工难的问题也日益突出。煤矿智能化建设的深入推进能够有效提高煤矿安全生产水平，降低工人劳动强度，提升煤炭生产一线职工的幸福感，吸引高水平复合型人才，这是实现陕西煤业"共建共享"目标和解决用工荒的重要技术途径。

总体来说，开展煤矿智能化建设及智能化技术的研发与推广应用，将大幅降低工人劳动强度，煤矿工人的工作环境由"脏、苦、险、累"变成在安全舒适的地面控制室内进行遥控采煤，实现职工快乐工作、幸福生活的目标，提高煤矿工人的社会地位，树立陕煤集团良好的企业形象，为陕煤集团煤炭板块转型升级产生深远影响[7]。此外，开展陕煤集团煤炭板块智能化体系建设，将智能化融入煤炭生产经营全过程，将促进技术创新与实践应用的相互转换，对提高煤炭企业的硬实力与核心竞争力具有十分重要的意义。

煤炭生产是陕煤集团今后较长一段时间保持经济效益稳定增长的"压舱石"，这个"压舱

石"压得稳不稳,关键就在于煤矿智能化建设强不强。因此,必须以智能矿井建设为突破,紧抓新一轮科技革命和产业变革机遇,切实让机械化、自动化、信息化、智能化成为新时代"改变陕煤形象、奠定陕煤地位、保持陕煤领先"的有力支撑,对促进陕煤集团高质量发展具有十分重要的意义。

1.2 彬长矿区智能化发展转型的背景及现状分析

目前,煤矿智能化水平已经成为衡量企业发展质量的重要标志,数据已经成为企业重要的生产要素,逐渐渗透生产经营活动的整个过程。以数据为核心资源,推动智能化技术与煤炭产业融合发展和强化煤矿智能化技术开发与应用模式创新是提高煤炭企业核心竞争力的有效途径。党的十九大报告明确提出了"推动互联网、大数据、人工智能和实体经济深度融合",通过推动煤矿行业数字化转型升级、大力推进煤矿智能化建设已成为贯彻新时代煤炭工业高质量发展、建设现代企业的迫切需要。

在陕煤集团、陕西煤业的坚强领导下,陕西彬长矿业集团有限公司以矿业智能化、智慧化、数字化建设作为"十四五"发展的重点,以"创新、安全、高效、绿色、和谐"发展理念为指引,以目标、问题和效果为导向,以业务需求为动力,以技术创新为驱动,结合机械化、自动化、信息化和智能化发展现状与存在问题,描绘彬长矿业矿区和矿井智能化、智慧化建设发展蓝图,确定"十四五"期间矿业智能化建设工作的目标和重点任务,全面、系统和科学地指导陕西彬长矿业集团有限公司智能化建设发展,推动陕西彬长矿业集团有限公司智能化建设再上新的台阶,为实现"智能矿井、智慧矿区、一流企业"目标提供坚实有力的保障。

近年来,陕西彬长矿业集团有限公司认真落实国家八部委《关于加快煤矿智能化发展的指导意见》、国家能源局及国家矿山安全监察局《智能化示范煤矿建设管理暂行办法》和陕煤集团、陕西煤业"四化"建设总体部署,牢固树立"少人则安、无人则安"理念,坚持把加快"四化"建设作为优化布局的重要手段与减人提效的重要途径,也是实现灾害超前预防和超前治理的关键支撑。通过大力实施"三优三减三提升"工程,陕西彬长矿业集团有限公司智慧矿区规划设计积极推动技术装备智能化、信息传输网络化、生产过程可视化和企业管理数字化"新彬长"建设。

在上述背景下,规划了陕西彬长矿业集团有限公司智慧化示范矿区的顶层设计。通过对生产服务中心、培训中心、电力公司、铁路运输分公司和救援中心等生产辅助单位的调研发现,现有生产系统均为孤立系统,数据不互联,流程不互通,某些系统功能简单,不能满足现有业务生产和管理需要,部分工作仍停留在线下、纸质记录和人工传递等方式,与陕西彬长矿业集团有限公司"四化"建设和智能化推进工作的要求存在较大差距。因此,在煤矿智能化提质增效、减人增效保安全和矿区智慧化数智决策的迫切需求下,陕西彬长矿业集团有限公司规划建设了基于生产服务中心、培训中心、电力公司、铁路运输分公司和救援中心等生产服务单位诉求的智慧化示范矿区,建设自动化生产流程和信息化管理支撑平台。同时,打通各业务生产系统之间和与各煤矿智能化综合管控平台之间的数据互联,形成业务流程互通,实现公司级的数据资源共享、流程互通和业务协同,打破数据孤岛。在此基础上,基于数据和流程,以"四化"建设标准为目标,形成生产流程在线闭环管理、智能供电科学有效、铁运安全精准高效、救援储备能力增强、数据实时互联、数字赋能决策、科学自主分析、动态预测评估和业务协同控制的智慧化平台,助力陕西彬长矿业集团有限公司的数字化转型升级迈进新高度。

1.3 彬长矿区智能化发展战略目标

以陕煤集团"1116"战略体系为引领,围绕陕西彬长矿业集团有限公司发展思路,坚持"智能矿井、智慧矿区、一流企业"发展目标,践行"创新、安全、高效、绿色、和谐"的煤炭资源开发理念,深入贯彻落实陕西彬长矿业集团有限公司智能化建设推进工作和全面提升"四化"建设水平,立足对标一流和跨界融合两个着力点,通过统筹规划、分类建设、示范带动、分步实施和协调推进,创建国内领先的智慧化示范矿区。同时,规划设计思路,坚持"四个导向",即:以问题为导向、以业务为导向、以发展为导向和以技术为导向。

(1) 以问题为导向

经过充分调研,梳理生产服务中心、培训中心、电力公司、铁路运输分公司和救援中心面临的信息化、数字化与智能化诉求,以及急需解决的数据共享、流程连通和业务协同等问题。

(2) 以业务为导向

结合各中心和分公司业务现状、业务特点及发展趋势,同时考虑到各中心和分公司均要共享各煤矿的生产、经营、设备运行、安全和 GIS 地理信息等数据,规划设计满足生产单位数字化转型的各类智能化生产流程管理平台、增强生产能力的智能化支撑系统、智慧风险预警故障诊断评测模型及数据共享平台,逐步推进彬长矿业二级生产单位数字化转型升级。

(3) 以发展为导向

"智能矿井、智慧矿区、创一流企业"是陕西彬长矿业集团有限公司不懈的追求,坚持新发展理念,推进煤炭产业高端化、智能化和绿色化转型升级,以发展的视角分析"十四五"期间集团煤炭板块发展的内外部环境,强化顶层规划的引领作用,规划设计彬长矿业智能化矿井、智慧化矿区和数据共享服务底座的总体架构,从而实现公司治理体系和治理能力的现代化。

(4) 以技术为导向

将人工智能、工业物联网、云计算、大数据、机器人和智能装备等新一代信息技术与煤炭产业深度融合,形成全面感知、实时互联、数据共享、分析决策、自主学习、动态预测和协同控制的智能化系统与智慧化平台,探索陕西彬长矿业集团有限公司数字化转型的新优势,促进陕西彬长矿业集团有限公司信息化、数字化、智慧化和智能化发展,增强公司竞争力、创新力、控制力、影响力和抗风险能力。

总体来说,根据陕西彬长矿业集团有限公司发展战略的要求,制定了符合陕西彬长矿业集团有限公司未来业务发展需求的智慧化矿区战略,主要包括:

以数字经济生态体系作为发展的核心驱动力,首先提高数据储备,夯实数据基础,扩充各业务在煤炭生产过程中所产生的数据广度与深度,做实陕西彬长矿业集团有限公司的数字资产化管理与智能化改造。

构建陕西彬长矿业集团有限公司统一标准化的数字系统,加快数据流动,加强数据治理,强化跨部门、跨业务的协同工作,提升煤炭生产与管理效率,为煤炭生产和经营管理等业务赋能,实现陕西彬长矿业集团有限公司的数字化转型战略。

将数字技术与业务深度融合,不断探索以"智慧能源综合服务商"为代表的新产业、新业态和新模式,通过挖掘数据价值,释放数字对煤炭经济发展的放大、叠加和倍增作用,从而形成工业互联网体系,实现陕西彬长矿业集团有限公司的数字产业平台落地。

1.4　彬长矿区智能化发展转型的实施阶段

彬长矿区智能化发展转型的实施主要分为三个阶段:现状评估与差距分析、总体规划与设计、实施计划及投资估算。整体实施思路如图 1-1 所示,在规划方法论的理论指导下,逐步展开具体的实施工作。

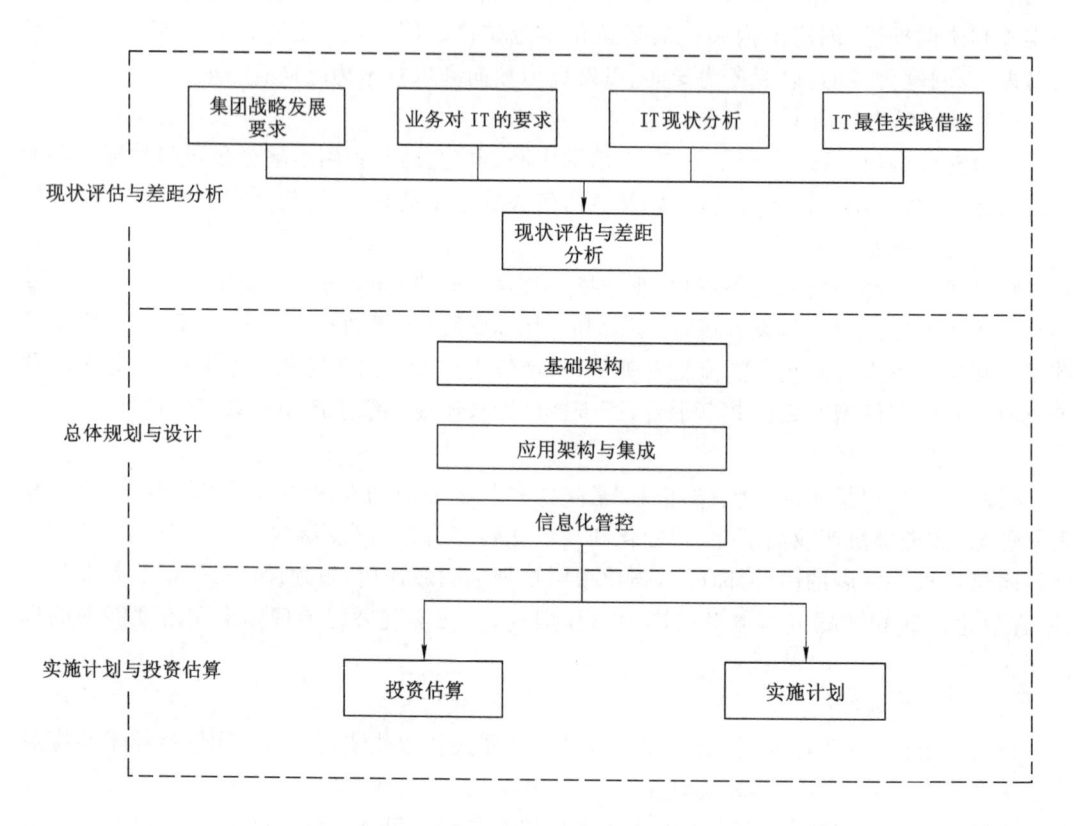

图 1-1　陕西彬长矿业集团有限公司的智能化发展转型实施阶段

(1) 第一阶段:现状评估与差距分析

结合彬长矿业集团有限公司的业务战略目标和管理要求,对标煤炭行业内标杆企业,分析现有关键业务,提出改进建议。此外,评估彬长矿业公司现有信息系统的建设、管理和使用情况,并分析与未来经营和管理需求之间的差距,提出具有针对性的改进方向与建议。

(2) 第二阶段:总体规划与设计

制定彬长矿业公司智能化转型发展的战略;规划集团智慧化应用蓝图,以及系统集成关系;明确集团智慧化基础架构,包括数据中心、网络、服务器、安全、设备等;同时,通过制定智慧化管控措施,保障智慧化规划有效落地实施。

(3) 第三阶段:实施计划及投资估算

规划未来三年信息系统、智能化系统建设和信息基础设施建设的项目列表,分析不同项目的紧迫度、重要度、变革复杂度和项目之间的相互依赖度,进而制订三年的智慧化建设计划,并估算各项目的资源投入,为决策层提供决策依据。

通过上述彬长矿区智能化发展转型实施阶段的设计,将有助于陕西彬长矿业集团有限公司明确智能化发展的目标和方向,为公司整个转型过程提供指导。此外,通过制定明确的设计规划,可以确保转型过程中的各项工作有序进行,避免盲目行动和资源浪费,实现资源的合理配置和利用。最后,通过定期评估和监测各阶段的项目实施,可以及时发现潜在问题,并采取相应的措施进行调整和改进,同时制定相应的风险管理措施,以减少风险对转型过程的影响。综上所述,通过彬长矿区智能化发展转型的设计规划和项目实施,可以为彬长矿区智能化发展转型提供指导和支持,确保转型过程的顺利进行,并最终实现智能化发展目标。

第2章 彬长矿区智能化建设需求及总体设计

结合陕煤集团对陕西彬长矿业集团有限公司智慧化建设的具体要求,通过对陕西彬长矿业集团有限公司发展战略的分析,提出了陕西彬长矿业集团有限公司的智慧化建设战略,并对其进行详细阐述。

2.1 彬长矿区智能化建设的发展要求

2.1.1 彬长矿区发展战略对智能化的需求

陕西彬长矿业集团有限公司着力做大做强煤炭主业,电力、铁路和生产服务产业配套协同,打造本质安全、管理卓越、效益最佳、和谐幸福的一流能源企业,走清洁、高效、绿色的高质量发展道路。为此,坚持创新、协调、绿色、开放、共享的新发展理念,坚持改革创新,健全公司治理体系,完善运行机制,加大创新力度,推动"四化"建设,增强治灾能力,改善矿井安全生产条件,加强人才队伍建设和民生工程建设,最终确定"十四五"期间企业高质量发展目标如下:

(1)实现由"安全型"向"本质安全型"转变

陕西彬长矿业集团有限公司安全管理水平全面提升,灾害综合治理体系全面构建,具有完备的灾害防治体系,装备实现自动化、智能化,劳动强度显著降低,劳动效率有效提升,员工队伍素质、安全意识考核达标,满足"人员无失误,设备无故障、系统无缺陷、管理无漏洞"的现代化生产线,建成"人、机、环、管"协调统一的本质安全型企业,形成具有彬长特色的安全文化,构建安全生产长效机制,整体实现安全持续稳定健康发展。

(2)实现国有资产保值增值

"十四五"期间,在生产方面,公司计划完成吨煤完全成本稳定可控,净资产收益率明显提升,初步达成产业与效益相匹配,生产全要素效率稳固,经营管控水平精细化。在市场营销方面,公司将持续优化市场自我调节能力,在成本管控、效率效益、品牌价值等方面持续发力,重点捕捉、洞察市场趋势和客户需求,使得公司煤炭产品及衍生品与市场相匹配。至"十四五"末,陕西彬长矿业集团有限公司营业收入达到150亿元,产销量达到3 000万t,高质量完成陕煤集团下达的经营目标,为陕煤集团高质量发展贡献力量。此外,陕西彬长矿业集团有限公司的管理和创新、指标和效益在同行竞争中脱颖而出,公司在保证产量、收入、利润稳定增长的同时,市场抗风险能力也显著提升,从规模速度型企业迈向质量效率型现代化能源企业。

(3)实现发展模式从规模速度型向质量效率型的转变

"十四五"期间,在生产管理方面,充分认识各矿井的灾害,实现把握住矿井生产准备和

第 2 章 彬长矿区智能化建设需求及总体设计

采掘的关系,在超前生产上做好万全准备,矿井接续稳定,公司的综合单进水平、员工劳动效率、瓦斯抽采率、巷道利用率等效率指标基本达到行业一流企业标准。在环保管理方面,公司坚持绿色开采发展理念,认真落实陕煤集团环保方面的各项工作部署,积极推广应用污染治理新技术,制定合理方案,持续加大治理力度,构建绿色环保型矿区。针对产业结构方面,煤炭主业的产能得到充分释放,项目验收、证照办理、达产任务制度体系完善,生产服务、铁路运输和电力供应等产业链完全具备服务保障能力,矿区瓦斯发电、光伏发电、矸石综合利用和井下水的生态农业利用等延伸产业初具规模,具备可复制、可推广的绿色环保型标杆模式。截至"十四五"末,公司将实现利润 50 亿元目标,并具有全面提升盈利能力和成本管控能力,切实转变发展模式,从而实现基本建设向生产经营的转型。

(4) 实现经济结构调整从增量扩能向调整存量、做优存量并举的转变

至"十四五"末,陕西彬长矿业集团有限公司在实现营业收入 150 亿元和利润 50 亿元之前,限定一个资产总额 500 亿元的指标,减少折旧摊销和后续更新维护费用,降低固定成本,使营业收入增长的速度,高于资产总额增长的速度,用有限资产,获取最大收益,提升企业总资产报酬率和销售利润率。

(5) 实现企业由劳动密集型向技术密集型转变

实施"科技减人"计划,加强"机械化换人、自动化减人、智能化无人"绿色智慧矿山建设,降低劳动强度,减少用工数量,提高劳动效率,促进转型升级。至"十四五"末,公司采煤机械化保持 100%,掘进机械化达到 100%;采煤工作面全部实现智能化,建成一座智慧型示范煤矿,智慧化水平达到行业领先,并且员工数量控制在 1 万人以内。此外,完善企业管理制度、运行体系,锻炼、培养一支执行力强、能够勇挑重担的干部队伍,为彬长矿区的建设提供制度保障和人才支撑;深化企业运行机制、简化流程和提升效率,人员职责划分清晰,并配备合理的考评体系、薪酬分配体系和先进装备与先进技术,打造一支年轻拼搏、思维活跃的创新型高素质干部队伍。

基于上述高质量发展目标,陕西彬长矿业集团有限公司对智慧化建设提出了更高要求,具体表现在如下几个方面。

① 通过提供准确及时的决策和管理数据,提高彬长矿业公司决策能力,有效管理和控制企业运营绩效。

② 梳理、优化和规范业务流程,通过集成的业务系统推进财务业务一体化,建立包含人、财、物、生产、采购、物资和设备管理高度集成的信息管理平台,实现部门之间高效协同运作,降低财务成本、采购成本、销售成本、设备管理成本和人力成本等成本支出,增加销售收入。

③ 建立矿级智能综合管控平台,实现信息在不同系统之间的顺畅流转。

④ 通过生产自动化系统、自动控制和质量管理等系统,有效提高煤炭生产效率,并降低生产成本。

2.1.2 产业互联网发展对智能化的要求

当前,以技术革命为基础的互联网已经从消费互联网逐步进入产业互联网。"谁掌握了数据,谁就拥有了未来"已经成为时代的共识。2019 年,陕西煤业公司以建设"智能矿井、智慧矿区、一流企业"为目标,着力搭建以数字化矿山为基础的产业生态服务系统,推动煤炭产

业从生产智能化、管理科学化、产销在线化和业务网络化到最终产业生态化的转型发展。煤炭产供销三网联动智慧管理平台,以及"双十"体系的实施,进一步解决了联通数据孤岛的问题,有效汇集数据资源,推动业财融合,促进煤炭产供销全过程财务实时管理,实现经营活动的协同调度与科学决策[8]。

(1) 技术层面

利用信息化和智能化等先进技术,实现从初级的单元信息技术应用,到初步的集成化应用,再到集成加协同的转变。

(2) 管理业务流程方面

实现从初级的应用信息技术支持业务的高效运作,到促进新生产模式的产生和企业业务的重组,甚至在全社会范围内实现制造资源的优化整合。

(3) 经济效益方面

实现从初级的降低单个企业的产品成本和提高产品质量、管理效率和战术层的指标,到应用信息技术提升企业的战略核心竞争力,使企业得到战略性收益。此外,通过产业链上各个环节提供透明、及时的信息服务,提高产品制造、物流和管理的精益化水平。

2.2 彬长矿区智能化建设总体目标

结合陕西彬长矿业集团有限公司的战略目标,以及产业互联网发展对智慧化建设的要求,制定陕西彬长矿业集团有限公司智慧化建设的总体设计目标为:以实现信息标准化、信息资源集中化、信息全局可视化,提升管理卓越、提升生产高效为目标,打造高绩效"智慧彬长",从而进一步提升企业核心竞争能力,支持与促进陕西彬长矿业集团有限公司总体战略目标的实现。其中,信息标准化、信息资源集中化、信息全局可视化,提升管理卓越,提升生产高效,简称"三化两提升",具体内容如下所述。

(1) 信息标准化

通过信息标准化委员会推进标准化建设,制定流程标准、数据标准、产品标准和技术标准等,最终实现信息标准化建设。

(2) 信息资源集中化

通过建立集团数据中心,实现资源的集中和信息的共享,从而提升服务质量。

(3) 信息全局可视化

通过对生产自控层、经营管理层信息的全面集成与数据挖掘,从而实现信息全局可视化。

(4) 提升管理卓越

通过智能化手段固化和规范化业务流程,提供基于数据仓库与商业智能的战略决策分析,提升彬长矿业公司的整体管理水平,实现财务业务一体化,加强内控,从而提升管理的卓越能力。

(5) 提升生产高效

以计划为主线,以人力、设备、物资、库存、财务、销售管理为支撑,以调度为协调,通过利用生产设备的自动化和智能化,提高生产效率,降低人工干预,提升安全和高效的生产能力。

2.3 彬长矿区智能化总体设计

2.3.1 设计原则

陕西彬长矿业集团有限公司应用先进业务模式,优化、固化和规范业务流程的载体,设计彬长矿区架构,实现卓越管理、高效生产。通过规划和设计陕西彬长矿业集团有限公司应用系统的集成功能,支撑未来陕西彬长矿业集团有限公司的核心业务发展。此外,通过应用系统的有效部署,实现信息资源的集中化管控,降低维护成本,支撑陕西彬长矿业集团有限公司加强管控能力的需求。为此,彬长矿区智能化总体架构的设计原则应始终紧扣陕西煤业"01558"安全工作思路,以"三大平台"融创、"十大专班"攻坚为统领,以特色标准化创建、全环节全过程精细化管理为载体,以科技创新和智能智慧建设为路径,着力化解重大灾害条件下的环境风险、采掘接续紧张的系统性风险、零敲碎打的岗位"点状"风险和重大节假日与敏感时期等的周期性风险。

基于上述总体方针和设计原则,彬长矿区主要从以下两个层面进行智能化架构设计。

(1) 彬长矿业公司应用系统的规划与设计

通过对集团管控模式及业务发展的分析,归纳出未来陕西彬长矿业集团有限公司本部需要建立的核心能力,规划和设计出未来陕西彬长矿业集团有限公司的应用蓝图,并梳理出应用系统之间的核心逻辑关系。

(2) 各二级单位应用系统集成规划与设计

设计陕西彬长矿业集团有限公司未来的总体集成架构蓝图,实现全集团各系统间的全面集成。

具体来说,彬长矿区智能化架构设计需遵循以下原则。

(1) 统一规划、分步实施

由于资源的有限和技术的成熟度不同,智能化建设要分阶段、分步骤实施,系统建成后才能实现有效集成,因此建设前期需要进行统一规划。

(2) 实用性和适用性原则

确保智能化建设规划、详细设计与实施方案以企业需求为导向,以创造价值和实用、好用为原则,形成具有彬长特色的规划实施方案。

(3) 需求驱动原则

确保应用蓝图中系统的业务功能划分要以各部门的业务需求为依据,演进路线要结合各部门的实际需求迫切程度。

(4) 兼顾现有系统原则

陕西彬长矿业集团有限公司经过长时间的智能化发展,已经有了一定的智慧化基础。因此,彬长矿区智能化架构设计的方案应该能够最大限度地复用现有系统,尽可能减少企业的重复投入[9-10]。

2.3.2 设计方法

彬长矿区智能化发展需求的本质核心为"管理层企业的综合管理信息需求",其与下层各级业务层企业构建一系列具有特定功能的业务系统,目的是保证基本业务运行的同时,向上层管理层企业提供相应管理和查询接口,提供必要的生产经营基本信息,以满足上层企业的综合管理信息需求。

(1) 陕西彬长矿业集团有限公司本部应用系统架构的设计方法

首先,通过参考借鉴业界标杆企业的最佳实践,重点结合陕西彬长矿业集团有限公司智慧化建设战略要求,明确公司整体需具备的业务能力。业务能力是保障公司向前更快更好发展的支撑框架。然后,通过业务能力到信息系统的映射,实现公司智慧化系统集合。根据业务能力与信息系统之间的对应关系,将系统集合分层,不同层级代表不同的业务能力。最后,根据发展战略对公司的业务能力要求,以及业务能力要求对应的信息系统,设计出公司本部的系统架构[11-12]。

(2) 矿井应用系统架构的设计方法

矿井的业务围绕以煤炭安全生产为核心,将煤矿生产各业务系统进行融合,实现对煤矿地质勘探、巷道掘进、煤炭开采、主辅运输、通风排水、供液供电和安全防控等智能化集中管控,主要通过智能化生产能力,促进生产工艺的改善、管理水平的提高和资源的高效利用,从而提高煤炭企业的生产效率和安全性。

(3) 陕西彬长矿业集团有限公司矿区应用系统架构的设计方法

彬长矿区的智能化评估工作采用了"自上而下"的工作思路,将管理层企业作为矿区智慧化建设的重点,将综合管理智慧化作为信息核心问题,以综合管理智慧化为导向,引导业务层企业的智慧化建设。彬长矿区的智能化评估策略是"以综合管理智慧化为核心驱动,以行业典型业务系统为建设重点"。

2.3.3 总体蓝图

为了有效达成彬长矿区智能化转型发展的战略,实现陕西彬长矿业集团有限公司"科技创新保安全、改革转型促发展"的要求,依据《陕西煤业煤矿智能化建设"十四五"规划》的建设原则,坚持顶层设计、规划引领,坚持重点突破、整体推进,坚持自主创新、开放合作,坚持完善机制、政策扶持,通过智慧彬长的总体业务能力框架设计,为彬长矿区的智能化建设提供有力支撑。

智慧彬长的总体业务能力框架由三层构成,分别为:综合监管层、经营管理层和业务管理层,如图 2-1 所示。其中,彬长矿区的综合监管层业务由陕煤集团统一部署,该层业务功能通过智能化综合监管平台支撑;经营管理层由彬长集团统一部署,该层业务由智能化生产经营管理平台支撑;业务管理层由各矿独立部署,该层业务主要由煤矿智能综合管控平台及各应用系统构成。

具体内容如下所述。

(1) 陕西煤业智能化综合监管平台

陕西煤业智能化综合监管平台主要实现对公司煤炭板块生产运行数据、安全数据与经营管理数据的综合分析,并主动推送安全生产及应急信息,使陕西煤业能够从宏观层面掌握公司总体生产经营与安全形势,量化评定各二级矿业公司安全生产管理水平,及时发现并解决安全生产管理中存在的问题,辅助陕西煤业进行总体决策部署,有效提升公司整体的安全生产与经营管理水平。

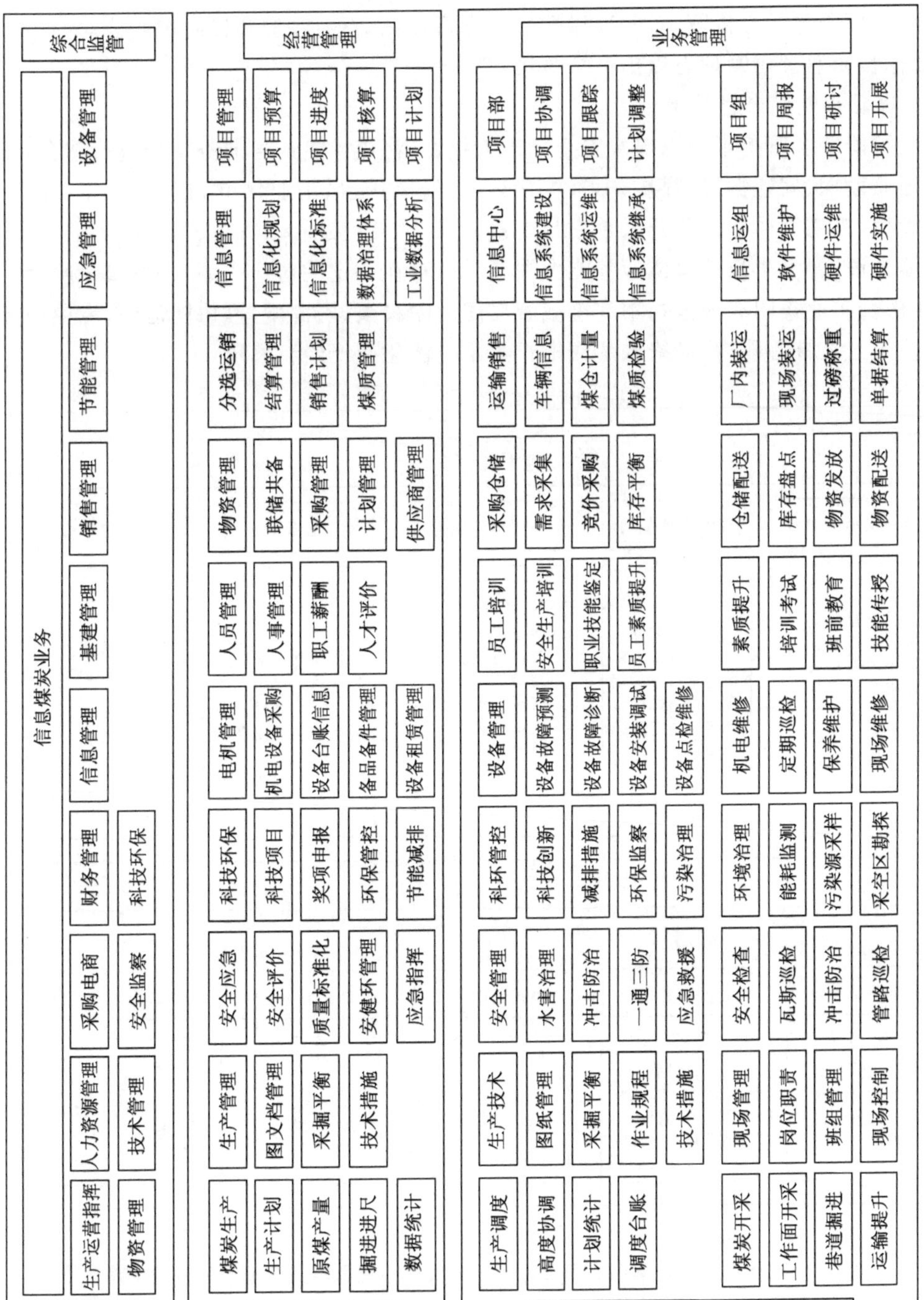

第 2 章 彬长矿区智能化建设需求及总体设计

图 2-1 智慧彬长的总体业务能力框架图

(2) 陕西彬长矿业集团有限公司智能化生产经营管理平台

彬长矿业公司智能化经营管理平台的建设重点是生产与经营管理，围绕彬长矿业公司下属煤矿的生产情况，对各矿井的生产、安全和经营等数据进行统计分析，最终上传至陕西煤业。在外部资源的支持下，对各种指标参数进行优化，不断改进和提高矿业公司的运行质量，辅助彬长矿业公司管理者做出科学决策。

(3) 煤矿智能综合管控平台

煤矿智能综合管控平台以煤炭安全生产为核心，将煤矿生产各业务系统进行融合，实现对煤矿地质勘探、巷道掘进、煤炭开采、主辅运输、通风排水、工业供电和安全防控等的智能化集中管控，提高煤矿智能化开采效率与效益。

总体来说，智慧彬长的总体业务能力框架设计存在一定的对应关系，如图2-2所示。其中，陕西彬长矿业集团有限公司本部承载着集团战略决策、资源配置、协同运作、专业服务和基础支撑等五大核心能力，最终构建成彬长集团智能化生产经营管理平台。

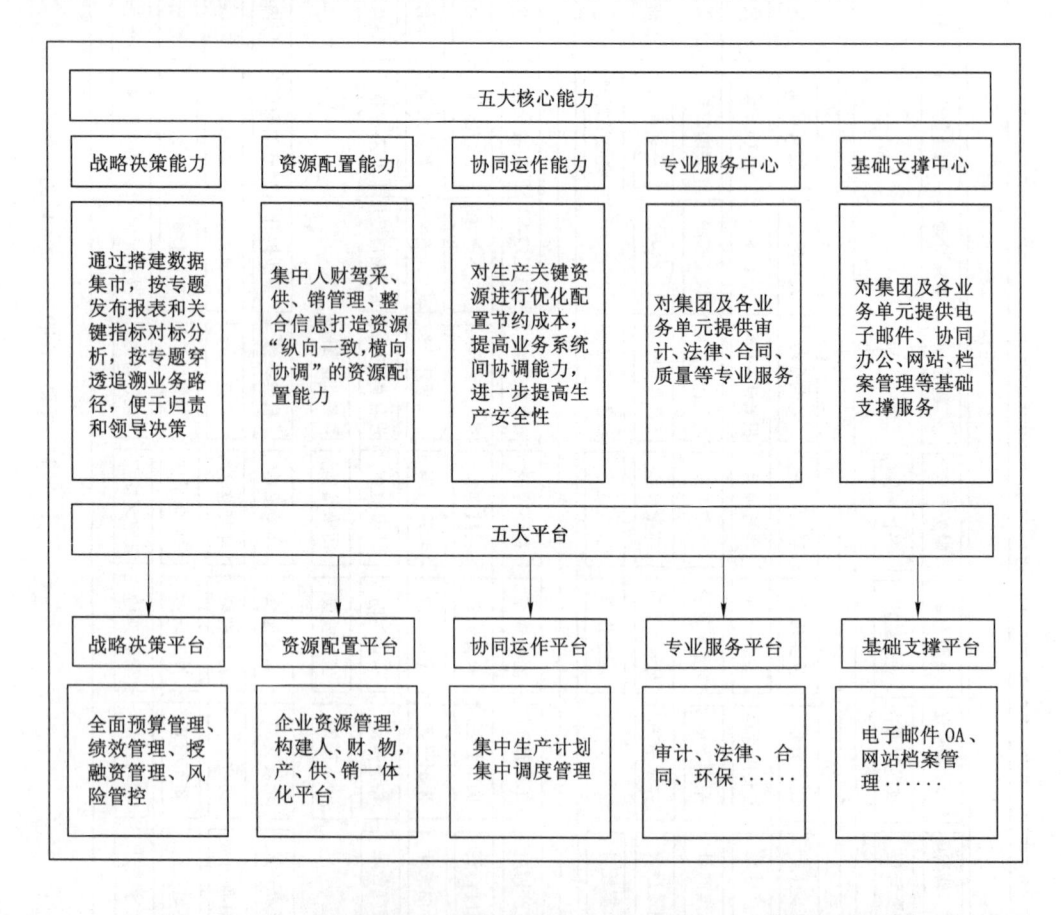

五大核心能力				
战略决策能力	资源配置能力	协同运作能力	专业服务中心	基础支撑中心
通过搭建数据集市，按专题发布报表和关键指标对标分析，按专题穿透追溯业务路径，便于归责和领导决策	集中人财驾采、供、销管理、整合信息打造资源"纵向一致，横向协调"的资源配置能力	对生产关键资源进行优化配置节约成本，提高业务系统间协调能力，进一步提高生产安全性	对集团及各业务单元提供审计、法律、合同、质量等专业服务	对集团及各业务单元提供电子邮件、协同办公、网站、档案管理等基础支撑服务

五大平台				
战略决策平台	资源配置平台	协同运作平台	专业服务平台	基础支撑平台
全面预算管理、绩效管理、授融资管理、风险管控	企业资源管理，构建人、财、物、产、供、销一体化平台	集中生产计划集中调度管理	审计、法律、合同、环保……	电子邮件OA、网站档案管理……

图2-2 陕西彬长矿业集团有限公司本部五大核心能力与五大平台的对应关系

在此基础上，陕西彬长矿业集团有限公司的总体应用蓝图设计如图2-3所示。陕西彬长矿业集团有限公司的应用架构可分为智能综合管控平台和矿端综合管控平台两个部分。

(1) 公司智能综合管控平台

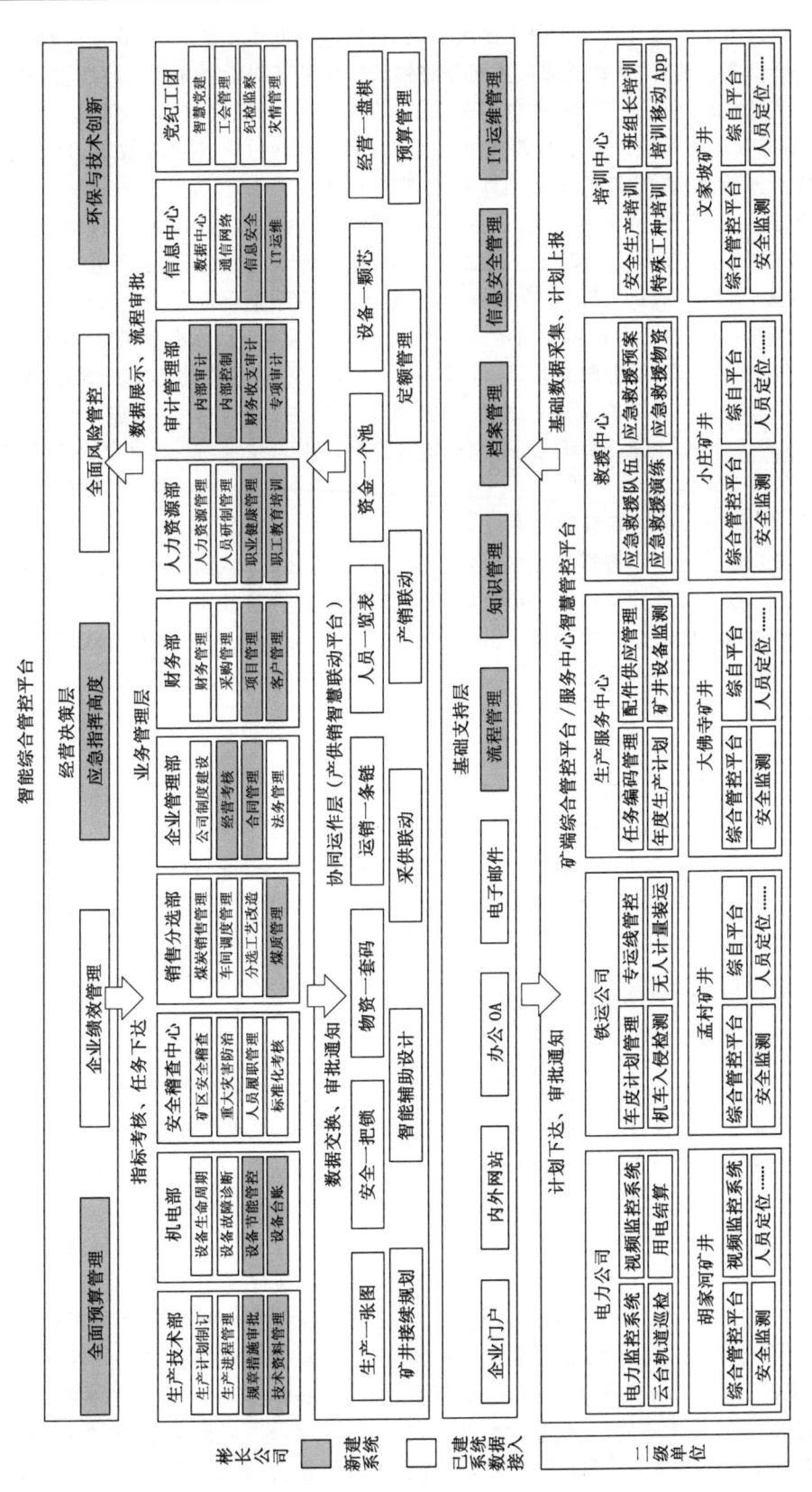

第 2 章　彬长矿区智能化建设需求及总体设计

图 2-3　陕西彬长矿业集团有限公司总体应用蓝图

彬长公司智能综合管控平台主要由基础支撑层、协同运作层、业务管理层和经营决策层四个部分组成。其中,基础支撑层主要是将彬长矿区的各类业务系统进行整合,作为基础的业务支撑,例如企业门户网站、办公OA系统、流程管理、知识管理、档案管理、信息安全管理和IT运维管理等系统。基于基础支撑层的业务系统,通过矿井接续规划、智能辅助设计、采供联动、产销联动、定额管理和预算管理,实现生产一张图、安全一把锁、供应一套码、运销一条链、员工一览表、资金一个池、设备一颗芯和经营一盘棋,利用产供销价值链智慧联动平台,形成协同运作层。在此基础上,通过指标考核、任务下达、数据展示和流程审批等业务功能,针对生产技术部、机电部、安全检查中心、销售分选部、企业管理部、财务部、人力资源部、审计管理部、信息中心和党纪工团各部门,实现生产进度管理、标准化考核、设备故障诊断、经营考核、项目管理、职业教育培训、内部审计、IT运维和智慧党建等业务管理,从而构成彬长公司智慧矿区的业务管理层。最后,基于业务管理层的各类业务功能,通过全面预算管理、企业绩效管理、应急指挥调度、全面风险管控和环保与技术创新等经营决策管理,构成智慧矿区的经营决策层。

(2)公司服务中心智慧管控平台

彬长公司服务中心智慧管控平台可以实现彬长矿区的计划下达、审批通知、矿端基础数据采集和计划上报等业务功能,也可以通过各矿井的综合管控平台、安全监测系统、视频监控系统和各中心的应急救援预案、无人计量装运和培训移动App等系统软件,实现电力公司、铁运公司、生产服务中心、救援中心、培训中心、胡家河矿井、孟村矿井、大佛寺矿井、小庄矿井和文家坡矿井各二级单位的日常监管工作。

(3)建立数据规范和标准

通过数据规范和标准的建立,完成陕西彬长矿业集团有限公司所建业务子系统的集成整合,对各系统的关键数据进行提取。根据不同的需求,提供不同的展示界面。通过对数据的挖掘和分析,提供定性定量的数据分析报告,实现辅助决策的目的,逐步实现各类用户一次登录系统和按需享用资源的智能化生产经营管理平台,为彬长矿业公司集约化和内涵式的管理提供强有力的支持。

2.3.4　系统架构的总体设计

2.3.4.1　彬长矿区的总体业务架构设计

彬长矿区的总体业务架构基于工业互联网平台的建设思路,设计了一种4个"1"+N个应用的业务架构。该架构通过构建1个综合管控平台、1张全面感知网络、1套标准体系和1个大数据应用中心,面向不同业务部门实现按需服务的N个业务应用,如图2-4所示。

具体来说,彬长矿区的总体业务架构主要涉及矿区侧和矿井侧两个部分。其中,矿区侧的业务架构主要包括大数据层、智能分析管控层和表现层,对应软件系统的数据层、业务逻辑层和表示层的传统三层架构体系。在大数据层,主要通过构建运营管理数据中心、空间数据中心、监控数据中心和数据配置中心,能够实现多源异构数据的融合和管理。在此基础上,智能分析管控层通过构建安全生产管理应用、经营管理应用和决策分析应用的业务逻辑,实现彬长矿区各业务规则的制定、业务流程的实现和业务需求有关的系统设计等内容。在表现层,通过集成应用门户、移动终端和大屏显示系统等,向上对应用层的服务,向下接收来自业务逻辑层的服务,可以为业务应用过程之间传送的信息提供表示方法的服务。矿井

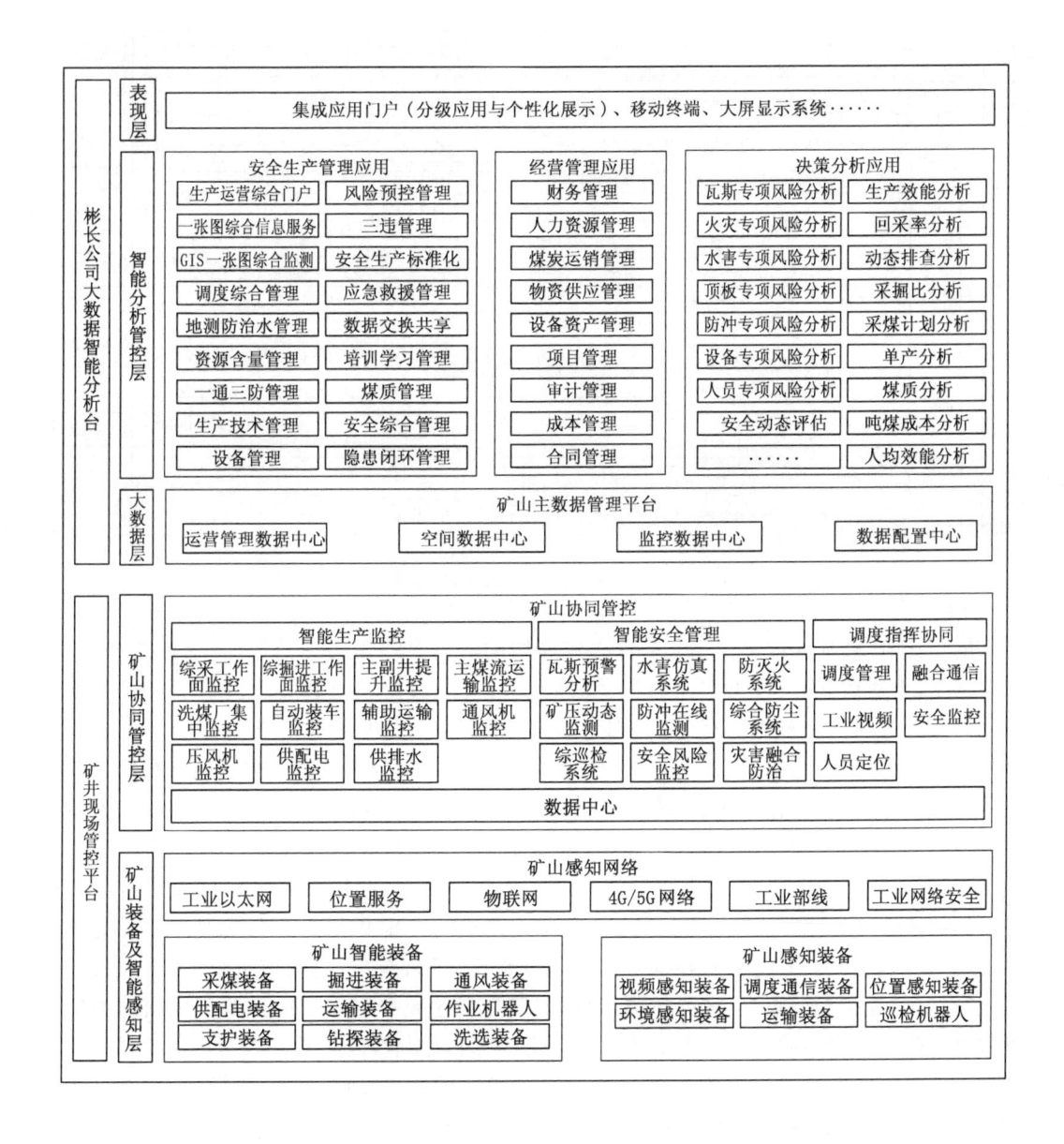

第 2 章 彬长矿区智能化建设需求及总体设计

图 2-4 彬长矿区的总体业务架构图

侧的业务架构主要包括矿山装备及智能感知层和矿山协同管控层。在矿山装备及智能感知层中,通过工业以太网、物联网和4G/5G/Wi-Fi等网络构建的矿山感知网络,实现对矿山智能装备和矿山感知装备的智能感知。在此基础上,通过综采工作面监控、瓦斯预警分析和调度管理等矿井业务服务,实现矿井的智能生产监控、智能安全管理和调度指挥协同,由此形成矿山协同管控层的业务应用。

为了能够通过数据驱动业务的模式为彬长矿区提供智能的业务服务,需要以数据管理为核心,进一步构建彬长矿区的数据架构,如图 2-5 所示。

彬长矿区的数据架构主要包括数据源层、数据采集层、数据存储层、数据服务层和数

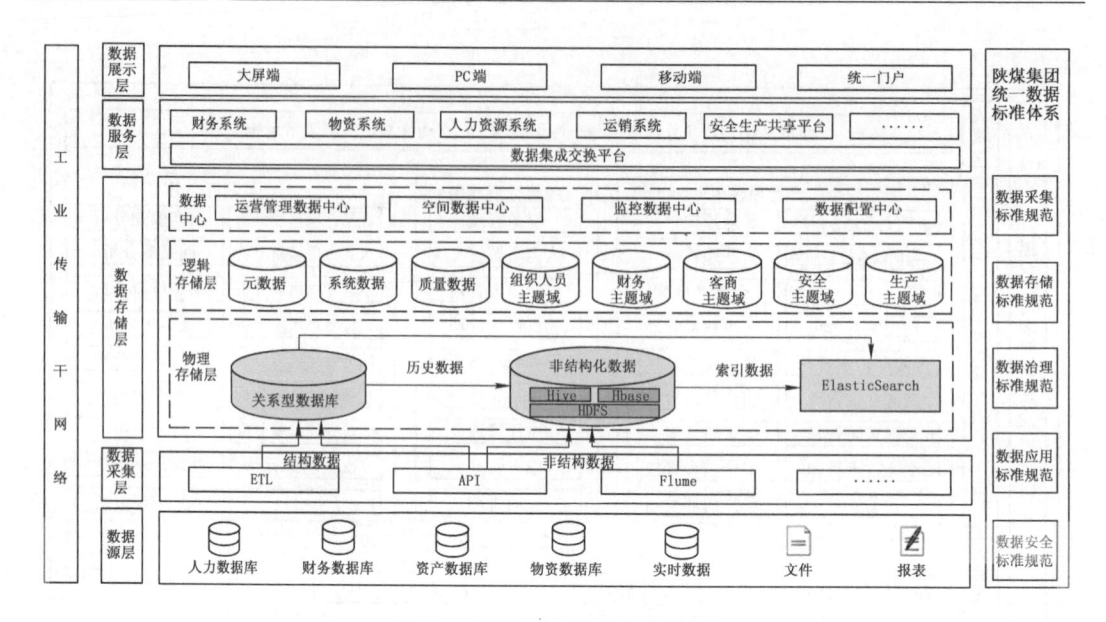

图 2-5 彬长矿区的数据架构图

展示层。其中,数据源层是指彬长矿区多源异构的数据来源于人力数据库、财务数据库、资产数据库、物资数据库、各类实时数据、文件数据、日志数据和报表数据。基于上述数据来源,利用 ETL(抽取-转换-加载)的数据预处理技术、API 数据读取接口和 Flume 日志收集系统等,可以对结构化数据、半结构化数据和非结构化数据分别进行数据存储。在物理存储层,结构化数据可以保存在 SQL Server 数据库、MySQL 数据库和 Oracle 数据库等关系型数据库中,非结构化数据可以利用 HDFS 的 Hadoop 文件系统进行大数据存储,也可以利用 NoSQL 等数据库进行非结构化数据的存储。在此基础上,利用 ElasticSearch 技术可实现大数据的检索,以及利用 Hive 和 Hbase 实现大数据的挖掘和分析。在物理存储层的基础上,根据业务数据类型,将多源异构数据分别按照元数据、系统数据、质量数据、组织人员主题域数据、财务主题域数据、客商主题域数据、安全主题域数据和生产主题域数据的类别进行数据逻辑梳理和存储,由此,形成由运营管理、空间数据管理、监控数据管理和数据配置管理构成的数据中心。通过该数据中心,可以实现统一的数据存储、数据集成和数据交互等功能,从而构成彬长矿区的数据集成交换平台。基于该平台,支持各类的数据应用服务,可以满足财务系统、物资系统、人力资源系统、运销系统和安全生产信息共享平台等业务系统的数据访问需求。最后,基于上述各类业务系统,通过大屏端、PC 端、移动端和统一门户等不同的终端表现方式,实现各类业务系统数据的展示。

在彬长矿区的数据全生命周期过程中,可以依托工业传输主干网络进行矿井端多源异构数据的采集和传输。此外,彬长矿区的数据可以与陕煤集团统一的数据标准体系相融合,具有数据采集、数据存储、数据质量、数据应用和数据安全的标准规范,从而与"三网一平台"等上级单位的各类业务系统进行无缝衔接。

2.3.4.2 矿区侧的总体技术架构设计

智慧矿区是将人工智能、工业物联网、云计算、大数据、机器人、智能装备等与现代煤炭开发技术进行深入融合,形成全面感知、实时互联、分析决策、自主学习、动态预测和协同控

第 2 章 彬长矿区智能化建设需求及总体设计

制的智能系统,实现煤矿开拓、采掘(剥)、运输、通风、分选、安全保障和经营管理等全过程要素的智能化监测与管理。彬长矿区的总体技术架构设计如图 2-6 所示,主要包括基于云、边、端协同的综合管控平台和智能化煤矿工业互联网平台功能。

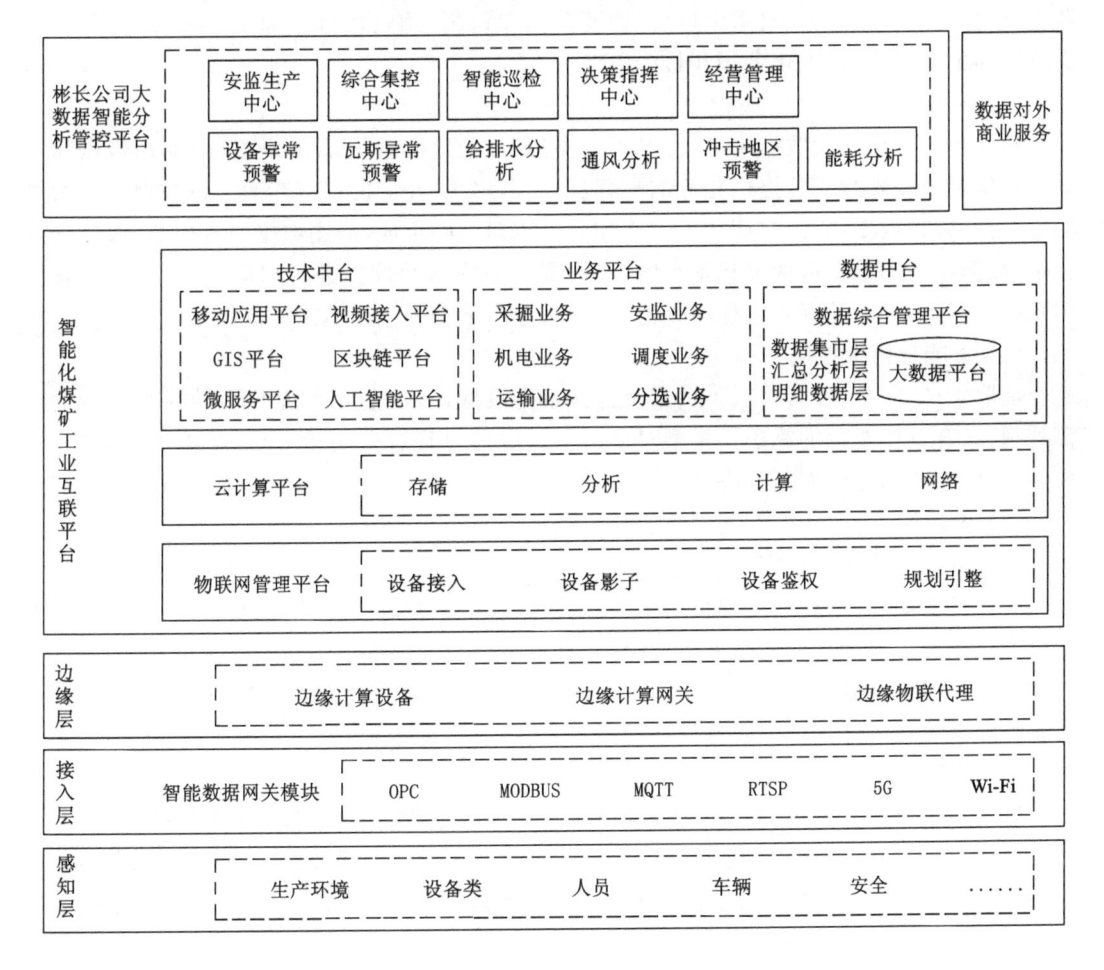

图 2-6　彬长矿区智能化煤矿技术架构图

（1）矿山装备及智能感知层

执行对外部环境参数、机电动力设备运行工况及位置信息的主动感知,并根据要求分布式执行相应控制命令。此外,由于矿井井下设备、分站、传感器数据较多,需要考虑基于物联网的信息编码规范,并制定可靠传输协议及标准,实现异构系统的集成与互联,解决各个生产安全系统"数据孤岛"问题。通过建设地面井下工业以太环网(万兆、千兆)、综合一体化通信网络和位置服务,配套网络安全系统,实现地面井下高速网络全覆盖,并融合地面行政通信、矿井生产调度通信、矿井无线通信,形成一套综合通信平台,实现一体化语音通信。

（2）矿山协同管控层

主要涵盖矿井数据中心与面向传感器、控制器的系统,主要包括智能生产监控相关系统、智能安全管理相关系统和调度指挥协同相关系统,利用统一的监控类平台进行开发,多系统分客户端进行运行。矿山协同管控层主要实现矿井各类生产系统的集中协同控制,完成矿井原始基础数据的采集、处理和存储,同时为上层的业务处理、AI和大数据分析等应用提供统一和可靠的基础数据,数据来源于监测监控和安全生产管理的各个环节。结合决策分析结果对进尺指标、开采指标、运力指标、物资需求、排水与用水需求及用电需求进行动态调整,计算最佳进刀速度、输送带速度、调度车辆和司机、调整供排水和供配电等,实现对各类资源的最优配置、最大化利用和最少浪费。

(3) 大数据中心层

建立统一的矿山大数据中心,针对不同类型(结构化数据、非结构化数据、时序数据和空间地理位置数据)的数据,提供相应的高容量、高可用、高性能的存取能力。以数据中心为核心,由运营管理数据中心、空间数据中心和监控数据中心组成,采用数据配置中心,通过分级分类、数据过滤和数据清洗等技术手段,对下层采集的原始数据进行挖掘分析,在统一编码体系的支撑下,进行数据质量标准化治理,为管控层数据的利用奠定基础。

(4) 智能分析管控层

抽取生产、安全、经营体系类数据及跨体系类数据,站在企业运营KPI的视角进行大数据处理,结合具体专题的算法及模型对矿山生产经营过程进行决策分析,并输出分析结果,提供安全、生产和经营方面的决策参考信息。

(5) 表现层

面向各级管理业务处室人员,利用统一门户平台技术实现一站式登录、应用集成以及个性化工作界面等功能,通过可视化引擎,实现对基层单位重要作业环境、生产过程、经营管理的全方位和全视角的真实在线展示,满足计算机终端和大屏幕显示系统的应用需求。

此外,在矿区侧的应用系统设计方面主要涉及数据格式设计、通信接口设计、信息安全性设计和系统灵活性与可扩展性设计的相关内容,如下所述。

(1) 数据格式

针对煤矿井上下复杂、异质、异构、时变、随机和多态数据,规范数据索引格式、元数据格式、数据表结构、布局方式、存放格式、精度要求、时效设置和编码方案等。其中,元数据和数据索引主要包括各类数据概述、用途、存放路由、数据库、访问引擎和索引结构等,体现数据的层次结构。

(2) 通信接口

支持多种数据服务、通信协议和接口,如TCP/IP、HTTP、DDS、DDE/NetDDE、COM/DCOM、OPC、RS485、FTP、MSMQ、XML、SOAP和SOA等。从SCADAD、DCS、PLC、RTU、仪表、模块等多种软件和设备中获取数据,并能够通过开放接口向各种应用提供数据。从各种服务系统、应用系统和控制端获取命令,并能够自动转发和执行命令,控制设备的运行,保证命令的可靠性与时效性。

(3) 信息安全性

网络、信息和系统安全参照《信息技术 安全技术 信息安全管理体系要求》(GB/T 22080—2016)、《信息安全技术 信息系统安全等级保护基本要求》(GB/T 22239—2008)、《工业控制系统信息安全 第1部分:评估规范》(GB/T 30976.1—2014)、《工业控制系统信息安全 第2部分:验收规范》(GB/T 30976.2—2014)等标准要求,能够实现从角色到用户、从系统到功能模块等访问权限的统一认证,对于监测监控系统、传感系统、工业自动化系统和软件系统等应用平台,各业务系统之间既要互相访问,又要互相隔离,满足信息安全要求。

第 2 章　彬长矿区智能化建设需求及总体设计

（4）系统灵活性和可扩展性

系统采用微服务架构,将复杂的应用拆分为多个共享服务和独立业务服务,做到各个服务资源的合理分配,采用合理的技术或者工具不断优化架构,实现根据煤矿业务和技术的不断发展进行系统的升级,使企业平台不断演进、优化。

综上所述,基于矿区侧的总体技术架构设计思路,彬长矿区智能化矿井建设的技术路径如下:

首先,根据矿井的地质条件、建设基础、建设目标制定科学合理的智能化升级改造方案,按照"基础系统高容量-采掘系统高可靠-感知系统全覆盖-保障系统高适应"的思路,自下而上逐步实现智能化改造。

其次,将智能化矿井的升级改造分为三个阶段,如图 2-7 所示。

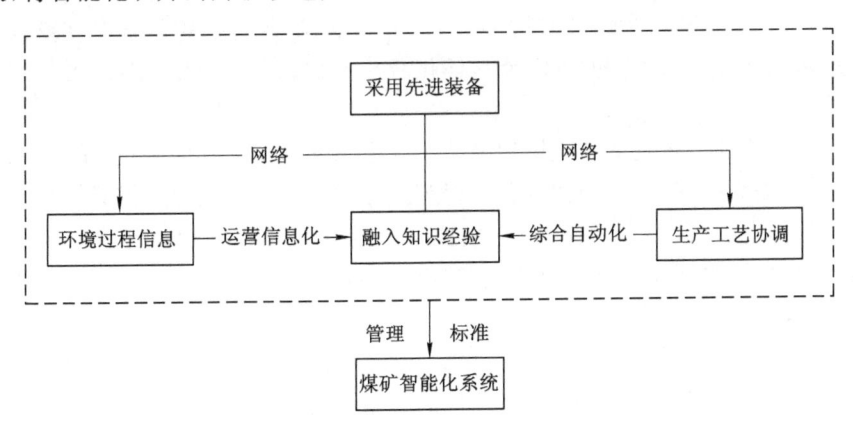

图 2-7　彬长矿业集团有限公司智能化建设技术路径设计图

① 根据煤矿实际情况与建设需求,对具体业务系统进行技术与装备升级,提高单个设备、系统的自动化、智能化水平。

② 开展网络平台、数据中心等升级改造,汇聚生产工艺、环境过程信息等。

③ 进行系统的整体集成,实现基于智能化综合管控平台的一体化智能协同管控。

通过上述技术路径的设计,不但能够根据矿井的实际情况和自身需求,选择适合的技术方案,而且可以优化矿井生产能力,降低环境污染,提高矿井的安全性,从而推动智能化技术在矿业领域的应用和发展。

总体来说,基于彬长矿区发展战略对智能化的需求,通过制定彬长矿区智能化建设总体目标,可以明确矿区智能化发展方向。在此基础上,通过制定智能化建设原则、设计方法和总体蓝图,不但可以进行资源的合理配置和利用,规范项目管理流程,提高项目管理效率和执行力,而且可以鼓励技术创新,推动智能化技术在矿区的应用发展,对于提升矿区竞争力和可持续发展能力具有重要的作用。

第3章 彬长矿区智能化基础设施建设

3.1 概述

依据《煤矿智能化建设指南（2021年版）》文件内容，陕西彬长矿业集团有限公司针对彬长矿区信息基础设施建设中涉及的智能一体化管控平台、云计算数据中心、通信网络建设等提出了相关要求，如下所述：

智能一体化管控平台是基于陕煤集团统一数据标准和工业互联架构，采用"云-边协同"的模式部署，覆盖煤矿安全、生产调度和运营等业务领域的一体化综合性管控平台[13]。

云计算数据中心接入来自陕煤集团统建系统、板块统建系统和子分公司自建系统业务数据，通过采集控制层及设备层的监测监控数据，构建煤炭板块全局数据视图，并提供实时数据计算分析能力[14]。

通信网络建设需遵循技术先进、运行可靠和专网专用的原则，核心节点设备具备冗余结构和监控管理功能，保障有线、无线网络环境的稳定运行。

此外，煤矿智能化建设应按照《中华人民共和国网络安全法》中"同步规划、同步建设、同步使用"的三同步原则，同步考虑网络安全防护建设，大力提升煤矿智能化网络安全防御能力[15]。

基于上述要求，彬长矿区智能化基础设施的建设主要包括主干网络、5G＋多场景智能应用、数据中心建设、数据中台、智能化综合管控平台和信息安全保障建设，其框架结构如图3-1所示。

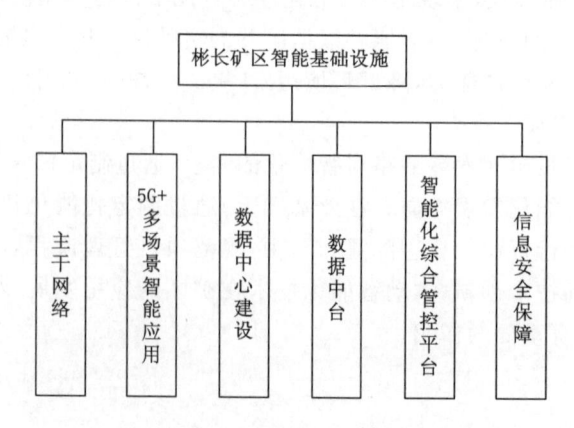

图 3-1　智能化煤矿信息基础设施标准体系框架结构

彬长矿区通过建设一朵决策管控云、形成融合矿业公司数据中心私有云和5对矿井数

第3章 彬长矿区智能化基础设施建设

据中心私有云的云底座,实现矿区和矿井之间数据全面感知接入。此外,彬长矿区通过41条OTN光传输链路,实现工业专网全覆盖,能够承载矿区安全生产、预测预警、灾害治理和经营管控的数据传输任务,具备数据中心资源统一管理能力、系统实例运行能力、初步的实例集群功能,以及最基本的数据分类、数据分析、数据融合和数据防护等管理功能,以便满足数据中心智能化达标与安全要求。

目前彬长矿区数据中心私有云承载了产供销价值链智慧联动平台和全员安全培训考试系统等应用运行工作,而各矿井数据中心承载了产供销价值链智慧联动平台和综合管控平台等系统运行工作。此外,彬长公司下辖5对矿井(大佛寺矿、胡家河矿、小庄矿、文家坡矿和孟村矿)均采用有线环网+无线通信网络传输技术,形成万兆视频环网+千兆(万兆)生产数据环网+千兆安全监测环网传输模式,4G+Wi-Fi无线信号覆盖地面工业厂区、井下各大巷、采掘区域,实现了有线主干网络与无线主干网络互通,具体彬长矿区环网传输模式如图3-2所示。

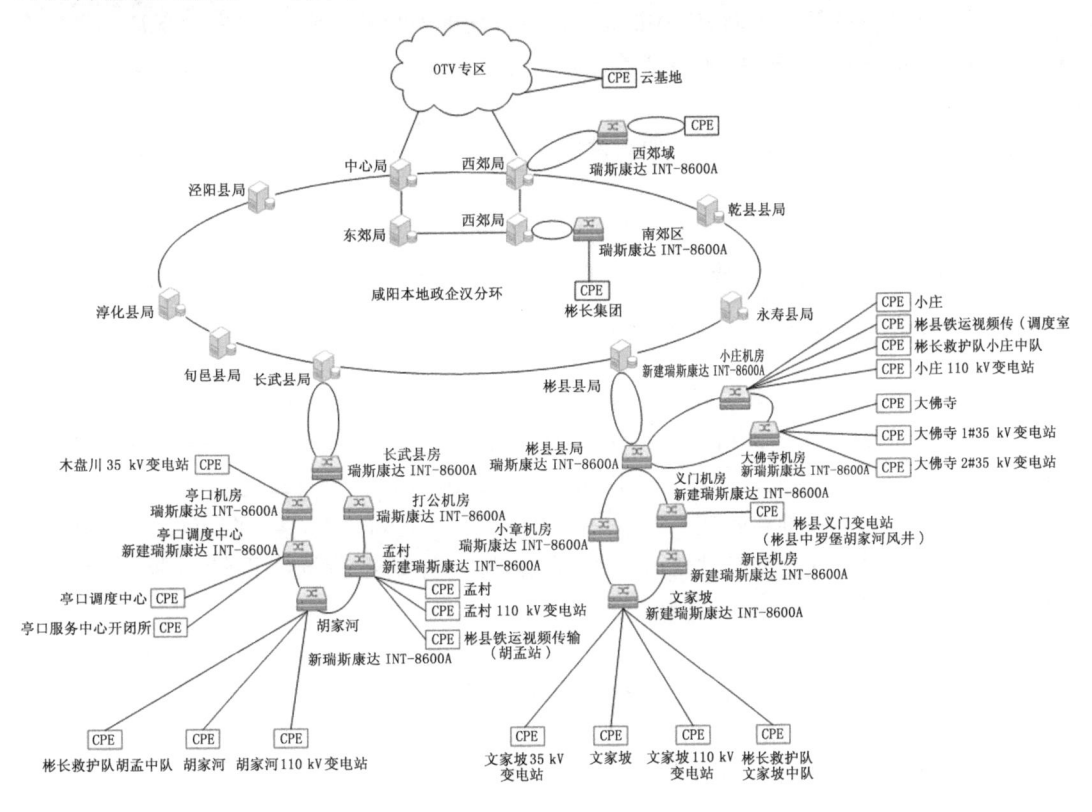

图3-2 矿区环网传输模式

3.2 主干网络

3.2.1 主干网络规划原则

彬长矿区的主干网络建设对于陕西彬长矿业集团有限公司的智能化发展具有非常重要

的作用。因此,在进行主干网络规划时,需要满足以下几个方面的建设原则:

(1) 先进性原则

采用当今国内、国际上最先进和成熟的计算机软硬件技术和网络技术,能够最大限度地适应今后矿区和矿井智能化发展变化和业务电子化发展的需要。

(2) 实用性和可行性原则

充分考虑当前的不同业务层次和各环节管理中数据处理的安全性与便利性,把满足基本业务需求作为第一要素进行考虑。

(3) 可扩展性原则

要求满足用户规模动态变化的可扩展性(或性能可扩展性)和业务需求变化的可扩展性(或功能可扩展性)。同时,应具有良好的可伸缩性和可管理性,便于统一管理、统一监控,降低管理成本。

(4) 安全性原则

保证访问认证的信息正确,任何非法的访问都能够被杜绝。此外,还需要保证信息的有效性、机密性、完整性、可靠性、不可抵赖性和可标识性。

(5) 可用性原则

任何时候用户都可以获取稳定的软件服务,并且应当尽可能地缩短停机时间。

(6) 可管理性原则

软硬件系统等便于管理。当发生任何问题时,都能够进行自动诊断,并立即采取有效的措施,使得彬长矿区的基础设施时刻处于良好运行的状态。

3.2.2 主干网络拓扑结构

陕西彬长矿业集团有限公司的主干网络采用光传送网(Optical Transport Network, OTN)传输专网进行构建,网络拓扑结构设计如图 3-3 所示。所有上传的数据在新建数据中心节点进行汇集,同步对 5 对矿井的网络机房按照模块化进行升级,整合资源,统一接入数据中心机房和实施标准化管理。通过三级网络的统一规划建设,落实陕煤智能专网的"统一管理""统一调度""统一安全""统一运维"的"四统一",实现"煤炭一张网,全网一盘棋"目标,为企业数字化转型打好坚实基础。

(1) 主干网络设备技术

① 核心技术:通过 OTN 封装,支持 OTN、OAM、分组交换及 OAM、VC 交叉,也支持链路质量监控、业务层性能质量测量。

② 业务接口技术:以中高速率为主,Any 速率接口 FE/GE/10GE、STM-1/4/16、E1、FC-100/200/400/800/1200、CPRI 具有带宽扩展性。

③ 保护倒换:支持上联线路端口的保护和客户业务的保护。

(2) 主干网络安全性

使用防火墙和网络病毒防范软件,确保各个独立企业网络在安全方面已经有了一定的防护能力。在建设主干网络时,对专用线路的安全性和可用性采取的措施如下所述。

① 客户端设备(包括客户端总部设备)采用双路由、双节点接入到 OTN 网络,形成端到端的链路保护,提高网络安全等级。

② 接入侧/客户端设备具有保护能力,客户端设备电源具有"1+1"保护的双电源模块。

第3章 彬长矿区智能化基础设施建设

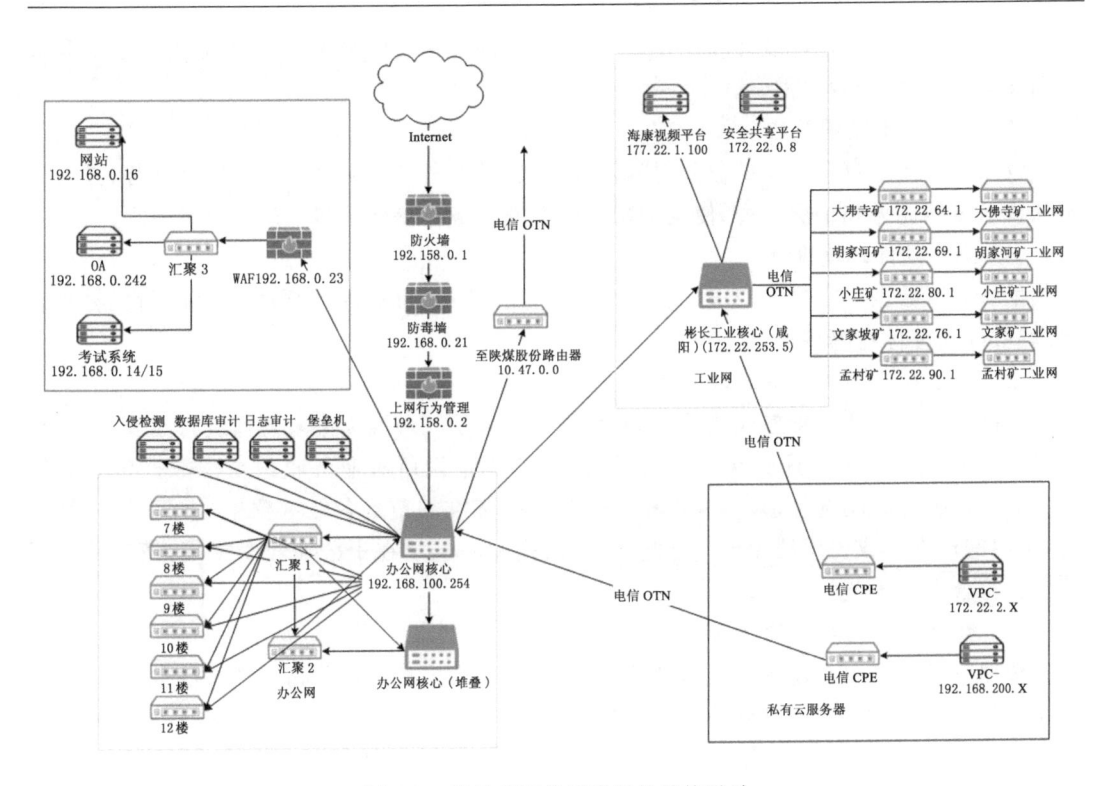

图 3-3 彬长矿区的网络拓扑结构设计

③ 接入侧/客户端设备可监控。

3.3 数据中心建设

3.3.1 彬长矿区数据中心建设原则

彬长矿区数据中心建设应遵循开放架构标准，融合服务器、分布式存储及网络交换机为一体，并集成分布式存储引擎、虚拟化平台及管理软件等软硬件资源，作为云计算资源池的重要组成部分，为计算资源池提供高速、可靠、安全的块存储服务，按需调配、线性扩展，以便降低信息化系统的总体拥有成本（TCO）和系统维护运营成本，满足信息化建设持续发展和信息化系统安全可靠运行的要求。

3.3.1.1 规划原则

彬长矿区数据中心建设是彬长矿区智能化基础架构规划建设的重点。随着企业的发展，数据中心会经历集中化、虚拟化等演进路线。数据中心的架构将面向服务对象随需提供高效的计算机资源，是企业智能化、智慧化的基础。总的来说，彬长矿区数据中心规划除了需要考虑安全性、可靠性、可管理性、灵活性等要素，还需遵循以下建设原则。

（1）服务于应用

彬长矿区数据中心规划与建设围绕应用铺开，应着眼于如何服务于应用。

（2）标准化规范

按照统一的规范进行设计和建设,不但有利于硬件平台的水平扩展,而且有利于提升管理和维护效率,便于硬件整合。

(3) 符合技术发展趋势

技术设计需要符合彬长矿业公司的发展阶段,并充分考虑基础架构的发展趋势,具有一定新技术吸纳能力和扩展能力,使基础架构能够随业务扩展而逐步改进。

(4) 满足硬件环境设计

彬长矿区数据中心建设应该具有弹性的信息化架构、可靠性、可用性、高安全性、易管理性、经济性和高性能等特点。

3.3.1.2 彬长矿区数据中心选址原则

根据彬长公司业务管控模式及数据管控要求,采用三级数据中心规模进行建设,依托现有OTN网络架构,配合优势企业专属私有云,实现集团所有业务收敛至本数据中心的目标。对于数据中心的选址,采用国际和国内对应的标准规范。各级数据中心间采用光纤连接,采用铺设专线或租用裸光纤。据此,三级数据中心选定在子公司较为密集,信息覆盖面较广且符合选址规范的地区。

3.3.1.3 数据中心机房建设原则

依据三级数据中心建设方向,各级数据中心将作为彬长矿业公司的核心信息支撑枢纽,采用国际上以机房工程为对象的技术规范标准《数据中心电信基础设施标准》,指导彬长矿业公司各级企业机房建设。立足于彬长公司层面,对各层级单位机房建设进行建设方式的指导并制定相对应的建设标准。针对个性化的、细节的建设内容,可根据实际情况及建设标准进行适度定制。

3.3.1.4 数据中心建设演进路线

数据中心网络为接入层、核心层两层结构。数据中心优化应根据应用需求、安全等级和功能的不同,将数据中心划分成生产区、独立隔离区(DMZ)、日常管理区、开发与测试区的四个区域,数据中心逻辑区域划分如图3-4所示。

① 生产区:主要部署由内部用户访问的应用系统的基础设施,包括各业务系统的数据库服务器、应用服务器及存储设备。

② DMZ区:主要部署连入内网与外网的各类设备,放置在独立隔离区(DMZ),如DNS以及实现VPN、拨号和第三方接入的设备。

③ 日常管理区:部署主机、网络类的管理与监控、IT运维、终端管理等IT类系统。

④ 开发与测试区:主要放置业务应用系统的开发环境、测试服务器,仅开发和测试人员可以访问这些服务器。培训、迁移等需要的环境也可以部署在此区域内。

此外,数据中心优化采用双链路结构,如图3-5所示,以便提高网络可用性。此外,通过增加IPS和上网行为管理等设备,以便提高网络安全性。

最后,数据中心优化采用云计算,向新一代数据中心演进,同时根据国家云战略部署,新一代数据中心构建需要对计算、网络、存储、应用、安全、管理等关键技术演进。具体技术如下所述。

(1) 计算虚拟化

计算虚拟化实现服务器虚拟化计算,可以部署VMWare、XEN或者Virtual PC虚拟化平台。此外,部署的计算集群平台能够形成可动态调度的计算资源。

(2) 存储虚拟化

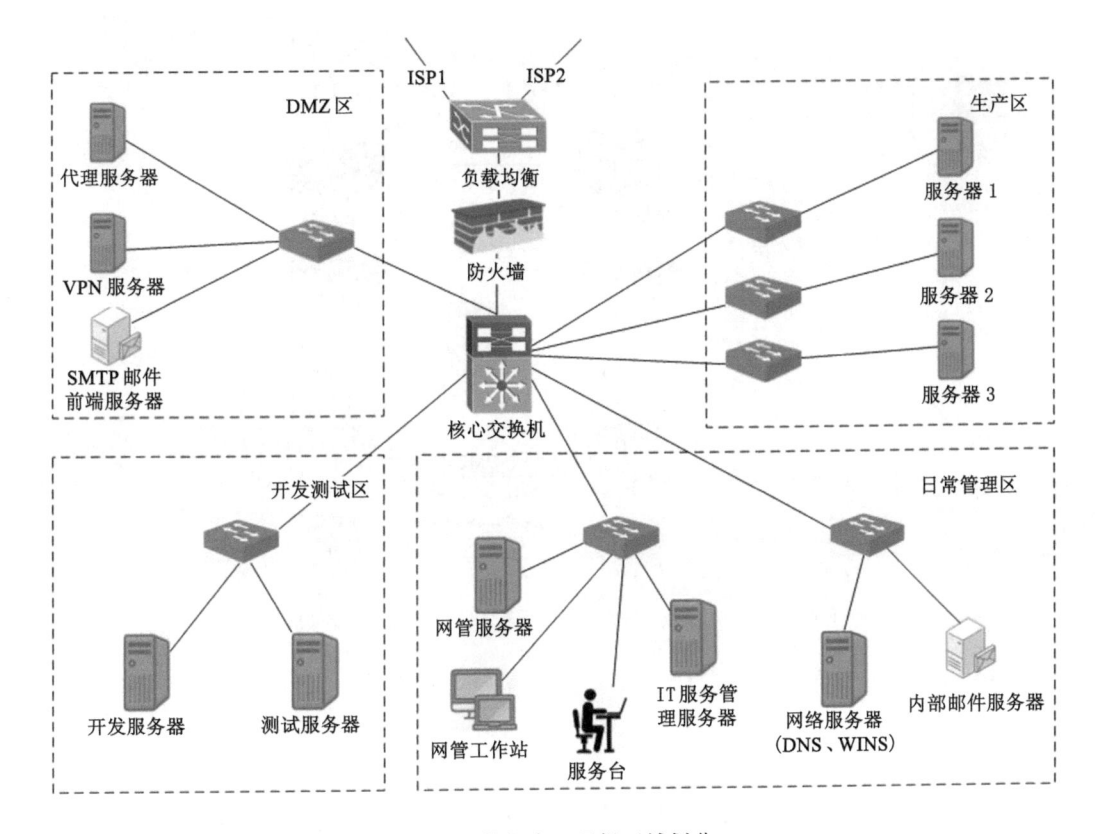

图 3-4　数据中心逻辑区域划分

首先,统一不同操作系统和异构存储资源,部署虚拟化平台;其次,进行大容量数据扩容和分区管理,部署统一数据管理平台,以便实现数据统一管理;最后,进行数据自动备份和恢复。

(3) 统一交换网络

采用多级交换架构的数据中心专用交换机,搭建完全无阻塞的统一交换网络。通过分布式大缓存和精细化流量调度,实现云计算业务突发及无序流量统一承载交换,并利用部署网络虚拟化技术,简化网络管理。

(4) 统一安全

数据中心整体安全规划,在出口设置面向网络整体的 IPS、防火墙、流量清洗和流量分析系统,在内部可针对各区域在线部署接入层 IPS 和防火墙模块,消除安全策略给数据中心带来性能和功能瓶颈。其中,IPS 提供了 2 至 7 层的防护能力,此外通过异构系统安全的统一管理,设置独立管理分析报表输出平台,面向云计算模式,定制一城一池云网结构,同时实现私有云的安全分区部署。最后,利用公有云的外部整体保护和互联云的云间保护,实现基于 VPS 的虚拟安全和安全服务的虚拟化。

(5) 从统一管理到自动化管理

部署统一的智能管理中心,不但实现对计算、存储、网络的统一资源化管理,而且利用网络、安全资源的触发联动技术,实现存储资源基于策略的动态调整。

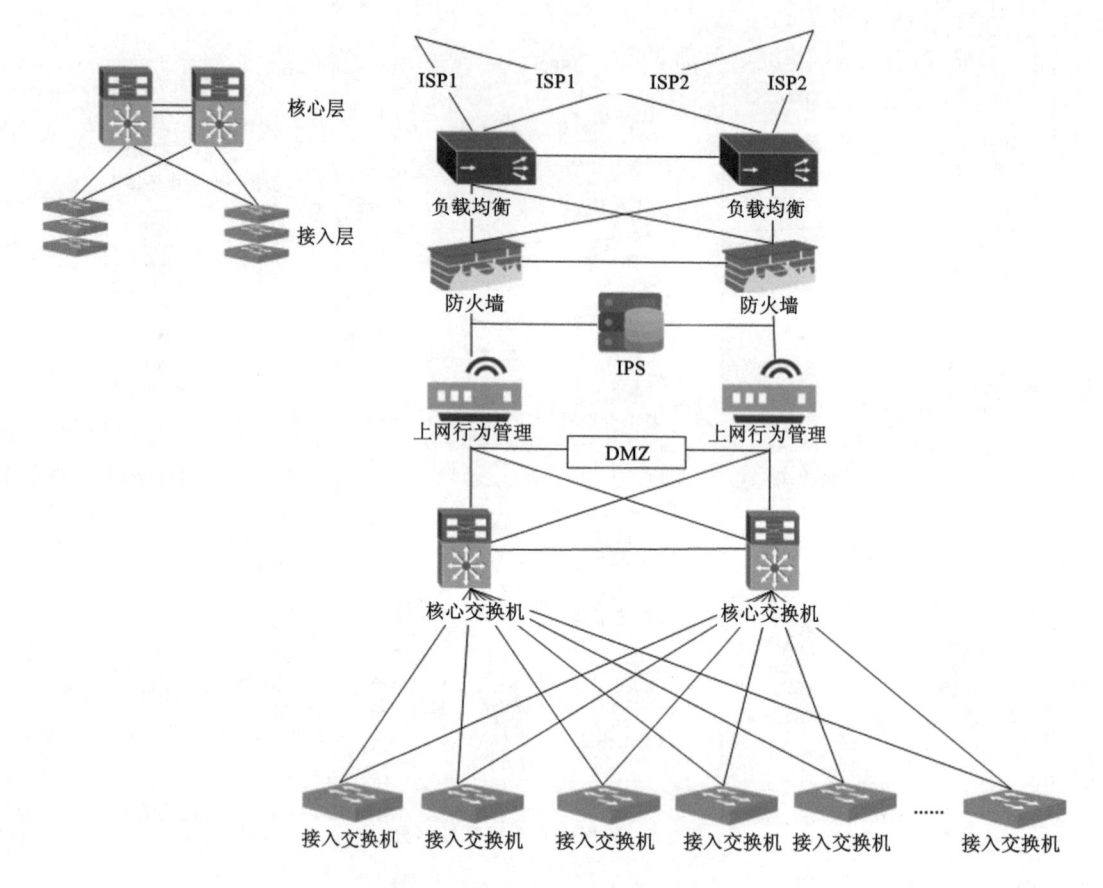

图 3-5　数据中心网络双链路结构

3.3.2　彬长矿区数据中心总体设计

彬长矿区数据中心采用 ZStack Cube 超融合一体机部署方案,由双管理节点物理机高可用方式管控整个云平台,提供了管理节点高可用功能。当其中任意一个管理节点失联,会自动触发秒级高可用切换,从而保障管理节点持续提供服务。私有云服务器作为计算和存储节点,提供 KVM 虚拟化和分布式存储服务,并采用天翼全栈混合云敏捷版多管理节点超融合方案部署云平台。超融合服务器同时作为计算、存储和管理节点,提供 KVM 虚拟化和分布式存储服务以及平台管理服务[16-17]。

管理节点的数据库可配置每 2 h 自动备份至其他节点。在极端情况下,两个管理节点所在物理机同时出现系统硬盘坏掉或硬件故障,造成云平台不可用时,也不会影响当前已经运行的平台业务。此时,可在其他节点快速安装云平台再恢复数据库,5～10 min 内恢复云平台业务。

彬长矿区数据中心定义三类网络流量(Gateway/Public/ Cluster)模型:管理网络、业务网络和存储网络,具体内容如下所述。

① 管理交换机为千兆电口,存储交换机和业务交换机为万兆光口。

② 云主机数据网络表示云主机向外提供应用服务的网络,或云主机之间相互沟通的网络,采用双链路 10GbE 以太网。此网络的交换机端口设定 Trunk 模式,在操作系统中对应

了 Enp59s0f1\Enp175s0f1 两款网卡。

③ 管理网络主要承载 ECloud 管理节点主机与 ECloud 物理机的消息通信,包括任务下发和云主机迁移。考虑到业务负载的需求,采用双链路 1GbE 以太网,在操作系统中对应了 Enp175s0f0\Enp175s0f1 两款网卡。

④ 存储网络主要承载 Ceph 存储流量和 ECloud 高可用套件,守护服务通信的网络流量。该网络是保障存储集群、管理节点和业务云主机高可用的关键网络。考虑业务负载需求,采用双链路 10GbE 以太网。此外,查看交换机是否支持巨型帧(Jumbo Frame)。若支持,则建议开启,全链路最大传输单元(MTU)设定值为 9000,在操作系统中对应了 Enp59s0f0\Enp176s0f0 两张网卡。

彬长矿区管理业务网络采用 Mode1 主备模式,万兆交换机配置堆叠,存储网络采用 mode4 动态链路聚合万兆交换机,配置跨设备链路聚合(M-LAG)。管理网络交换机端口配置 trunk528 模式,存储网络交换机端口配置 trunk530 模式。

3.3.3 数据中心私有云建设及关键技术

以建立高速、开放、安全、可靠的矿井工业监控传输网络为目的,解决所有安全、生产监控及自动化子系统接入及传输物理通道的问题。设计的内容应包括矿井工业监控传输网络建设所需的硬件、软件及传输线缆等。网络应具有开放性,比如网络平台必须是完全开放的,符合国际公认的网络标准——工业通信网络数据总线规范(IEC 61158-1:2023),具备成熟的第三方连接能力。

数据中心私有云的主要网络结构分为:办公网、工业视频环网、工业控制环网、安全监控环网、超融合服务器集群以及每个子系统服务器分别上传局域网。其中,办公网核心交换机与其他所有上下联设备采用千兆以太网互联,超融合防火墙与超融合交换机、超融合服务器集群之间采用双线万兆互联。此外,超融合防火墙与工业视频环网之间,同样使用双线万兆互联,实现主备冗余。

具体建设内容如下所述。

3.3.3.1 网络节点设计

(1) 中心机房核心层网络

采用工业以太网设备,主要拓扑结构为星型,支持星型、环型、树型、总线型等相结合的结构形式,主干传输速率为 1 000 Mb/s。

在矿井中心机房配置冗余核心交换机,用于连接调度中心服务器、工作站、网络安全设备及接入层网络设备等,支持环网自愈重构功能。

采用光缆或超五类(或六类)非屏蔽对绞电缆连接。

(2) 接入层网络

建立井下环网,配置工业以太网环网交换机,连接附近监控及自动化子系统设备。环上各有耦合型环网交换机分别与中心机房的冗余核心交换机相连,形成主、备用通路,并通过核心交换机实现不同环间的数据通信。

环网采用单环单节点设备组成千兆网。所有环网交换机具有冗余全双工千兆光纤端口,构成一条完整的光纤环路;耦合型环网交换机用于耦合连接;其他端口可用于局部星型、树型、总线型节点的连接。当环网中某一段工作中的光纤线路被破坏或网络设备发生故障时,整个网络应能自愈,并保证在50 ms内恢复正常的通信,恢复过程中数据保证不得丢失。

环网采用单模光缆连接,子系统接入线路采用单模光缆或超六类非屏蔽对绞电缆连接。

井下网络节点设备(环网交换机)实现输入输出信号为本质安全型信号,满足井下本质安全型系统利用本网络传输的需求,并具有隔离措施,当有非本质安全型信号接入时,不得影响同台环网交换机设备本安接口信号的本质安全特性。

3.3.3.2 网络设备技术

(1)网络管理软件技术

网络管理系统采用分布式、组件化、跨平台的开放体系结构,通过选择安装不同的业务组件,实现设备管理、拓扑管理、告警管理、性能管理、软件升级管理、配置文件管理、VPN监视与部署等多种管理功能。这样不仅能够独立提供完整的网络管理平台,还能够与OpenView、SNMPc多种主流通用网管平台灵活集成。

网络管理软件可以通过拓扑结构迅速发现网络资源,实时监视所有设备的运行状况,通过可视化的网络拓扑学,及时了解网络的变化,并实现网络故障管理功能,及时发现问题、深入分析问题、快速解决问题提供全流程的支持。

网管系统提供了丰富的性能管理功能,实现主动监视网络的状况,及时发现网络潜在的隐患。通过历史性能统计数据,为升级、扩容网络提供客观准确的参考。

定期备份配置文件,跟踪设备配置变化。一旦发生网络故障时,能够利用历史配置备份将网络立刻恢复正常。此外,运用网元管理功能,通过逼真的面板图片,直观反映设备运行情况。

针对设备端口故障,利用定位检测工具(例如:路径跟踪和端口环回测试工具)进行故障检测。当报告网络接入存在问题时,网络管理员不需要到达用户现场,直接通过网管对指定用户端口做环回测试,实现用户侧端口的远程诊断。

(2)交换机选型技术

核心交换机选型符合工业级产品标准,可提供多个扩展性模块,具有三层交换功能,能够实现整个网络各子系统间的三层路由及安全策略控制。此外,设备配置24个接口,支持强大的接口扩展能力;所有光纤接口均应统一选用单模光缆传输,传输距离应不小于20 km,能够实现热备交换机冗余,具有冗余环、快速生成树(RSTP)、冗余环-环之间耦合、双链路(主/备)、链路聚合、电源冗余和风扇冗余等功能;此外,可热插拔,并支持端口安全(基于MAC和IP地址)、代理访问控制(VLAN/IP)和认证安全(基于IEEE802.1x)。网管可基于串口、WEB接口、SNMP V1/V2/V3和文件传输交换HTTP/TFTP等,将网络设备的状态信息以OPC方式传递到HMI/SCADA软件中,从而将网络监控与其他智能设备的监控集成一体。最后,核心交换机具有状态、故障诊断与报警功能,可实现远程实时在线故障诊断,当故障发生时,用户可在第一时间实现故障的诊断和定位。

环网节点交换机符合工业级产品标准,适用于井下较恶劣环境,采用无风扇结构,提供多个扩展性模块,具有三层交换功能,便于接入子系统的安全策略部署。此外,采用冗余环技术,包括冗余环、快速生成树(RSTP)、冗余环-环之间耦合、双链路(主/备)、链路聚合和电源冗余等,可实现1 000 Mb/s环网技术。环网支持串联节点数目≥50台,串联总长度≥100 km,支持端口安全、认证安全、质量服务(Qos)不少于8个队列,可以将网络设备的状态信息以OPC方式传递到HMI/SCADA软件中,从而将网络监控与其他智能设备的监控集成一体,具有状态、故障诊断与报警功能,可实现远程实时在线故障诊断。当故障发生时,用户可在第一时间实现故障的诊断和定位。

3.3.3.3 数据中心私有云设计技术

彬长矿区数据中心私有云节点采用核心层+接入层两层组网,实行业务流量和管理流量分离。

（1）新增设备规模

新增边缘云节点、设备Zstack一体化服务器、安全服务器、核心交换机（DCSW）、边界交换机（万兆）、万兆业务交换机、万兆存储交换机、万兆安全交换机、千兆管理带内交换机、千兆管理交换机和下一代防火墙等,丰富硬件资源。

（2）新增业务网络组网

针对业务接入,通过10GE端口,上联万兆业务接入交换机和万兆存储接入交换机;通过GE端口,上联千兆带内管理交换机。此外,对于安全接入新增万兆安全接入的交换机,通过10GE端口交叉上联核心交换机;对于核心及出口新增核心交换机,通过10GE端口字型上联连接下一代防火墙设备和OTN-CPE出口设备。

（3）新增管理网络组网

针对业务管理,新增Zstack服务器,并通过GE上联千兆管理交换机,汇聚后通过10GE上联核心交换机。此外,新增安全服务器,通过GE上联千兆管理交换机。针对外带管理,新增千兆带外管理交换机,下联服务器、核心交换机、接入交换机和防火墙的管理口（IPMI）,汇聚后通过GE上联OTN-CPE设备,构建带外网管。

（4）网络设备堆叠

对核心交换机、万兆业务接入交换机、万兆存储接入交换机、万兆安全接入交换机、千兆管理交换机和边界交换机（万兆）等设备采用做堆叠和MAD检测。对防火墙采用HA高可用方案,不做堆叠。

（5）OTN网出口

采用咸阳电信云基地OTN网络,OTN-CPE设备采用10GE端口和GE端口。

3.4 数据中台

数据中台提供了数据的采、存、管、算、用一条龙服务体系,功能模块包括数据源管理、数据仓库管理、数据标准管理、数据资源管理、数据质量监控、数据汇聚管理、数据治理、数据安全、数据访问管理、数据共享管理和资源监控等[18],具体的功能模块如图3-6所示。

数据中台的主要功能如下所述。

（1）数据源管理模块

数据源管理模块负责数据全面场景化接入准备。针对煤矿业务,数据源管理包括数据库数据源管理、消息队列数据源管理、FTP数据源管理和OPC数据源管理四项功能。数据库管理可对数据源进行配置、连接测试、分类存储、检索等。

数据源做了类型划分,数据源类型可分为平台数据源和外部数据源。数据汇聚时,可以将外部数据源的数据汇聚到内部数据源;数据共享时,可以将内部数据源的数据共享到外部数据源。

（2）数据仓库管理模块

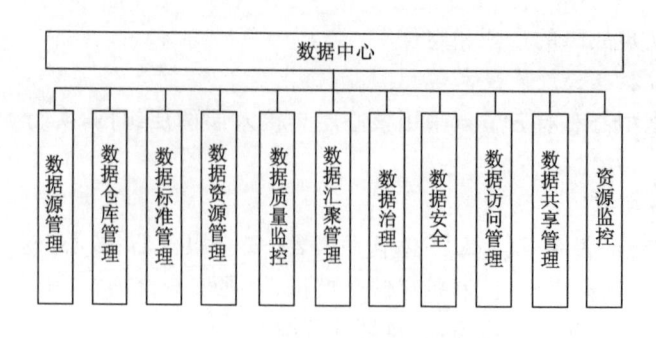

```
                        数据中心
    ┌──────┬──────┬──────┬──────┬──────┬──────┬──────┬──────┬──────┐
   数据   数据   数据   数据   数据   数据   数据   数据   数据   资源
   源    仓库   标准   资源   质量   汇聚   治理   安全   访问   共享   监控
   管理   管理   管理   管理   监控   管理         管理   管理
```

图 3-6 数据中台功能模块架构

　　数据仓库存储模块包括多个数据源的历史数据，是多个组件的混合体，由 HDFS、Hive、HBase、关系型数据库等组成数据仓库。数据仓库并不是数据的最终目的地，而是为数据最终的目的地做好准备。这些准备包含清洗、转义、分类、重组、合并、拆分和统计，可以对数据进行细粒度和多维度的分析。该模块主要包括数据仓库管理和数仓模型维护两部分。

　　(3) 数据标准管理模块

　　数据标准管理模块主要是对数据字典、数据规则、数据元、数据协议标准等进行管理。数据字典是统一固定的字段，如传感器监测类型、测点状态等；数据规则是指质量检查、数据过滤、数据转换和数据脱敏等的统一规则；数据元是指最小数据单元，所有数据表(模型)里包含的字段；数据协议标准是国家或其他机构颁发的协议标准，比如安全监测、人员定位等数据字段顺序、校验过滤规则和转换要求等。

　　(4) 数据资源管理模块

　　数据资源管理模块对监测数据、业务数据、分析数据储存和展示进行统一维护管理，实现了数据资源池、数据模型、元数据、数据资产目录、数据资产视图和数据资产关系等数据资源相关的数据管理功能和统计分析功能。

　　(5) 数据质量监控模块

　　数据质量监控模块根据数据协议标准、数据源更新频率等进行了准确合理的数据质量监控。通过选择质量监测标准规则自定义质量检测任务，创建和执行对应的质量调度任务，以便完成数据质量的动态监测，并记录对应的检测日志。

　　(6) 数据汇聚管理模块

　　数据汇聚管理模块可以动态配置数据源、目标数据库表、接入标准、同步方式(增量、全量)和同步周期等，以监听或主动拉取数据的方式采集数据，将数据源的字段自动映射到目标表。同时，该模块还提供数据汇聚的日志，以展示数据采集的时长、状态和失败消息等。

　　(7) 数据治理模块

　　数据治理模块通过对数据进行分类管理、多源异构数据汇聚加工(数据合并、数据链接、数据排序、数据值截取、数据值替换和数据字段映射)等方式治理数据。通过数据去重、空值过滤、按条件过滤、正则过滤等方式对数据进行清洗，结合 HBase、Flink 等大数据存储和分析计算技术，通过对多源异构数据流批一体方式，结合调度任务，进行在线或离线按模型监测、监控分析处理。此外，通过邮箱校验、身份证校验和多字段值校验等方式，实现"脏数据"剔除功能。

　　(8) 数据安全模块

数据安全模块主要对数据进行销毁和脱敏。其中,数据销毁管理是该模块根据数据库历史数据量结合实际要求,设置不同数据的数据销毁策略,通过销毁策略实时或定时执行数据销毁。数据脱敏配置指对数据进行脱敏方式的配置,脱敏方式包括替换、截取、隐藏、随机值、日期偏移、乱序、加密、平均值等。

(9) 数据访问管理模块

数据访问管理模块主要管理数据访问,数据访问是为数据消费者提供高性能、高质量数据,主要分为HTTP服务、消息队列服务和WEB服务三部分,其他系统可以根据提供的API、消息队列和WEB服务三种主动访问数据。

(10) 数据共享管理模块

数据共享管理模块实现各类数据快速和高效地同步共享,可以把数据中台数据共享到消息队列、FTP、常见关系数据库、国产数据库以及HBase等数据库,是一种主动推送数据以实现共享的方式。

(11) 资源监控模块

资源监控模块实现了对主要软件服务、仓库存储、网关、缓存、服务器等运行情况进行监控、告警和展示。

3.5 5G+多场景智能应用

3.5.1 5G基础建设内容

根据彬长智慧矿区和智能矿井的要求,以掘进工作面和综放工作面作为示范点,建设矿井5G通信基础设施,以及配套5G生产平台和调度环境,实现示范的多场景高清视频分析系统、无线全感知安全生产系统和数字孪生工作面生产执行系统等应用场景和任务分成生产导入和应用研发[19-20],具体建设内容和工作任务如表3-1所示。

表3-1 项目建设内容和工作任务

项目实施方法与内容		矿井5G通信基础设施	多场景高清视频分析系统	无线全感知安全生产系统	数字孪生工作面生产执行系统
生产导入		井下5G网络、MEC基础	5G图像专用网络建设	5G安全感知专用网络建设	5G数字孪生混合网络建设
		大巷5G网络	私有云图像数据库部署	私有云时序数据库部署	私有云混合数据库+生产执行系统
		掘进面+综放面5G网络	掘进+综放+大巷高清图像采集4D-GIS部署	掘进+综放+大巷5G-IoT传感器部署 4D-GIS部署	综放和掘进工作面动态数字孪生和指挥调度
应用研发		5G通信质量优化	5G采掘图像识别优化	全感知系统预测模型优化	智能预警模块+数字接口
			5G高清图像解析与预警	全感知环境安全5G-IoT传感器研发	

(1) 生产导入技术

建设井下 5G+MEC 基础设施,实现多场景高清视频分析系统、无线全感知安全生产系统和数字孪生工作面生产执行系统的布设,其中数字孪生工作面生产执行系统是重点建设内容之一。

(2) 应用研发技术

通过研发 5G 通信质量优化、5G 采掘图像识别与优化、5G 高清图像解析与预警、全感知系统预测模型优化、全感知环境安全 5G-IoT 传感器研发和智能预警模块+数字接口等技术,利用 5G 无线网络的"覆盖广、低时延、低功耗"特点,提升彬长矿区的信息基础设施水平。此外,通过独立部署的网络边缘计算 MEC,实现各个应用场景的信息交互,从集中式数据中心下沉到矿井网络边缘端,在靠近矿井生产执行的网络边缘端,提供 IT 和云计算的能力,达到高带宽、低延迟、近端部署的效果,并通过 MEC 单元、IPRAN 交换机、基带处理单元(BBU)、扩展单元(FSW)和远端射频单元(pRRU),实现高清摄像头、采掘和机电设备、环境安全及地应力传感器、生产智慧和应急指挥管控等信息数据实时传输、分析和管理。彬长矿区可按照定制需求访问不同网络,在兼顾矿区专网和公网业务的同时,实现矿区范围的网络隔离,保证了矿井生产指挥和执行数据的安全性和隔离性。

3.5.2 5G 网络架构

基于陕西电信 5GSA 组网,MEC 网络部署在矿井侧数据中心,面向 5GSA 网络提供 UPF 设备实现业务分流。依据企业 5G+业务应用,测算网络带宽和终端数量的需求,同时考虑冗余备份机制,在矿井侧部署一体化 UPF 设备。通过边缘计算技术,实现业务数据流量卸载,业务本地处理,以便满足保密数据不出矿区和高带宽、海量链接、超低时延等业务需求[21]。

为满足矿井侧 MEC 需求,在彬长矿区数据中心部署出口三层网关(CE 网关),下连机房 UPF 设备,并在 CE 网关出口串接防火墙设备,实现与外界网络隔离。上述 MEC 组网架构如图 3-7 所示,具体内容如下。

园区内终端用户通过无线网络接入 IPRAN(承载网),将用户流量汇聚至矿井侧园区内 MEC。MEC 的企业私网业务通过防火墙接入矿井侧园区网络,对接业务企业应用平台,实现数据流量不出园区。MEC 的控制面接入陕西 5G CSA 核心网,划分独立号段用于专网用户开户鉴权,核心网 UPF 采用鲲鹏高性能服务器 E9000H 和业务交换机 F1A。

此外,通过部署 MEP 平台,实现能力管理、能力开放、日志采集、安全管理等,根据应用对 MEC 进行需求。

3.5.3 5G+智能应用

基于 5G 网络建设,彬长矿区利用 5G 网络实现了多场景高清视频分析、无线全感知安全生产、数字孪生工作面生产执行、技术成果展示与动态 VR 呈现等智能应用。

(1) 多场景高清视频分析系统

彬长矿区实现了 4D-GIS 高清显示和智能矿井可视化监控功能。其中,服务于生产无人化的有线、无线高清摄像头和高速、高带宽的传输网络已成为新一代基础设施。5G 无线网络技术的 10 Gb/s 的理论下载带宽和近 1 Gb/s 的上载带宽,能够彻底解决 4G 仅提供

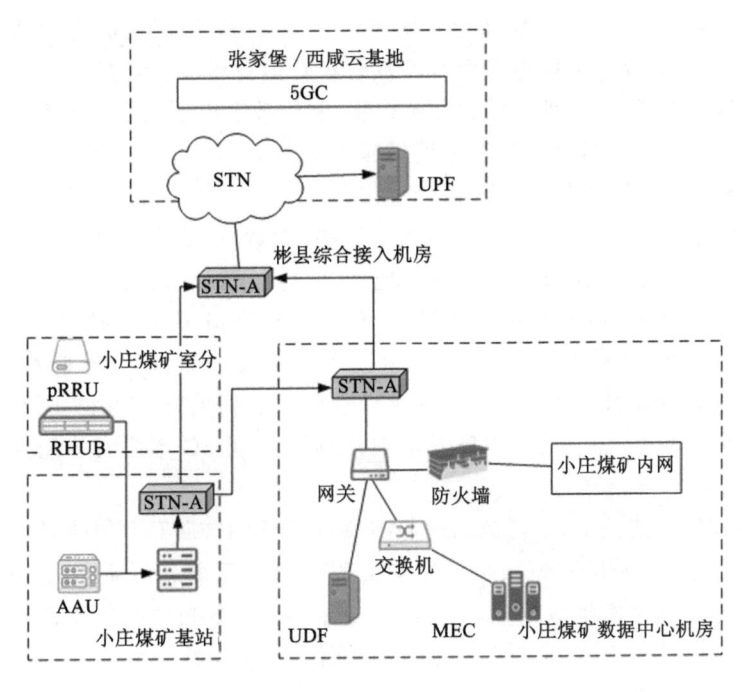

第3章 彬长矿区智能化基础设施建设

图 3-7 MEC 组网架构

2~4 个高清摄像头数据传输的尴尬局面,以及高清图像实时传输的延迟问题。同时,可见光和红外高清摄像头可以通过 5G 无线方式接入通信网络,解决采掘工作面视频移动设备的布线困难和线缆易松脱的问题。基于现场智能化采掘图像分析可实现工作面 24 h 全方位、无死角实时监控,实现了工作面设备状态、人员操作和故障报警等智能分析,解决了当前各类巡检机器人造价高、充电慢、改造工程量大、运维复杂和巡线死角多等问题,最终实现井下生产图像数据的实时传输和智能呈现。

(2) 无线全感知安全生产系统

根据彬长矿区和智能矿井信息化建设要求,利用 5G 等无线通信网络技术,实现了矿井工作面和机电环境的瓦斯、通风、地音、微震、应力、矿压和水文等生产安全感知信息的无线化实时采集和传输,解决了多类型数据孤立、有线传感网络线缆多、日常巡检与生产搬运和搬家倒面工作量大等问题。

通过建立基于 OPC-UA 技术和无线通信技术的矿井环境下瓦斯、通风、地音、微震、应力、矿压和水文信息 4D-GIS 全感知系统,实现了多源异构和复杂信息采样密度下传感器的实时分布式存储和数据安全智能分析,解决了当前上述各系统孤立、信息隔绝、无法协同分析生产环境、地质条件和水位信息背后存在潜在的安全风险和隐患等问题。

(3) 数字孪生工作面生产执行应用系统

5G 数字孪生工作面生产执行系统通过对采掘工作面的物理数据、虚拟数据、环境数据、图像数据、知识和服务数据形成智能工作面的数据融合交互及动态应用,解决了环境-装备-工艺的相互关系。该系统包括基于动态数字孪生技术的采掘面智能生产执行子系统、支持高并发实时数据库和关系数据库,以及基于数字孪生技术的采掘工作面的生产执行、设备管理、环境安全监测单元。

通过 5G 无线技术采集与数字孪生技术的融合,形成物理体数据、虚拟体数据和能量信息间的动态交互,实时反映采掘工作面及设备的实时运行状况、实时性能、环境参数和突发扰动等动态过程数据,形成物理模型的相关数据,利用数字模型的驱动因素、环境扰动、运行机制等行为模型,最终实现评估、分析和预测等功能。

(4) 技术成果展示与动态 VR 呈现

彬长矿区通过 5G 网络结合物联网、人工智能、大数据、数字孪生、图像和语音识别等先进技术,与关中地区的瓦斯、水、火、冲击地压、煤尘、顶板和地温"7 毒"俱全复杂矿区工作面的现状相融合,创新研究和示范成果,呈现多场景高清视频采集和分析技术、混合数据融合的全感知技术、工作面动态数字孪生技术的相关产品,以及作为全国煤炭行业首个工作面生产管理和新技术"5G+智慧矿区"建设示范相关合作方科研进展。研发产品和研究成果的展示包括 10 类 5G 本质安全型传感器、3 类 5G 本质安全型摄像头和 VR 互动设备等。

此外,基于 5G 通信技术,进行产品的静态展示,如利用 5G-IoT 传感器技术进行高清视频采集和传输单元、红外热成像(或可见光偏振光)信息的采集和传输等,并实现与大屏的各系统全感知和数字孪生实施效果的动态展示,包括 4D-GIS 高清视频系统、4D-GIS 全感知安全系统、在中央监控管理指挥中心侧形成工作面生产场景数字孪生、数据全感知、高清显示和生产指挥调度系统等。

最后,利用动态虚拟环境建模技术、立体显示和传感器技术、OpenGL 技术、实时三维图形生成技术和系统集成技术等实时、清晰地呈现井下真实工作条件,利用获取的三维数据建立相应的虚拟环境模型,并通过高效率的三维引擎来保证综放和掘进工作面的现场状态刷新和有效互动。例如,工作面三维现实+数字孪生监管系统侧面图如图 3-8 所示。

图 3-8 工作面三维现实+数字孪生监管系统侧面图

3.5.4 5G+多场景应用创新

彬长矿区通过 5G 网络建设及多场景应用,实现了以下几个方面的创新。

(1) 5G+数据采集和感知

利用 5G 技术特性,实现井上、井下生产线、车间厂区等应用场景海量数据实时采集、监测和传输,推进人、机、物的全面互联。通过 5G 专网,将生产数据的传输范围控制在企业内部,实现数据安全隔离。通过大数据技术的存储管理和挖掘分析,结合人工智能技术的自主学习和精准判断,为生产过程优化提供最佳解决方案,提高要素利用率、生产效率和管理质量。

(2) 5G+智能辅助

推进了 5G+AR/VR 在工业制造的交互、设计、采购、生产、营销和服务等环节应用,搭建了现场和远程的"零距离"沟通桥梁,提高了工业生产、设备维修、专业培训等效率,实现了基于 5G 的 AR 远程协助、在线监测、设备维修、样品展示等应用场景,以及基于 5G+VR 的协同设计、虚拟装配、培训、展厅等应用场景。

(3) 5G+精准操控

通过在现场设备、设备控制器上加装摄像头、传感器等设施,并利用 5G 网络将生产现场的环境监测情况实时回传至远端控制平台,经分析判断后下发控制指令,实现了远程精准操控工业设备的生产作业,可以减少人员在高温、高空、高危等工业场景的参与,保障人员安全,提升生产效能。

(4) 5G+无损检测

利用 5G 网络大带宽承载能力,结合边云协同技术,将待检产品的高清图像、视频回传至控制平台,基于图像识别、人工智能等技术,快速精准检测生产设备问题。

(5) 5G+机器视觉

通过 5G、人工智能、机器视觉和大数据等技术的深度融合,在数字空间构建了与物理空间一一映射的数字孪生体,实现了对实际生产活动进行分析、推演,实现科学化、智能化和精细化生产。

(6) 5G+巡检维护

依托 5G 网络,利用无人机、机器人、传感器等设备对远端生产设备进行全自动巡检,实时采集数据汇入分析处理平台,必要时进行远程维护,实现了故障提前预测、实时发现和及时恢复。

(7) 5G+智能物流

利用 5G+MEC 技术,通过基于 5G 的 AGV 应用,将 AGV 定位、导航、图像识别及环境感知等复杂计算上移到 5G 边缘服务器,实现了云化 AGV 大规模密集部署、大范围无缝切换,构建高效、经济、灵活的柔性生产搬运体系。

(8) 5G+安全监控

根据生产安全需要,部署监控、传感、控制等各类终端,可以实时监控作业人员、作业设备和作业环境,实现了对安全隐患、违规操作、生产故障及时发现、预警和处置。

(9) 5G+绿色能源

在生产环节,推动了生产设备故障状态监测、VR 运维和智能巡检等智能化工作,打造了泛在感知、无人值守和无线互通的智能化空间,提升了彬长矿区的管理效率。

（10）5G+煤矿采选

在采矿和选矿环节,推动了矿车等工业设备远程控制、无人驾驶和智能调度,减少了高危险、高污染和移动性等场景人员参与,提高了生产安全性。在巡检环节,通过开展高清实时无线回传和远程遥控自动巡检,在线识别视频或图片。当发现安全隐患时,自动标识和自主判断异常情况,并自动生成巡检报告,提升巡检效率和时效性。在应急演练环节,通过对矿山生产过程进行虚拟仿真,配合生产人员完成培训和演练。

3.6 智能化综合管控平台

陕西彬长矿业集团有限公司遵循"一矿一策,五矿五貌"的建设理念,基于矿山工业互联网平台,将煤矿已有各类智能化子系统的信号及规则进行全量接入,建设了智能化综合管控平台,对矿井安全、生产、设备等进行管理。该平台的主要建设内容包括:矿用基础平台、智能生产协同、智能安全业务、数字孪生业务、监测报警中心、生产管理和决策支持中心等,平台总体架构、技术架构和应用架构能够满足所属各煤矿常态化运行的需要。此外,智能综合管控平台通过有效融合井上、井下各调度信息化系统数据,构建了生产执行、安全保障、经营管理等一体化融合平台,实现各子系统集中操作、集中监控和统一调度。

3.6.1 智能化综合管控建设目标

智能化综合管控平台通过打造全量数据底座,融合矿井孪生场景引擎,赋能矿井生产环节综合监控、指挥调度统一协作、设备安全监测预警、决策支持智能分析和集中远程联动控制等业务使用场景,提供对融合数据的综合利用和深度挖掘,实现对煤矿综合运行态势的孪生化、可视化和智能化管理,达到全面洞悉矿井运行、辅助减轻人员工作量、保证矿井生产安全和以智能化手段辅助增产增效等目标。

打造信息化底座,使其具有信息传递和综合统计功能。通过承载大数据技术,实现统一的数据规范,具有混合云管理与基于私有云计算分析决策的功能。此外,建立统一的信息安全管理规章制度及访问控制规则,实现身份认证、访问控制、安全审计、系统日志自动分析和可靠性评价功能,并支持系统二次开发。

通过对目前矿井的数据采集、数据存储、数据服务、数据管控全流程标准和执行规范,可提供数据分发共享及转换接口,以便提升数据准确率和安全性。

以孪生底座镜像重塑矿井全貌,融合数据实现可视化的场景应用,更直观地辅助生产规划和事件定位等,解决图纸解读困难、空间呈现不直观的问题,增强使用体验。

通过统一指挥调度,对矿井生产、设备、人员、环境、车辆、监控、预警、广播和通信等关键数据进行融合,以便全方位提升调度指挥效率。

融合"采、掘、机、运、通"综合监控、经营管理和安全生产等数据,形成了一个全面感知、实时互联、分析决策、联动管控和动态预测的管控系统,能够解决监测数据分散、分析数据单一不足以支撑决策的问题,洞察矿井态势,及时检测或预测异常事件,减少矿井生产安全事故,打造安全矿井,实现智能决策。

建立数据分析模型,并集成多源数据进行算法融合分析,从而打造了智能综管平台,实现了以智能技术辅助生产、增产增效和少人无人的目标效果。

3.6.2 智能综合管控平台功能

3.6.2.1 决策支持中心

（1）智能决策驾驶舱

"驾驶舱一张图"实现了可视化分析与辅助决策，能够按照管理的主要指标或相关业务主题，对数据进行集中分析与处理。采用趋势分析等方法对安全、生产、设备、运营、人员和危险源等进行多维统计分析，并将分析结果以图形和报表的方式进行展现。此外，按照示范矿井建设分类，建立了包括智能采煤、智能掘进、智能通风、主煤流运输、智能辅助运输、智能供电与供排水、智能经营、智能运销、智能安全监控、智能分选、智能环保和智慧园区子系统的决策支持体系，并根据各煤矿的实际情况，量身定制瓦斯治理专题驾驶舱。

（2）统一调度

搭载井下三维孪生场景，融合了人员、监控、生产、产量和事件等矿山全量数据，实现了人员定位追踪、工业视频监控、生产进度分析、告警事件定位和场景时空演变等功能，能够支持下沉各个生产及辅助生产场景，助力工作人员分析决策、指挥调度和矿山安全监测。

（3）采掘工作面数字孪生

基于数字孪生技术，在虚拟场景中构建了与其对应的透明化综采工作面。通过对环境、设备进行实时数据采集、接入与分析，实现物理综采工作面运行工况的同步驱动，形成工作面数字孪生体。

（4）安全监测数字孪生

安全监测数字孪生展示了安全监测传感器采集的实时数据、静态信息、异常信息和周围设备信息，主要包括模拟量传感器数量、开关量传感器数量、断电、断线、超量程、调校数量、传感器数据柱形图、传感器基本信息和传感器变动趋势图等。

（5）人员定位数字孪生

人员定位数字孪生能够接入并展示人员定位分站的实时信息、统计信息和报警信息。其中，实时信息主要包括定位分站基本信息、人员构成、带班领导、井下人数变动曲线；统计信息主要包括井下总人数、定位分站人数、本日最高人数、超时人数、超员人数、求救人员、进入限制区域人员；报警信息主要包括报警类型占比及明细。

（6）工业视频数字孪生

工业视频数字孪生可以综合展示视频信息、报警信息和统计信息，并可查看在线视频、回放视频和报警视频等。其中，视频预警主要包括报警数量、今日报警统计、本周报警统计、本月报警统计、未处理视频信息列表和已处理视频信息列表；视频统计主要包括井上数量、井下数量、在线数量、离线数量和重点关注数量。

（7）应急管理数字孪生

应急管理数字孪生可以展示救援演练次数、救援队数量和专家信息等统计结果，并利用图表展示救援队信息和专家信息。此外，通过调用区域环境信息，系统能够自动推荐对应预案，并根据预案流程进行智慧救援。

（8）水文监测数字孪生

水文监测数字孪生主要综合统计降雨量、涌水量、排水量和含水层等信息，并展示监测图表信息、采集点信息和报警信息等。其中,图表信息主要包括降雨量监测图、涌水量监测图、排水量监测图和突水系数监测图等;统计信息主要包括降雨量、涌水量、排水量和超限报警次数等;报警信息主要包括报警时间、地点和类型。

(9) 矿压监测数字孪生

综合统计全部矿压监测传感器信息,展示监测的实时信息、报警信息和测点信息等。其中,实时信息主要包括监测信息图表、传感器基本信息和数值变动趋势图;统计信息主要包括测点数量、传感器数量和报警次数;报警信息主要包括柱形图及明细表。

(10) 通风系统数字孪生

通风系统数字孪生通过接入主通风系统运行数据,实时展现通风系统运行状态、电压电流、风速、风量和风向等监测数据,最终构建通风机三维组态,动态展现通风机运行状态。

(11) 排水系统数字孪生

排水系统数字孪生接入排水系统运行数据,能够实时展现排水系统运行状态、电压电流、排水量和涌水量等监测数据。通过构建井下泵房三维组态,能够实景展现各台水泵运行状态和参数。

(12) 供电系统数字孪生

供电系统数字孪生通过构建供配电系统三维模型,动态展现供配电系统运行数据和设备状态,并实现管理信息与供电网络关于停送电、检修、运行、故障预警、故障跳闸与报警信息的有效耦合。此外,通过集成综合保护装置及绝缘温度监测数据信息,能够融合接入供电网络绝缘检测、温度检测、接地保护、漏电保护和短路保护等数据信息,并进行供电网络安全可靠性趋势分析与预警,对影响系统网络的区段进行警示。

(13) 主运输系统数字孪生

主运输系统数字孪生通过接入主运输系统运行数据,能够构建主运输系统三维数字孪生模型,从而实时展现主运输系统运行状态、电压电流和保护信息等监测数据。

(14) 机房数字孪生

机房数字孪生能够通过构建机房三维数字孪生模型,实时展示机房温度、湿度、空调运行状态、UPS状态、市电状态、机房内监控和漏水报警等信息。

3.6.2.2 智能生产业务协同

(1) 智能综采

操控层能够接入综采工作面采煤机、液压支架、刮板输送机、破碎机、转载机设备的运行参数和控制信息,通过矿山工业互联网平台,实现对采煤、广播、安全监控、人员定位、矿压监测多个子系统的一键协同控制。此外,在子系统性能满足条件的前提下,能够实现一键智能联动。

(2) 智能主煤流运输

通过接入主运输机及各监测传感器和视频监控设备,能够获取运行参数及控制信息。在主运输子系统性能满足条件的前提下,能够在井上依托矿山工业互联网平台实现一键智能联动、控制启停和参数设置等功能。

(3) 智能辅助运输

通过接入辅助运输系统的车辆动态运行数据、车辆历史运行数据和设备运行状态数据等各类监测数据,以及接入子系统提供的各类报警信息,能够实现设备掉线告警、车辆保养到期告警,标识卡电量告警、车辆闲置告警、车辆滞留告警、车辆故障告警、区间超量告警、区间超速告警、闭锁区闯入告警等功能。

(4) 智能通风

通过接入通风子系统,实时获取通风设备的运行参数及控制信息,并依托矿山工业互联网平台,能够实现一键智能联动,控制启停(风机、风门、风窗和抽泵)、参数设置(风速、风压、风量和效率)等功能。

(5) 智能压风

通过接入压风制氮子系统,并实时获取设备机组的运行参数及控制信息,能够动态显示整个系统所有压风机运行的工况,以及总管压力和总管流量等主要参数信息。

(6) 智能供电

通过接入电力智能监控子系统,并实时获取电力设备的运行参数及控制信息,能够在子系统支持前提下,依托矿山工业互联网平台实现一键智能联动、控制启停和参数设置等功能。

(7) 智能井下排水

通过接入排水子系统,并实时获取设备的运行状态及控制信息,能够动态显示井下泵房运行的工况,以及水流量的大小。此外,能够实时显示各水泵中各种保护传感器的工作状态,并对低电压、漏电、过电流、真空度、流量开关、定子温度、轴承温度和水位超限等故障类型进行诊断分析显示。

3.6.2.3 智能安全业务协同

(1) 瓦斯灾害管控

通过瓦斯灾害管控,能够实时展示报警等级和操作项等数据,并辅助管理人员快速了解各个系统的运行和报警情况。

(2) 冲击地压防治管控

能够接入矿井基础数据、工作面矿压监测数据、巷道矿压监测数据、微震监测数据、地音监测数据和采掘进度监测数据等,进行冲击地压防治管控。

(3) 顶板灾害管控

通过对顶板离层、锚杆(索)应力、煤岩层应力等多参数数据的在线实时监测,能够综合分析和展示顶板动态变化规律。此外,能够将测点名称、类型、地点、状态、参数、报警等级和操作项数据进行实时展示,辅助管理人员快速了解各子系统的运行和报警情况。

(4) 水害防治管控

通过对富水区、观测孔和涌水点的压力、水位、流量、温度、电法、磁法数据的连续监测,综合分析和展示水文地质动态变化规律。在此基础上,接入水文监测子系统,结合采动影响、微震和应力分析,能够实现涌水量和突水、透水事故发生的可能性评价。

(5) 火灾防治管控

接入束管监测系统,能够显示各监测点的氧气、氮气、一氧化碳、二氧化碳、甲烷气体的实时值,并对各监测点气体含量进行模型分析,通过临界值进行判断超限预警。此外,具备历史数据查询功能,以及历史数据建模显示。

(6) 井下人员监测

井下人员监测能够实现对煤矿井下作业人员的实时信息采集,并对数据进行规范校验和逻辑校验,对数据进行缓存、数据备份和分目录管理。

3.6.2.4 报警中心

报警中心对矿井的安全、生产和设备等进行监测、预警/报警和处置过程进行管理。根据安全生产规则,能够计算、判断和报警隐患事故,并自动推送信息,对报警事件处置过程进行管理和跟踪,具有自动监测、信息自动推送、报警事件协同处置的智能化管控能力,为井下生产作业人员,提供周边的安全预警信息、高风险作业信息和事故隐患信息,也为报警事件处置人员、调度中心和有关领导建立统一的平台信息及信息互动,以便及时了解状态,统一指挥和统一调度。

3.6.2.5 监测中心

基于矿山工业互联网平台,建立关键重大设备监测驾驶舱、设备运行状态监测、设备运行分析、设备故障统计分析、设备运行状态监测、分析和配置功能。

(1) 监测报警驾驶舱

该驾驶舱能够展现关键重大设备信息总览,包括设备总数、运行总数、报警总数、停机总数、离线总数、故障总数和分布情况。此外能够展示设备状态图表(启停、运行、离线、故障、检修)。

(2) 设备运行状态监测

按照监测设备之间的逻辑关系,能够以设备卡片视图的方式,展现设备的运行状态,并查看设备基本信息,浏览设备列表和历史信息,快速查询设备相关与关联信息,实现关键指标的可视化展示。

(3) 设备运行分析

通过分析计算,能够得出设备开机率、运行时长、设备效能分析(OEE)、自动化能力指标,并以图表的形式可视化表现。

(4) 设备参数值分析曲线

通过选择时间区间,能够对多个设备参数在一张图上进行分析曲线的展现,并按照时序对设备参数的变化情况,对启停和离线等状态下的参数值进行对比分析。

(5) 报警关联查询

通过业务关联查询设备状态信息,对相关设备进行时间区间的多参数变化过程进行对比分析,分析报警前后参数变化过程和趋势,为报警事件的处置提供决策支持。

(6) 规则配置

规则配置能够实现设备及设备参数接入、展现模板、统计模板等功能,并可以采用快速规则配置的方法完成系统配置工作。

3.6.2.6 技术管理

(1) 图件管理

设计部门对设计图件文档进行管控,并针对不同分类图件建立多种密级机制、图件分类管理、版本管理、设计/修改签入签出的申请/审批管理等,能够实现查阅申请/审批管理,修改审核、查阅审核等审核流程,并可根据需求进行灵活配置,图件查阅采用浏览器直接打开浏览方式,支持多种CAD系统文件。

(2) 技术文档管理

技术文件包括设计文件、勘探文件、资源储量、作业规程和安全技术措施等。设计部门可以对技术文件进行分类管理和版本管理和控制,具体包括技术文件的编制、修改、上传发布、查阅、审批和归档等功能。

(3) 公共文件库管理

公共文件库管理可以对安全生产国家法律法规、集团/公司文件、规章制度、标准规范、重要指标数据、科研成果、知识产权、有关资料进行分级和分类管理,便于查阅使用。

(4) 个人文件库管理

通过建立个人文件库,便于进行文件的保存和使用,以便实现知识的积累,提高工作效率。具体功能包括分类、文件创建、修改、删除,文件上传、下载、共享和文件检索等功能,支持在线浏览 Office 文件、CAD 文件、图片文件,文件的签入/签出操作、文件的历史版本留存。

3.6.2.7 经营管理

(1) 产量监测

基于数据采集平台,采集煤矿现有产量监测系统数据,并能够实时展现煤矿当前主运输系统过煤量、出煤量等产量信息。通过报警中心进行报警配置,能够进行产量预报警提示。此外,通过综合管控平台 App,按照推送规则,能够针对不同岗位进行报警推送。

(2) 运销管理、接入运销管理系统

该系统通过数据采集平台汇集生产和经营的关键数据指标,能够展示当前的经营活动数据,并自动生成月度经营数据分析报表。此外,通过提供关键指标的异常报警和预警信息,可以实现对指标的逐层细化和深入分析,便于对异常的关键指标进行挖掘分析。

(3) 财务管理

通过接入矿井财务管理系统数据,能够实现与关联业务管理系统的数据交互。

(4) 物资供应管理

通过接入矿井物资供应管理系统数据,能够实现与关联业务管理系统的数据交互和矿井自购计划的线上申报。

(5) 仓储管理

接入矿井仓储管理系统数据,实现与关联业务管理系统的数据交互。

(6) 设备全生命周期管理

通过接入矿井设备全生命周期管理系统数据,能够实现与设备全生命周期管理关联业务系统的数据交互。

(7) 办公自动化管理

以接入现有办公自动化系统为主,能够实现办公及业务管理的网络化和智能化,提高煤矿的生产力,并推动矿井的智能化建设。

3.7 信息安全保障

为保障陕西彬长矿业集团有限公司各信息系统的正常运行,保护生产安全数据资源,遵循国家和行业的相关法律法规,需要建立彬长矿区的信息安全保障机制,由专人负责管理相应的信息保密工作,定期监督检查保密管理规定的执行情况,并针对信息系统安全保护工作制定监督、检查、指导、查处危害计算机网络系统安全违规行为的流程,以便保证各项工作健康有序进行。具体保障措施如下所述。

(1) 物理安全

彬长矿区对各信息系统进行物理安全保护,涉及环境安全、设备安全、人员的访问控制和审计记录异常情况的追查等环节。

(2) 网络安全

彬长矿区会定期进行网络安全的检测和排查工作,主要针对网络拓扑结构、网络设备管理、网络安全访问措施(防火墙、入侵检测系统、VPN等)、安全扫描、远程访问、不同级别网络的访问控制方式、识别/认证机制等进行针对性的检查。

(3) 数据安全

彬长矿区重视数据安全与隐私保护工作,适用范围涉及服务器、网络设备、备份方式、备份数据的安全存储、备份周期和负责人等。

(4) 病毒防护

彬长矿区要求安装各类防病毒软件,并定期进行防病毒软件的配置更新。此外,对网络下载的文件等作出相应的规定和要求。

(5) 系统安全

彬长矿区定期采用WWW访问策略、数据库系统安全策略、邮件系统安全策略和应用服务器系统安全策略等,进行系统的安全保护。

(6) 用户安全

彬长矿区的员工不得将本人的账号和密码转告他人,并定期要求修改密码,对有疑问的密码需要及时修改。

(7) 事故处理与应急响应

陕西彬长矿业集团有限公司专门成立了故障运维小组,负责事故处理计划和控制事故过程等工作。

(8) 复查审计

陕西彬长矿业集团有限公司要求对安全策略进行定期复查,对安全控制及过程进行定期的重新评估,并定期进行系统日志记录审计、数据库审计分析、安全技术发展跟踪等工作。

(9) 信息安全管理制度

陕西彬长矿业集团有限公司通过建立和完善企业内部信息安全管理制度,要求各矿井单位落实信息安全管理责任制、重大信息安全事件应急处置和报告制度和信息安全管理政策与业务培训制度等信息安全管理制度。

(10) 信息安全技术手段

陕西彬长矿业集团有限公司通过采取有效的漏洞挖掘等技术手段,落实在有害信息发现和过滤、用户日志留存等方面的管理要求。

(11) 信息安全保密制度

通过建立用户个人的信息保护制度,对用户信息进行隐私保密。

(12) 信息安全审核制度

相关责任人定期或不定期检查网站信息内容,实施有效监控。要求不得利用互联网制

第3章 彬长矿区智能化基础设施建设

作、复制、发布和传播危害国家安全、宣传邪教以及不健康或色情的信息,或任何含有法律、行政法规禁止的其他内容,造成严重后果者将追究当事人责任。

总体来说,通过上述彬长矿区智能化基础设施的建设,实现了主干网络、5G+多场景应用、数据中心、数据中台、智能化综合管控平台和信息安全保障的建设实施,搭建了智能化系统数据传输"高速公路"[22]。

第4章 彬长矿区智能化安全管控体系建设

目前,彬长矿区安全部日常管理按照《企业安全生产标准化建设定级办法》为指导,进行日常业务管理工作,建立了体系化的安全监测、安全评估和安全管控方式,解决了以往系统感知范围小、人工工作量大、检查不全面等问题。为了进一步提高彬长矿区的智能安全管理水平,本章通过构建彬长矿区智能化安全管控体系,在安全资源精益配置的基础上,实现安全风险的超前管控,进而推动矿区向本质安全方向发展,其体系架构如图 4-1 所示。

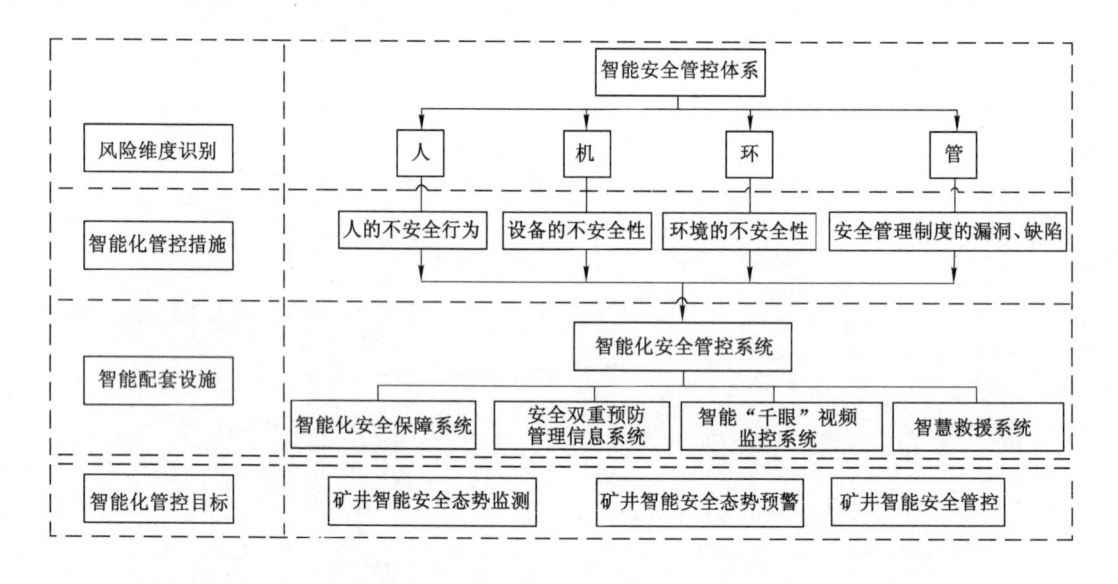

图 4-1 彬长矿区智能安全管控体系架构

彬长矿区智能化安全管控体系以"人、机、环、管"四个维度为主体,主要依托智能化安全保障系统、安全双重预防管理信息系统、智能"千眼"视频监控系统和智慧救援系统构成的智能化安全管控系统,实现人的不安全行为识别、设备与环境的不安全性检测和安全管理过程中的漏洞管理,最终形成彬长矿区智能化安全态势的监测、预警和管控能力。智能化安全管理系统涵盖了人员定位、危险区域人员识别、人员"三违"AI识别、安全教育、安全考核、危险设备运行时设定危险区域、设备工况监测、设备联动停机、水灾监测、火灾监测、顶板灾害监测、瓦斯监测、冲击地压监测、双重预防机制、应急保障体系、安全生产标准化管理、文档管理、安全培训管理、安全风险分级管控、事故隐患排查治理、安全地图管理、"三违"管理、事故管理、告警推送机制和安全管理分析与决策等功能,可以有效支撑彬长矿区的智能安全管控体系建设。

第4章 彬长矿区智能化安全管控体系建设

4.1 智能化安全保障系统建设

智能化安全保障系统立足"股份公司-矿业公司-生产煤矿"三级一体化安全管理体系，利用物联网、大数据、云计算与移动互联网等技术，以矿井安全为监测对象，建设融合系统集成、智能评价、智能预警、智能管控等多种应用管理功能于一体的煤矿智能化安全保障系统。该系统从煤矿企业安全监管角度出发，基于人、机、环、管四个维度考虑，在实现安全数据全面汇集的基础上，构建了"重点区域-煤矿-矿业公司"三个层级的指标评价模型，并制定相应分析评判标准，通过智能算法进行权重校正和计算，形成了三个层级四个维度的综合智能评价。该评价建设内容包括一套评价预警指标体系、一个安全综合数据中心和三级安全智能保障系统。通过对煤矿开展多维度智能化分析评价工作，使煤矿管理者及时掌控当前安全管理态势，并能根据系统发出的智能监测预警信息对风险实施精准管控，实现对煤矿企业安全态势的全专业、全时态、全业务的动态评估和管理，助力开展安全监管决策和实施精准安全管理[23-24]。

在智能化安全保障系统建设中，通过安全监测系统建立信息数据中心，设计综合智能评价指标，以水、火、瓦斯、煤尘、顶板和冲击地压为重点管控对象，建立智能评价模型，对煤矿的重点信息和关注内容进行集中展示，以可视化界面展示的方式，实现数据分析与决策功能，提升人-机交互效果，增强信息认知能力。

智能化安全保障系统主要包括智能安全态势、智能安全评价和智能安全保障三个组成部分。其中，智能安全态势和智能安全评价可以通过前端大屏的页面方式呈现态势感知与评价结果，智能安全保障为后台管理模块，可以支撑安全保障业务的流转运行[25]。总体功能如下所述。

(1) 智能安全态势模块

智能安全态势模块能够实现"人、机、环、管"四个维度的态势分析结果展示，并可以呈现矿井六大灾害的基本信息和煤矿重点区域的评分排名。此外，可以通过该功能掌握系统数据的接入情况、煤矿月度智能预警情况及煤矿月度智能管控的统计分析情况，并可查看月度各类关键指标和重点场景的预警及管控情况。

(2) 智能安全评价模块

智能安全评价模块可实现全局的煤矿灾害综合评价，以及水灾、火灾、顶板、瓦斯、煤尘和冲击地压等单灾害的走势评价，并实时展示煤矿六大灾害静态及动态评价等级，详细呈现人员、机电、环境和管理四个专题的评价信息。通过各专题，可查看每个维度的评价详情及整体态势情况。此外，用户可以分别查看各矿业公司及下属煤矿的人员构成、培训等情况，机电设备的健康指数、故障、维保、巡检、超限和断电等异常情况，井下水、火、瓦斯、煤尘、顶板和冲击地压各类灾害的静态和动态评价结果，以及管理方面存在的问题等相关信息。

(3) 智能安全保障模块

通过智能安全保障模块，不仅可以实现软件系统的自主维护，而且可以实现智能场景和重点指标的预警反馈，以及"人、机、环、管"四个主题的基础信息填报、重点区域权重划分和传感器挂载等具体功能。

4.2 安全双重预防管理信息系统建设

彬长矿区已建设安全双重预防管理信息系统,该系统功能主要包括安全生产标准化管理、文档管理、安全培训管理、安全风险分级管控、事故隐患排查治理、安全地图管理、"三违"管理、事故管理、安全考核管理、告警通知管理、安全管理分析和决策支持等模块。该系统实现了对安全风险、隐患和三违等安全管理数据的录入、查询、分类、统计和分析等功能,对安全风险管控、隐患排查治理等采用信息化管理手段,实现了 GIS 风险地图生成、隐患信息记录统计、过程跟踪、逾期报警和信息上报,保证了安全风险与事故隐患系统联动,提高了现场安全信息传递效率,加快了隐患治理速度,实现了安全信息无纸化传递。系统功能模块齐全完整。具体来说,该系统可分为 PC 端系统功能和移动 App 功能[26]。

4.2.1 PC 端信息系统建设

安全双重预防管理 PC 端信息系统功能按照功能模块可划分为综合信息展示、安全风险分级管控、隐患排查治理、不安全行为管理、四员两长考核、高风险作业管理、安全履职考核、安全决策分析、风险动态预警和辅助功能管理等功能模块。下文对部分模块进行阐述。

4.2.1.1 综合信息展示

煤矿安全双重预防管理信息系统的综合信息展示内容包含:风险分布四色图板块、风险等级信息数量分布板块、隐患数据统计板块、隐患单位分布板块、三违行为等级分布板块、个人风险清单展示模块、今日领导带班检查情况展示模块以及当前逾期未整改隐患信息展示模块,共计 8 个功能模块,综合展示了矿井双防管理的综合信息。用户登录系统后,可以看到矿井整体综合信息展示数据,并针对需要,可以了解详情的数据。此外,通过点击相应的功能模块数据,可以弹出对应数据的详情信息,从而快捷查看需要了解的各种信息。

4.2.1.2 安全风险分级管控

安全风险分级管控功能能够实现风险点管理、安全风险辨识和安全风险管控等业务流程,可实现"1+4+N"的风险辨识、管控、跟踪、记录和上报全流程的管理,安全风险点管理清单如图 4-2 所示。

(1) 风险点管理

采用可视化管理方式,在采掘工程平面图上按区域标注风险点,同时可根据风险点所关联的风险,形成安全风险分布四色图。此外,具备数据下传功能,即选中风险点,查询该风险点下所有风险信息。

(2) 安全风险辨识

支持按照煤矿安全生产标准化管理体系要求,开展线上的年度、专项和其他岗位风险辨识工作,具备风险基础数据存储与管理功能,可通过风险基础数据库的建立,辅助开展各种风险辨识,同时支持风险清单的动态维护。年度、专项和其他风险辨识结果列入风险清单,岗位风险辨识结果不列入风险清单,只列入岗位风险清单。

(3) 安全风险管控

支持根据煤矿的风险清单形成个人的风险管控清单,可以针对个人风险管控清单进行

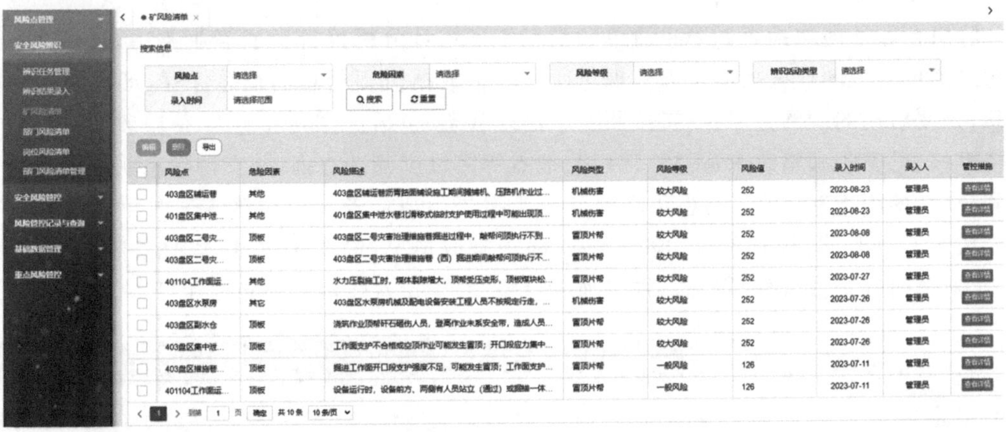

第4章 彬长矿区智能化安全管控体系建设

图 4-2 安全双重预防管理信息系统风险点管理清单

逐条管控，管控到位后进行确认，管控不到位，则进入隐患治理环节。

安全风险管控功能体现责任明确和动态及时等原则，按照煤矿安全生产标准化要求的月度排查、半月度排查、矿领导带班下井排查和日常排查等多条件判断，生成当次管控清单，并推送管控，形成管控记录。管控记录可按照管控类型、管控时间、落实措施数、新增隐患、未落实措施、管控单位和管控人员等类别进行数据导出，并会将具体的管控内容一并导出。

4.2.1.3 隐患排查治理

隐患排查治理功能实现了隐患排查计划管理、隐患信息录入、隐患闭环管理、重大隐患管理、隐患提级督办、隐患标准库管理、逾期预警和重大隐患信息档案等业务流程。该功能提供了各种类型的隐患排查方式，并实现了对所有隐患的闭环、升级和上报等管理。对于超期和复查未通过等隐患，将自动提级督办。针对到期未整改的隐患，进行预警提醒，及时利用企业微信或短信进行精准推送。

（1）隐患排查计划

隐患排查计划功能实现隐患排查任务的制定、审核和下发工作的业务流程。通过确定时间、地点、人员和排查内容等信息，利用 App 或企业微信的方式，自动推送给相关人员方便开展隐患排查工作。

（2）隐患排查

隐患排查功能实现隐患数据的录入，包括日常排查、半月排查、月度排查、矿领导带班下井排查、岗位排查、矿业公司检查、陕西煤业检查、监管监察部门检查、安检员检查、专项检查和零点行动检查等信息录入。此外，可根据企业使用需求，修改现有排查类型或增加其他排查类型，并提供模板导入的功能，将线下隐患信息通过数据模板导入到系统中。同时，支持从隐患基础数据库中选择隐患快速录入和模糊查询方式，以便提升隐患信息录入的效率。

（3）隐患闭环管理

隐患闭环管理功能实现对隐患下达、隐患整改、隐患延期（隐患延期受理人固定为安监部人员，隐患延期申请开通图片上传功能，且为必填项）、隐患复查和隐患销号的闭环治理操作，可以进行全过程的跟踪记录，从而规范安全问题的处理过程，保证所有问题的有效闭合，做到痕迹管理、问题溯源、责任明确和处理及时，以便有效减少事故的发生。

（4）隐患台账

隐患台账功能包括煤矿隐患清单和隐患年度统计分析报告生成等业务功能。其中，煤矿隐患清单生成的业务功能可以实现对所有隐患数据流程信息的汇总保存，形成隐患台账信息，方便后期的调阅查看，支持按照隐患治理状态（包括：全部、未下达、待整改、待验收、延期待审核、已验收和整改未通过）、部门和地点等多维度筛选查询，并支持隐患明细台账的导出和打印，如图4-3所示。隐患年度统计分析报告生成业务功能能够实现对年度隐患排查内容按照检查时间、检查单位、检查类别、隐患整改情况（隐患条数、已整改条数、未整改条数）及隐患内容等进行分类汇总，构成列表台账，并支持台账信息的导出和打印。

图 4-3　煤矿安全双重预防管理信息系统的隐患清单

（5）督办管理

督办管理功能主要实现对日常检查过程中发现的隐患问题进行督办管理，将根据隐患的等级和专业等因素，确定隐患督办的单位或部门。在此基础上，将隐患治理各个环节的信息推送给具体的督办单位/个人（系统、App和企业微信），以便其及时掌握整改动向，保证隐患整改的及时性和有效性。针对没有按期完成的隐患治理或未通过验收的隐患问题，系统自动实现提级督办，督办层级自动提高一级。同时，实现督办记录的查询、督办历史记录和督办规则管理等功能，以便尽快推进隐患问题的解决进程。

（6）隐患基础数据库

隐患基础数据库的构建实现了对矿井隐患基础数据库的管理，通过与隐患录入模块进行关联，可以支持模糊查询，实现自动匹配和快速录入。

（7）逾期预警

逾期预警功能的实现，可以对逾期的重点隐患信息进行可视化展示，便于管理部门对逾期隐患进行重点关注和考核。

（8）重大隐患信息档案

重大隐患信息档案的构建可以实现对重大隐患信息档案的统一管理，并支持档案的上传、删除、预览和下载等功能。

(9) 隐患统计分析图表

隐患统计分析图表是针对隐患专业数据，以折线图或柱状图等数据可视化方式，进行变化趋势的分析，以便直观呈现隐患发展变化的整体趋势，为安全管理提供数据支撑。

4.2.1.4 不安全行为管理

不安全行为管理功能实现对员工不安全行为的信息化管理，主要包括不安全行为录入、统计、基础数据库维护、三违积分管理、三违行为帮教管理和三违罚款确认管理等业务功能。

(1) 不安全行为录入

不安全行为录入功能主要实现将检查出来的不安全行为进行信息录入，支持模板导入和导出，并可依据筛选条件，快速定位所需查询的不安全行为信息。此外，该功能可以实现对不安全行为的留档管理，进而约束各单位不安全行为的发生率。

(2) 不安全行为统计

不安全行为统计功能是从不安全行为产生的单位、人员、班次、等级、违章内容和违章地点等方面，实现多维度的统计分析，使安全管理类人员可以直观了解不安全行为的分布情况，增加对个人不安全行为的统计查询。具体信息示例如图 4-4 所示。

图 4-4 安全双重预防管理信息系统不安全行为清单

(3) 不安全行为基础数据库管理

不安全行为基础数据库的构建实现了对矿井不安全行为基础数据库的管理，包括增加、删除、修改、查询和导入等具体功能，并与不安全行为录入模块可以关联，实现不安全行为数据的自动匹配和快速录入。

(4) 三违积分管理

三违积分管理功能是在不安全行为录入时，按照相关制度录入扣分值，实现三违积分管理的自动统计分析业务流程，可直观呈现人员一般三违、严重三违的违章次数和累计扣分值等信息，并显示违章的详细信息。此外，分值设置周期可根据实际需求进行灵活设置。

(5) 三违行为帮教管理

三违行为帮教管理功能是可根据三违严重程度，选择是否需要帮教的业务流程。若需要帮教,则系统自动将需要帮教人员信息归类到三违行为帮教管理模块。三违人员在完成帮教管理后,可在此完成三违帮教的确认。

(6) 三违罚款确认管理

三违罚款确认管理功能是依据现有三违管理制度,录入具体的三违罚款信息。若违章人已经缴纳罚款,可在此确认,完成闭环的三违管理流程。

4.2.1.5 四员两长考核管理

四员两长考核管理功能是按照煤矿企业的管理制度,实现四员两长的考核业务流程,主要包括月度考核信息录入、考核情况的统计分析和考核标准维护管理等。

4.2.1.6 高风险作业管理

高风险作业管理功能主要实现包括涉危作业安全技术措施审批、许可单(工作票)审批、安全技术措施学习、安全技术交底和现场安全监管等业务流程的管理。

4.2.1.7 安全履职考核

安全履职考核功能主要实现针对各层级职工的安全履职内容考核和考核结果统计,并支持调度资料的上传,可以将调度会的内容同步发送至上级管理公司,方便调度信息化管理。

4.2.2 移动端信息系统建设

安全双重预防管理信息系统的移动端 App 功能与 PC 端功能同步配套,可以通过实时的数据交互等方式,实现移动化的安全双重预防业务管理,从而构成双重预防智能掌控系统,如图 4-5 所示,便于及时处理隐患事故等安全问题。

图 4-5 安全双重预防管理信息系统移动端登录及首页界面

该移动端系统主要包括重大风险清单、风险点设置、三违录入、三违查询、月度与半月度管控、领导带班下井记录和日常管控等具体功能。此外,在图 4-6 所示的首页还可以看到重点关注的数据信息,例如隐患数据上报信息、三违数据上报信息、图纸数据和文件数据等。

通过首页的操作指示,可以快速了解三违、隐患的治理过程和现状。

图 4-6　安全双重预防管理信息系统移动端三违和隐患信息录入界面

利用移动端设备进行三违和隐患信息录入时,如图 4-6 所示,不但能够详细输入三违和隐患发生的时间、地点、班次和检查人等信息,而且能够查看已上报与未上报的三违情况,以及同步已上报的隐患信息。

4.3　智能"千眼"视频监控系统建设

为积极推行"可视化＋安全"管控模式,研究开发了"三违"行为智能辨识系统,通过新建、完善、优化和升级煤矿安全监测监控系统,推行"可视化＋安全"管控模式,推进智能"千眼"视频监控系统工程,实现数据监测可视化、灾害治理可视化、关键工序可视化、操作行为可视化和设备管理可视化。通过建设"三违"行为智能辨识监控系统,可以加强安全风险辨识评估和效果研判,实现采掘头面、生产系统、重要岗位、灾害治理全过程和检测检验关键环节视频监控"全覆盖"。

智能"千眼"视频监控系统主要由井下监测设备(矿用本安型高清摄像机、矿用本安型广播及告警一体机)、地面数据中心设备(人工智能推理服务器、流媒体、视频存储设备、交换机)和图形工作站等部分构成。

智能"千眼"视频监控系统共安装摄像头 33 台,建设 33 个监测点,覆盖采煤工作面、掘进工作面、主运系统、辅助运输系统、井下硐室及选煤厂等主要生产场所,采用 10 类人工智能算法模型(包含排队检测、水位监测、车辆监测、分级危险区域检测、离岗检测、人员检测、翻越护栏检测、未戴安全帽检测、异物大块煤检测和堆煤检测),构建智能识别场景 33 个,实现场景智能应用功能共 55 个(主要功能包括:人员未戴安全帽识别报警;设备运行时,人员进入危险区域识别报警、联动停机;人员离岗识别报警;胶带运行时,人员进入危险区域识别报警;落煤点堆煤检测;胶带运行时,胶带异物、大块煤检测;行车时行人识别报警;来车提醒;硐室巡检数据记录;水位监测等),可识别 7 类"三违"行为(包括:不规范佩戴安全帽、大巷行人不行车、违规翻越护栏、违规站立或跨越胶带、人员进入危险区域、离岗检测和乘车不排队)。

4.3.1　设计流程

"三违"管理设计流程如图 4-7 和图 4-8 所示。其中,图 4-7 为智能"千眼"视频监控系统 PC 端"三违"管理的设计流程,图 4-8 为智能"千眼"视频监控系统移动端"三违"管理的设计流程。

PC 端"三违"管理流程主要分为以下几个方面。首先,针对实时的视频监控数据,可通过配置的 AI 引擎和视觉计算模型,实现 AI 的实时监测。如果出现三违的异常情况,则在线反馈给相关人员和主要部门;如果基于历史报警管理信息,发现实时监控的视频数据存在异常情况,则进行手动的三违报警。其次,对于离线的视频监控数据,在利用 AI 算法检测到三违行为后,进行在线反馈,并填写反馈表单。最终,将 AI 视频监测出的三违信息与"三违"管理模块进行关联,进一步实现三违的认定及管理。

与智能"千眼"视频监控系统 PC 端"三违"管理设计流程不同的是,移动端"三违"管理由于受到移动设备、网络带宽和环境因素等方面影响,设计流程只考虑实时的视频监控和三违的智能识别,不考虑离线和在线情况下原始视频监控的情况。当利用智能"千眼"视频监控系统智能识别三违行为时,将识别结果与三违管理模块相关联,进一步实现三违的认定及管理。

4.3.2　系统功能

智能"千眼"视频监控系统功能的实现基于三大因素(人的不安全行为、物和环境的不安全状态和关键作业的不规范操作)考虑,围绕三大核心(全程跟踪、辨识风险和分析预警),依托四大功能(智能预警、现场制止、后台记录和联动闭锁),实现四级响应(温馨提示、预警告警、现场制止和联动闭锁),最终构成"3344"模式。该系统的主要功能包括以下两个方面。

大数据智能分析:采用大数据分析技术,提前识别潜在风险,降低事故带来的损失,并通过大数据智能分析等技术手段,利用合适的算法模型,降本增效,优化流程,最终实现对煤矿安全管理诊断、安全态势分析和风险隐患决策分析等功能。

AI 智能识别:通过 AI 智能识别技术,构建人机协同和自演进的 AI 知识引擎。利用该 AI 知识引擎,可以对矿井不安全区域进行全业务流程、人员作业行为等的智能感知,从而实现对关键风险的智能识别。

具体来说,智能"千眼"视频监控系统包括数据采集、设备控制、人机交互、标准化作业流程库建设、多媒体融合通信、安全态势分析、安全监测、智能识别、异常报警、不安全行为回溯等功能。

(1) 数据采集

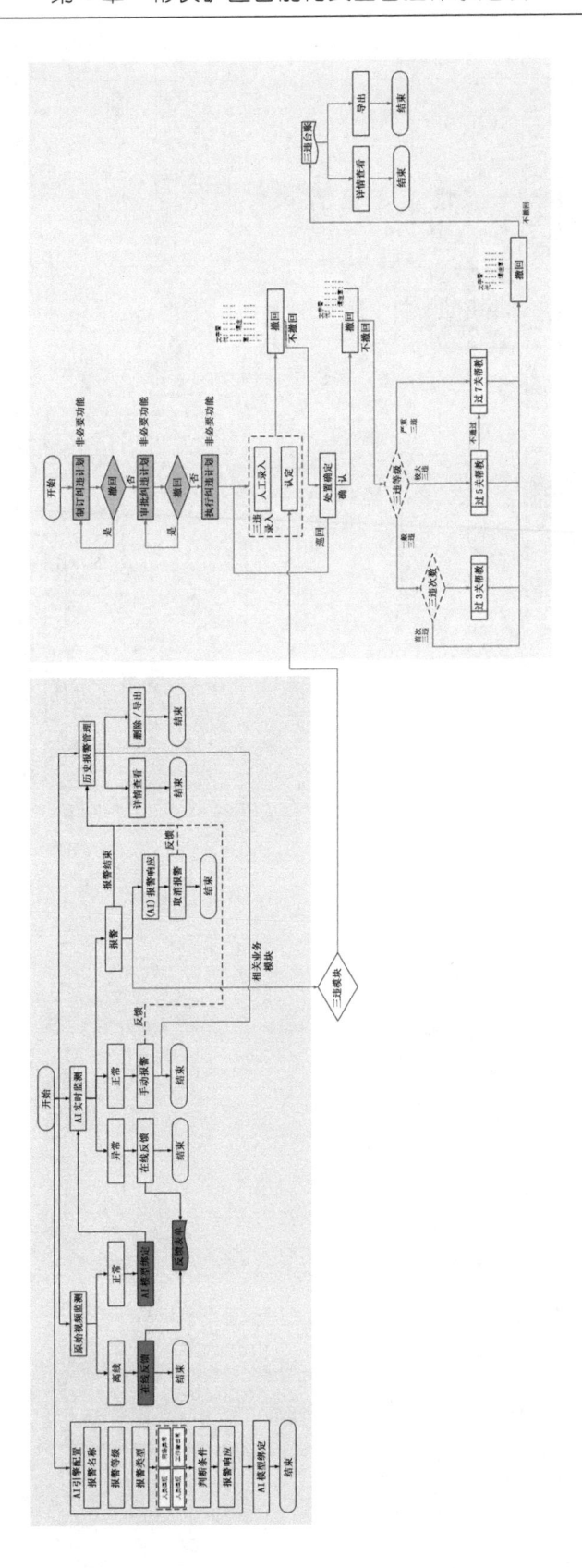

第4章 彬长矿区智能化安全管控体系建设

图 4-7 智能"千眼"视频监控系统 PC 端"三违"管理的设计流程

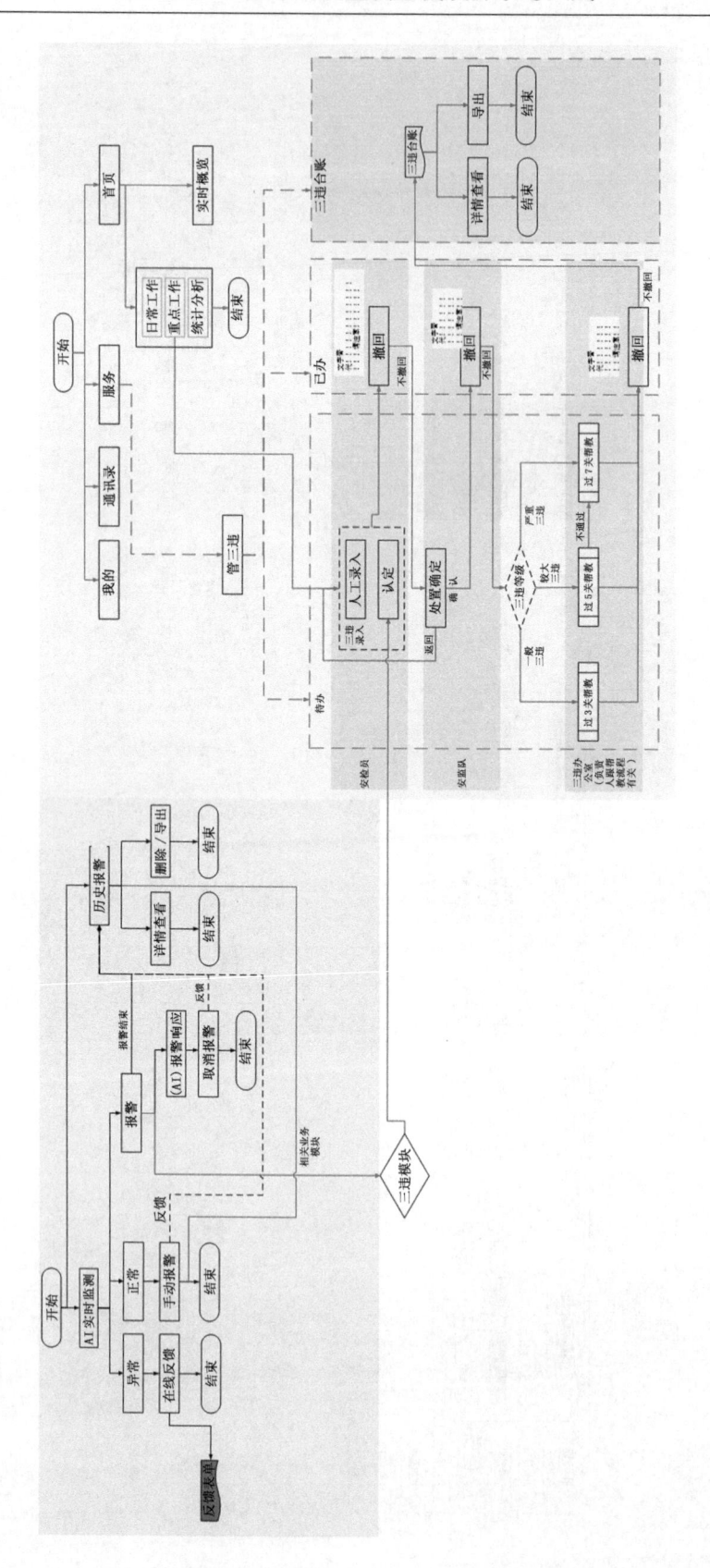

图 4-8 智能"千眼"视频监控系统移动端"三违"管理的设计流程

第4章 彬长矿区智能化安全管控体系建设

智能"千眼"视频监控系统具备工业数据的采集能力,可实现多种工业标准协议的解析,包括:OPC DA、Modbus-TCP 和 IEC60870-5-104 等。根据实际业务场景需求,可以定制专用数据采集接口,如:ODBC/JDBC 接口、DLL 程序和文本格式交换等。此外,该系统支持特定格式数据到平台内部格式的转换。

(2) 设备控制

通过 ModbusTcp 和 OPC 等协议,与设备集中控制系统可以进行数据通信,并向设备控制系统下发停机控制指令,从而实现不安全行为识别后的设备联动停机。此外,控制指令下发时间一般情况下会小于 2 s,设备响应时间由网络延迟时间和设备性能综合决定。

(3) 人机交互

智能"千眼"视频监控系统可提供高可靠性的人机交互功能,将多系统真实场景通过数字化手段进行仿真,实现智能报警、语音提醒和综合展示功能,满足用户对安全管理的监控需求。具体的人机交互功能界面如图 4-9 所示。

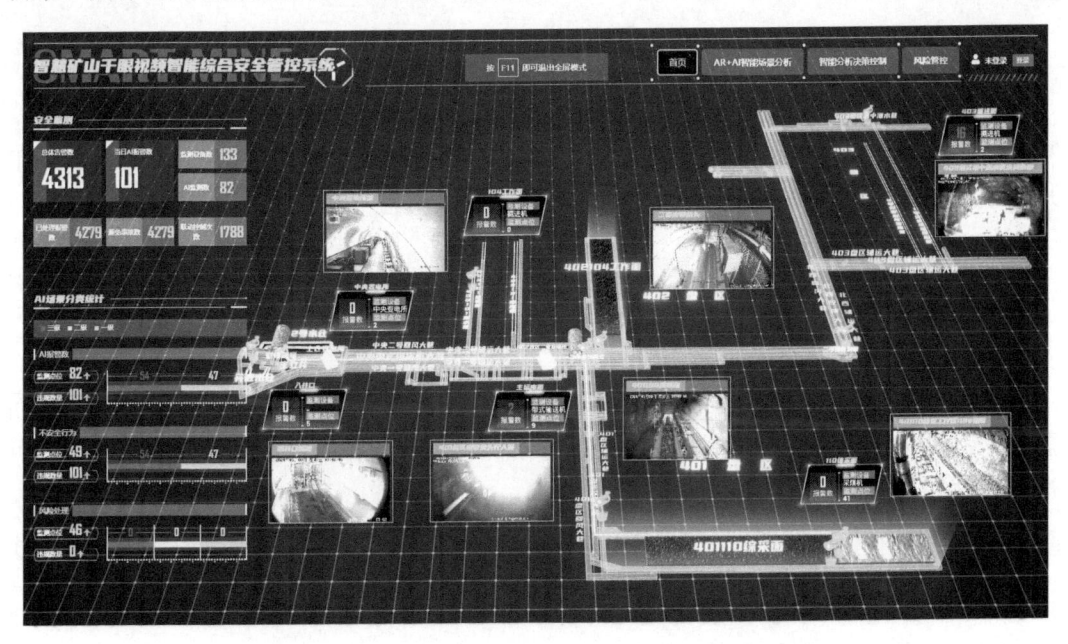

图 4-9 智能"千眼"视频监控系统的人机交互功能界面

(4) 标准化作业流程库

智能"千眼"视频监控系统中构建的标准化作业流程库支持用户不同工种和岗位的标准化作业规范管理,并将其流程化,依托作业现场的智能识别结果和传感器反馈结果,对人员作业过程进行监控。在识别出人员未按照标准流程作业时,系统可按照配置好的流程,通过语音广播、移动 App 和智能安全帽等终端设备,对作业人员作业进行逐步提醒,避免因不安全行为造成的事故。此外,该系统支持业务场景自定义和标准化作业流程,支持移动 App 的作业管理,用户可以随时在线查看本岗位标准作业流程。具体的标准化作业流程库功能界面如图 4-10 所示。

(5) 多媒体融合通信

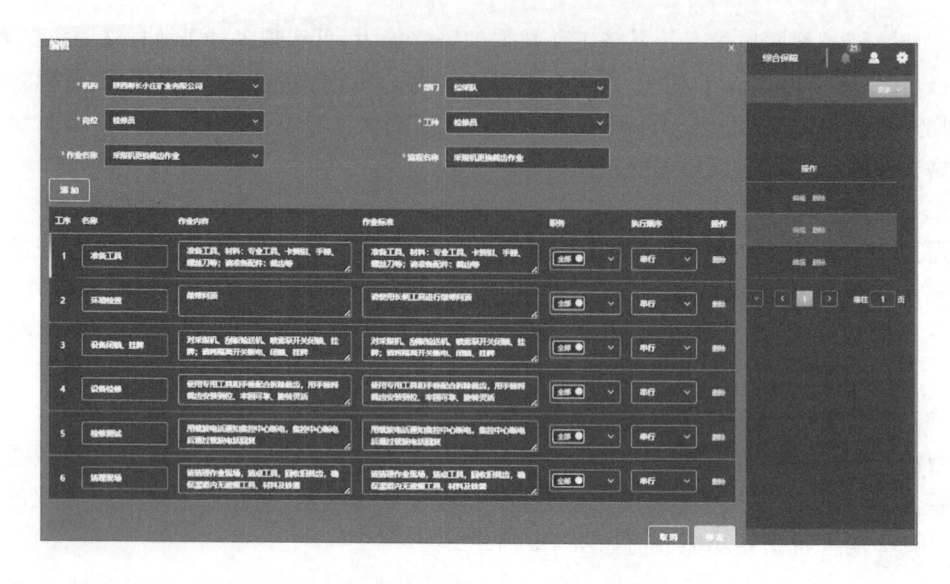

图 4-10　标准化作业流程库功能界面

智能"千眼"视频监控系统支持多媒体融合通信，可以将语音、视频、传感数据、即时消息和声光报警通过广播设备、声光设备和移动 App 自动推送到作业现场，并且为第三方应用开放标准接口，便于多媒体融合通信[27]。

（6）安全态势分析

智能"千眼"视频监控系统可以对生产过程中的重要数据进行数据可视化展示，便于管理人员对当前不安全行为发生情况的整体掌握。

（7）实时监测

智能"千眼"视频监控系统依托感知网络所汇聚的多源异构信息，可以利用 GIS 地图的显示方式，展示各类叠加的关联信息，并实现异常实时监测，将固定区域的实时监测结果可视化展示，支持条件组合的监测信息查询。

（8）智能识别

智能"千眼"视频监控系统通过 AI 模型对井下实时视频数据进行智能识别，可以及时发现井下不安全生产行为并进行提醒，以便减少井下隐患事故的发生，如图 4-11 所示。此外，该系统支持 AI 模型的管理和升级。

（9）异常报警

当智能"千眼"视频监控系统识别到生产作业现场的异常情况时，利用声光报警、"四员两长"移动端报警和地面监控系统报警等方式，实现报警提示，如图 4-12 所示。在此基础上，该系统支持报警信息的分类和分级设置，并且可以将报警类型、报警点位置、报警级别和报警时间等报警信息按用户角色进行精准推送。

（10）设备联动停机

当利用智能"千眼"视频监控系统识别到人员不安全行为时，按照标准化指引流程，会对作业人员发出报警信息。当作业人员未按照指引终止不安全行为时，系统将设备停机指令发送给对应的设备，并将设备停机信息通过移动端或语音广播推送给岗位操作人员，使其自动停机，以便保证人员安全。

第 4 章　彬长矿区智能化安全管控体系建设

图 4-11　智能识别功能界面

图 4-12　异常报警功能界面

（11）不安全行为回溯

针对系统中记录的不安全行为，会默认时间倒序排列显示，并支持按报警级别、报警地点和报警起始时间等类型进行不安全行为信息的升序/降序排列。此外，该系统具有查看报警详情和 3 个月内历史报警视频回放等功能，可以实现历史报警信息的处置、下达和填报。

• 59 •

(12)系统管理

智能"千眼"视频监控系统可以实现视频监控点信息、组织机构信息、模型下载管理、场景定义和关联配置等功能的应用,以便满足用户不同应用场景下的定制化配置,从而实现系统管理的各类功能。具体功能界面示例如图 4-13 所示。

图 4-13 系统管理功能界面

(13)不安全行为巡查

智能"千眼"视频监控系统为"四员两长"等安全管理人员提供了不安全行为巡查的移动应用功能,主要包括巡查路线、巡查位置、现场状况、问题清单、不安全行为描述和视频及图片上传等,并可以支持异常事件处置。具体功能界面示例如图 4-14 所示。

图 4-14 不安全行为巡查功能界面

第4章　彬长矿区智能化安全管控体系建设

(14) 考核管理

利用智能"千眼"视频监控系统,可以对检测到的不安全行为进行考核和上报,如图 4-15 所示,主要包括不安全行为事发时间、事发地点、人员身份信息、班次、所属单位和不安全行为描述等功能,并且支持以标准接口方式对接矿方已有的"不安全行为"管理系统,以便满足煤矿企业不安全行为统一管理的需求。

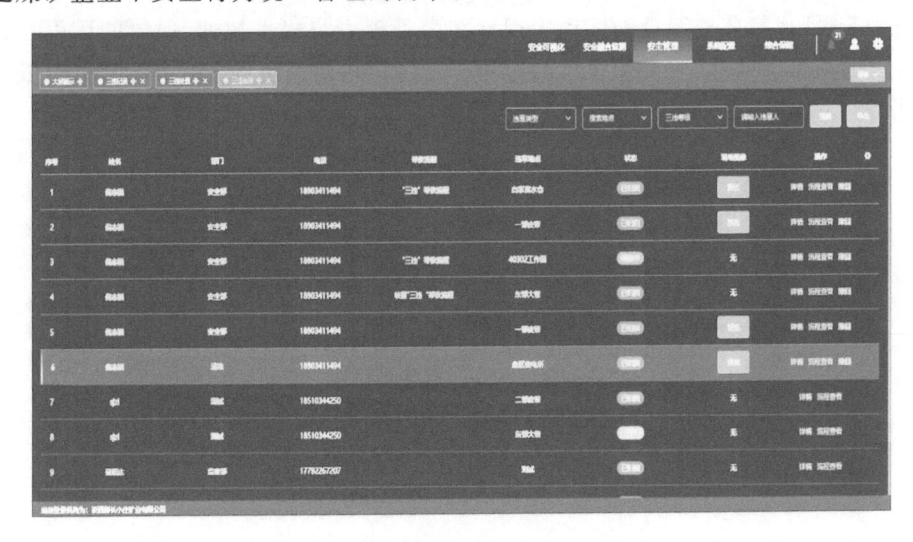

图 4-15　考核管理功能界面示例图

(15) 安全教育

利用智能"千眼"视频监控系统,基于智能识别结果和安全巡查结果,可以制定针对性的安全教育内容,并通过手机应用下发给"四员两长",以便满足"四员两长"组织作业人员进行安全学习的需求,如图 4-16 所示。此外,该系统支持学习过程中的视频、图片上传和异常处置闭环管理的导出功能,可以用于班前会的集中学习。

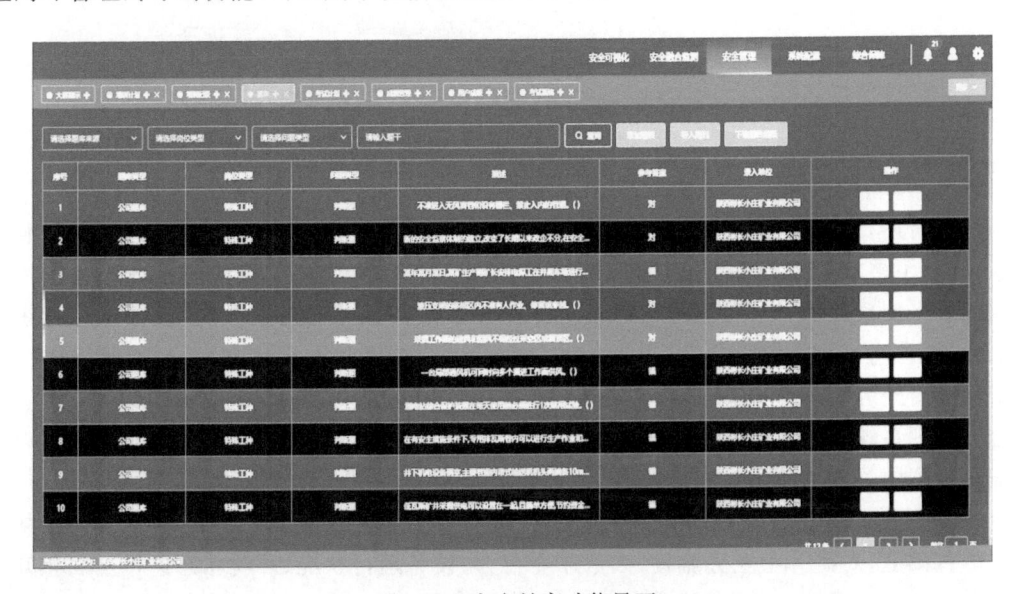

图 4-16　安全教育功能界面

(16) 统计分析

智能"千眼"视频监控系统以日、周、月和年为统计周期,可以对不安全行为的事发时间、地点、人员、班次和所属单位等数据进行综合的统计分析,并以多种不同类型的图表方式进行可视化展示。

(17) 移动应用

智能"千眼"视频监控系统的移动应用旨在为管理人员提供快速、便捷的远程在线管理服务,有效提升管理效能,主要包含实时监测、异常报警、数据统计分析、消息提醒、安全巡查和历史报警查询等功能,如图 4-17 所示,并且可以实现移动端版本自动升级和更新。

图 4-17 智能"千眼"视频监控系统的移动应用功能界面

综上所述,通过智能"千眼"视频监控系统的建设,不但构建了统一标准的风险防控管理体系,提升了多维数据分析能力,而且扩展了 AI 感知范围,优化了风险防控体系。具体来说,首先,采用现代化 AI、大数据和物联网等技术手段实现感知煤矿人员、设备和环境等动态信息,结合煤矿安全管理制度,对煤矿安全风险进行整体动态评估与控制,通过构建统一标准的风险防控管理体系,实现"动态感知-不安全因素分析-实时预警-联动闭锁-事后优化"的闭环管理系统。其次,通过对"作业环境、生产工具、作业过程"问题进行多维分析,可以洞察安全管理中存在的不足。在此基础上,构建安全视角的人员能力画像,识别薄弱环节,推动企业全面及时调整培训策略和帮教流程,提高企业安全管理能力。之后,在风险防控体系建立的基础上,对矿井全业务流程、人员作业行为、设备运行状况、环境状态进行全面感知和实时分析,形成"透明矿井"。最后,通过打造横向覆盖事前防范、事中控制、事后总结的风险防控过程,纵向贯穿"全面感知-智能决策-自动控制-人员帮教"的分级管控模式,并叠加 AI 智能技术,最终优化了现有的风险防控体系[28-29]。

综上所述,智能"千眼"视频监控系统的建设,不但为彬长矿区创造了一个良好的安全工作环境,大大减少了矿井安全事故的发生率,保证了矿井的安全高效生产,有效地保障了井下矿工的身心健康,激发了工人的劳动积极性,为彬长矿区创造了良好的安全生产氛围,由此提高了整体安全生产管理水平,而且可以在煤炭企业信息化建设中树立一个安全生产管理的样板和标杆,在我国煤矿企业的安全生产管理中具有较为广泛的应用价值。因此,该系统的建设是落实国家"两化融合"的新战略、新思维,遏制煤矿安全事故发生的根本途径[30]。

4.4 智慧救援系统建设

智慧救援系统的建设主要解决了救援中心各类异构通信终端音视频的互通问题,可以形成指挥通信一张网,提供基础通信保障,提升救援中心各层级和各部门人员的互通能力,从而提高生产人员的工作效率和领导层决策指挥速度,以便满足煤矿企业日常值守、日常审核、应急预案、物资管理和业务考核等业务需要。

4.4.1 设计流程

智慧救援系统架构分为前端接入层、基础支撑层、数据支撑层、应用支撑层、业务应用层和智能交互层共六个层次,如图 4-18 所示。

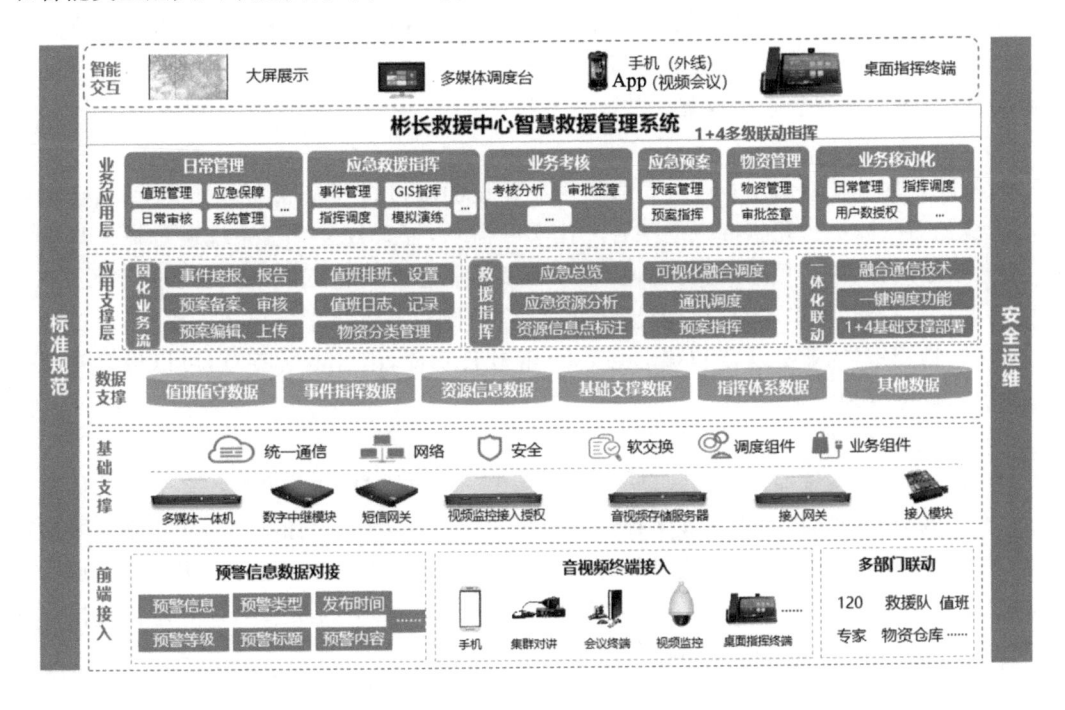

图 4-18 智慧救援系统的总体架构图

(1) 前端接入层

智慧救援管理系统融合了三类前端通信设备和数据对接。预警信息数据对接：主要包括预警类型、预警等级、预警标题、预警内容、发布单位和发布时间等监测数据。音视频终端接入：通过将集群对讲、单兵/手机、会议终端、视频监控、电话和桌面指挥终端等音视频终端同时接入，可以构建统一的通信网络。多部门联动：可同时对接120、安监、消防、救援队伍、专家和物资仓库等部门，通过融合通信技术进行联动，在紧急救援过程中将多个部门人员物资纳入救援体系中。

（2）基础支撑层

将前端感知层汇聚的音频、视频、数据等通过有线/无线网络、短波/超短波集群网络、4G/5G网络和物联网等数据传输至智慧救援管理系统中，并由基础支撑层提供支撑。其中，基础支撑层的硬件设备由多媒体一体机、数字中继模块、短信网关、视频监控接入授权、音视频存储服务器、接入网关和接入板卡模块等组成。软件组件及模块包括统一通信业务模块、软交换控制服务模块、调度组件和业务组件等，能够进行跨网应用，安全性能高，为整个系统的运行提供基础数据支撑。

（3）数据支撑层

智慧救援管理系统可以利用数据采集、共享、解析入库等方式，将业务数据、前端感知数据、外部单位数据及互联网数据统一接入管理系统，并根据数据类别和业务使用习惯等，生成不同的数据库，如值班值守数据库、事件指挥数据库、资源信息数据库、基础支撑数据库和指挥体系数据库等，为智慧救援管理系统各大应用提供数据服务支撑。

（4）应用支撑层

智慧救援管理系统依托固化的业务流服务、集成指挥体系和一体化联动等基础支撑服务，结合视频分析、深度学习和聚类分析等算法模型，通过态势分析、监测预警和灾后评估等软件模块，为智慧救援管理提供强大的应用支撑。

（5）业务应用层

依据陕西彬长矿业集团有限公司救援中心建设的救援指挥及联动系统要求，结合救援中心形成的"1+4"一体化指挥联动平台工作实际需求，智慧救援管理系统通过提供日常管理、应急救援指挥、应急预案、物资管理、业务考核和业务移动化五大系统，同时支持多种模块的后期扩展功能，可以实现应急救援智能化、扁平化和一体化指挥作战。此外，通过建立日常审核、物资审核、业务考核和移动端 App 等软件功能，结合电子签章，可以最终实现统一、便捷的业务管理。

（6）智能交互层

智慧救援管理系统面向移动执勤人员、指挥中心工作人员、领导和救援队伍工作人员等用户，提供电脑、手机、桌面指挥等多种终端参与的应急救援渠道，加强救援中心在突发救援事件方面的事前预警能力、事发应对能力、事中处置能力和事后管理能力，从而改善现有统一的通信模式，实现音视频联网、音视频调度指挥，形成彬长矿区及"1+4"一体化的指挥联动平台，助推彬长矿区智慧救援工作的跨越式发展。

4.4.2 系统功能

智慧救援管理系统的功能主要包括日常管理子系统功能、应急救援子系统功能、应急预案子系统功能、物资管理子系统功能、业务考核子系统功能和业务移动化功能，具体功能描述如下所述。

4.4.2.1 日常管理子系统

(1) 日常值守功能

日常值守功能主要实现"1+4"多级管理日常值班工作,落实值班排班制度和日常后台管理。依靠日常值守模块的应用,可以有效提高救援中心对值班信息的接报及相关分析与处理能力,主要功能包括值班管理、资源信息点标注、人员通讯录、群组管理、应急保障和系统管理等。

① 值班管理功能。值班管理功能提供值班排班、值班签到、值班日志、值班任务管理和值班设置等功能,可根据值班人员进行权限配置,保障"1+4"多级值班工作。

② 资源信息点标注功能。通过在GIS地图上标注资源点位,可以实现资源定位和信息查看。

③ 人员通讯录功能。提供通讯录功能,支持对指挥人员进行分级、分类管理,包括增加、删除、修改及查询操作。

④ 群组管理功能。基于知识图谱技术,结合智能关联分析手段,将人员、应急物资、应急资源和应急预案等内容进行智能化关联,能够生成基于各类突发事件的相关成员群组,便于一键组合和信息交互。

⑤ 应急保障功能。通过统一录入视频监控、避难场所、物资仓库、危险源、生产企业、救援队伍和专家等资源信息,实现应急保障资源的整合管理。此外,通过接入各部门的应急资源信息,例如应急物资保障、风险管控点保障、重点防护目标保障、协同单位保障和通信设备保障等多项保障资源数据,以便进一步实现应急保障的统筹管理。

⑥ 系统管理功能。主要包括用户管理、角色管理、权限管理、账号管理、操作日志和智能网管等功能,能够支撑日常的系统使用。

(2) 日常审核模块

① 日常审核管理功能。日常审核管理功能主要提供日常审批流程,审批内容包括基本信息、类型和附件等。管理人员利用该模块对申报流程进行审核。如果审核不通过,需再次进行申报审核。审核通过后进行电子签署,整个日常审批流程结束后,实现统一的归档管理。

② 印章证书管理功能。印章证书管理功能支持模板印章、自定义图片印章和特殊印章的管理功能,可提供多种不同样式的印章模板。此外,内部企业和个人用户的数字证书、印章等电子签名制作数据存放在本地服务器。

③ 签章功能。签章功能主要包括单页签章、骑缝章、印章展示和手写签批四个部分。其中,单页签章是以鼠标形式定位签章位置,控制签章只能盖在PDF文档显示区域;骑缝章的管理能够实现类似传统骑缝章的功能;印章展现功能要求印章透明,不遮挡下方的文字或图片,可以实现印章的可视化;利用手写签批功能可以审批在线签名,支持屏幕手写。

④ 集成功能。集成功能可以与业务系统实现无缝集成,并且配合业务系统,完成线上签署的全流程功能。日常审核管理模块通过数字化管理手段,可以将纸质文本内容进行电子化、模块化、流程化分解。

4.4.2.2 应急救援子系统

(1) 事件管理模块

事件管理模块支持4个中队、救援人员向救援中心上报突发事件的管理功能,可以利用电话、终端和Web端等多种上报方式,第一时间报送突发事件信息。事件管理模块包括信息接报、事件列表、事件详情和事件报告等功能。此外,该模块支持通过Web端录入事件信息,面向所有工作人员,提供事件报送模板,用于事件信息填报。其中,填报的内容包括信息标题、事发时间、事发地点、报送状态、伤亡情况和附件信息(可采用视频或图片方式上传现场情况)等基础信息内容,支持事发地点标注。最后,该模块支持查看进行中和已结束的事件列表,列表内容主要包括事件筛选、事件名称、事件类型、录入事件和事件地点的内容显示。

(2) 预警信息数据对接模块

预警信息数据对接模块通过与预警系统对接,可以获取预警信息,并显示预警类型、预警等级、预警标题、预警内容、发布单位和发布时间等预警信息。

(3) 基于GIS的指挥调度模块

① 应急总览功能。应急总览功能提供免费的地理信息服务,支持调用应急救援指挥一张图系统服务,可以在地图上查看区域整体资源内容、值班信息、事件列表、预警信息、重点监控、事件数据统计内容。此外,该功能可实现地图资源的检索、自动定位和详情显示,并提供街道地图、卫星地图和地形地图三种不同地图模式的可视化效果。

② 资源分析功能。资源分析功能基于多种类型的地图,叠加相关资源图层,以事件发生位置为中心,判定影响半径进行资源分析,动态掌握应急资源情况,结合现场视频和监测数据等内容,可以督导和协调应急资源的配置。此外,该功能包括事件上图、资源上图和区域资源分析等。

(4) 应急调度通信模块

① 现场指挥调度功能。现场指挥调度功能主要解决应急指挥过程中的人员调度问题,辅助应急指挥人员了解突发事件现场的发生和发展状况,实现对应急事件处置的统一指挥调度,以及应急决策信息的快速传达。其中,GIS可视化融合调度是基于GIS地图,旨在突发事件发生时,根据突发事件的位置和应急资源分析范围,实现指挥中心和应急指挥救援现场周边人员的一键调度功能。通信调度是基于融合通信技术,可以快速便捷地提供人员调度功能。

② 基础支撑功能。基础支撑功能主要包括多媒体一体机、数字中继模块、短信网关、视频监控平台接入授权、音视频存储服务器、多媒体调度台、录音业务模块、录像业务模块和视频会议互联接口的支撑功能。

③ 模拟演练功能。模拟演练功能主要是应急演练预案内容与流程的数字化管理,以及对演练事件的应急指挥、救援计划等进行统一管理。该功能将演练脚本结构化、处置流程规范化,可实现演练配置和模拟演练等具体的业务功能。

④ 新增演练事件功能。新增演练事件功能支持演练事件信息的Web端录入,可以提供演练事件报送模板,用于事件信息的填报,具体填报内容包括报警人信息、事件位置、事件信息和事件地点标注等。

⑤ 进行中演练功能。进行中演练功能支持查看进行中的演练事件,可以展示进行中演练事件基本信息(事件名称、事件等级、事件类型、事件地点和录入时间),并支持模拟事件评估报告的生成,能够按事件名称、事件类型和事件等级进行事件检索。

⑥ 已结束演练功能。已结束演练功能支持查看已结束演练事件,可以查看已结束演练事件的基本信息(事件名称、事件等级、事件类型、事件地点、结束时间和历时时长),并支持将已结束演练的事件恢复为进行中演练事件的操作。

4.4.2.3 应急预案子系统

(1) 救援"一键启动"模块

救援"一键启动"模块支持在应急事件处置过程中,提供预案匹配与响应启用功能,可查看已启动应急预案的总体情况,具体功能包括一键启动和预案执行两部分。一键启动支持预案启动后自动关联事件,根据响应等级,一键启动应急预案;预案执行可以查看预案总体的步骤情况和完成情况,并支持查看结构化分解的预案步骤详情。

此外,该模块支持查阅预案组信息,并可根据应急事件的发展情况,查看结束预案或进行预案升降级操作。

(2) 应急预案管理

结构化预案是一种对各级各类应急预案的数字化管理手段,可以把纸质文本预案内容进行电子化、模块化和流程化分解,从而提高应急预案在实际作战过程中的高效性和有效性,具体包括预案管理和预案执行两部分。预案管理主要包括预案分类管理、预案上传、预案编辑和预案配置管理等功能,可以实现应急预案编制流程和预案备案的信息化处理。预案执行主要包括预案的查用、预案关联和预案的启动,可以实现对进行中预案、预案启动和历史预案信息进行查看。

此外,该功能支持通过为突发事件关联标签,并根据事件标签,自动匹配对应的应急预案。关联响应后,一键启动或在预案列表中一键启动。预案启动后,通过结构化展示预案处理步骤,实现步骤任务详解,并可以查看任务一键指派处理、会议会商和执行记录的相关数据。

4.4.2.4 物资管理子系统

(1) 物资管理模块

物资管理模块主要包括以下五个功能。

① 物资总览功能。对各个仓库的物资信息进行统计展示,包括物资分类统计、物资分布排名、仓库库存统计、新增物资统计和待归还物资统计等。

② 物资信息。对仓库的物资信息进行管理,支持物资入库登记、物资批量借出、物资批量删除、物资导入导出和物资详情查看。

③ 物资借还。可详细查看物资借出或归还的信息,也可以对物资进行借出、归还和完结等操作。

④ 物资字典。物资分类管理,支持物资类型的导入/导出、添加、编辑和删除等操作。

⑤ 仓库管理。支持仓库列表查询,支持仓库的添加、编辑、删除和导出等操作。

(2) 审批签章模块

审批签章模块可以实现物资借还的审批流程,具体内容涉及物资基本信息、生产单位和附件等。管理人员利用该模块可以对申报流程进行审核。如果审核不通过,则需再次申报。审核通过后,进行电子签署。流程结束后实现统一归档管理。

4.4.2.5 业务考核子系统

(1) 考核分析模块

考核分析模块支持多种考核分析方式,主要包含出警时间、出警反馈和到达时间等,可进行考核数据的综合统计分析。

(2) 审批模块

审批模块可以实现考核分析的审批流程。具体的申报/审核内容包括考核基本信息、考核类型和附件等。管理人员利用该模块可以对申报流程进行审核。如果审核不通过,则需再次申报。审核通过后,进行电子签署。流程结束后,可以实现统一归档管理。

4.4.2.6 业务移动化

业务应用移动化应基于 4G/5G/Wi-Fi 等移动通信网络,利用单兵/手机等智能终端,实现事件现场与指挥中心之间的互联互通、现场情况的高效反馈和指挥中心指令的快速下达。此外,可以提供事件上报、事件列表、事件处置、事件任务、预案任务、音视频通话和个人中心等功能,具体内容如下所述。

(1) 日常事务模块

① 日常审核管理功能。日常审核管理功能可实现日常的审批流程,申报内容包括基本信息、类型和附件等。管理人员利用该模块可以对日常事务申报流程进行审核。如果审核不通过,则需再次申报。审核通过后,进行电子签署。流程结束后,可以实现统一归档管理。

信息中心集中推送所有未读信息,使得所有待处理事项得以通过统一途径推送给 App 的使用者,而使用者无须关心来自哪个系统或哪个模块。日常审核管理功能主要推送的内容包括:待办流程、未读文档、未读新闻、未读公告、沟通信息和待办项目。

② 物资管理功能。移动端具有便捷的物资管理审核功能,主要包括移动物资管理创建、审批以及物资数据的归档。

③ 业务考核功能。业务考核功能完成手机端的业务考核提交和审批以及归档等业务流程。

(2) 应急指挥模块

① 事件上报功能。当应急事件发生时,可通过移动端,将应急事件进行上报。事件上报功能提供了事件基本信息模板,移动端用户可将事件地点、事件概述、事件发生时间、起因、造成的影响和上报人基本信息(姓名、联系电话、性别等)等内容录入到系统中,并可以获取当前事件发生的地点,保证在事件处置过程中,应急处置人员能准确到达事件发生位置。

② 事件列表功能。事件列表功能主要显示处理中和已完结状态的事件列表,支持事件签收及事件检索。

③ 当前事件功能。事件管理支持以列表形式展示现有事件,并支持事件签收、查看事件基本详情及事件检索,可以通过应急详情、直击现场、指令下达、情况更新、现场反馈、现场播报和人员位置业务流程,实现实时跟踪获取应急事件信息的功能,以便保障相关人员能够同时获取事件基本信息,快速掌握事件最新态势。

④ 事件任务功能。事件任务功能可以实现事件任务的上传下达,提供任务列表。移动端用户可接收来自领导和指挥中心指派的工作指令(包括文字、图片、语音和视频),并以图片、视频和文字的形式对任务进行反馈。

⑤ 预案任务功能。预案任务功能可以实现预案任务的上传下达,并提供任务列表。移动端用户可接收来自领导、指挥中心指派的工作指令,以图片、视频和文字的形式对预案任务进行反馈。

⑥ 音视频互通功能。音视频互通功能可以实现语音通话、视频通话、音视频会议,实现现场与指挥中心之间的互联互通,使人员沟通更加顺畅、指令下达更加高效。支持通话记录查询。此外,该功能支持自定义创建与管理一对一、群组消息,并可以实现文字、语音、照片和视频及文件的发送,可一键发起语音及视频会议。最后,该功能支持自定义创建多方语音/视频会议,通过会议记录可对历史会议进行一键发起。

⑦ 即时消息功能。通过即时消息功能,可以实现语音、文字、图片和视频的收发。

⑧ 个人中心功能。个人中心功能提供通讯录模块,移动端用户的通讯录依据部门及相关工作单位的现有组织架构,由平台端统一配置,自动同步统一通讯录,支持当前人员编辑个人信息的功能。

基于上述智慧救援管理系统的各项功能,彬长矿区可以达到"集成指挥体系、一体化联动"的要求。通过搭建1个中心、4中队的"1+4"一体化指挥联动体系,可以保障智慧救援管理系统在纵向及横向均保证互联互通[31]。其中,纵向互联互通是指系统对下可对接4个支队已有通信系统,同时接收上报的事件信息。通过融合通信系统对接集群对讲、单兵/手机、会议终端、视频监控、电话等音视频终端同时接入,构建统一通信网络,保证上下级之间的互联互通性。此外,在4个支队值班室部署桌面指挥终端,可以完成音视频通信、任务下发和会议会商等功能。横向互联互通是指支持对接120、安监、消防、救援队伍、专家、物资仓库等部门通过融合通信技术进行联动,在紧急救援过程中将多个部门人员物资纳入救援体系中,打破通信壁垒。在此基础上,支持接入相关部门业务数据,并进行综合汇总调度,以便实现音频、视频和数据融合互通。最后,通过建设基础建设的融合通信系统,可以实现智慧救援管理系统的综合应用。

4.5 彬长矿区智能化安全管控的应用创新

通过智能化安全管控体系中的智能化安全保障系统、安全双重预防管理信息系统、智能"千眼"视频监控系统和智慧救援系统四个部分的建设,为企业智能安全管理提供了有力支撑,在安全资源精益配置的基础上,可以实现对安全风险的超前管控,推动了煤矿企业向本质安全方向发展。

通过上述彬长矿区智能化安全管控体系的建设,构建了"六个新"的应用创新,具体包括智能评价指标新体系创新、智能算法模型方法创新、大数据智能治理格局创新、三位一体智能预警模式创新、全流程智能管控机制创新和煤矿安全智能保障体系创新。

(1) 智能评价指标新体系的构建

智能化安全管控体系从"人、机、环、管"四个维度,构建了如图4-19所示的智能评价指标体系,共计310个评价指标,为矿井整体安全态势评估提供了有力的数据支撑。

(2) 智能算法模型新方法的构建

通过设计重点区域和生产煤矿的灾害评价架构,并按照单一灾害和整体灾害两个维度,设计了对应的智能算法模型,可以实现灾害的智能评价。在实践应用过程中发现,智能算法模型的评价结果趋近于现场实际安全态势。智能安全态势界面如图4-20所示。

(3) 大数据智能治理新格局的构建

智能化安全保障系统在采集煤矿各类安全监测监控系统数据的基础上,通过数据清洗

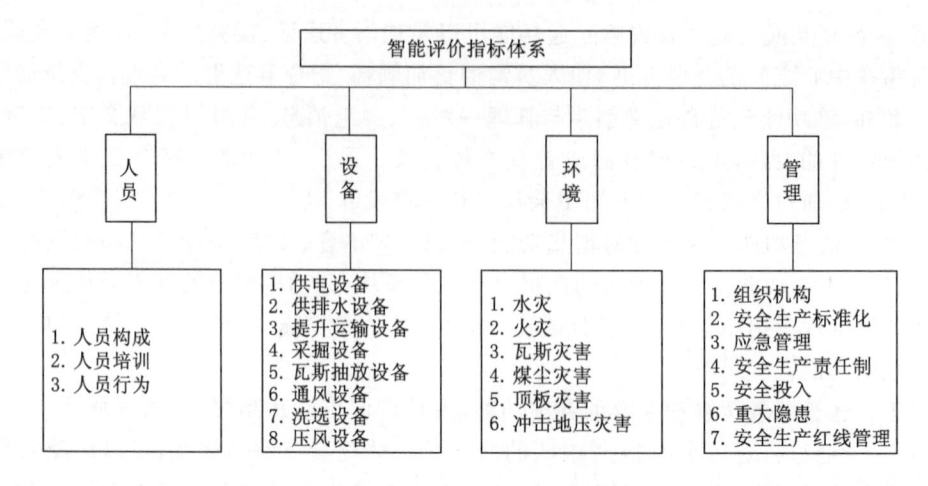

图 4-19 智能评价指标体系

智能评价指标体系

- 人员
  1. 人员构成
  2. 人员培训
  3. 人员行为

- 设备
  1. 供电设备
  2. 供排水设备
  3. 提升运输设备
  4. 采掘设备
  5. 瓦斯抽放设备
  6. 通风设备
  7. 洗选设备
  8. 压风设备

- 环境
  1. 水灾
  2. 火灾
  3. 瓦斯灾害
  4. 煤尘灾害
  5. 顶板灾害
  6. 冲击地压灾害

- 管理
  1. 组织机构
  2. 安全生产标准化
  3. 应急管理
  4. 安全生产责任制
  5. 安全投入
  6. 重大隐患
  7. 安全生产红线管理

图 4-20 智能安全态势界面

和数据治理,并接入 12 个煤矿监测子系统数据后,可对煤矿 23 项环境参数进行动态监测,并按照预设的预警规则,可以实现监测数据的深层挖掘和智能分析[32-33]。

(4)三位一体智能预警新模式的构建

通过将安全双重预防管理信息系统、安全监测监控系统和人员定位系统等 12 类预警数据及智能评价结果进行综合分析,可实现全量的预警数据综合展示,从而构建双防、监测和评价于一体的"三位一体智能预警"新模式,具体功能界面如图 4-21 所示。

(5)全流程智能管控新机制的构建

通过设计重点监测指标和重点监测场景,系统可自动按照预设的规则,实现等级、层级和专业的划分,并自动提级推送。在此基础上,依据反馈信息,进行跟踪闭环管理,从而实现

第4章　彬长矿区智能化安全管控体系建设

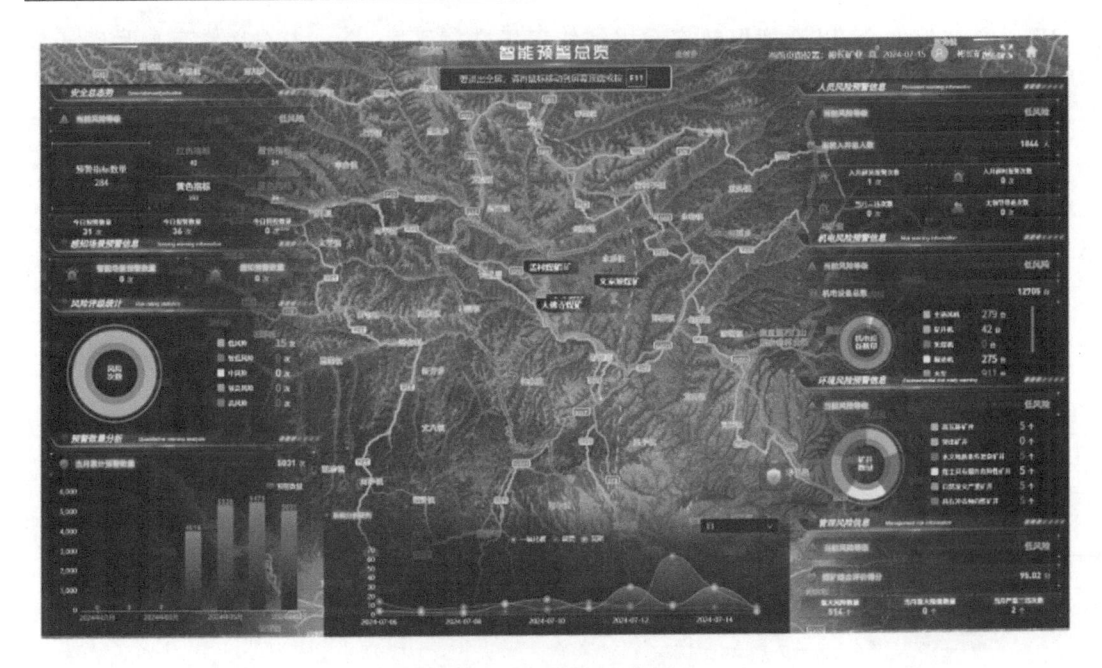

图 4-21　智能监测预警界面

全流程智能管控的新机制。具体功能界面如图 4-22 所示。

图 4-22　智能安全管控界面

（6）煤矿安全保障新体系的构建

煤矿安全保障新体系融合了 12 个监控子系统，建立了 22 个智能场景、24 个大屏展示页面、77 个重点指标、141 个功能模块（前端）和 310 个评价指标，将安全管理的多方面工作纳入智能保障系统中来，从而打造了"线上监管＋线下检查"相结合的煤矿安全监管新格局，实现以科技促安全、以管理促效率和以智能促提升新格局,全息安全档案示例如图 4-23 所示。

图 4-23　全息安全档案

通过建设彬长矿区智能化安全管控体系,进一步促进了智能化技术在安全生产中的融合应用,增强了对煤矿企业安全生产的感知、监测、预警、处置和评价能力,加速了安全生产从静态分析向动态感知、事后应急向事前预防、单点防控向全局联防的转变,全面提升了公司安全生产智能化管控水平。该体系的建设具有广泛的推广价值和借鉴意义。

第5章 彬长矿区智能化生产管控体系建设

陕西彬长矿业集团有限公司通过应用先进的智能化技术和管理手段,建设彬长矿区的智能化生产管控体系,以便强化生产过程监控,优化生产管理流程,提高生产环节的控制精度。该体系的构建既是生产工作迈向精细化的有效途径,也是促使企业实现长期良性发展的必由之路,可以为提升智能化生产管控水平提供科学依据,从而完善精益生产、全面质量控制和生产管理等工作。

彬长矿区智能化生产管控体系基于矿山工业互联网平台,按照分层设计模式,分为操控层、监测层、报警推送层、协同层、业务层和决策层六个层次,如图5-1所示。具体内容如下所述。

图5-1 业务架构图

① 操控层:基于现有彬长矿区各智能化子系统,实现远程操控和基础业务功能,并为监测层提供所需的功能和数据源。

② 监测层:通过对现场的传感器状态、设备状态、运行状态以及报警信息进行采集和分类,面向班组、区队和管理部室,可以提供监测信息的查询、统计和分析展示服务。

③ 报警推送层:依据异常和报警信息(故障报警、通信故障报警、越界报警、控制失灵报警、开关变位报警以及离线、断电和超量程等),向陕西彬长矿业集团有限公司各单位、部门分级推送报警等级等相关信息,并实现报警问题发现、解决、核查和消除的完整闭环过程。

④ 协同层:在数据集成与可视化的基础上,针对陕西彬长矿业集团有限公司各矿井单位的主要生产环节,提供生产协同与工艺联动的场景化应用。

⑤ 业务层：该层提供生产业务的移动作业管理、一体化巡检管理、技术文档管理和传感器校准等煤矿日常工作的场景化应用。

⑥ 决策层：该层对企业生产、安全、运营过程中的核心数据和业务进行综合分析，通过决策大屏，全面展示企业安全生产状况。

总体来说，彬长矿区智能化生产管控体系依托陕西彬长矿业集团有限公司各矿井单位，从生产计划与调度管理系统、采煤系统、掘进系统、主煤流运输及辅助运输系统、通风与压风系统、供电与供排水系统、设备全生命周期管理系统、智能分选系统和运销系统九个方面开展建设。该体系通过操控层、监测层、报警推送层、协同层、业务层和决策层的重构，以便实现各矿井单位对生产执行过程中"人、机、环、管"的统一信息化智能化管理。

5.1 生产计划与调度管理

陕西彬长矿业集团有限公司通过制订精细化生产计划、生产组织活动、控制生产过程和协调生产环节等手段，进行煤矿生产计划与调度管理，从而实现煤矿生产的稳定、安全、高效和可持续发展，其核心目标是确保生产计划的按时完成，并对生产过程中各个环节进行协调和监控，以便及时发现和解决生产中出现的问题，保证生产的稳定和高效。

具体来说，彬长矿区的煤矿生产计划与调度管理主要包括生产计划管理和生产调度管理两个方面。其中，生产计划管理是根据煤矿的实际生产情况和生产需求，制订精细的生产计划，通过计算机辅助管理系统对生产情况进行实时动态监测，确保生产计划的按时完成。生产调度管理是对生产过程中的各个环节进行协调和监控，及时发现和解决生产中出现的问题，保证生产的稳定和高效。

5.1.1 现状研究及设计思路

目前，彬长矿区已建立相对完善的生产计划体系，包括中长期发展规划、年度生产计划和月度生产计划等，采用集中调度管理方式，实时监控生产现场、设备运行情况及人力资源分配，及时调整和优化生产活动，以确保生产效率和产品质量。在此基础上，通过引进ERP、PMS等信息管理系统，实现生产数据的实时采集、分析和报告生成，为决策提供有力支持，以便确保生产运营。然而，尚存在以下问题有待解决。

① 生产计划的制订较少考虑多元化的辅助信息，例如机电设备情况（检修维保）、生产能力、生产任务完成情况、生产区队在岗人员数量、存煤情况、采场地质情况、销售市场情况和交通运输情况（季节性因素）等信息。

② 生产计划的制订与调整缺少标准化依据，目前以经验判断的方式为主，较少进行有效计划与实际生产的对比分析。

③ 生产计划执行的反馈数据较难完全自动获取，并且在生产执行层无法保证数据的真实性反映。

为解决上述问题，彬长矿区通过建设生产计划与调度管理系统，利用新一代信息化和智能化技术，提高生产计划与调度管理的执行效率和管理质量。

（1）彬长矿区生产计划与调度管理系统的整体架构设计

彬长矿区生产计划与调度管理以生产计划为主线，通过综合调整调度工作，确保综采

第 5 章　彬长矿区智能化生产管控体系建设

队、综掘队、连采队、机电运转队和通维队等区队在执行过程中的标准化业务流程重构。在此基础上，以生产技术为保障，辅助经营管理决策，提供移动办公支撑，实现生产组织和执行过程管控对生产经营管理的有效支撑。

彬长矿区生产计划与调度管理系统整体架构如图 5-2 所示，该架构包括数据采集、生产执行、生产组织、数据报表、数据看板和平台终端应用。其中，在生产组织方面，主要通过生产计划、调度管理和排班管理的方式，实现生产计划与调度工作。在此基础上，利用信息化技术，通过数据报表和数据看板等可视化方式，以平台终端的方式向陕西彬长矿业集团有限公司展示彬长矿区整体的生产计划与调度管理情况。

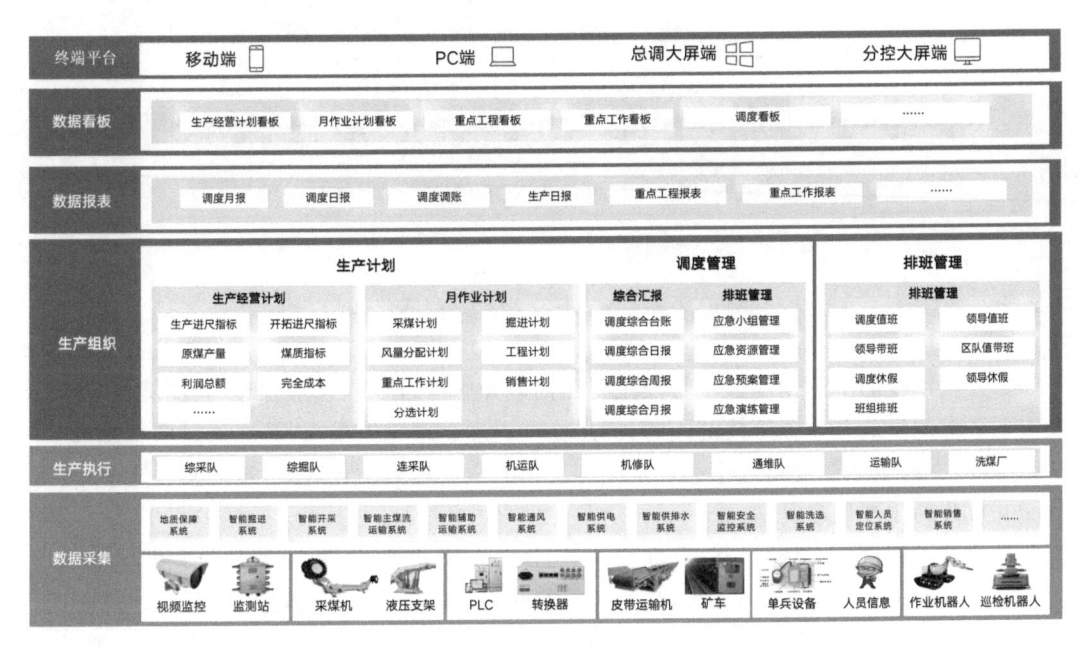

图 5-2　系统整体架构图

（2）矿井侧生产计划系统架构设计

矿井侧生产计划过程管控主要基于数据驱动业务的理念，通过任务自动派发、逾期自动提醒、计划自动分解、数据统一出口、场景分类核定等功能，实现计划编制类业务过程管控，以便满足生产计划的相关要求，达到数据准确、口径一致、处置及时和效率提升的业务管理目标，最终实现生产计划过程管控的优化和提升。

矿井侧单位的生产计划管理主要包含矿井年度、季度、月度生产计划编制、接续计划编制和作业任务生成等业务流程，通过实现煤矿决策层、管理层和执行层的多级生产计划编制，可以进行煤矿生产计划编制、审批、下发、填报、汇总、跟踪的全流程管理和线上编制煤矿采、掘、接续计划。此外，还可以实现通风、供电、供排水、通信、安全监测、防治水灾害治理、"三量"及资源回收率、运输和设备接续等专业计划业务功能，将计划填报任务通知到指定填报人，并告知时间节点，汇总填报的计划信息。通过线上审核与下发模块，并关联实际执行数据进行跟踪，最终实现计划与执行看板，辅助计划动态调整、管理决策等业务需求，以便保障生产计划按照既定目标顺利完成。矿井侧生产计划系统功能模块如图 5-3 所示。

（3）矿井侧生产调度系统架构设计

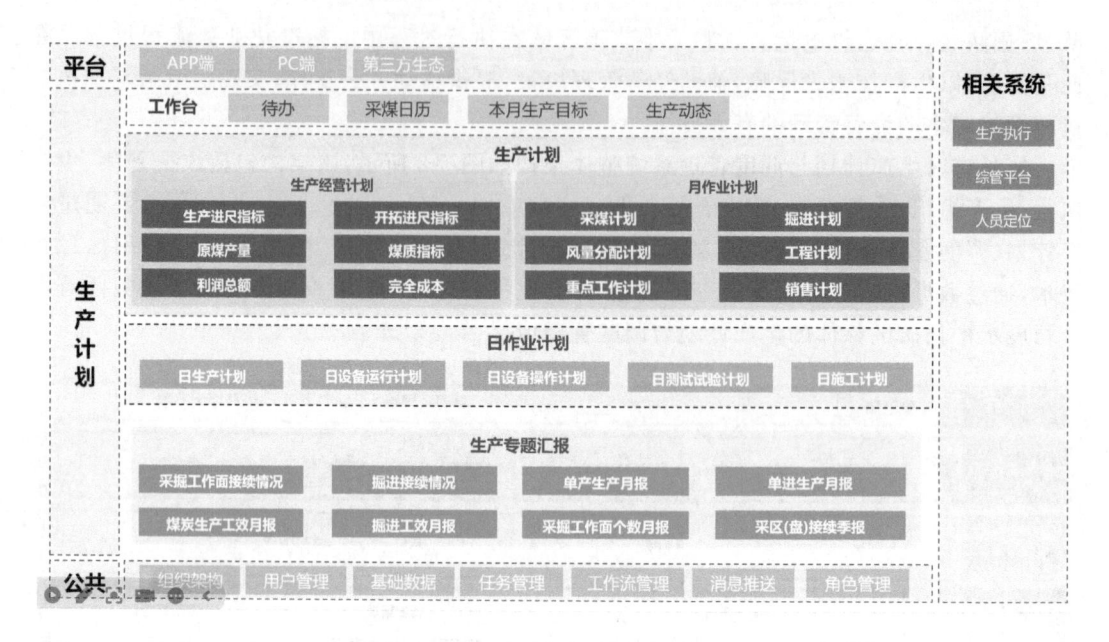

图 5-3 矿井侧生产计划系统功能模块图

矿井侧单位的生产调度过程管控主要面向矿井生产、地测、技术管理、调度管理等部门，在实现日常调度业务过程管控的同时，满足生产调度管理相关要求，旨在通过调度排班和调度管理等，支撑生产调度指挥中心日常调度工作的全流程自动化管理，最终实现实时、准确、全面和规范的生产调度管理。

矿井侧生产调度系统架构设计如图 5-4 所示。在该架构中，排班管理包含调度值班、区队值带班、领导值班和领导带班，实现按照休假规则、值班规则和值班计划等多种规则进行组合，自动编制并储存值班带班表，同时跟踪调度安排的执行情况，做好跟踪、统计和提醒。此外，调度管理包含调度台账、调度日报、调度周报和调度月报等模块，可以实现数据源头自动提醒、自动汇总和核定审批功能，并可以跟踪对比计划安排的执行情况。当发现生产调度问题时，可以及时提醒，确保生产调度排班合理和执行到位。

5.1.2 生产计划与调度管理系统功能

生产计划管理系统实现了年度生产经营计划、季度生产经营计划、月度生产经营计划、月度作业计划和日作业计划等功能。生产调度管理系统实现了班报管理、重点工程与重点工作汇报、调度台账、调度日报、调度周报、调度月报、休假计划管理、调度值班管理、领导值班、领导带班管理，以及值班与带班跟踪等功能。

5.1.2.1 生产计划管理系统

（1）年度生产经营计划

生产经营计划模块采用智能化经营管理方式，协同完成年度生产经营计划的编制、下发、填报、汇总、审批和执行全过程。计划填报以任务形式自动派发至指定单位和指定填报人，填报人按照预设模板在规定时间内进行填报，逾期或填报有误将收到通知。填报完成后，经过上级单位会议批准，计划下发至相关单位执行，并对计划的工作进行跟踪落实。

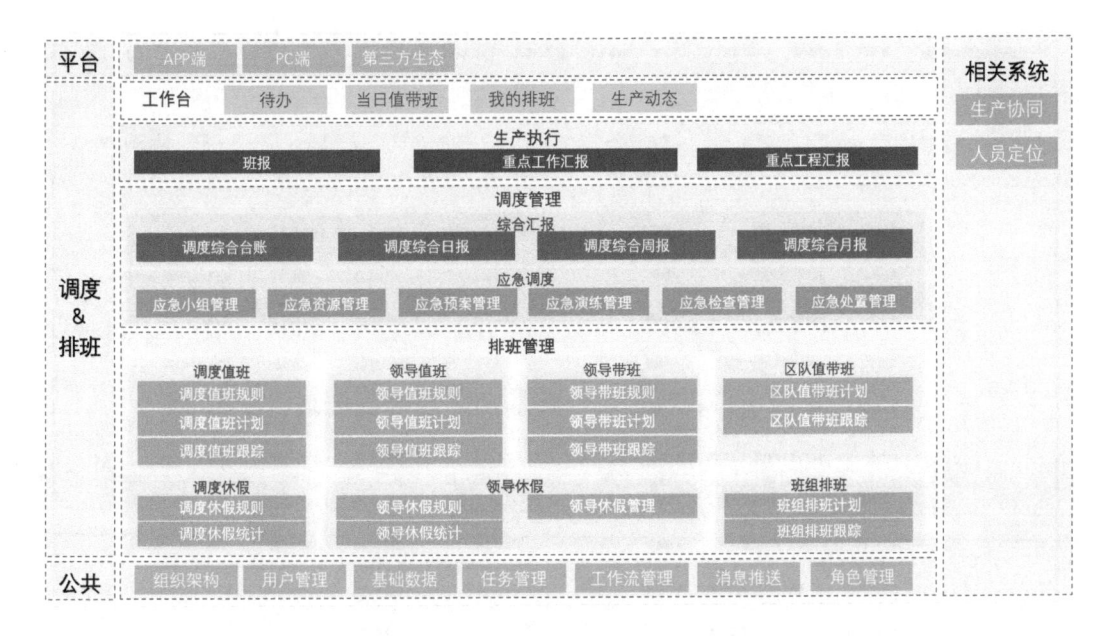

第5章 彬长矿区智能化生产管控体系建设

图 5-4 矿井侧生产调度系统功能图

此外,该模块还可以用于在线编制煤矿采煤、掘进、接续计划、通风、供电、供排水、通信、安全监测、防治水灾害治理、"三量"及资源回收率、运输和设备接续等专业计划,并将计划填报任务通知到指定填报人并告知时间节点,汇总填报的计划信息形成数字看板,与实际执行结果进行对比落实。

生产经营计划模块包括三年安全生产准备计划、年度安全生产准备计划、季度安全生产/专项工程作业计划和月度安全生产/专项工程作业计划等管理功能,覆盖矿井水平、盘区和工作面接续管理工作,保证矿井持续、稳定和健康发展,杜绝出现矿井生产接续失调现象。具体的生产经营计划、计划辅助编制和编制过程跟踪、计划执行对比看板功能界面分别如图 5-5 至图 5-8 所示。

(2) 季度生产经营计划

季度生产经营计划模块用于协同完成季度生产经营计划的编制、下发、填报、汇总、审批和执行的全过程。计划填报以任务形式自动派发至指定单位和指定填报人,填报人按照预设模板在规定时间内进行填报,逾期或填报有误将收到通知。填报完成后,经过上级单位会议批准,计划下发至相关单位执行,并对季度生产经营计划工作进行跟踪落实。在此基础上,将计划填报任务通知到指定填报人并告知时间节点,汇总填报的计划信息形成数字看板,与实际执行结果进行对比落实。

(3) 月度生产经营计划

月度生产经营计划模块可以用于协同完成月度生产经营计划的编制、下发、填报、汇总、审批和执行的全过程。计划填报任务会以自动派发的形式传达到指定的单位和填报人,填报人根据规定的模板在规定的时间内进行填报,逾期或填报错误将会收到提醒。当所有的填报完成后,计划会经过上级单位的会议审批,然后下发到相关单位执行,并对计划的工作进行跟踪和落实。此外,将月度生产经营计划填报任务通知到指定的填报人,并告知具体的

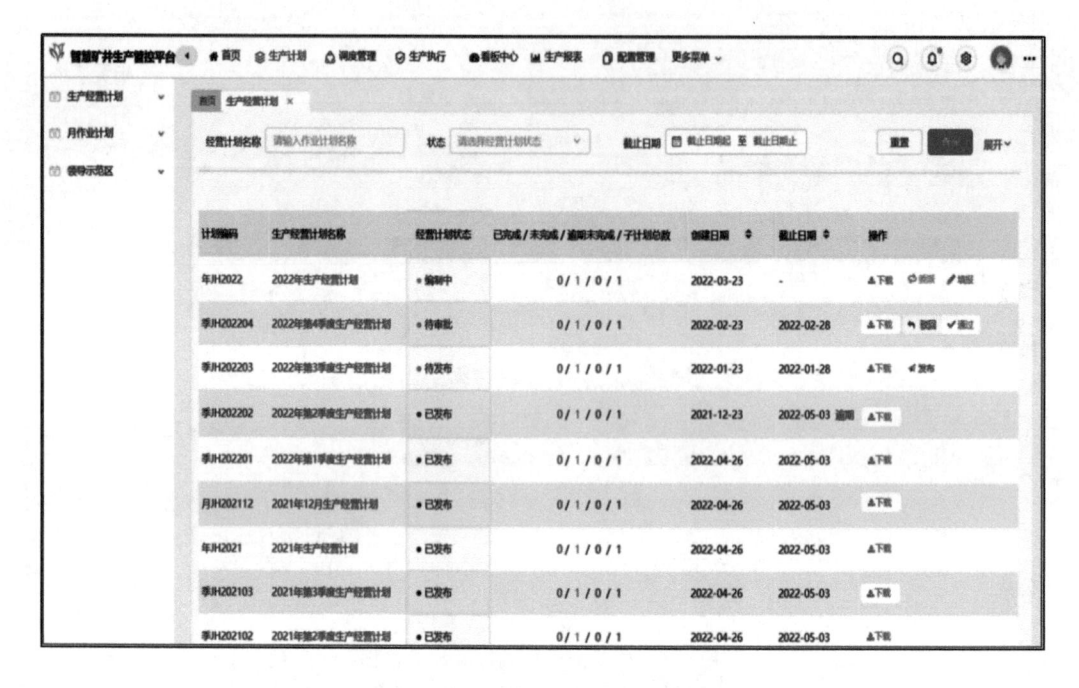

图 5-5 生产经营计划功能界面

图 5-6 计划辅助编制功能界面

填报时间。通过汇总所填报信息,形成数字看板,并将计划的实际执行结果与看板数据进行对比分析。

(4) 月度作业计划

月度作业计划模块可以用于实现月作业计划的编制任务下发、填报、汇总,各级审批和执行全流程管理。计划填报以任务形式自动下发至指定填报人,填报人按照既定模板在规

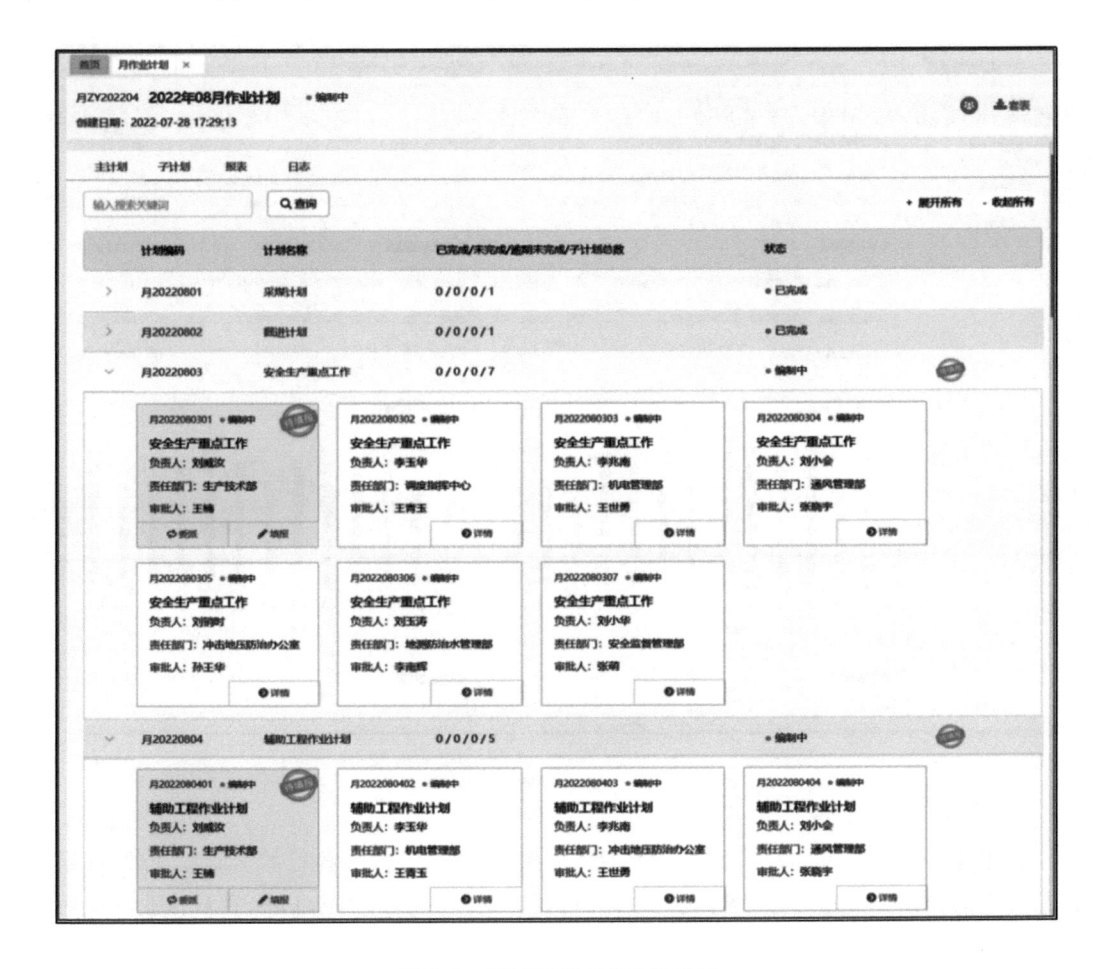

图 5-7 编制过程跟踪功能界面

定时间内进行填报,逾期或填报有误将收到通知。填报汇总完成后,经生产部门通过后,下达各中心、部室、区队/施工单位施行,并对计划的工作进行落实跟踪。具体功能如下所述。

① 计划创建。管理人员创建月作业计划时,可选取系统提前预置的计划模板,模板支持自定义调整。模板选定后,输入月作业计划名称,指定每个任务的负责人,并抄送相关人员,自定义审批流程,并对编制任务提出时间限制,若有特殊要求及注意事项可在说明栏进行说明。

② 任务派发。任务创建后,可查看各子计划的派发情况,并支持自定义规则,可实现自动派发和手动派发两种模式。

③ 计划编制。计划编制负责人收到任务后,只需要在该模块输入固定的变量数值,即可根据数据依赖关系自动计算和汇总计划数据,完成计划编制工作。

④ 计划编制跟踪。任务发起人可在该模块查看各作业计划的编制状态。若超出规定时间未完成显示逾期,发起人可在系统配置逾期提醒或手动进行催办。

⑤ 核定审批。若发现编制问题,可支持手工调整,也可进行驳回操作,让计划编制人进行修改。修改完成后,系统自动汇总生成月作业计划,并关联计划审批流程,进行线上审批。

(5) 日作业计划

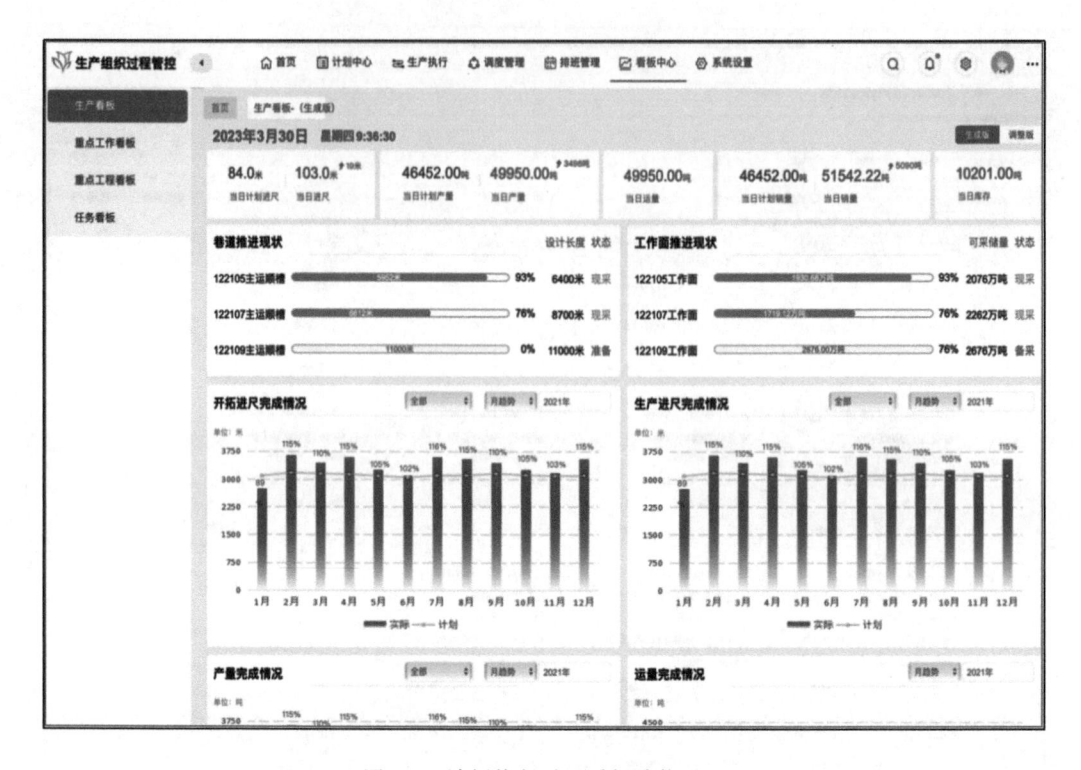

图 5-8 计划执行对比看板功能界面

日作业计划模块可实现日作业计划的任务编制、任务下发和执行的全流程管理,计划在班前会之前自动下发至指定执行人,执行人按照计划内容实行当日工作,在日作业结束后对计划的工作进行落实。

总体来说,生产计划管理系统可以实现矿区和矿井之间的业务闭环,并将矿区侧的生产经营计划直接下发到矿井,从而实现在线的业务联动。这种实时下发计划的方式,大大提高了矿区业务政策的执行能力,使矿井单位能够及时了解矿区的经营及投资计划,更加精准地制订月度计划。此外,矿井侧每月上报作业计划到矿区,矿区可以实时了解和掌握各个矿井的数据上报情况,进而提高矿区的集中管控能力。

5.1.2.2 生产调度管理系统

(1) 班报管理

班报管理模块实现对相关区队每班工作任务完成情况的汇报管理。每班任务结束后,由班组长通过移动终端在 App 上对完成的工作任务、存在的问题等进行汇报,由区长/副区长审核完成后生成班报。

(2) 重点工程与重点工作汇报

重点工程与重点工作汇报模块实现对相关区队每日重点工程、重点工作任务完成情况的汇报管理。每日工作结束后,由重点工程、重点工作负责人通过移动终端在 App 上对重点工程、重点工作进展进行汇报,自动生成重点工程、重点工作报告,数据同步调度管理。

(3) 调度台账

调度台账模块实现调度报表的编制、统计、审批、填报、上报和跟踪的全流程管理,调度中心督促各生产区队汇报生产指标任务的完成情况,经审批后上报至上级单位。以班、日、月为单位,将各部门和区队的生产执行情况、销售情况整理为报表,系统自动获取生产/销售/重点工程数据、生产影响和安全生产状况记录并自动汇总形成台账。

(4) 调度日报

调度日报模块以日为单位,将各部门和区队的生产执行情况、销售情况整理为报表,系统自动获取生产/销售/重点工程数据、生产影响和安全生产状况记录,并自动汇总形成调度日报。之后进行核定发布和结果上报。

(5) 调度周报

调度周报模块按照管理要求,对调度日报的内容进行自动汇总、自动统计、审批、自动获取生产/销售/重点工程数据、生产影响和安全生产状况记录,并自动汇总形成调度周报。

(6) 调度月报

调度月报模块按照管理要求,对调度周报的内容进行自动汇总、自动统计、审批、自动获取生产/销售/重点工程数据、生产影响和安全生产状况记录,并自动汇总形成调度月报。

(7) 休假计划管理

休假计划管理模块实现调度值班、领导值班和领导带班的休假管理。每月系统自动发布休假填报任务,调度人员、领导根据需求和管理制度要求进行休假填报,填报完成后系统自动汇总,并根据预置规则对休假情况进行异常提醒,管理人员手动审核后进行微调,完成所有人员的休假管理工作。

(8) 调度值班管理

调度值班管理模块实现配置和自动生成公司的调度排班策略,由调度中心配置值班排班策略,并对生成的值班排班表进行审核和调整。调度中心确认后,经上级单位批准下发至相关单位执行,关联人员到岗情况和展示大屏,实时更新每日值班排班情况。并对公司值班排班执行情况的跟踪记录,包括调度员交接班记录、各班组交接班记录等。调度中心按照已实行的值班、排班表确认相关人员的值班、带班情况,记录并汇报至上级单位,通过大屏展示每日排班,实时跟踪排班执行情况。

(9) 领导值班管理

领导值班管理模块实现配置和自动生成公司的领导值班排班策略,由调度中心确认后,经上级单位批准下发至相关单位实行,关联人员到岗情况和展示大屏,实时更新每日领导值班排班情况。对公司领导值班排班实行情况的跟踪记录,通过大屏展示每日领导排班,生成领导值班排班报表。

(10) 领导带班管理

领导带班管理模块实现配置和自动生成公司的领导带班排班策略。由调度中心确认后,经上级单位批准下发至相关单位实行,关联人员到岗情况和展示大屏,实时更新每日领导带班排班情况。该模块提供了领导值班排班算法策略,可以按照设定规则,自动计算出领导值班排班的分配结果。

(11) 值班与带班跟踪

值班与带班跟踪模块对调度值班情况、公司领导带班排班实行情况的跟踪记录。通过大屏展示每日领导排班,生成领导值班排班报表。该模块支持对接矿上人力系统、虹膜考勤系统、人员定位等系统数据对工作情况进行跟踪,并形成相关统计和提醒,便于人员按照规定完成值班、带班工作。

总体来说,生产调度管理系统可实现自动获取相关计划、生产及重点工程数据,避免调度人员手动操作;自动生成调度综合台账、日报、周报和月报,可以有效提高数据汇总效率。此外,矿井侧可实现调度台账、日报、周报和月报数据的联动,精细化管理业务过程,完成自下而上的业务过程汇报,实现业务闭环。公司能够自动获取矿井侧的值带班计划及跟踪信息,提升工作效率,同时确保了数据在传递过程中的准确性,避免人为传递过程中可能出现的失误。

5.2 智能化采煤

智能化采煤管控系统利用一种创新的采煤生产管理模式,借助智能化技术实现采煤全过程的智能化监控、调度和管理。该系统利用传感器、物联网、云计算、大数据等技术,提高采煤生产效率、降低成本、增强安全性,并满足环保和行业发展趋势的需求,具有广泛的应用前景[34-37]。智能化采煤管控系统主要涵盖以下三个方面。

(1) 智能化监控子系统

该子系统通过采用传感器和物联网技术,实时监控采煤全过程,包括工作面、输送机和采煤机等设备的运行状态,以及生产环境,提高生产安全性和效率。

(2) 智能化调度子系统

该子系统运用云计算和大数据技术对采煤全过程进行调度和管理,包括生产计划、资源调度和物流运输等方面的管理,用于提高生产效率和效益。

(3) 智能化管理子系统

该子系统通过智能化技术实现采煤全过程的精细化管理,包括人员管理、设备管理和质量管理等,用于提高生产质量和效益。

5.2.1 现状研究及设计思路

2019 年 3 月,陕西陕煤彬长矿业集团有限公司率先在小庄矿建成了西北地区首个复杂地质条件下特厚煤层智能化综放工作面。此后,2022 年 8 月,大佛寺矿的 40201 工作面建成投产,这是彬长矿区首个 300 m 超长智能化综放工作面。该工作面倾向长 300 m,可采走向 1 415 m,采用 4 煤、4$_上$ 煤联合布置。这些创新投入和成果不仅提高了采煤效率,减少了人力投入,降低了生产风险,而且对推动煤炭工业的智能化发展具有积极意义。然而,陕西陕煤彬长矿业集团有限公司在智能化采煤方面仍面临一些挑战。例如,顶板变化造成的采煤机滚筒高度不能自动调节、煤壁不平整造成的工程质量无法保证和采煤机惯性导航系统不够完善等问题还有待进一步解决。为此,需要进一步推动智能化采煤系统的建设,尽快有效缓解上述问题。

陕西陕煤彬长矿业集团有限公司智能化采煤管控系统架构设计如图 5-9 所示。该架构主要包括设备感知层、基础设施层、数据服务层和应用层。其中,设备感知层主要是对采煤工作面中的采煤装备运行状态信息进行实时采集;基础设施层主要是通过基础设施(包括云平台、主机、存储及各种网络线路等)建设,为智能化管控平台的常态化运行提供基本的软硬件支撑;数据服务层主要是对采集得到的工作面数据信息进行分析和处理,并建立相关的数

第5章 彬长矿区智能化生产管控体系建设

据库和知识库,为数据的进一步应用奠定坚实的基础;应用层主要是基于数据分析结果开展相关决策工作,比如可以对采煤工艺进行优化、对设备运行状态进行优化等。

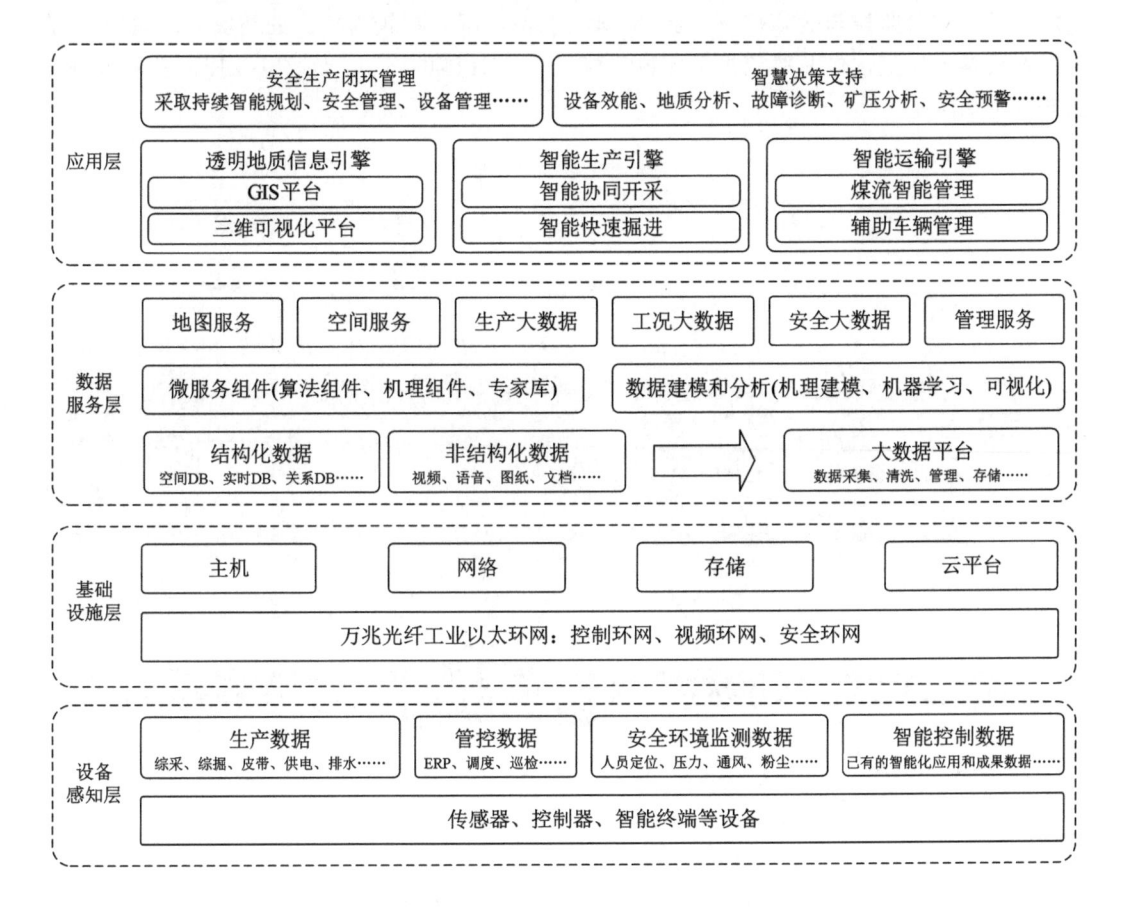

```
┌─────────────────────────────────────────────────────────────────────┐
│ 应用层                                                                │
│   ┌──────────────────────────────┐  ┌──────────────────────────────┐│
│   │ 安全生产闭环管理              │  │ 智慧决策支持                  ││
│   │ 采取持续智能规划、安全管理、  │  │ 设备效能、地质分析、故障诊断、││
│   │ 设备管理……                    │  │ 矿压分析、安全预警……          ││
│   └──────────────────────────────┘  └──────────────────────────────┘│
│   ┌───────────────┐ ┌───────────────┐ ┌───────────────┐             │
│   │ 透明地质信息引擎│ │ 智能生产引擎  │ │ 智能运输引擎   │             │
│   │ GIS平台       │ │ 智能协同开采  │ │ 煤流智能管理   │             │
│   │ 三维可视化平台 │ │ 智能快速掘进  │ │ 辅助车辆管理   │             │
│   └───────────────┘ └───────────────┘ └───────────────┘             │
├─────────────────────────────────────────────────────────────────────┤
│ 数据服务层                                                            │
│   [地图服务][空间服务][生产大数据][工况大数据][安全大数据][管理服务]    │
│   [微服务组件(算法组件、机理组件、专家库)][数据建模和分析(机理建模、     │
│    机器学习、可视化)]                                                │
│   [结构化数据 空间DB、实时DB、关系DB…][非结构化数据 视频、语音、图纸、   │
│    文档…] ⇒ [大数据平台 数据采集、清洗、管理、存储…]                   │
├─────────────────────────────────────────────────────────────────────┤
│ 基础设施层                                                            │
│   [主机] [网络] [存储] [云平台]                                       │
│   [万兆光纤工业以太环网:控制环网、视频环网、安全环网]                   │
├─────────────────────────────────────────────────────────────────────┤
│ 设备感知层                                                            │
│   [生产数据 综采、综掘、皮带、供电、排水…][管控数据 ERP、调度、巡检…]   │
│   [安全环境监测数据 人员定位、压力、通风、粉尘…][智能控制数据 已有的     │
│    智能化应用和成果数据…]                                             │
│   [传感器、控制器、智能终端等设备]                                     │
└─────────────────────────────────────────────────────────────────────┘
```

图 5-9 智能化采煤管控系统架构设计图

5.2.2 智能化采煤管控系统功能

基于图 5-9 所示的系统架构设计思路,智能化采煤管控系统实现了 SAC 支架电液控制、SAS 采煤机自动化控制、SAP 泵站集中控制和 SAV 高清视频监控等功能模块。该系统基于以采煤机记忆割煤为主、人为就地干预为辅,以液压支架跟机自动移架为主、人为就地干预为辅,以综采运输设备一键启停控制为主、远程监控中心干预为辅的生产模式,从而实现对工作面各类设备的远程操控以及工作面程序化、自动化和智能化运行[38-40]。

(1) SAC 支架电液控制功能模块

该功能模块主要由支架控制器、电磁先导阀、电液换向阀组、各类传感器(推移行程传感器、压力传感器、红外线发送器、红外线接收器、倾角传感器、测高传感器和近感探测传感器)、连接器、综合接入器、信号转换器和电源箱等组成,可实现工作面液压支架的自动跟机(成组)拉架、跟机(成组)收伸护帮、跟机(成组)推溜和跟机(成组)喷雾功能。此外,该功能模块还可以通过各类传感器实时采集支架姿态数据,传输至支架控制器和集控中心,实时显示支架压力、推移行程、各类千斤顶通信状态,并远程监控和操作液压支架,使支架初撑力符合要求。该功能模块的压力传感器测量范围为 0~60 MPa,推移行程测量范围为 0~960 mm,电源箱输出直流 2×2 A,2×12 V。由于该功能模块具有较强的实时性,可以用于实际工况的实时监控与故障排查。此外,该功能模块可以在较为恶劣的环境下使用,并能在不影响采煤工作正常作业的前提下完成采煤工作。具体的 SAC 支架电液控制功能模块如图 5-10 所示。

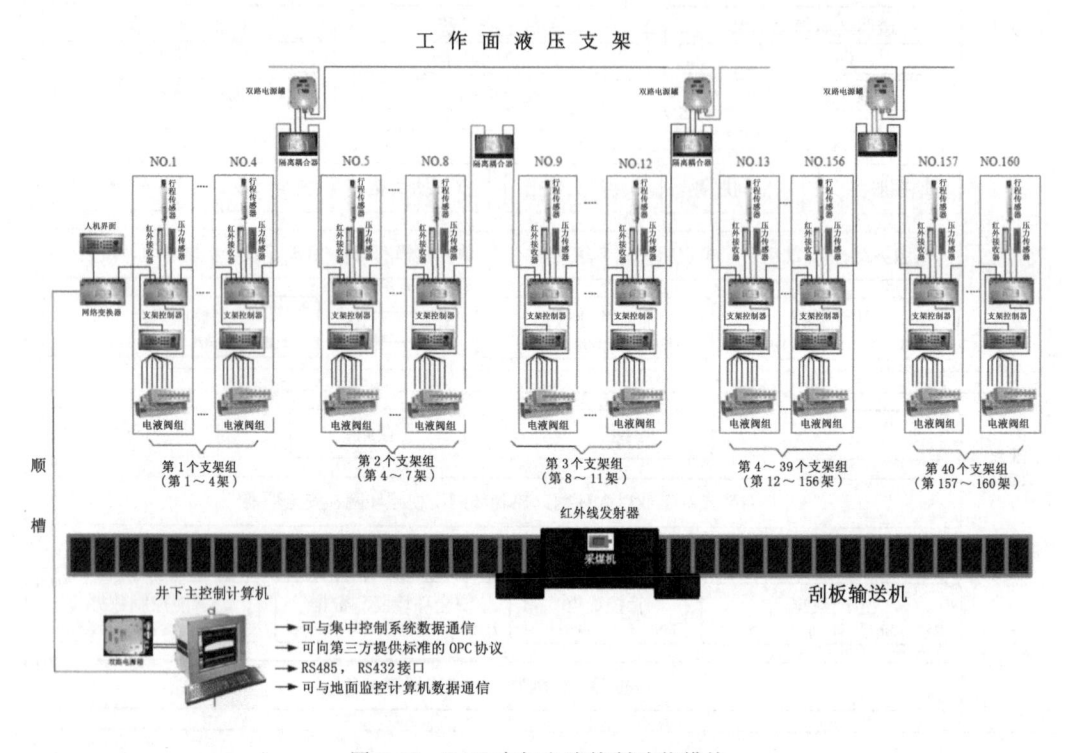

图 5-10　SAC 支架电液控制功能模块

(2) SAS 采煤机自动化控制功能模块

该功能模块主要由远程控制器、双轴倾角仪、倾角仪、高精度陀螺仪、行走编码器、AD 模数转换模块、DA 数模转换模块、LASC 惯性导航、振动检测模块等组成,可用于工作面采煤机的各种参数检测和控制,包括采高数据、采煤机运行位置、电机运行电流、温度、运行直线度检测、采煤机油质油品监测、运行曲线显示、图文显示、报警、故障自动诊断、处理、记忆储存、传输和微机控制。该功能模块具有高精度的自动控制能力,行走位置检测分辨率不大于 1 cm,典型位置控制精度优于±5 cm,记忆截割典型采高重复误差±2.5 cm,采高记忆曲线位置分辨率为 10 cm,具有线性插值、采高精度与牵引速度自适应调节与预期控制。该功能模块可以实现精确定位,运输机平直度测量偏差＜50 mm,全工作面直线度偏差≤500 mm。通过高精度行程传感器和双速逻辑阀实现拉架、推溜行程精确控制,且误差＜10 mm。此外,该功能模块还可以通过高精度陀螺仪设备实现对采煤机位置、姿态的准确检测,描绘出采煤机沿工作面方向及工作面推进方向的曲线数据,实现对工作面刮板运输机直线度检测,达到工作面直线度控制检测目的。最终,采煤机将检测到的刮板运输机实际曲线通过数据传输通道传输给控制平台,并由控制平台进行协调控制,

第5章 彬长矿区智能化生产管控体系建设

将需调整数据发送给液压支架电液控制功能模块,由电液控制模块对刮板运输机进行调整,实现对工作面直线度的调整和采煤机记忆截割功能。具体的 SAS 采煤机自动化控制功能界面如图 5-11 所示。

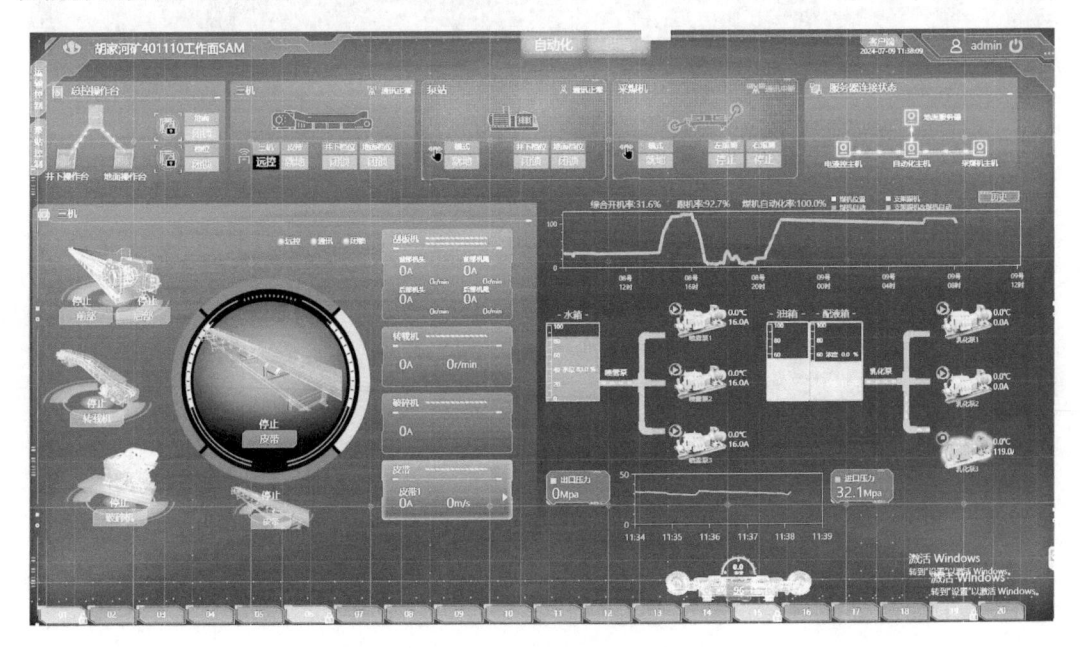

图 5-11 SAS 采煤机自动化控制功能界面

（3）SAP 泵站集中控制功能模块

该功能模块主要由泵站、电磁卸载自动控制、PLC 智能控制、变频控制、多级过滤、乳化液自动配比、系统运行状态监测、进回液管路等组成,可以实现乳化液泵站的电磁卸载控制,卸载恢复压力达到调定压力的 90% 以上;同时可以实现乳化液泵的空载启、停,可根据工作面需要,通过控制软件设定乳化液泵输出压力。该功能模块具有单控、上控、联控多种控制方式,具有泵站主、次编组控制,可以提高泵站的利用率、节能降耗;同时具有泵站的轮回控制,合理安排各泵的使用率,可以延长泵站使用寿命,实现多泵站的智能联动。该功能模块实现了乳化液泵站的变频控制,将乳化液泵站变频控制与电磁卸载结合,充分发挥变频控制和电磁卸载的优势,提高泵的有效利用率,降低不必要的功率损耗和磨损,实现节能高效。此外,该功能模块可以实现系统压力波动最小化、系统瞬间供液最大化和智能泵站远程一键启动功能,可以给工作面恒压供液;同时具有泵站油温、油位、压力和乳化液箱液位、油位、浓度传感器,可以实现主要设备的状态检测、预警与保护。具体的 SAP 泵站集中控制功能界面如图 5-12 所示。

（4）SAV 高清视频监控功能模块

该功能模块主要由 SAV 视频应用软件、高清摄像仪、交换机、连接器和控制器等部分组成。工作面每 6 副液压支架安装 1 台高清摄像仪来监控支架通道,每 3 副液压支架安装 1 台高清摄像仪来监控工作面煤壁情况,在胶带头、前部刮板输送机转载点和顺槽集控中心等地点安装固定视频,监控实时动态。高清摄像仪通过支架控制器与采煤机位置联动,自动跟随采煤机自动切换,实时监控采煤机及煤壁动态。具体的 SAV 高清视频监

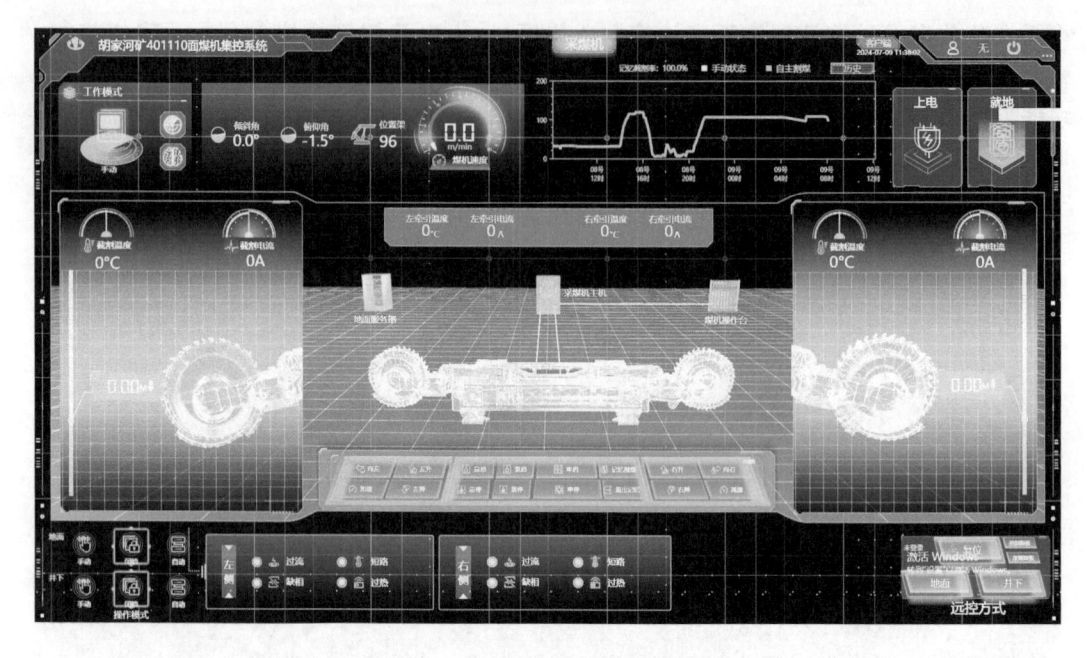

图 5-12　SAP 泵站集中控制功能界面

控功能界面如图 5-13 所示。

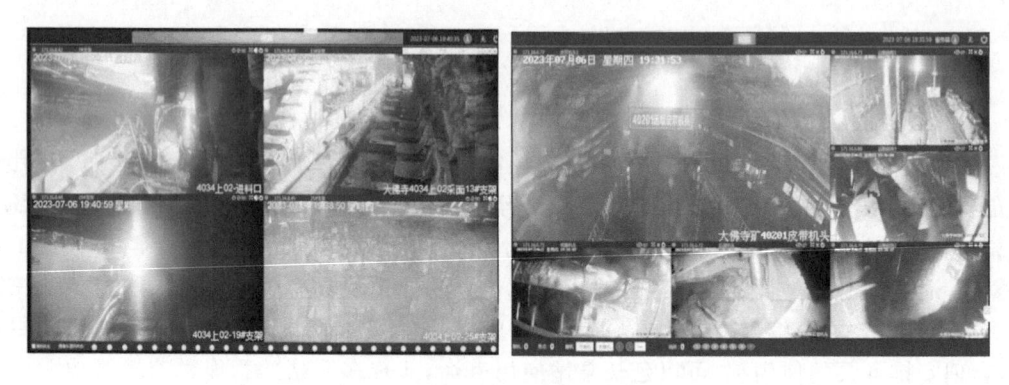

图 5-13　SAV 高清视频监控功能界面

5.3　智能化掘进

智能化掘进是现代采矿技术中的一种趋势,其主要目的是通过使用高新技术手段来提高采矿效率和安全性[37-38]。智能化掘进通常采用无人机进行激光扫描、定位等操作,实现高精度的隧道开挖。智能化掘进远程集控中心依托远程控制系统,根据地质条件和空顶距离等要求,以安全、高效、少人、快掘为目标,实现智能化掘进,包括供配电、设备状态监控、视频监控、无线数据网络管理及单位可视操控、多机协同控制、远程集中控制和流程启停等。

第5章 彬长矿区智能化生产管控体系建设

5.3.1 现状研究及设计思路

陕西陕煤彬长矿业集团有限公司下辖的矿井配备了丰富的掘进设备,涵盖综掘、炮掘与快速掘进系统,例如大佛寺煤矿最新配备1套快速掘进工作面由EJM270/4-2型掘锚一体机和CMM5-20型煤矿用液压锚杆台车等组成。文家坡煤矿井下布置4个掘进工作面并配备EJM340/4-2H掘锚一体机等设备。然而,公司各矿井引入掘进系统后,智能化掘进仍未充分实现,缺乏先进功能如掘支同步、精准定位导向、自动截割、自动支护和远距离运输等,也没有配备远程智能集控系统。因此,陕西陕煤彬长矿业集团有限公司需要引入智能掘进系统,以提升采煤效率、降低成本,并确保生产安全,简化掘进流程、降低劳动强度,实现无人值守作业,提高整体采煤效率[41-44]。

陕西陕煤彬长矿业集团有限公司智能化掘进系统架构的设计参照图5-14所示的设计思路。在本地控制层,通过掘进工作面环境智能截割、智能临时支护、智能钻锚、智能锚网运输等功能实现井下传感监测与控制;在近程集控层,利用工业以太网,实现井下和地面集中统一控制;在远程监控层,通过对各类设备运行参数的实时监测,实现远程智能掘进的远程控制和管理。

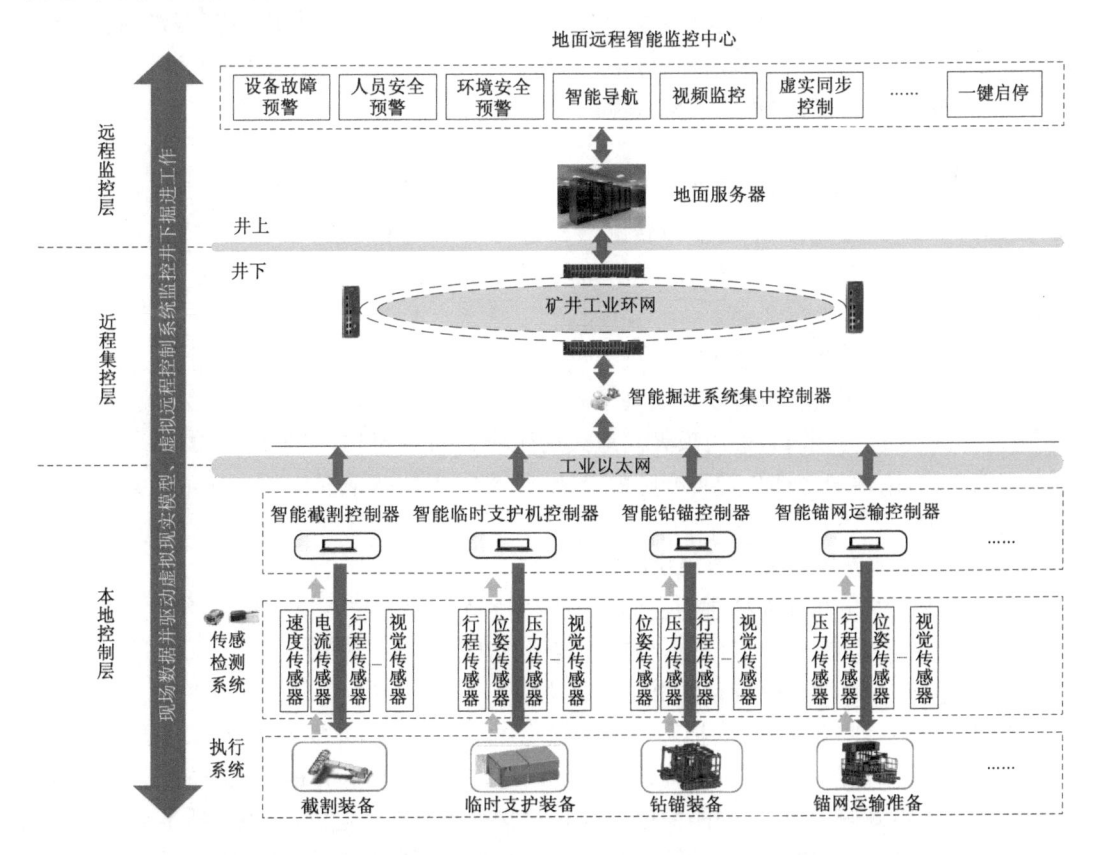

图5-14 智能化掘进系统设计架构

5.3.2 智能化掘进系统功能

基于图 5-14 所示的智能化掘进系统架构设计思路,智能化掘进系统实现了掘进工作面环境智能监测与报警、巷道待掘进区域超前探测、掘进设备自动截割和远程遥控截割、掘锚机超前支护、带式输送机机尾自移、井下和地面集中统一控制、各类设备运行参数实时监测与控制等平台功能[45-48],这些功能共同实现了掘进自动化、标准化以及少人化的工作格局[49-52],具体功能如下所述。

(1) 掘进工作面环境智能监测与报警功能

各掘进工作面设备随机都具备智能监测、故障自诊断及报警功能,所安装粉尘和瓦斯等传感器也具备智能监测功能与报警功能。

(2) 巷道待掘进区域超前探测功能

采用钻探、物探等技术及设备对巷道待掘进区域进行超前探测,可满足智能化掘进要求。通过探测技术,实现了地质预判、扰动感知与风险评估,为智能化掘进提供了安全保障。

(3) 掘进设备自动截割和远程遥控截割功能

通过网络组网,实现了掘进机各种动作的远程遥控操作,包括截割升降、截割回转、铲板升降、油泵电机启停、截割电机启停、行走、后支撑升降和一键启停等,保证了设备数据的稳定传输,增加了人员操作设备的距离,提高了安全性。

(4) 掘锚机超前支护功能

通过配备钻臂、钻车等支护设备和临时支护装置,采用单主臂结构,支撑强度高,额定支撑力可达 30 kN,支护顶架采用双回转缸结构进行顶架调平,能够发挥工作面临时支护作用,并且设备具有前伸、侧伸、前后、左右翻转等功能,实现了工作面挂网、上钢带等支护作业。

(5) 带式输送机机尾自移功能

带式输送机机尾具备自移功能实现了多部带式输送机的集中控制。自移机尾与带式转载机重叠搭接长度为 20 m,采用顶天立地式的迈步式自移机构,实现前移功能。内部集成左右调偏机构,刚性架底部自带可升降的滑轨,迈步时刚性架依靠滚轮在轨道上运动,可以减少运行阻力。

(6) 井下和地面集中统一控制功能

井下集中控制室和地面控制中心实现了掘进工作面设备统一集中控制,简化了操作,减少了人员,提高了效率,保障了安全,为矿井智能化建设奠定了基础。

(7) 各类设备运行参数实时监测与控制功能

集中控制中心监测掘进、支护和运输等设备的运行参数,并控制其运行。通过动态倾角、角度传感器和截割头运动检测单元的冗余设计,实现了截割头相对机身的位姿检测,机身倾角传感器检测俯仰角。此外,采用组合导航方式实现机身定位,巷道悬挂半自动全站仪与机载导航控制箱数据交互,实时补偿惯导定位数据。测距传感器与导航控制箱实现机身与侧帮的实时距离检测。导航控制箱配备 UPS 电源箱,保证掘进机频繁停送电时无须频繁初始化惯导系统。掘进机具有不同截割模式下巷道掘进一个循环内断面截割自动成形功能[41-42]。具体的掘进机智能化工况监测功能界面如图 5-15 所示。

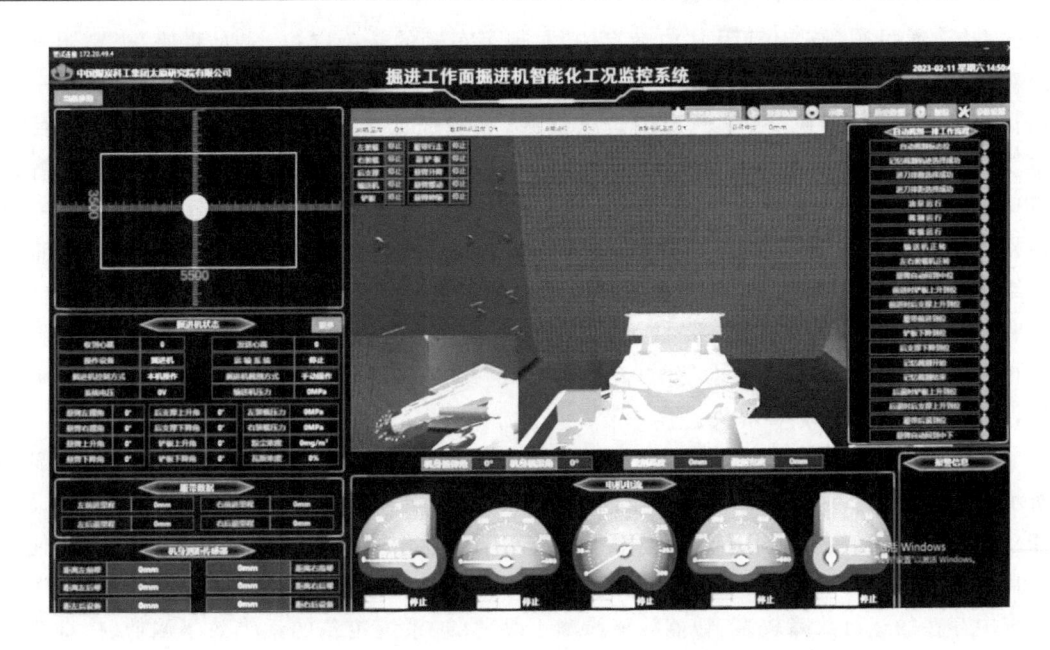

第 5 章 彬长矿区智能化生产管控体系建设

图 5-15 掘进机智能化工况监测功能界面

5.4 主煤流运输及辅助运输

主煤流及辅助运输管控系统应用于煤矿生产的关键环节,通过集成的硬件设备和软件系统,对煤矿井下及地面的运输进行全方位的监控、调度及管理,以确保煤炭的安全、高效运输[53-54]。该系统主要涵盖以下四个方面。

① 自动化运行:该系统能够实现煤矿生产各环节的集中统一管控,从而自动化地控制主煤流运输及辅助运输过程。

② 实时监测与预警:该系统能够实时监控煤矿生产各环节的运行状态。一旦出现异常情况,便能立即发出预警信号,为煤矿生产的安全性提供有力保障。

③ 优化调度:该系统可根据煤矿生产的实际需求,对各个环节进行优化调度,显著提升煤矿的生产效率。

④ 数据存储与分析:该系统能够存储并分析煤矿生产各环节的数据,为管理层提供数据支持,辅助决策制定。

5.4.1 现状研究及设计思路

目前,彬长矿区已建设集控系统可通过系统远程方式、集中自动方式、本地集中手动方式和就地方式运行。该系统具备主运输系统设备运行状态的连续监测、故障查询等功能。投运后,系统运行较稳定,实现了远程监测和集中联锁控制,减少了现场工作人员,提高了矿井生产效率,实现了无人值守。此外,已建设的煤流计量系统,安装了相应电子胶带秤设备,实现了综采工作面、主运输系统电子胶带秤的实时数据、历史数据和故障查询等功能。目前,系统运行稳定,监测数据准确。在辅助运输方面,已建设的无轨胶轮车运输系统,通过车辆使用 UWB 精确定位,实现了车辆的精确定位、实时测速、车辆调度通信对讲、红绿灯智能管理和井口智能识别等功能,增强了车辆运行的规范性,提高了车辆运行效率,系统运行稳定,车辆定位数据准确,车载通话装置正常运行[55-57]。然而,目前主煤流运输及辅助运输系统的建设仍然存在一些不足[58-60]。例如,主运输系统的经济运行还有待加强,CST 液力耦合器仅作为软启动使用,基本无调速功能,运行故障较多;故障检测手段相对薄弱,仅配置常规的八大保护,缺少智能故障检测手段;大数据远程监控运维平台建设还有待完善,系统装备的运维效率偏低;车辆调度无纸化信息化程度较低,不利于分析缺陷和弱项查找,降低了工作效率;缺少井下辅助运输全过程的信息化生产管控,用车与物流环节信息未能共享,对物料的统计和跟踪有一定的难度,运输效率偏低,上述问题有待进一步解决。

陕西陕煤彬长矿业集团有限公司主煤流及辅助运输系统的总体架构设计参照图 5-16 所示的设计思路。通过构建数据采集层、网络层、运算层和监控层总体架构,结合智能设备和新一代信息化技术,利用主煤流运输子系统和辅助运输子系统作为一种保护系统,以便解决目前依然存在的堆煤、胶带撕裂、跑偏等具体问题,最终缓解上述主煤流运输及辅助运输系统中存在的运行故障较多、智能故障检测手段薄弱、系统装备的运维效率偏低、信息资源共享不畅和运输效率偏低等不足[61-64]。

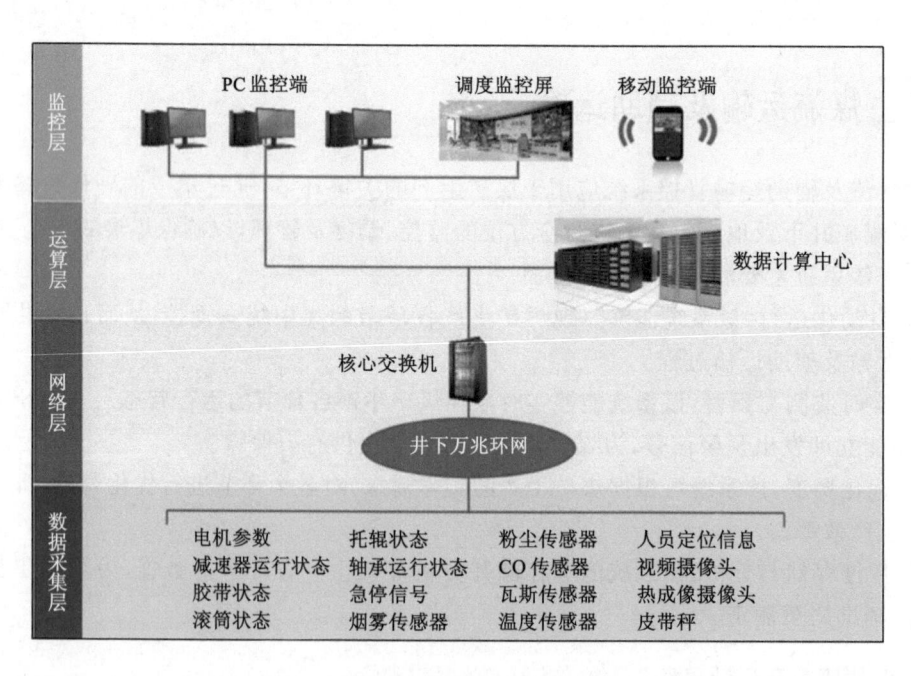

图 5-16 主煤流及辅助运输系统总体架构设计

5.4.2 主煤流运输及辅助运输系统功能

基于图 5-16 的总体架构设计思路,主煤流运输及辅助运输系统实现了多项重要功能,主要包括单机自动控制与远程集中控制、综合管控平台的智能联动、带式输送机的安全运行、综合保护装置联动保护控制以及基于 AI 识别的分布状态实时监测等[65-67],这些功能共

第5章 彬长矿区智能化生产管控体系建设

同实现了主煤流运输及辅助运输系统的智能化。此外,辅助运输系统也实现了车辆精准定位、车辆运行状态参数监测、车辆精准调度以及车辆智能化动态管理等重要功能[68-69]。这些功能共同实现了辅助运输系统的智能化,使车辆运行更加安全、高效、精准。具体功能如下所述。

5.4.2.1 主煤流运输子系统

(1) 单机自动控制与远程集中控制功能

带式输送机作为矿井侧的主煤流运输设备,各部带式输送机均独立配置PLC控制器,控制器通过交换机接入井下工业环网,实现了各部搭接带式输送机的单机自动控制、地面远程集中控制。带式输送机自动化功能界面如图5-17所示。

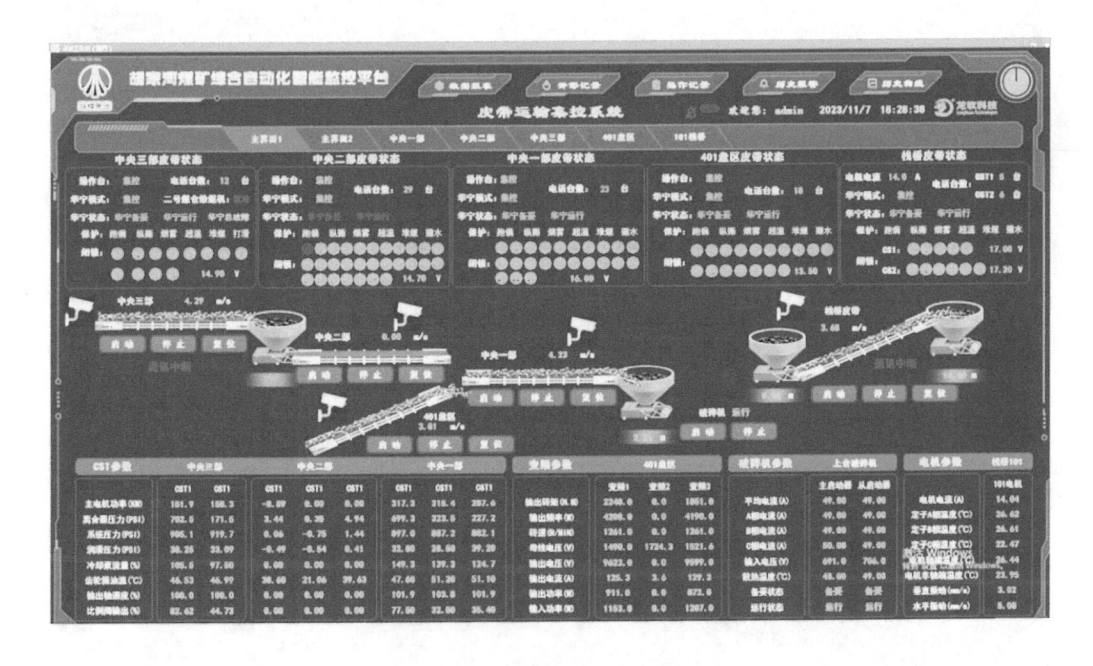

图5-17 带式输送机自动化功能界面

各部带式输送机配备有独立的各类传感器和执行器,并配有上位机和下位机,实现了单台设备的自动控制(就地控制和远程控制)开机和停机联锁。单部带式输送机自动化功能界面如图5-18所示。

(2) 综合管控平台智能联动功能

各部带式输送机的传感器及PLC可编程控制箱等均接入井下环网,通过交换机实时传输数据,所有数据上传至数据中台进行分级管控,设备与综合管控平台互联互通。带式输送机安装了巡检机器人,搭载了多种传感器,通过对数据分析判断设备是否存在故障、环境气体是否正常。建设有地面集控室,集中主煤流运输子系统的设备状态信息、监控视频信号及远程集中协同控制功能。

(3) 带式输送机安全运行功能

各顺槽带式输送机通过溜煤眼与主运输系统带式输送机搭接,搭接点处带式输送机安装滑床,实现了带式输送机的安全运行,具体功能界面如图5-19所示。

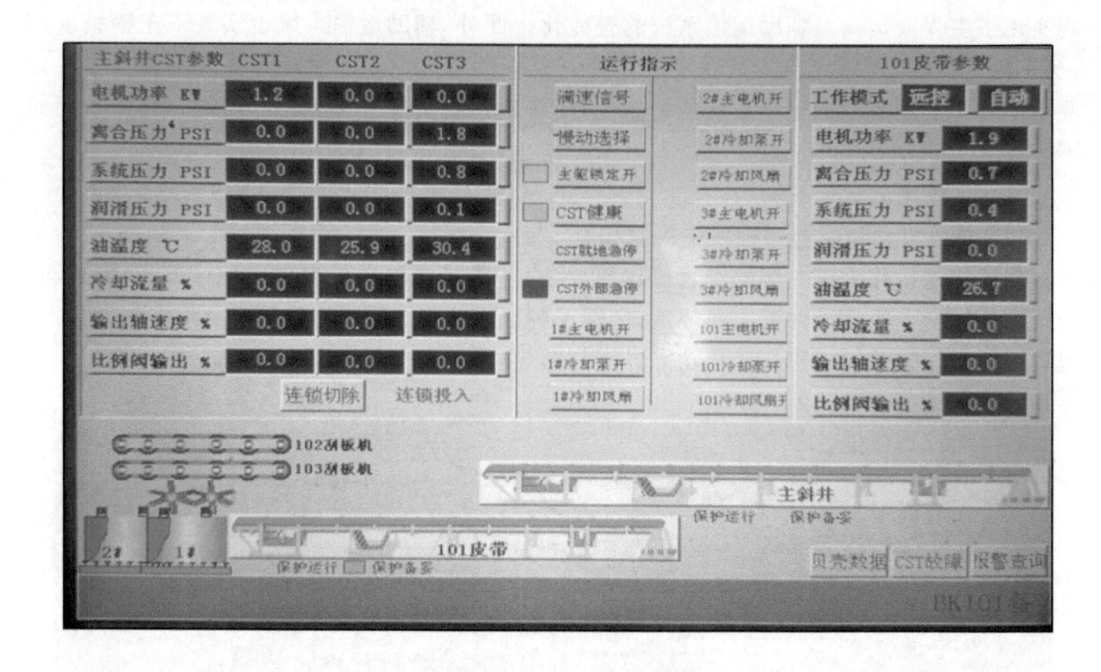

图 5-18 单部带式输送机自动化功能界面

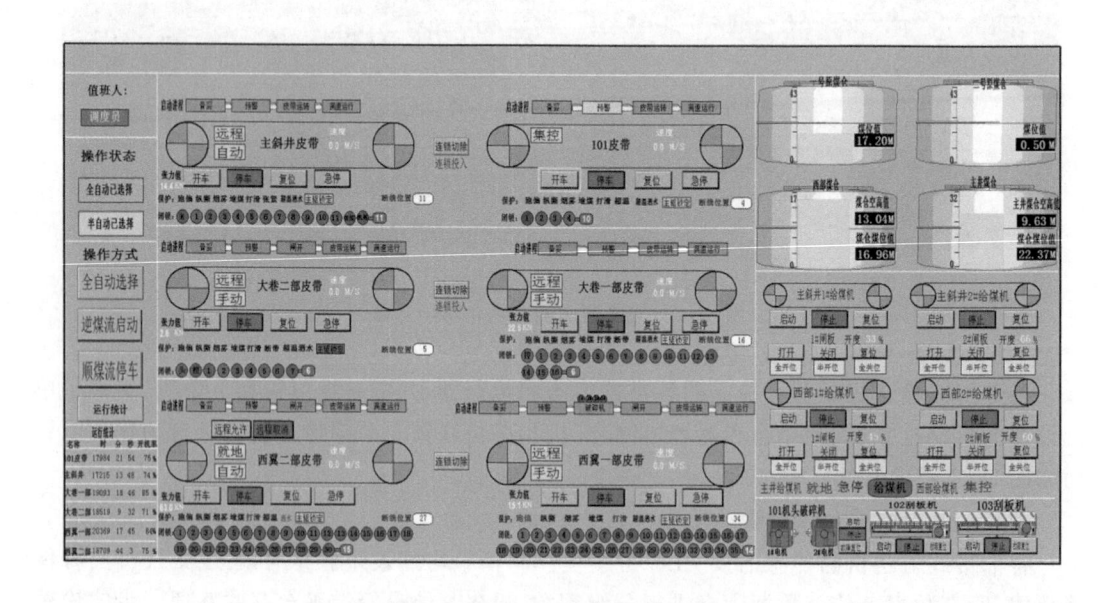

图 5-19 带式输送机安全运行功能界面

(4) 综合保护装置的联动保护控制功能

带式输送机可进行实时监测,具有防打滑、堆煤、跑偏、撕裂、烟雾和超温自动洒水等保护功能,还配备了沿线急停装置和制动装置。当遇到故障(包括各种保护动作和沿线急停动作)时,主控制器接收保护或急停动作信号后,向 PLC 控制系统发送停机信号,PLC 系统接收到停机信号后进行停机,并按预先设定顺序执行联动停机命令,从而保护带式输送机运输系统。此外,还会利用主控制器及沿线扩音电话进行广播语音报警。

(5) 基于 AI 识别的分布状态实时监测功能

主煤流运输子系统中沿线煤流基于 AI 识别实现分布状态实时监测,具备调速模型的优化功能,实现煤流平衡,具体功能如图 5-20 所示。

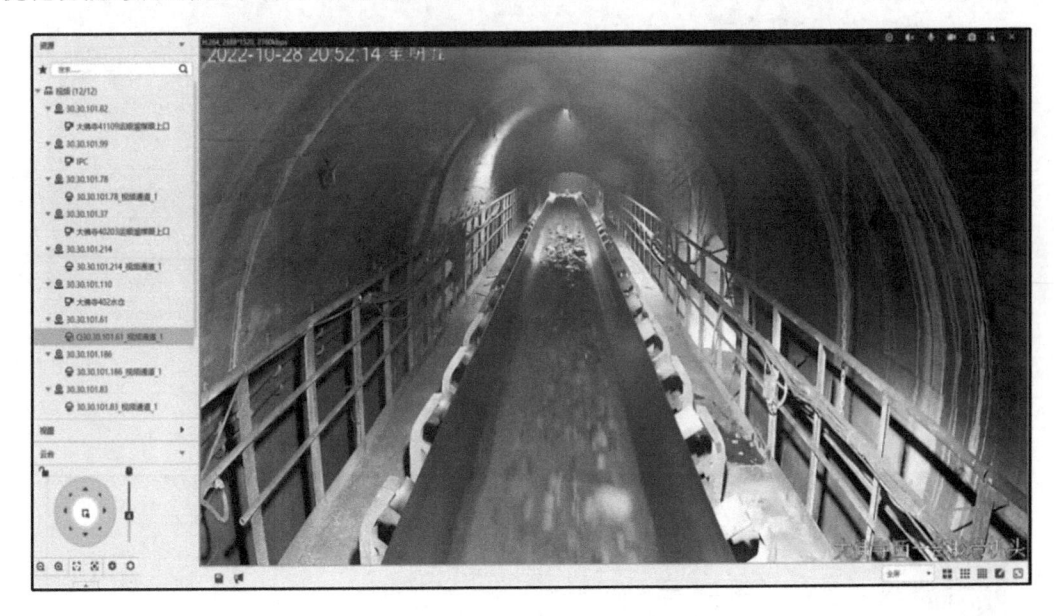

图 5-20 主煤流运输 AI 识别实时监测

5.4.2.2 辅助运输子系统

(1) 辅助运输车辆精准定位功能

通过建立一体化调度通信融合系统和移动目标定位管理系统,将井下本安融合基站、车辆定位卡以及 KJ915 矿用车辆管理系统相结合,所有无轨胶轮车均可实现精准定位,并且均具备状态信息的自动采集功能。同时,KJ915 矿用车辆运输管理系统和井下本安融合基站的建立为每个无轨胶轮车司机配备了本安型防爆手机,并配备了车载通信终端,使运输车辆具备了无线移动通信功能。此外,为车辆安装了定位卡,通过一体化调度通信融合系统和移动目标定位管理系统的建立,辅助运输车辆实现了井下精确定位。经检验报告验证,静态定位精度为 0.3 m;分站识别标志卡位移速度在 15 m/s 时,测距精度在 1 m 范围内;大佛寺煤矿工程车允许最高车速为 40 km/h,即 11.11 m/s,动态定位精度在 1 m 范围内。辅助运输车辆精准定位功能有效提高了煤矿辅助运输系统的精度和效率。无轨胶轮车精准定位功能界面如图 5-21 所示。

(2) 车辆运行状态参数监测功能

通过一体化调度通信融合系统及移动目标定位管理系统的建立,实现了车辆超速和运动轨迹等运行状态参数监测功能,通过 KJ915 矿用车辆管理系统可以查超速信息及运动轨迹回放,如图 5-22 所示。

(3) 辅助运输车辆精准调度功能

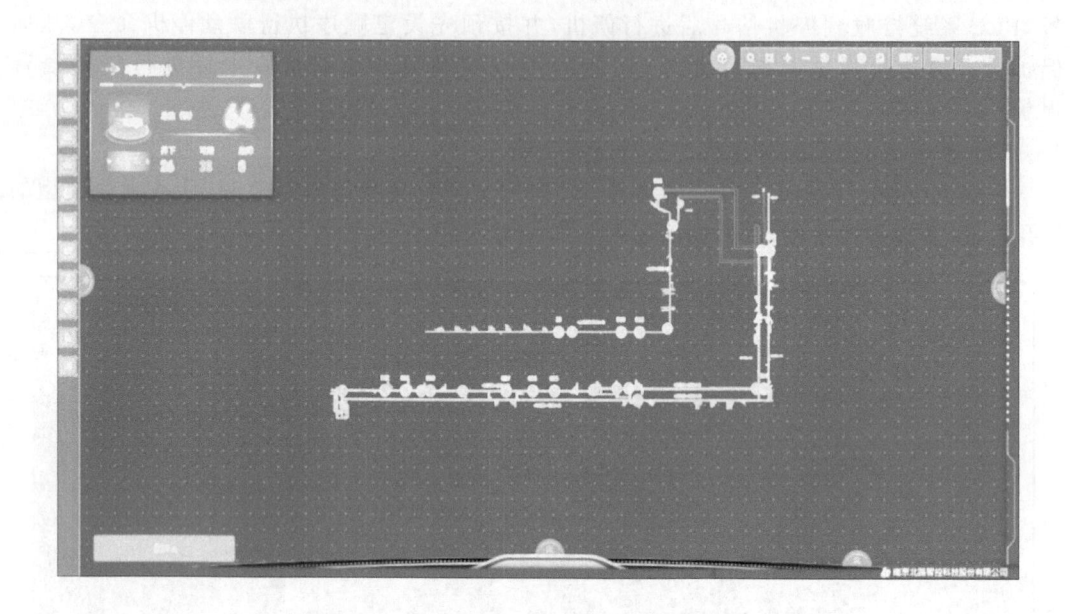

图 5-21　无轨胶轮车精准定位功能界面

图 5-22　无轨胶轮车轨迹回放

辅助运输车辆调度功能结合人员定位系统、车辆定位系统和智能红绿灯系统将车辆信息、交通信号信息与人员信息一同展示在系统功能图上，实现了对井下交通状态的监测，车辆调度员实现车辆精准调度，重要路口视频监控界面如图 5-23 所示。

（4）车辆智能化动态管理功能

矿井安装了胶轮车调度管理系统，该系统具有井下车辆检验、维修和备品备件等智能化动态管理功能，如图 5-24 所示。

第 5 章 彬长矿区智能化生产管控体系建设

图 5-23 重要路口视频监控

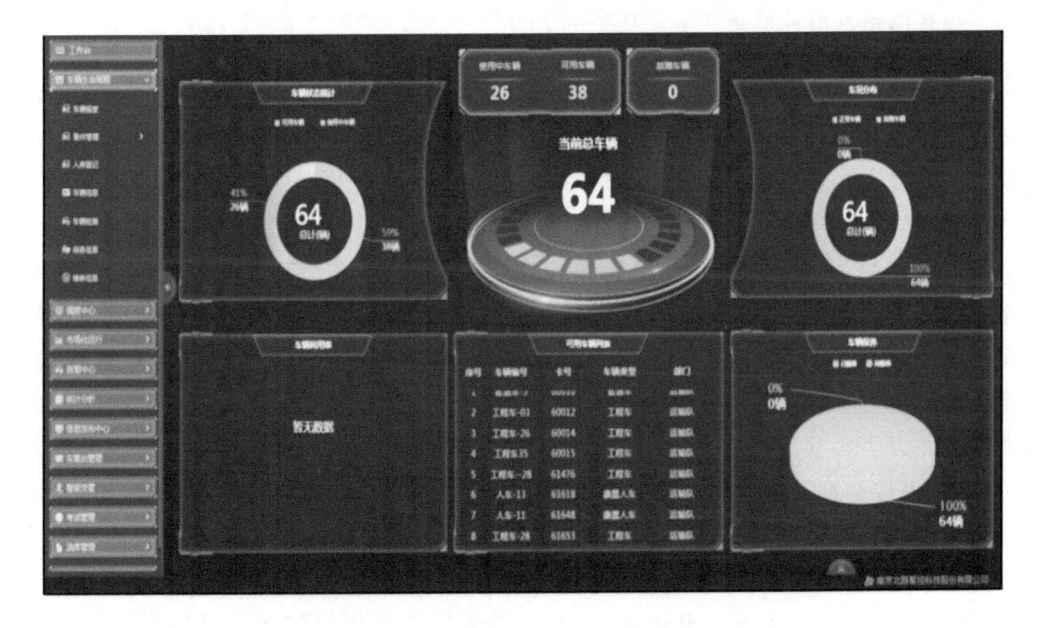

图 5-24 车辆智能化动态管理功能界面

5.5 智能化通风与压风

智能化通风与压风管控系统实现了矿井通风和压风管理的智能化、高效化和安全化,其优势在于提高矿井的安全性和生产效率,同时降低人工成本和事故发生率。该系统主要涉及以下几个方面。

（1）智能化风量调节和控制

利用现代传感器技术、自动化控制技术和通信技术等手段，对矿井各工作面的风量和风向进行实时监测和调节，以保证各个工作面有足够的新鲜风流和避免风流短路等问题。

（2）智能化压风系统

通过自动化监测和控制系统，实时监测压风设备的运行状态和参数，如气压、流量和温度等，并对设备进行智能控制，以保证压风设备的稳定运行和安全可靠性。

（3）智能化安全监控

利用物联网和传感器等技术，对矿井瓦斯浓度、一氧化碳浓度、温度和湿度等环境参数进行实时监测和数据采集，及时发现异常情况并报警，同时自动调整通风和压风系统的运行状态，确保矿井的安全生产。

（4）数据分析和智能决策

通过对采集到的各种数据进行分析和处理，可以掌握矿井通风和压风系统的运行状态和规律，及时发现潜在的安全隐患并进行预警，同时为矿井管理者的决策提供科学依据和支持。

5.5.1 现状研究及设计思路

目前，彬长矿区在矿井单位已建成通风机集控系统，实现在调度室进行通风机运行状态的远程监测、启停、反风与倒机控制功能。此外，回风立井主要通风机（变频通风机）实现了在风井地面进行通风机运行状态的监测、启停、反风与倒机控制功能，系统运行稳定，监测数据较为准确。局部通风机集控系统，实现了局部通风机的远程控制、设备运行状态的实时监测、一键倒机、自动预警和故障查询等功能，系统运行较稳定，实现集控系统建设的要求，达到了减人提效的目的。压风机集控系统，通过配置的可编程控制柜，采集设备温度、压力和振动等参数，实现了 5 套压风机系统设备运行情况的实时监控，系统运行较稳定，实现集控系统建设的要求，达到了减人提效的目的。然而，目前在通风和压风方面存在以下一些问题有待进一步解决。例如，掘进工作面目前使用的是普通局部通风机，导致掘进初期迎头风量超出实际需求量较多，造成了大量的电能浪费；较高的风速使得掘进过程中产生的煤尘增加，提高了工人的职业健康风险；当掘进工作面瓦斯涌出量增大时，普通局部通风机因无法增加风量，从而可能导致瓦斯超限，形成了瓦斯超限的隐患，这对正常生产产生了不利影响。为此，需要进一步推动智能化通风与压风系统的建设，尽快有效缓解上述问题。

陕西陕煤彬长矿业集团有限公司智能化通风与压风系统的总体架构设计参照图 5-25 所示的设计思路。该系统不仅能够实现风速、风量、通风阻力、通风设备状态、灾害烟气和温湿度的智能感知，而且能够利用井下 5G 环网将感知到的数据上传云端，通过机器学习等算法模型实现通风网络的仿真、通风三维的可视化、风量调控和灾变应急的决策、通风设备远程的集中控制、通风系统的故障诊断等功能。最后，利用井下 5G 环网下发决策指令，通过 PLC 智能控制技术，从而实现远程自动控制风门、风量定量调节自动风窗等智能化功能,最终可以有效缓解上述电能浪费、人员健康安全、通风设备故障引起的隐患事故等问题。

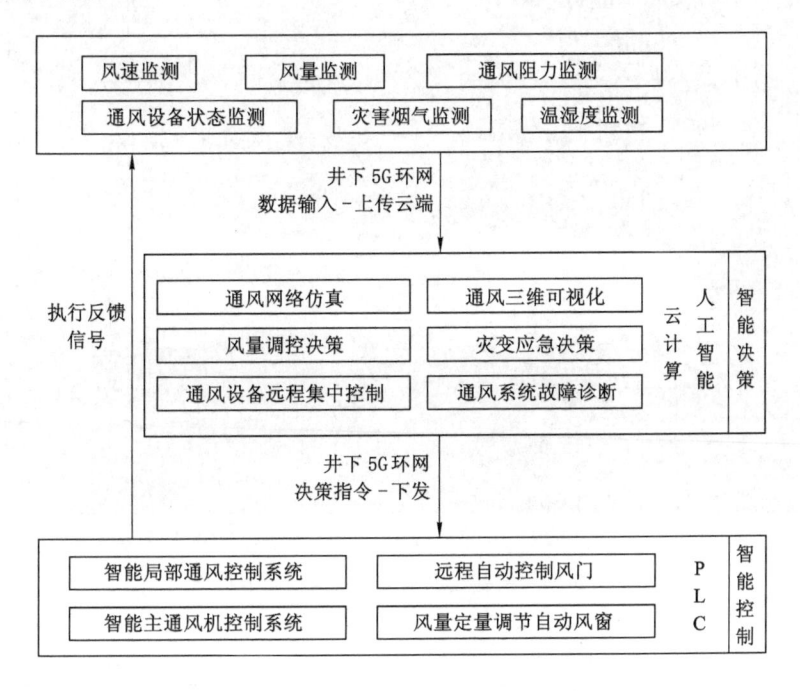

图 5-25　智能化通风与压风系统总体架构

5.5.2　智能化通风与压风系统功能

智能化通风系统实现了主要通风机的智能控制、局部通风机的智能控制、通风参数的监测和分析、风门与风窗的远程控制等功能。同时,智能化压风子系统实现了对地面压缩空气站的无人值守以及压力容器温度的监控等功能。具体功能如下所述。

5.5.2.1　智能通风系统

(1) 主要通风机智能控制功能

主要通风机智能控制功能模块以接入为主,通过与主要通风机远程集控系统进行融合,实现了无人值守、故障诊断、运行工况在线监测、一键倒机和故障自动倒机、一键启停和一键反风、故障诊断与信息推送、分析和报警等智能控制功能。目前彬长矿区各矿井已完成主要通风机集控系统升级改造,实现了一键启停及远程控制。主要通风机房在线监控功能界面如图 5-26 所示。

(2) 局部通风机智能控制功能

局部通风机智能控制功能模块融合现有的局部通风机远程集控系统,使得局部通风机实现了故障自动倒机、故障诊断、按需供风、环境参数监测、主要参数就地显示、远程显示控制、自适应变频调节风量和瓦斯智能排放等智能控制功能。矿井掘进工作面局部通风机已实现双风机、双电源,能够自动切换,并根据环境监测结果实现风电闭锁和瓦斯电闭锁等功能,局部通风机在线监控功能界面如图 5-27 所示。

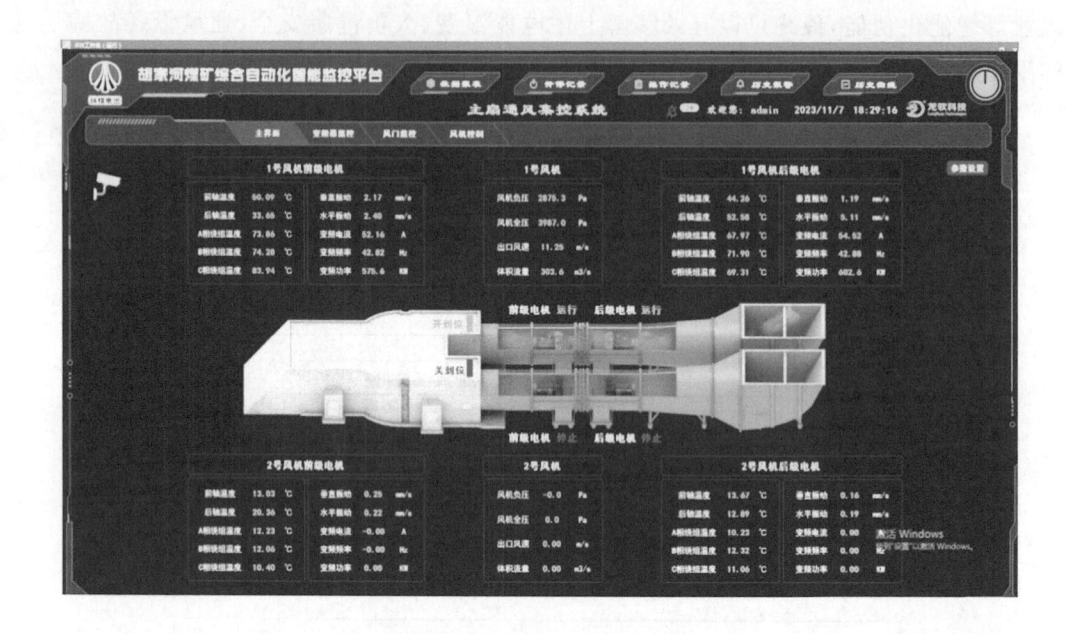

图 5-26 主要通风机房在线监控功能界面

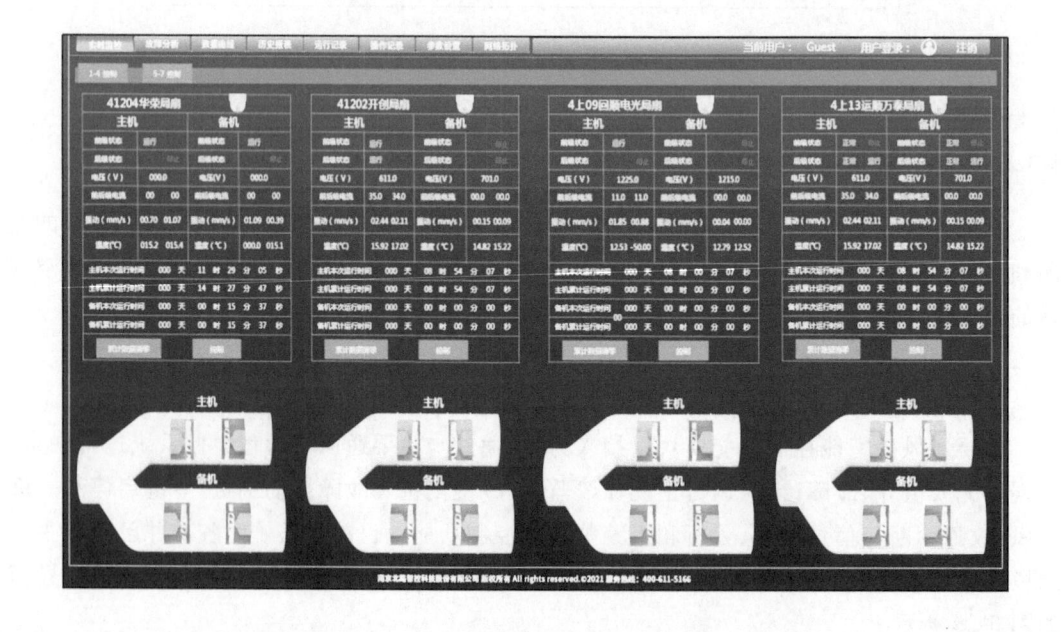

图 5-27 局部通风机在线监控功能界面

（3）通风参数监测功能

彬长矿区建成了完善的通风参数监测装置和矿井安全监控子系统，实现了对井下瓦斯浓度、风压和风速等参数进行实时监测。矿井安全监控子系统功能界面如图 5-28 所示。

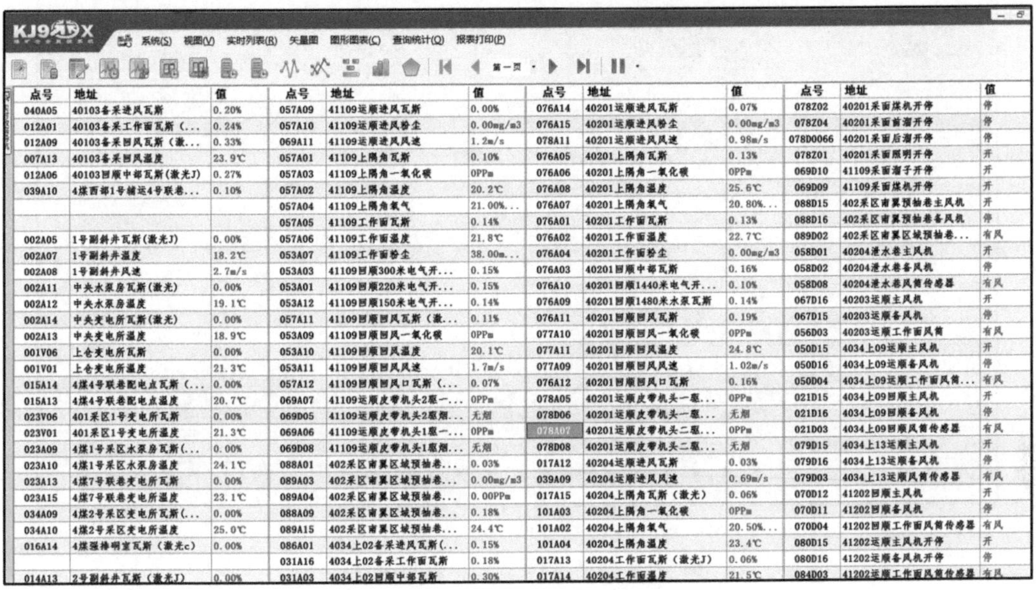

第 5 章　彬长矿区智能化生产管控体系建设

图 5-28　矿井安全监控子系统功能界面

（4）通风参数分析功能

通过建设矿井安全监控子系统实现对通风参数（风压、风速、风量等）进行实时监测、对监测数据进行实时分析，同时安设有风门传感器 33 台，实现了风门开关声光报警功能。通风参数分析功能界面如图 5-29 所示。

图 5-29　通风参数分析功能界面

（5）风门与风窗远程控制功能

智能通风子系统实现了过车风门、主要行人风门自动开关，通过安装视频监控系统和声光报警器，实现了关键通风节点的风窗远程控制。风门自动控制监控功能界面如图 5-30 所示。

5.5.2.2　智能压风子系统

（1）地面压缩空气站无人值守功能

矿井单位风井广场建有压风站，均实现了远程集中控制功能，达到了"无人值守，有人巡检"的目标。风井广场压风站监控功能界面如图 5-31 所示。

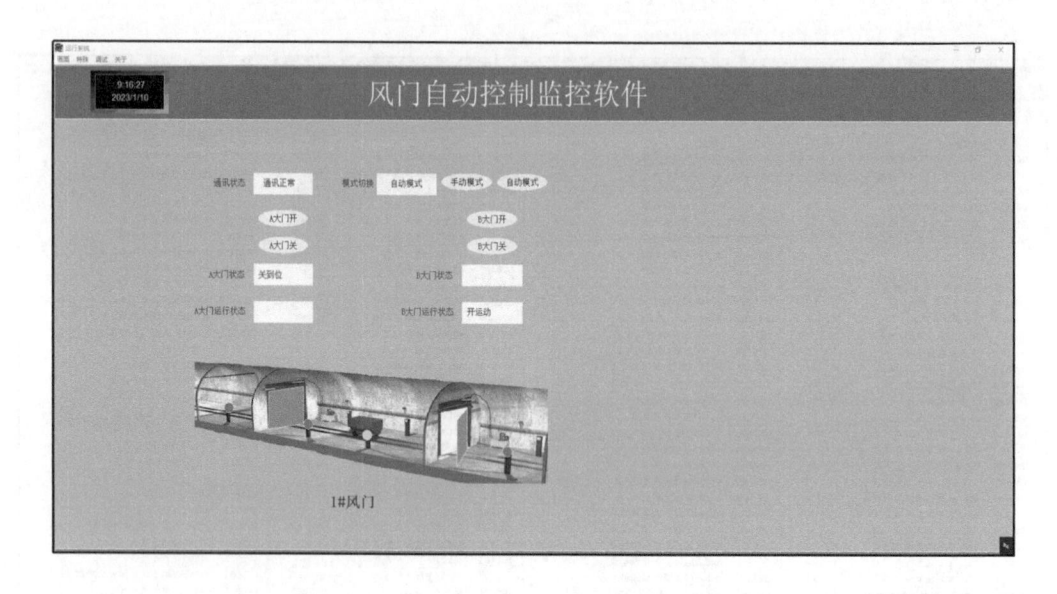

图 5-30　风门自动控制监控功能界面

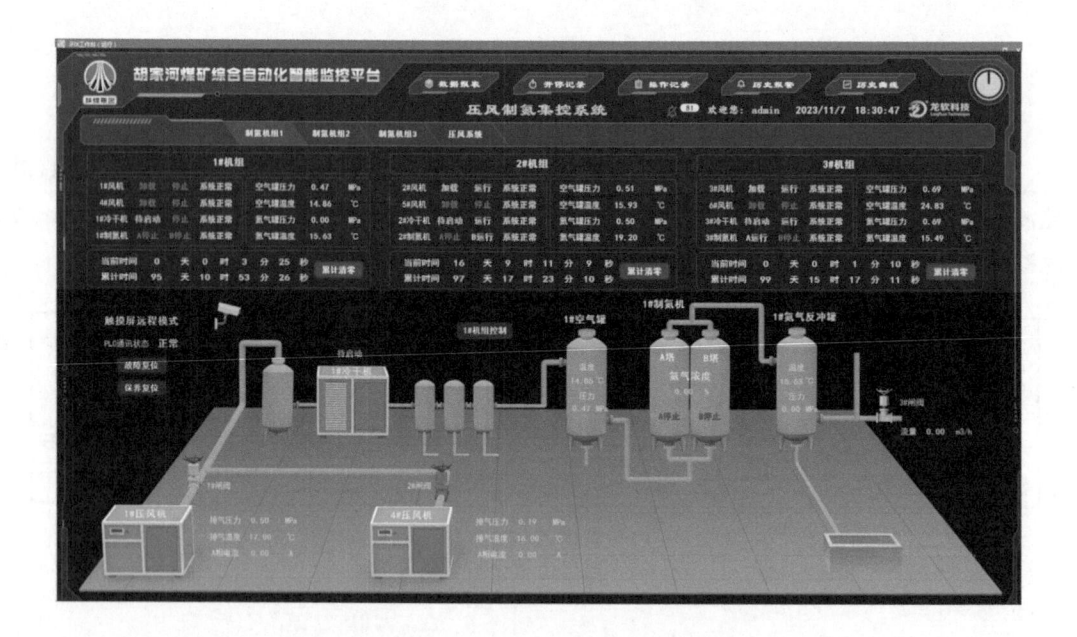

图 5-31　风井广场压风站监控功能界面

（2）压力容器的温度监控功能

智能压风子系统实现了实时显示空气压缩机水平振动、垂直振动、电动机电压、电流、排气温度和出口压力等功能，具备运行曲线和故障记录查询能力，可以进行温度超限预警。具体功能界面如图 5-32 所示。

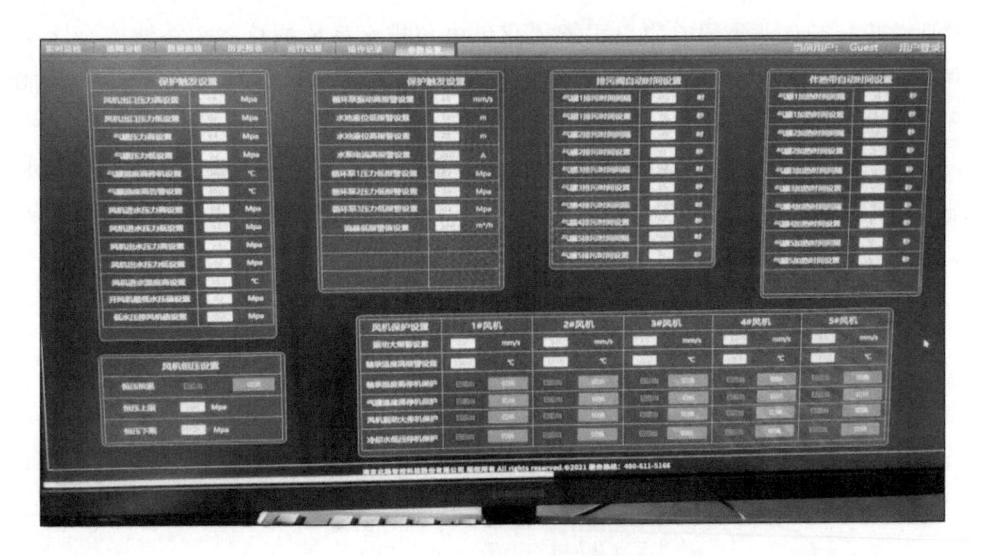

图 5-32 压力容器的温度监控功能界面

5.6 智能化供电与排水

智能化供电与排水管控系统是煤矿生产中的重要组成部分,指利用现代信息技术、自动化技术和电力电子技术等手段,对煤矿供电系统进行智能化改造。通过建立供电与排水监测子系统,实现煤矿供电和排水的自动化、信息化和智能化管理。通过煤矿供电和排水的智能化管理,可以提高煤矿生产效率和安全性[70]。

5.6.1 现状研究及设计思路

目前,电力监控系统已覆盖井下主要变电所,可监控高压开关、移变、低压馈电和照明综保等设备,具备防越级跳闸和"遥测、遥信、遥控、遥调"等功能,系统稳定运行,并可实现常态化运行和远程控制。此外,电力监控系统还实现了高低压开关电度的统一采集,以及井下变电所及主要场所的门禁系统和视频监控的配置。此外,主排水集控系统已实现了井下水泵房的集中控制,具备设备运行状态的连续监测和故障查询等功能,可以通过远程集控、就地集控、远程单控和就地单控等多种操作方式,实现日常启停的地面调度室操作和无固定岗位人员的巡检安排。水处理集控系统已实现了矿井水处理设备、水泵和附属设备的逻辑控制、运行参数的实时在线监测、报警输出、外部通信和故障查询等功能,系统能够稳定运行,达到了减人提效的目的。然而,在供电与排水方面仍存在以下问题:电力监控及电力调度覆盖范围仅限于煤矿井下的变电所,地面压风、制氮、提升、瓦斯泵站等地面变电所未实现实时监控与电力调度;井下主变电所电缆夹层、电缆井、电缆沟未安装光纤测温系统,未实现火灾自动报警功能;矿井主变电所未安装智能巡检机器人,无法实现变电所内的设备信息、运行环境的智能巡检;需要对原有系统部分的功能进行优化和完善,增加智能高压开关设备顺序控制功能;排水系统协同管理水平有待提升,排水效率偏低,降低能耗不够。为此,需要进一步推动智能化供电与排水系统的建设,尽快有效缓解上述问题。

陕西陕煤彬长矿业集团有限公司智能化供电与排水系统的总体拓扑结构设计参照图 5-33 所示的设计思路。该系统利用水泵电机、真空泵、矿用隔爆型就地控制箱、电动闸阀、矿用隔爆兼本安型 PLC 控制器、超声波液位仪、正负压传感器、超声波流量计和投入式液位仪等设备，基于工业以太网的数据传输，通过上位机的智能化供电子系统和智能化排水子系统功能，能够缓解上述电力调度与实时监控、火灾自动报警和排水效率低下等问题，从而可以提高煤矿生产效率和安全性。

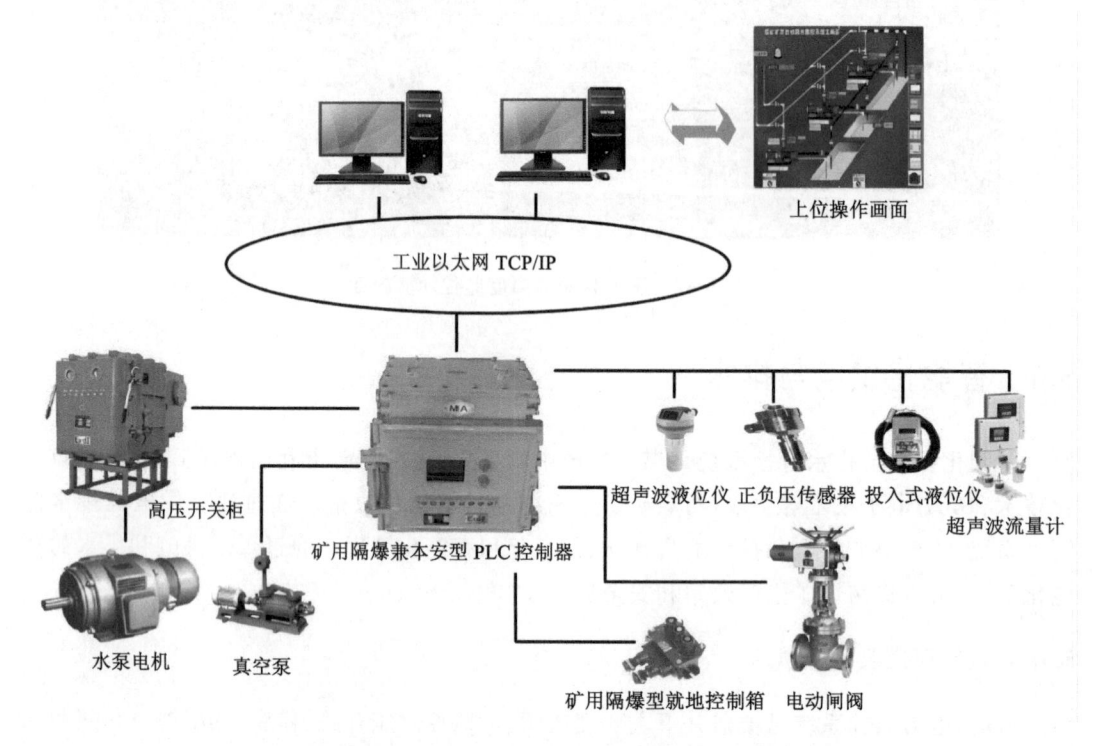

图 5-33　智能化供电与排水系统的总体拓扑结构设计图

5.6.2　智能化供电与排水系统功能

智能化供电子系统实现了井下变电所无人值守、固定排水作业远程集中控制、智能防越级跳闸保护、变电所实时监控与电力调度、供电设备监控数据处理、变电所火灾自动监测与报警、供电系统故障诊断和预警、电能质量监测等平台功能。此外，智能化排水系统实现了固定作业点智能抽排、自动投切水泵、供排水系统设备故障分析诊断及预警、中央水泵房远程集中控制等平台功能。具体功能如下所述。

5.6.2.1　智能化供电子系统

（1）井下变电所无人值守功能

基于电力监控及防越级跳闸系统，实现了井下中央变电所和采区变电所全面智能化的无人值守和智能监控管理功能。具体的电力集控功能界面如图 5-34 所示。

（2）固定排水作业远程集中控制功能

中央水泵房、各采区水泵房和中转水仓排水设备，通过现场 PLC 控制柜、水泵自动化操

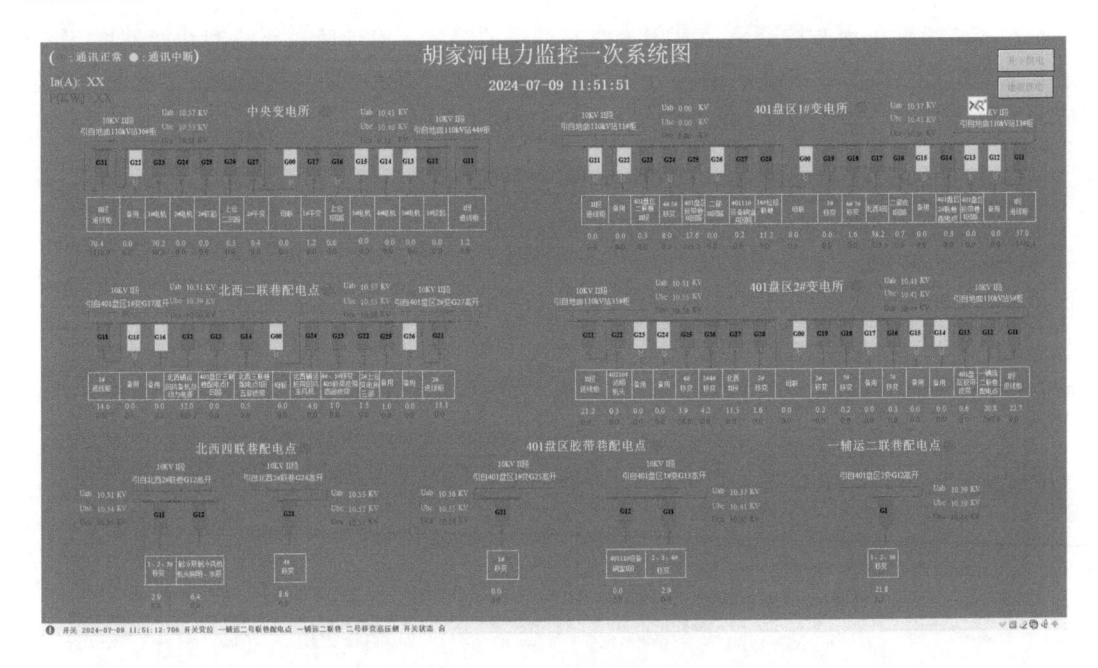

第 5 章　彬长矿区智能化生产管控体系建设

图 5-34　电力集控功能界面

作台，实现远程集中控制以及自动启停水泵功能，利用矿井工业以太环网，将水泵运转情况传输至集控中心，工作人员在集控中心进行远程监视及操作。通过水泵房内的摄像头，实时传输现场画面，实现了无人值守。水泵房集控功能界面如图 5-35 所示。

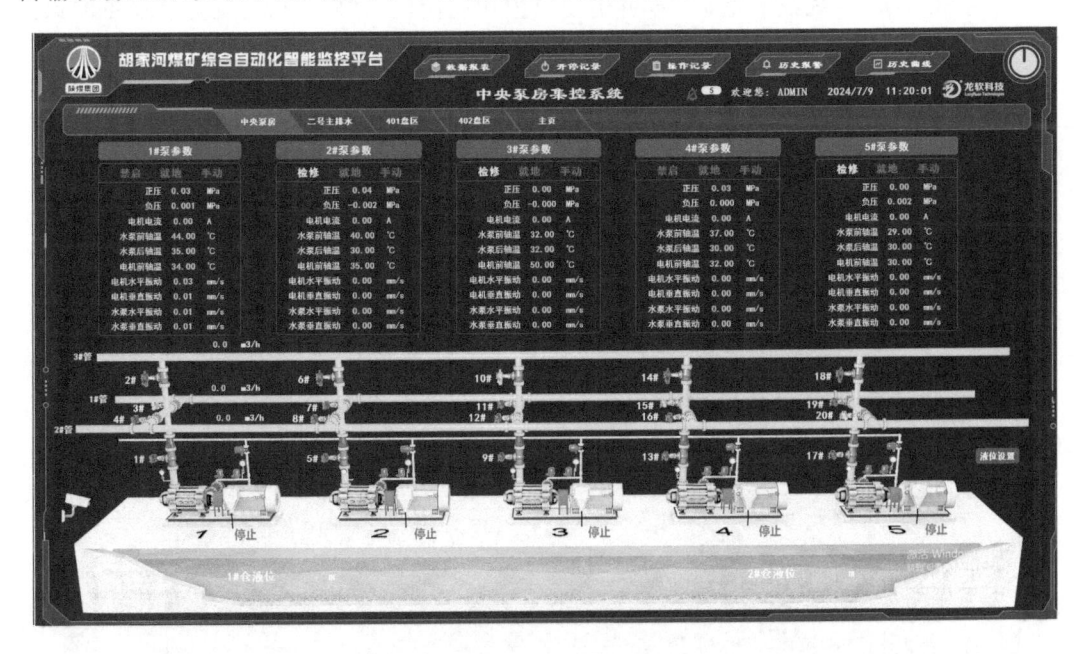

图 5-35　水泵房集控功能界面

（3）智能防越级跳闸保护功能

在 KJ579-F 电力监控分站、XRKJ-600 高开保护装置上设计防越级跳闸功能模块,实现了井下 7 个变电所防越级跳闸保护功能,提高了各级支路保护的选择性,保证了供电的安全性和可靠性。电力监控及防越级跳闸功能界面如图 5-36 所示。

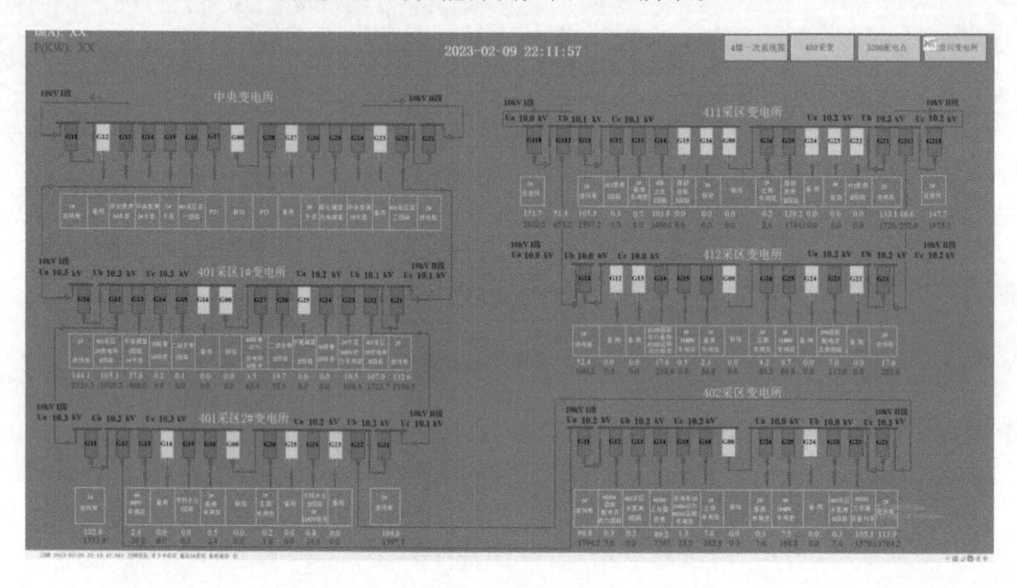

图 5-36　电力监控及防越级跳闸功能界面

(4) 变电所实时监控与电力调度功能

采用 SCADA 系统技术建立了矿井电力监控功能模块,对矿井所有变电所设备的数据进行采集监控,实现了数据上传、命令下达、矿井所有变电所的实时监控与电力调度功能。中央变电所电力监控功能界面如图 5-37 所示。

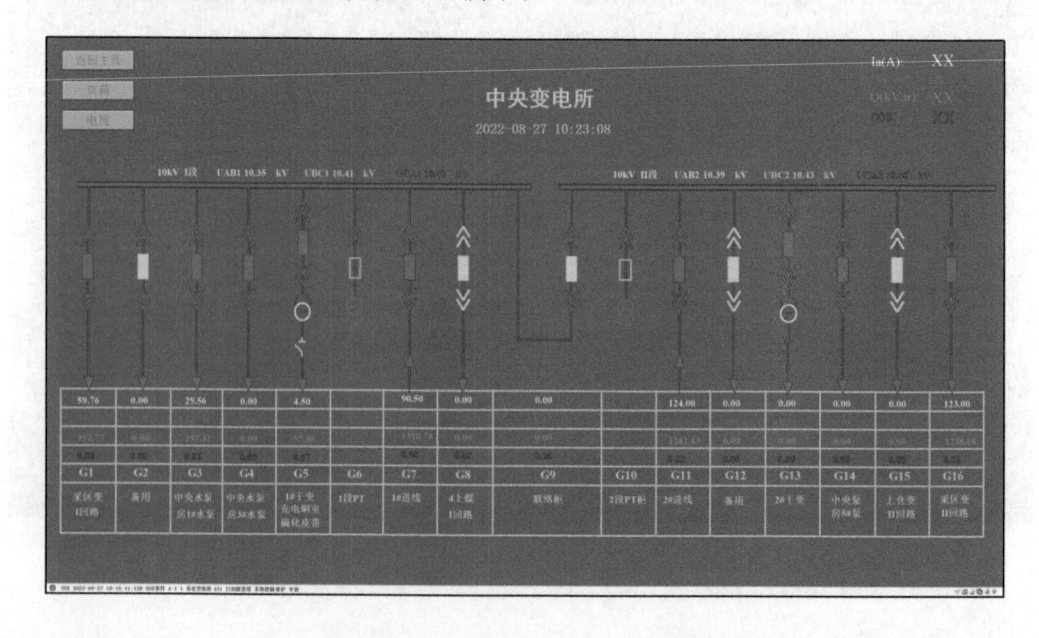

图 5-37　中央变电所电力监控功能界面

第 5 章 彬长矿区智能化生产管控体系建设

(5) 供电设备监控数据处理功能

智能化供电系统建立了矿井电力集控模块,实现了供电设备各装置数据集中通信上传、数据集中分析和数据储存等功能。

(6) 变电所火灾自动监测与报警功能

采区变电所建成了火灾预警及自动灭火子系统,对火灾参数进行智能监测和分析,实现了变电所自动灭火和远程控制功能。变电所火灾预警及自动灭火子系统功能界面如图 5-38 所示。

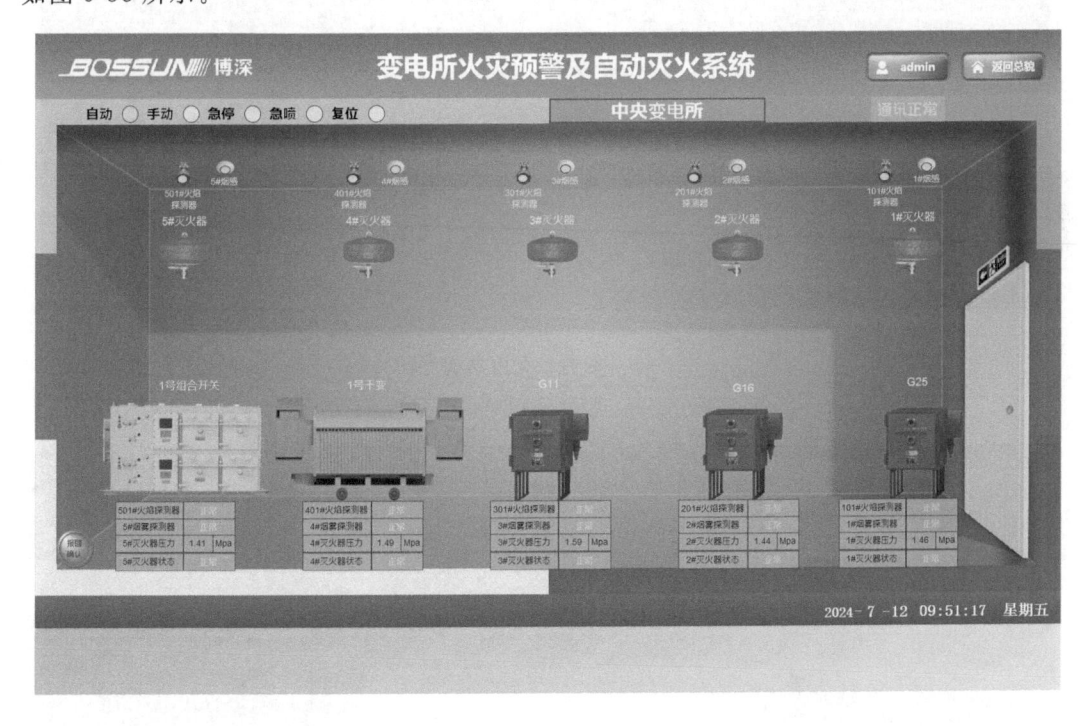

图 5-38 变电所火灾预警及自动灭火子系统功能界面

(7) 供电系统故障诊断和预警功能

通过融合供电系统数据,可以进行综合分析,实现了供电系统设备故障诊断和预警功能。具体的智能供配电功能界面如图 5-39 所示。

(8) 电能质量监测功能

井下主变电所、采区变电所和重要配电点均已建成了电力监控子系统,通过与综合管控系统的对接,可以更加准确地实时监测电气设备的运行状态,实现了状态参数实时显示、巡检故障录波储存、故障分析、用电峰谷电量与能耗统计分析、电能质量监测以及智能预警等功能。具体的电能质量监测功能界面如图 5-40 所示。

5.6.2.2 智能化排水系统

(1) 固定作业点智能抽排功能

中央水泵房、各采区水泵房和中转水仓排水设备,通过现场 PLC 控制柜、水泵自动化操作台,实现了远程集中控制以及自动启停水泵功能,由集控员在集控中心进行远程监视及操作。中央泵房自动化监控功能界面如图 5-41 所示。

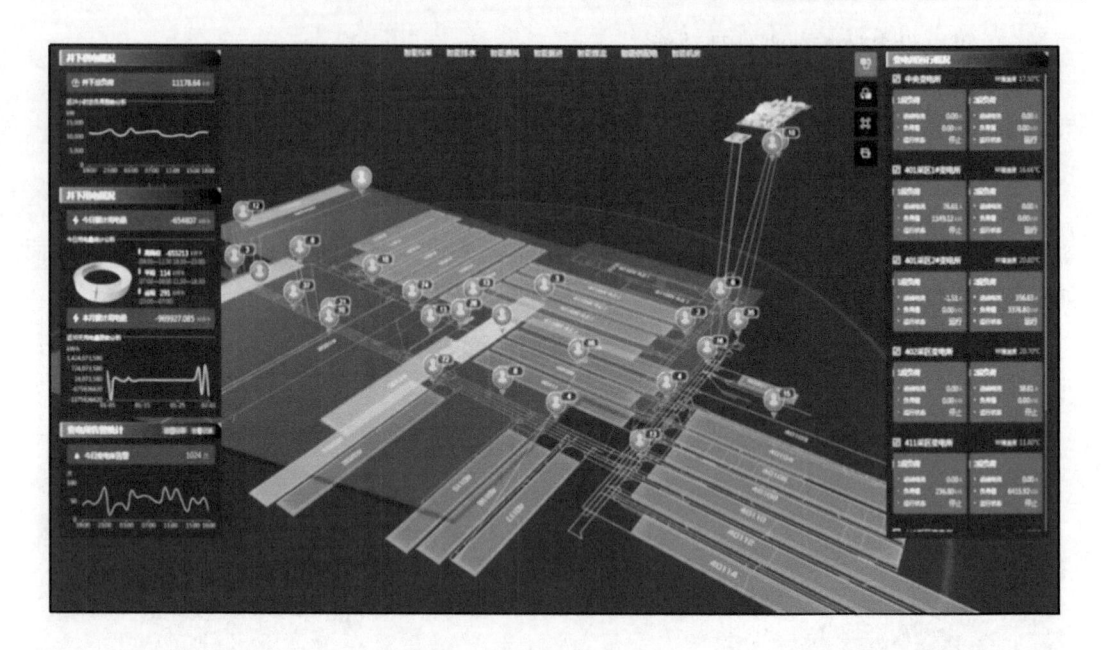

图 5-39　智能供配电功能界面

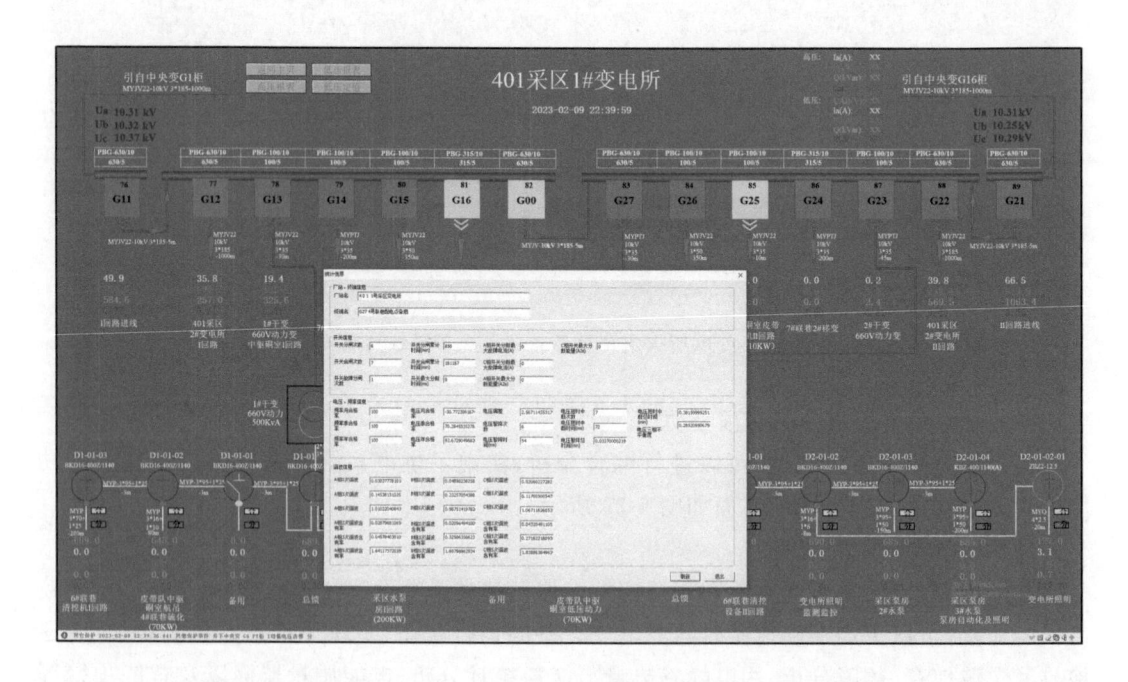

图 5-40　电能质量监测功能界面

(2) 自动投切水泵功能

排水子系统实现了水泵自动投切功能,避免单一水泵长时间运行而造成的故障。例如,402 泵房智能化排水监控功能界面如图 5-42 所示。

(3) 供排水系统设备故障分析诊断及预警功能

在矿井排水管路上加装压力传感器和流量传感器,并将这些设备与矿井集控中心进行

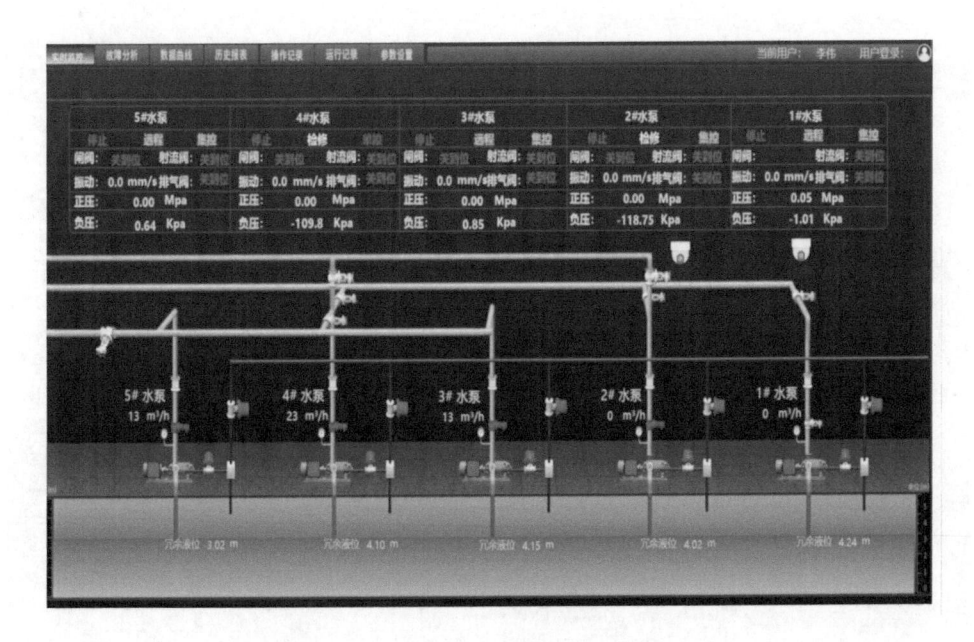

第 5 章 彬长矿区智能化生产管控体系建设

图 5-41 中央泵房自动化监控功能界面

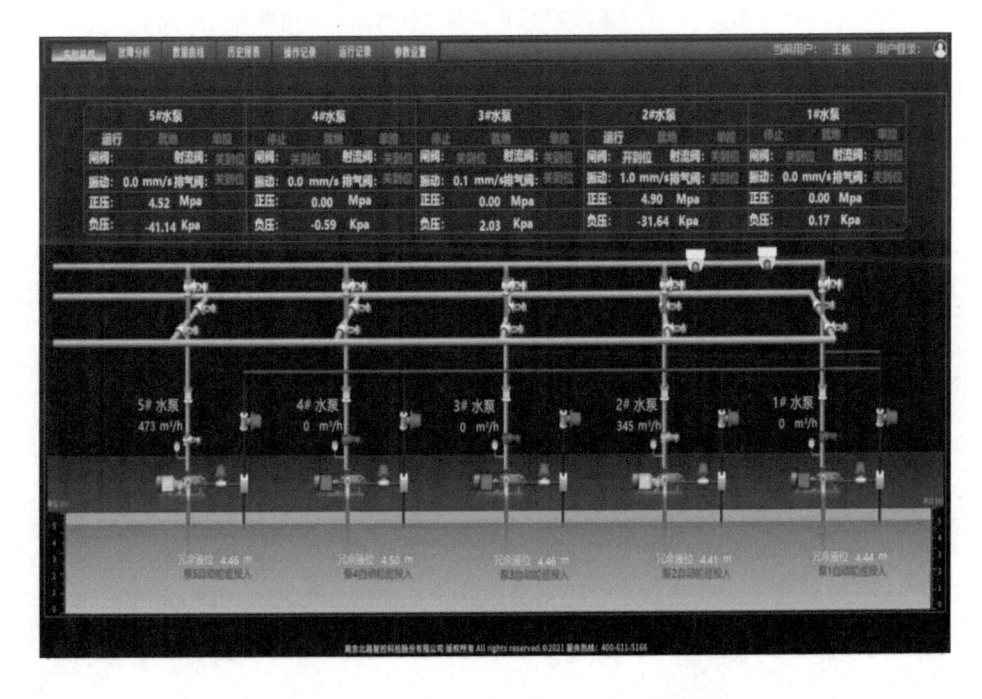

图 5-42 402 泵房智能化排水监控功能界面

连接,从而实现了实时远程监控,精确统计了出排水流量等各项数据。智能化排水监控子系统对这些数据进行深入分析诊断,对可能发生的故障进行预警,为矿井的安全稳定排水提供了有力保障。例如,401 采区 1# 泵房智能化排水监控功能界面如图 5-43 所示。

（4）中央水泵房远程集中控制功能

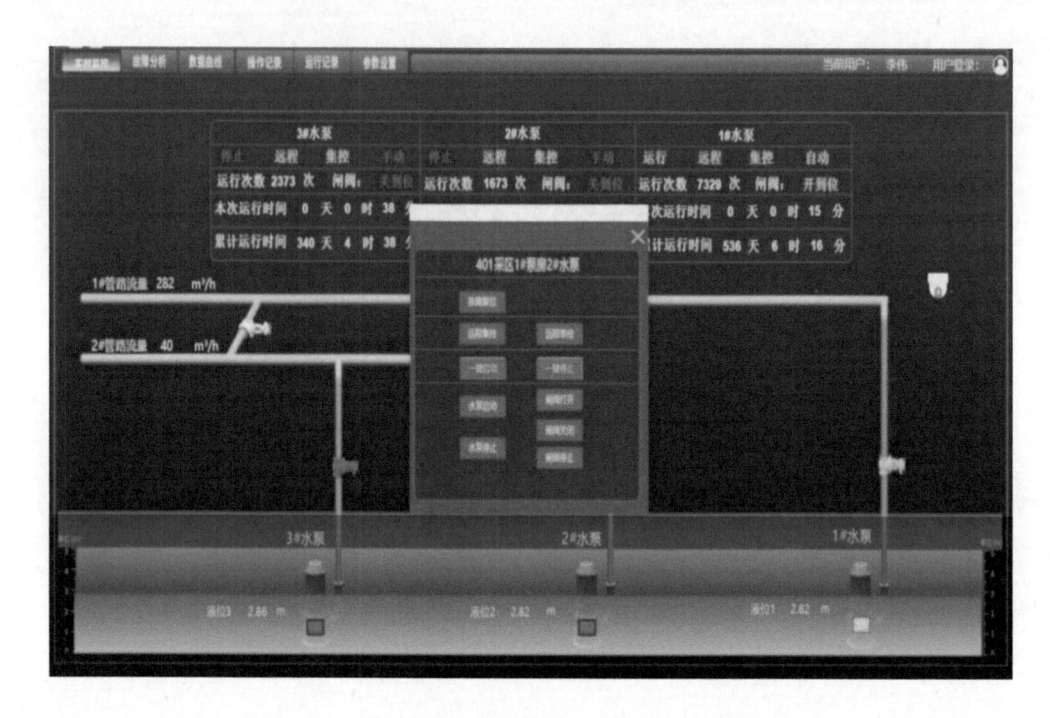

图 5-43　401 采区 1#泵房智能化排水监控功能界面

通过现场 PLC 控制柜和水泵自动化操作台,实现了中央水泵房远程集中控制以及自动启停功能,由集控员在集控中心进行远程监视及操作,实现水泵远程启停操作及无人值守。中央泵房智能化排水监控功能界面如图 5-44 所示。

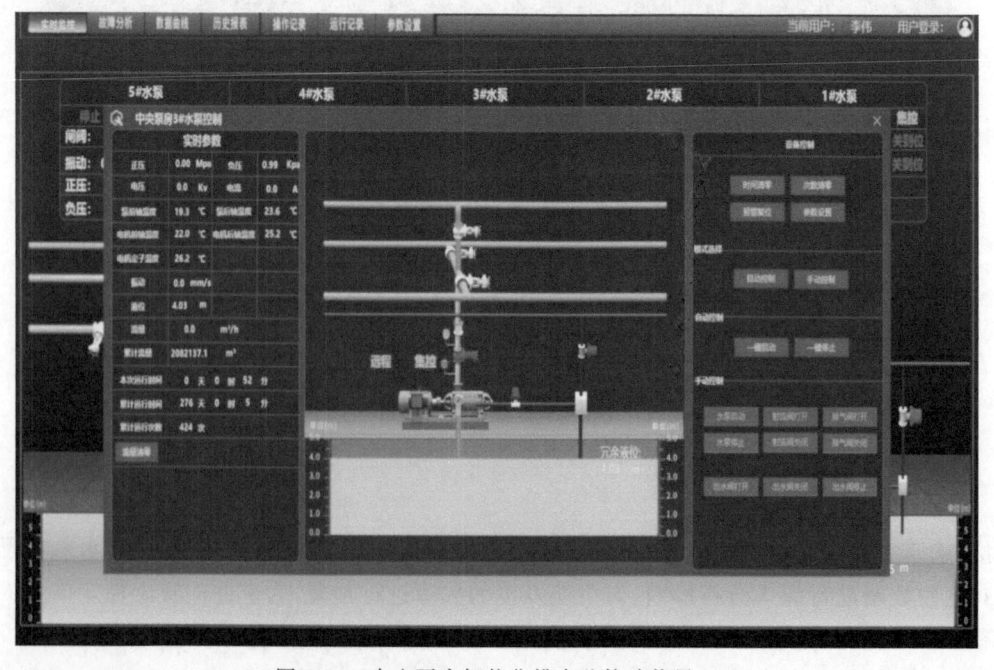

图 5-44　中央泵房智能化排水监控功能界面

5.7 设备全生命周期管理

煤矿设备全生命周期管理体系是指在煤矿企业中对设备从采购、部署、使用、维护到报废的全过程进行科学、系统地管理和控制。该体系旨在确保设备在整个生命周期内能够实现高效、安全运行,并且充分实现其价值[70]。

煤矿设备全生命周期管理管控体系涵盖设备的硬件、软件、安全和数据等方面的管理,覆盖了设备的各个流程和环节。从前期规划、设计、制造到设备的选型、采购、运输和安装,再到正常使用、维护和报废等各个环节[71]。

在现代管理理念中,设备管理范围不断扩展,设备全生命周期管理已经成为煤矿企业实现设备高效、安全运行的重要手段。该体系通过对设备全生命周期的各个环节进行科学的管理和控制,从而延长设备使用寿命、提高设备利用率和安全性,并降低企业的运营成本。此外,全生命周期管理体系还有助于实现企业的可持续发展目标,为煤矿企业的可持续发展奠定了坚实基础[72-74]。

5.7.1 现状研究及设计思路

陕西彬长矿业集团有限公司管理的设备主要包括:主提升带式输送机、主要通风机、压风机、瓦斯抽放泵、主排水系统、架空乘人装置、采煤机、掘进机、转载机、刮板输送机、液压支架、无轨胶轮车和配电设备等。设备管理制度相对完善,主要操作规程及注意事项已张贴在重要工作场所。设备运行和维护管理流程清晰,但少数单位日常巡检和检修工作记录不完整,执行情况依赖员工的责任心和上级的监督检查。机械故障容易判断,但电气故障不易判断,维修人员仅凭摇表等工具难以进行故障判断。对复杂的机械故障,维修人员经验难以准确判断。此外,陕西彬长矿业集团有限公司缺乏设备故障预警与诊断系统和温度传感器、振动传感器等故障检测仪器,导致设备维护主要依靠计划检修和事后检修,容易造成设备"过修或欠修"。设备台账难查难管,交接班记录以纸质形式进行,规范性不足;未建立设备故障库、专家库,未能有效利用设备管理知识。上述问题导致该公司难以对设备进行实时监测预警,无法准确判断设备故障原因,缺乏故障排除经验和知识,从而影响了设备的正常运行和企业的生产效益。

为解决上述问题,陕西彬长矿业集团有限公司构建了设备全生命周期管理系统架构,如图 5-45 所示。该系统架构以满足设备故障预警与诊断、设备全生命周期管理的应用需求为基础,构建了统一的边缘网关平台、数据中心、建模分析和应用开发平台,实现了设备相关的多源异构数据统一采集、计算、存储和建模。同时,构建于工业互联网平台之上的数据中心和诊断中心,实现了设备的智能化故障预警与诊断。

5.7.2 设备全生命周期管理系统功能

陕西彬长矿业集团有限公司设备全生命周期管理系统通过对设备的在线监测和设备数据的智能分析,实现了智能化的设备全生命周期管理,主要包括设备档案管理、设备计划管理、设备维护管理、设备维修管理、设备周转管理、设备报废管理、设备预警管理、设备资产清查管理、设备位置管理和设备统计分析等平台功能[75]。

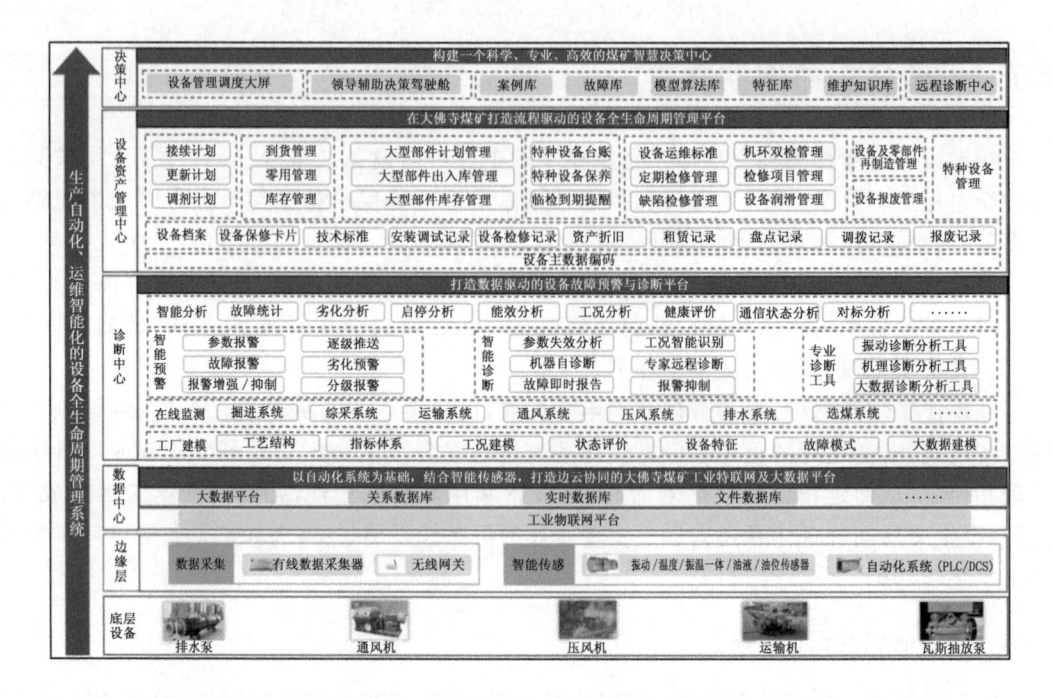

图 5-45 设备全生命周期管理系统架构

(1) 设备档案管理功能

本模块提供设备档案的维护、设备档案查询及设备数据字典等业务信息的管理和使用功能。设备档案管理模块帮助企业对设备进行系统化管理，将设备业务活动中的状态以设备卡片的形式存入系统，相关人员可以随时调取设备卡片，查询设备相关状态信息。具体的设备档案管理功能界面如图 5-46 所示。

图 5-46 设备档案管理功能界面

(2) 设备计划管理功能

本模块提供设备购置、维修和租赁等主要业务活动的计划管理功能，以及设备购置完成后的到货验收等业务内容。具体的设备计划管理功能界面如图 5-47 所示。

图 5-47　设备计划管理功能界面

（3）设备维护管理功能

本模块提供了设备事件维护、设备预防性维护的配置和执行、点检规律性配置、点检任务生成和维护类信息查询统计等主要业务活动的管理功能。具体的设备维护管理功能界面如图 5-48 所示。

图 5-48　设备维护管理功能界面

（4）设备维修管理功能

本模块提供了设备外委修理鉴定、内委修理鉴定、维修工单分派、维修工单实施、维修验收入库、自修零部件更换、点检任务分派和点检任务执行等主要业务活动的管理功能。具体的设备维修管理功能界面如图 5-49 所示。

（5）设备周转管理功能

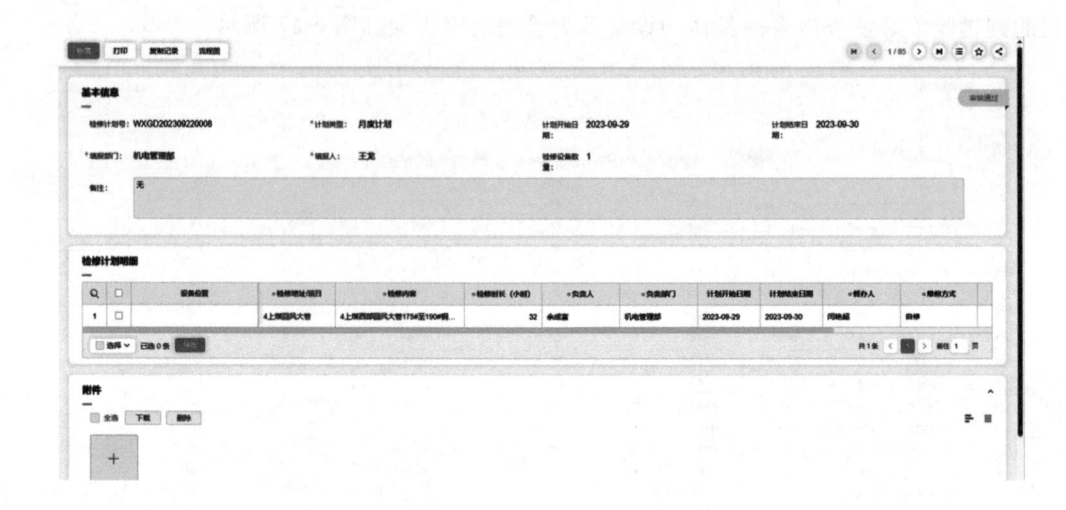

图 5-49 设备维修管理功能界面

本模块提供设备使用、设备调拨和设备租赁等主要业务活动的管理功能。其中,设备使用功能包括日常的设备领用申请、设备出库发料、设备现场移交和设备归还入库等内容;设备调拨功能包括设备调拨申请、设备调拨出库和设备调拨入库等内容;设备租赁功能包括设备租赁合同、租赁出库交接和租赁入库交接等内容。具体的设备周转管理功能界面如图 5-50 所示。

图 5-50 设备周转管理功能界面

(6) 设备报废管理功能

本模块提供设备维修费用评估、批量报废评估、设备报废申请和设备报废鉴定等主要业务活动的管理功能。具体的设备报废管理功能界面如图 5-51 所示。

(7) 设备预警管理功能

本模块提供设备库存预警、设备维修预警、设备报废预警和设备预警参数配置等主要业务活动的管理功能。具体的设备预警管理功能界面如图 5-52 所示。

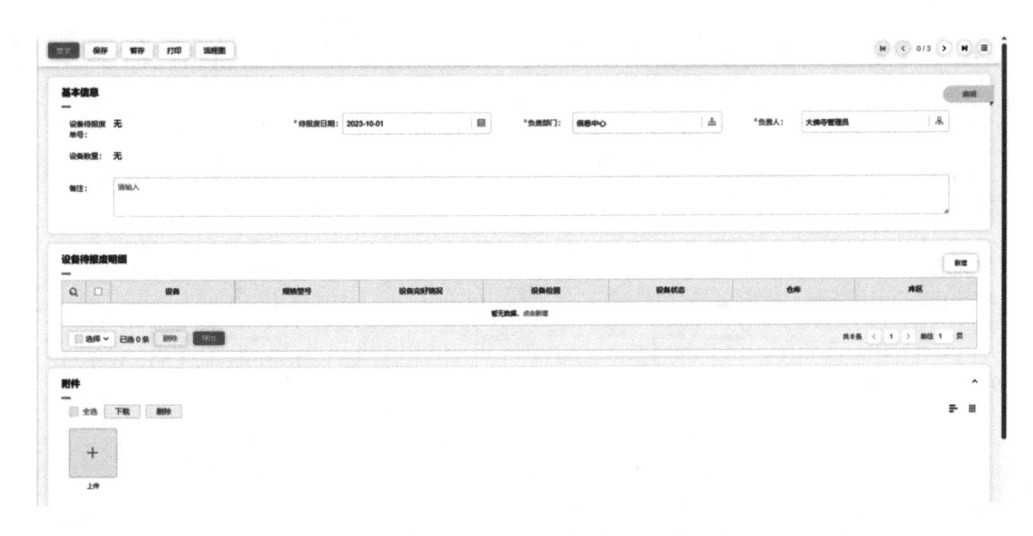

第 5 章　彬长矿区智能化生产管控体系建设

图 5-51　设备报废管理功能界面

图 5-52　设备预警管理功能界面

（8）设备资产清查管理功能

本模块提供设备在籍资产清查、实物清查对账表和设备闲置状态统计等主要业务活动的管理功能。具体的设备资产清查管理功能界面如图 5-53 所示。

（9）设备位置管理功能

该模块提供设备位置定位、二维图设备标注和设备台账联动查询等业务活动的管理功能。具体的设备位置管理功能界面如图 5-54 所示。

（10）设备统计分析功能

本模块提供设备统计查询、设备购置统计、设备业务分析和设备故障分析等主要业务活动的管理功能。设备统计查询包括设备档案查询、设备状态报表、设备数量汇总表、设备闲置汇总表、设备三率统计和设备状况三率报表等功能。具体的设备统计分析功能界面如图 5-55 所示。

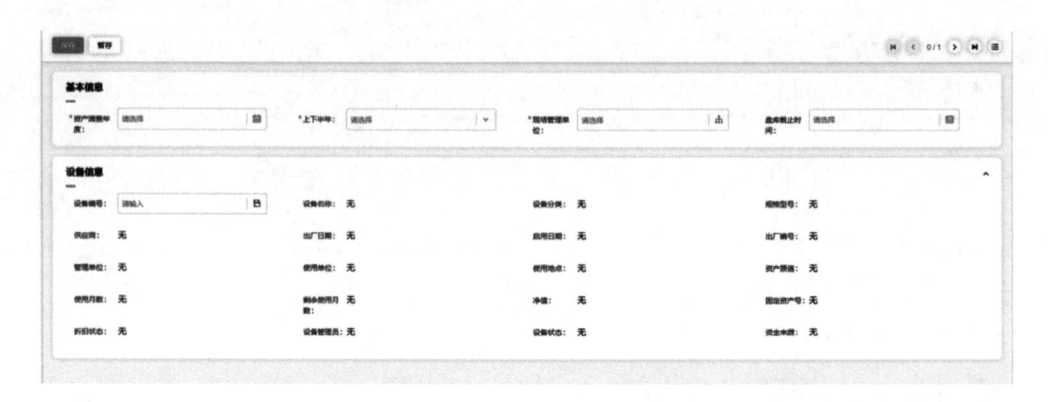

图 5-53 设备资产清查管理功能界面

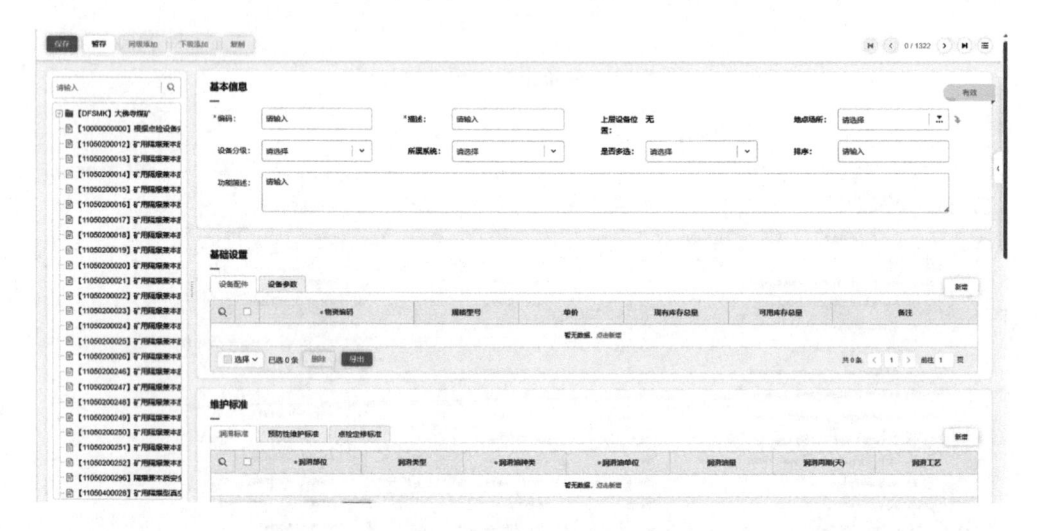

图 5-54 设备位置管理功能界面

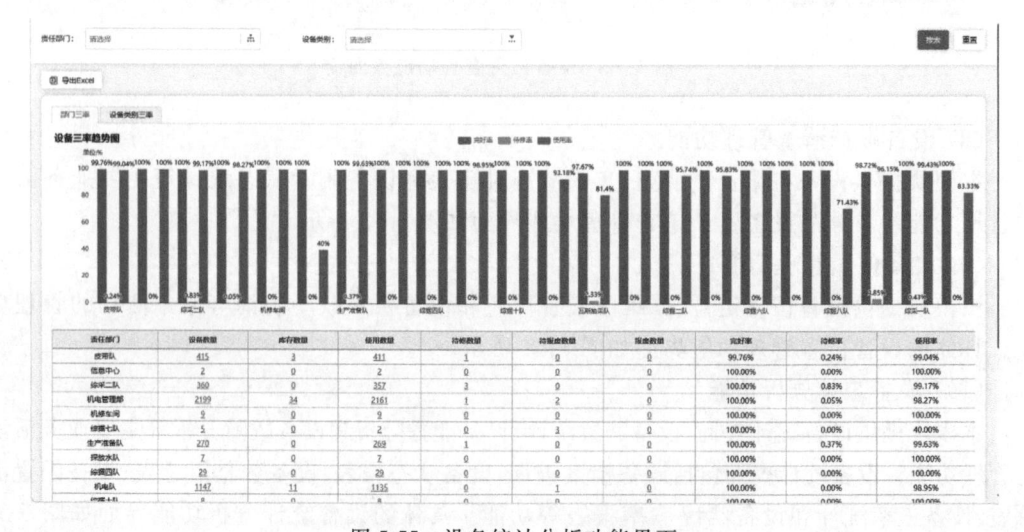

图 5-55 设备统计分析功能界面

5.8 智能化分选

智能化分选管控体系旨在将原矿中的杂质剔除或对煤质进行分拣。通过人工智能、数据驱动等技术,开发智能重介、智能浮选、智能煤泥水等多种智能算法和先进控制策略,实现选煤厂核心工艺过程参数在线预测与优化,生产过程智能控制。同时,通过构建选煤数据管理模块、实时数据库和字典管理系统之间的通信及数据交换规则,打破各生产子系统及管理系统的数据壁垒,消除数据孤岛,实现对选煤厂生产数据、管理数据的标准化采集、存储、流转、查询与应用[76]。

5.8.1 现状研究及设计思路

目前,陕西彬长矿业集团有限公司的小庄选煤厂一期工程的规模为 6 Mt/a,其工艺流程包括以下步骤:原煤准备、块煤分选、末煤分选、介质回收、粗煤泥分选以及细煤泥回收。然而,全厂的自动化和信息化程度相对较低,生产管控的可靠性及效率仍有较大的提升空间。为此,需要进一步推动智能化分选系统的建设,尽快有效缓解上述问题。

陕西陕煤彬长矿业集团有限公司智能化分选系统的总体架构设计参照图 5-56 所示的设计思路。该系统主要涉及智能管控、生产管理和智能生产中心建设等工作,并针对现有视频设备等进行改造升级,以便能够满足智能化分选的业务需求。其中,智能管控主要利用生产自动化系统,实现原煤配比、煤质化验、供配电、集中控制、密度控制、浮选自动加药、浓缩池自动加药、设备运行状态监测和定量装车等功能;生产管理主要利用生产信息化系统实现煤质化验、设备状态、电气回路数据、仪器仪表数据和药剂添加数据的信息管理与智能分析等功能。智能生产中心能够更加高效和集约式地进行煤块分选,提高分选的自动化和信息化水平。

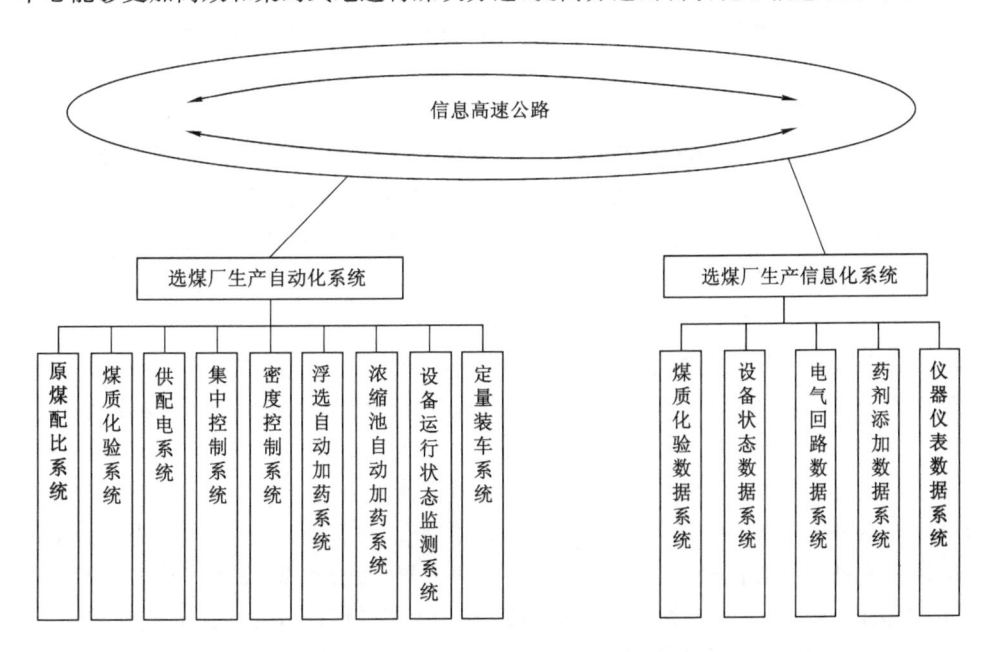

图 5-56 智能化分选系统的总体架构设计

5.8.2 智能化分选系统功能

智能化分选系统主要包括智能管控平台和生产管理系统,完成了智能视频升级和自动化系统升级,使得智能化管控平台和 PLC 系统之间的数据实现了智能生产中心建设,同时也将整个生产安全和设备数据无缝交接,从而在整个系统中形成了数据闭环。

通过智能化分选系统的建设和升级,分选煤作业实现了数据全感知、设备全监控、安全全覆盖以及运营全管控等目标,不仅提高了整个生产过程的效率和安全性,同时也大幅提升了企业的运营水平和经济效益。

(1) 智能管控平台

陕西彬长矿业集团有限公司在小庄选煤厂建设了一体化智能管控平台,实现智能物联协同、开放定制。可连接组织内部所有成员、设备和系统,实现组织办公与生产统一门户。支持接入外部 API,实现更多功能扩展,完成自动化办公,开启办公新方式。同时图文多端同步连续办公可支持智能设备数据采集、报警与分析整合的智能工厂管理,支持订阅关键生产数据等。

(2) 生产管理系统

构建报表管理系统,实现数据共享,提高效率,更准确地数据管理。选煤厂生产数据管理在调度工作中至关重要,反映生产情况,为选煤厂管理提供重要参考依据。基于传统煤质化验过程,构建煤质化验系统,规范化验数据记录,形成适合化验室应用的新方式,实现原始数据录入、结果计算确认和煤质报表自动生成等功能,替代人工计算与录入数据,方便查询历史化验数据,永久保存数据。

(3) 智能视频设备升级改造

将现有关键生产部位所安装的模拟摄像头更换为海康威视 400 万像素高清全彩智能数字摄像头。将视频信息接入智能化系统,实现远程访问功能,数据存储时间长达 40 天。当现场设备出现故障报警时,系统能够自动打开设备对应的摄像头信息,故障解除后可手动关闭摄像头,实现了报警视频联动。

(4) 自动化系统升级改造

带式输送机和刮板机均配备了各种保护措施,包括低速打滑保护、机头堵料保护、跑偏保护、拉绳保护(双侧)、纵撕保护、烟雾保护、断链保护和拉偏保护等。这些保护措施通过特有的标准子站通信接入主 PLC 集中控制模块,能够准确进行故障定位,方便故障排除,确保带式输送机和刮板机的安全运行。同时,这些电气设备均采用矿用防爆,更加安全可靠。

(5) 智能生产中心建设

在原煤带式输送机和精煤带式输送机上配置在线灰分仪,实时反馈并补偿原煤和产品煤的灰分数据,以调整循环悬浮液密度的设定值。该系统检测并分析循环悬浮液密度、各介质桶液位、磁性物含量和压力等参数,建立智能补水、分流模型与策略,实现循环悬浮液密度、液位、煤泥含量和压力的稳定控制。通过检测合格介质泵出口密度,系统自动控制清水添加量以维持分选密度。同时,系统检测介质桶的液位和煤泥含量,自动调整悬浮液的分流量以维持介质桶中的煤泥含量和液位。系统根据原煤、重介精煤灰分和密度设定值两种调整方式,确保产品质量。所有检测信号均传输至 PLC 控制系统,自动完成控制和调节。

陕西彬长矿业集团有限公司在关键生产设备上安装振动和温度传感器,实现设备振动和温度等参数的实时监测,并将数据传输至服务器。通过专业的系统软件进行处理和分析,

第 5 章　彬长矿区智能化生产管控体系建设

一旦设备运行数据出现异常,即触发报警机制。此外,对关键生产设备进行实时状态监控,监测设备的启动、停止、温度、振动、电流和设备运行参数等关键信息,实现了历史趋势曲线查询。利用设备状态在线监测系统,实现高密度数据采集,在上位机进行数据报警并与集中控制系统联动。智能生产中心建设实现了监测数据的统一管理,组织专家进行会诊,判断设备状态,预测未来状态,制定科学的维护策略。通过长时间的数据积累,不断优化设备运维管理模型,最终实现预测性维护。该系统具备全生命周期管理、实时监控、异常分级分类预警、预测性维护和设备分析功能。

通过对浓缩池入料性质变化、浓缩池入料浓度、流量以及药剂添加量和澄清水层厚度等的监测,可以自主预测药剂添加量,自动调节加药量,实现加药系统的智能化调节,智能加药功能界面如图 5-57 所示。

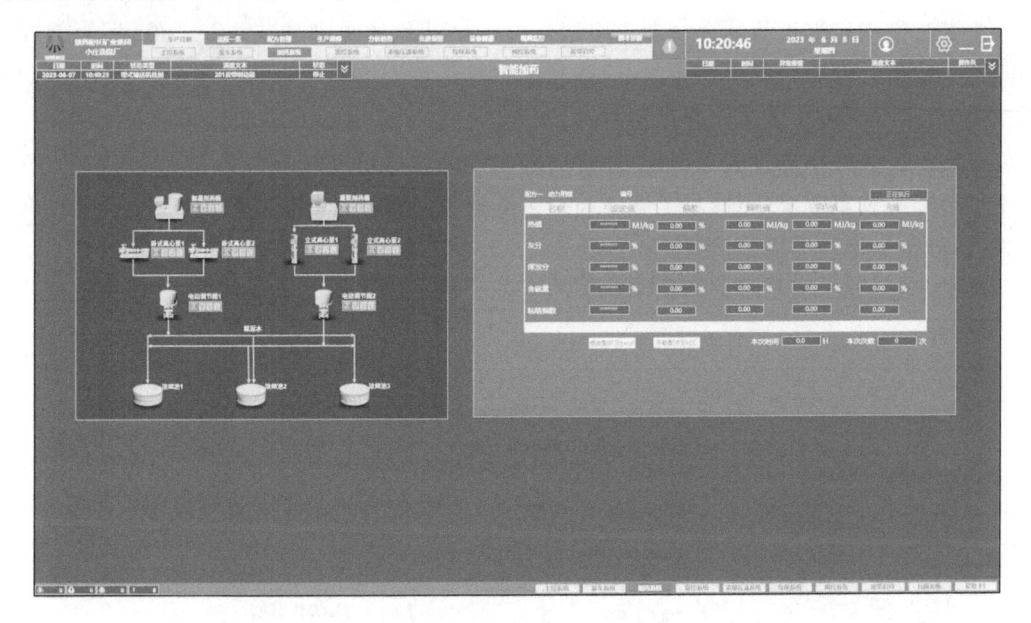

图 5-57　智能加药功能界面

5.9　智能化运销

煤矿智能化运销管控系统利用数字化和智能化技术,对煤矿运销过程进行全面、系统和科学的管理,以提高效率、安全性和质量,降低成本和风险,并增强煤矿企业的竞争力和可持续发展能力。该系统包括数字化平台建设、数字化运营管理、智能化作业管理和数据采集与整合等核心内容[77]。通过数字化平台建设,将煤矿运销相关的数据和信息资源进行整合和共享,实现信息互通,有助于提高决策效率和协同能力,降低信息传递成本。数字化运营管理将运销过程的各个环节进行数字化处理和监控,可以提高运销过程的效率和安全性,包括对运销计划、执行、监控和评估等环节的数字化管理,使整个过程更加透明、可控和高效。智能化作业管理通过应用智能化设备,实现运销过程的自动化、远程化和智能化管理。这有助于减少人力成本和劳动强度,提高作业效率和质量。例如,利用智能传感器、无人机巡检、自动化采样等技术,实现对煤炭开采、运输和储存等环节的实时监控和智能化操作。

在智能化运销过程中,对运销过程中产生的数据进行采集、整合和建模,实现数据分析和挖掘,为领导决策提供了科学依据,帮助企业更好地把握市场动态和业务发展趋势,调整战略和优化运营。通过对数据的深度分析和利用,可以进一步优化运销流程,降低成本,提高效益。

综上所述,煤矿智能化运销管控系统是煤矿智能化发展的重要组成部分,通过数字化技术和智能化设备的应用,有助于实现煤矿运销过程的智能化、数字化和信息化,这将为企业带来更高的效率、更低的成本、更优的质量和更强的竞争力,并为煤矿行业的可持续发展做出积极贡献。

5.9.1 现状研究及设计思路

输煤胶带和给煤机的综合自动化控制是煤矿自动化的关键环节之一。然而,当前存在的问题是输煤胶带和给煤机的控制、运行和保护等信息无法与装车站控制系统共享,阻碍了信息的交互。此外,在装车作业过程中,由于人为因素对矿井给煤机和带式输送机的操作以及放煤装车工的操作产生较大影响,经常出现车等煤或煤量过大而频繁启停给煤机的情况。这不仅影响了装车效率,还造成了燃油和抑尘等资源的浪费,同时也导致胶带空载和闸板频繁关闭,进一步增加了能源浪费。

针对上述问题,陕西陕煤彬长矿业集团有限公司构建了智能化运销系统,该系统架构如图 5-58 所示。

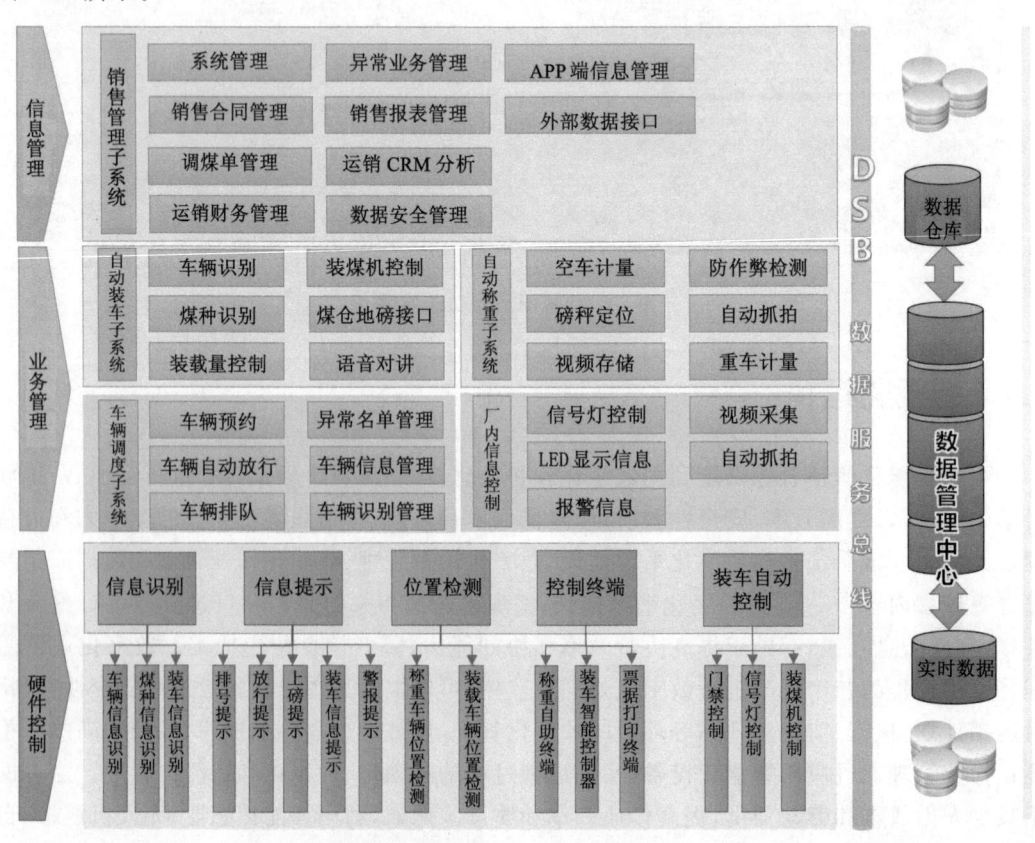

图 5-58 智能化运销系统架构

智能化运销系统分为业务管理和信息管理两部分,核心子系统包括自动装车系统、车辆调度子系统、自动称重子系统和厂内信息控制等,同时有外部数据接口与其他系统交互。所有硬件终端设备接受系统的统一调度与指挥。

5.9.2 智能化运销系统功能

在系统架构的基础上实现了停车场管理、车辆调度、入矿验票、空车称重、筒仓装车、重车称重和筒仓车辆控制等功能。具体功能如下所述。

(1) 停车场管理功能

停车场管理功能主要管理来矿运输的所有拉煤车,通过自助机、车牌识别、自动语音播报、LED 信息显示屏、智能联动道闸和智能监控摄像头等设备实现了对停车场内所有车辆进行有序监管。

(2) 车辆调度功能

通过设置在停车场入口的车牌识别系统与固定位置二维码扫描设备,结合分布式防作弊调度自助一体机进行车辆进场的登记,登记信息的车辆按照进入的时间和所要装载的煤种进行统一排队,矿方根据实际库存,结合装车场的车辆情况,通过车辆调度功能进行运输车辆放行操作。

(3) 入矿验票功能

车辆行驶到矿区入口时,运销系统通过车牌识别设备对车辆牌照进行信息识别(如果车牌识别错误,再进行二维码辅助识别),再进行扫描二维码,系统对提取的数据进行合法性验证,验证成功系统自动抬杆允许车辆进场。

(4) 空车称重功能

车辆到达空车磅,司机根据红绿信号灯了解当前空车磅的状态。当前面的车辆离开秤体时,控制系统将信号灯转为绿色,指示车辆可以上秤。当车辆进入空车磅后,控制系统将红绿灯转为红色,防止后续车辆进入秤体。同时,控制系统自动检测是否有干扰称量数据的信号。在确认位置合适后,司机在空磅处安装的固定二维码扫描设备上扫描手机 App 中的二维码,控制系统通过扫码结果进行信息验证。如果验证通过,将通过语音提示司机开始进行空车称重作业。最后,控制系统会根据车辆本次称重情况与基准皮重进行对比,杜绝增加皮重的作弊行为。

(5) 筒仓装车功能

司机根据筒仓下方的红绿信号灯了解当前筒仓的状况。车辆进入对应的煤仓后,智能运销系统会自动进行车牌识别和抓拍,同时司机在筒仓下方扫描二维码进行验证。该系统将对车牌识别结果和二维码扫描结果进行综合比对,核查车辆信息和本次所装煤种等信息。同时,该系统将再次验证该车的皮重是否正常。只有当所有信息比对成功后,才会授权现场工作人员开始装车。

如果比对信息失败,智能运销系统将自动发出异常警报,同时通知相关工作人员和司机。车辆完成装车后,该系统会通过语音通知司机本次装车的相关信息,并在对应的 LED 信息提示屏上显示本次装车的结果。

(6) 重车称重功能

车辆完成装载作业后,智能运销系统将检查车辆停放位置是否合理,并自动检测是否有干扰称量数据的信号。确认位置合适后,司机在对应的二维码扫描设备上进行扫码验证。系统根据扫码结果进行信息比对,如果信息不一致,该系统将发出警报并通过语音提示司机业务信息异常,同时记录异常情况并发送报警信息至相关人员。如果信息比对正常,系统将自动开始进行称重作业,并保存当前过磅车辆的图片以备后续查证。

(7) 筒仓车辆控制功能

司机根据筒仓下方的红绿信号灯了解当前筒仓的状况。车辆到达对应的煤仓后,智能运销系统会自动进行车牌识别,并对车牌识别结果和二维码扫描结果进行综合比对,核查车辆信息、本次所装煤种等信息。同时,该系统将再次验证该车的皮重是否正常。只有当所有信息比对成功后,系统才会自动打开上磅处的道闸,车辆进入磅体后开始进行称重和装车作业。

车辆完成装车后,司机通过刷二维码进行过磅称量。此时不允许进行远程装载,智能运销系统会通过语音通知司机本次装车的相关信息,并提醒司机下磅。在司机下磅后,该系统会打开下磅处的道闸。

总体来说,通过构建智能运销管理系统,确保了装车司磅作业的稳定和高效运行。该系统上线后,显著提升了设备的作业效率,加速物流的流通速度,从而有效缓解物流压力。此外,该系统的应用,实现了过磅数据的全数字化管理,进一步提高陕西彬长矿业集团有限公司的运销管理水平,强化了整个装车过程的远程集中控制能力,改善现场岗位的工作环境,节省了人员成本。通过上述的集中管理,有利于陕西彬长矿业集团有限公司及时了解装车运载情况,并能够快速和高效地解决突发事件。

第6章　彬长矿区智能化经营管控体系建设

随着 NC 财务核算网络系统、久其报表网络系统、陕煤司库管理系统等信息化平台的建立,及《经济运行方案》《经营考核办法》《彬长集团信息化发展规划》等制度的制定,彬长矿业公司经营管理工具信息化水平不断提升。然而,信息化经营管控方式仍面临以下问题。

(1) 数据孤岛

各类数据来源不一致、数据采集不同步、数据标准不统一、各业务部门陷入烦琐的数据统计工作等困难。

(2) 协调不力

生产、销售各自为政,线上相互配合不足,导致计划、生产、库存、调度、销售之间没有统一入口、出口及关联分析,造成部门与部门、业务与业务、数据与数据之间的无法协调,煤矿单位内部的生产、供应、销售存在各自为政,相互配合不足,导致采购成本高、协作效率低,计划重复,闲置积压物资量大。

(3) 信息滞后

生产销售大部分为线下统计,以月度快报为主,不能及时监测和反映各所属单位生产经营的变化,信息化平台建设后,可以实现数据的实时统计。

(4) 管理粗放

煤矿经营以单一的吨煤完全成本为主要考量指标,矿井层面生产与销售脱节,出现"你干你的,我算我的",以及"干的不知道花多少钱,算的不知道干了什么事"的"两张皮"现象。

(5) 数据分析薄弱

经营分析工作以召开季度分析会的形式进行,受信息量的限制,无法对矿井进行穿透式分析,更不能客观准确发现经营管理中存在的问题。

面对上述难题,只有利用数字化工具与技术,才能在不打乱现有信息化系统的前提下,重塑经营管控体系。彬长矿业集团经营管控体系数字化转型思路为:自上而下规划,从价值体系出发,梳理核心业务流程,通过在核心业务流程中识别核心决策点的方式,在陕西煤业"双十体系"的基础上,进一步统一十大过程环节归集口径及归集内容,建立煤炭企业安全生产经营全过程管理体系,健全全员、全要素、全价值链成本目标责任制。在此基础上,自下而上实施,建设矿井-矿业公司两级大数据中心,规范信息标准,打破数据孤岛,形成"生产作业、劳动组织、要素耗费、列支渠道"多维数据库。在矿区、矿井两级分别建设产供销价值链智慧联动平台、内部市场化平台,通过系统应用集成,实现生产与销售计划、煤炭流向及煤款结算的实时联动,矿业公司、矿井两级定额线上管理,为矿井生产预算、过程管控、成本分析、经营考核提供标准和依据,准确反映价值结果。将信息技术与业务紧密结合,构建以采掘智能辅助设计、采供联动、产销联动、矿井规划接续分析、定额管理、预算管理为核心的数字化业务管理模式。建立智能分析模型,建设"数字矿区-煤炭大脑",实现经营管理数据"纵向共享、横向联动、产销融合、实时统计、智能分析",深入揭示价值成因。

6.1 数字化经营管理体系构建

煤矿生产过程是多工种、多工序的综合性作业。从地面到井下再到地面各个环节耗资巨大、历时较长,因此成本构成较为复杂。随着开采工作的进行,煤炭企业的生产场所也在不断发生变化,工作面地质条件、资源赋存情况也在不断发生变化,从而影响成本构成分布变化。因此,采取动态化成本管控是煤矿企业发展的必由之路[78]。

借助"双十体系"、安全生产全过程管理体系,以及在矿区侧和矿井侧两级建立产供销价值联动平台与内部市场化平台,纵向实现全面预算宏观调控,管理层、部门、区队、班组及个人成本控制;横向实现产供销联动控制,开采前、开采中、开采后全过程,包括销售环节、采购环节、前期计划、后期维护等数字化经营管理。

在矿井侧依托内部市场化平台,横向上加强煤矿开采成本的采前管理、采中管理及采后管理。采前管理是对煤矿开采前的预算管理,统筹规划,通过采前管理,加强成本管理的超前化、规范化、标准化。采中管理就是在费用统筹规划的基础上,加大费用控制管理,开源节流,细化施工成本支出。采后管理主要是加强成本分析,为优化成本预算及成本管理提供依据;同时建立绩效考核,将成本管理散布至每一个参与人员,提高全员参与程度与积极性,提高成本管控实施有效性。纵向上建立内部市场化机制,实现市场微观控制,加强绩效考评落实,从部门(区队)考核到班组、个人考核,激励落到实处,考核落实到个人,建立起良性竞争。

在矿区侧依托产供销价值链智慧联动平台,横向上全面预算管理实现宏观调控、全年计划,在全面预算管理导向下,明确成本管理工作的目标和方向,提供年定额基础,从各个环节、各项指标指导成本消耗,为确定成本消耗定额提供了基础。纵向上实现产供销业务协同联动,通过增值挖潜、优化设计、减少人员、修旧利废等加强成本管控效率、指导生产经营、优化资源配置、规避经营风险、促进内部协调、降低成本费用。

数字化经营管控体系构建总体思路如下。

(1) 统一过程环节标准,促进生产矿井对标

在陕西煤业"双十体系"的基础上,进一步统一十大过程环节归集口径及归集内容,建立煤炭企业安全生产经营全过程管理体系,将企业的成本构成分为外部成本及内部成本两大部分。外部成本主要包含资源成本、环境成本、安全成本、管理成本、企业资金管理等。内部成本具体划分为开采准备成本、生产过程成本、设备成本、灾害治理成本、巷道维修等。细化归类67个子项,以便5对矿井更好地进行"双十体系"编制预算、偏离度分析和对标对表,从而建立煤炭企业安全生产经营全过程管理体系,健全全员、全要素、全价值链成本目标责任制。

(2) 创新产供销联动模式,提升企业经济效益

借助物联网、大数据、移动应用等信息技术,通过与陕煤集团智慧运销系统、安全生产信息共享平台以及智能装车系统对接,实现原煤回采、精煤分选、安全预警、煤仓库存、铁运发运、公路计量、煤质化验、财务结算等各业务环节的信息共享,打破产、销、运等系统间壁垒,

加强了管理层与生产层之间的联系。利用大数据预测分析模型对煤炭销量、市场价格等进行预测,并据此制订当月销售计划,确定销量、品种、煤质指标,根据各煤种之间相对价格的变化,确定合理的销售结构,实现质优价高,提升企业经济效益。

在物资采购端,与陕煤集团物资供应内部大市场及西煤云仓、彬长集团内部市场化系统及矿井物资管理系统衔接,建立采购联动模块,依据矿井生产作业计划,结合各项材料消耗定额,自动计算、生成采掘月度备料清单和物资采购清单。通过线上完成物资计划提报、材料管控和出入库线上下单、后台自动结算。通过建立井口物资超市,实现材料物资一站式直达矿井。通过闲置积压物资的线上调剂功能,加强闲置积压物资的清仓利库和盘活处置;新增回收废旧材料的出入库管理功能,通过系统干预强制优先使用回收复用材料,切实提高资产质量和使用效率。

（3）规范两级定额标准,深化月度预算应用

以采煤、掘进环节设计优化研究成果为基础,以产供销平台、内部市场化平台为依托,通过采煤、掘进智能辅助设计、采供联动平台、物资供应、人力资源等系统应用集成,实现两级定额管理,矿业公司建立一级基准定额,各矿井参考基准定额和生产实际制定二级矿井定额,为矿井生产预算、过程管控、成本分析和经营考核提供标准和依据,满足了矿井精细化管理要求。并以"双十体系"年度预算为支撑,以月度生产作业计划为业务量基础,结合作业定额,自动化生成月度预算,并分析月度预算的执行情况,实现预算全过程的智能管理。

（4）建立两级数据中心,形成智慧决策机制

对安全生产经营过程进行数字化管控,在全面、系统采集煤矿的地质环境参数、风险隐患信息、设备运行工况、生产能耗情况、进尺产量数据、原煤生产成本、财务收支情况、煤炭营销等数据信息后,通过分析数据流在各个生产工序、工作流程之间的流转和转换,来反映企业的安全生产与经营管理状况。重点解决工作流程运行不畅通、数据流堵塞停滞、大量数据异常等情况,通过解决数据信息问题推动解决企业安全生产的实际问题。

建设彬长矿业集团大数据中心,规范信息标准,打破数据孤岛,形成"生产作业、劳动组织、要素耗费、列支渠道"多维数据库,实现安全生产、经营管理数据的标准化建设、业务流程的规范化处理,实现全量数据互通汇聚、融合共享,推进煤炭"大调度"协同指挥,实现对安全生产经营全过程管理的"看得见、算得清、管得准、控得住"的管理理念。

6.2 经营成本"十大过程、十大环节"管控体系

"十大过程、十大环节"安全生产经营管理体系(简称"双十体系")由陕西煤业构建,十大过程具体划分为:原煤生产、分选加工、设备管理、设施管理、科研管理、机装机运、税费管理、经费管理、资金管理和其他业务。"十大环节"根据井下生产组织工艺划分而来,将原煤生产过程又进一步细化为十大环节,包括:采煤、掘进、机电、运输、通风、灾害防治、采掘准备、设备修理、巷道维修和其他。

"双十体系"以"干什么事,花多少钱"为管理思路,客观反映煤矿生产经营过程的效率与效益,实现煤炭生产与经营的深度融合,使"干"与"算"相互融通。

6.2.1 十大过程

（1）原煤生产

煤炭开采分为露天开采和井工开采两种方式，根据陕西煤业所属煤矿现状，原煤生产过程是指采用井工开采方式开采煤炭的生产过程。原煤生产过程细化为十大环节包括：采煤、掘进、机电、运输、通风、灾害防治、采掘准备、设备修理、巷道维修和其他。

（2）分选加工

分选加工是指将原煤按照分选工艺加工出符合用户质量要求的精煤的过程。类型分为：破碎筛分、分选等。范围包括：原煤入厂、储存、破碎、筛分、分选，产品脱水，煤泥、洗矸（手选矸及杂物）转运，介质回收等。

（3）设备管理

设备管理对应设备更新开支和设备租赁开支，包含资本化的更新改造项目（即转入在建工程核算的更新改造）。类型分为：购置、改造、租赁。范围包括：液压支架、采煤机、刮板输送机、转载机、破碎机、运输机、各种车辆、办公设备等。

（4）设施管理

设施管理对应土建、安装、征地等业务。类型分为：新建、维修、改造、塌陷补偿、环境治理等。范围包括：新建风井、房屋、建设物、装车系统、土地复垦等。

（5）科研管理

科研管理是指对企业安全生产经营管理过程中的一些现象或问题经过调查、验证、讨论及思维过程，然后进行推论、分析、发明的新技术而进行的系统性、创造性工作的过程。类型分为：集团、股份、矿业、矿井批准项目。

（6）机装机运

机装机运对应销售费用，它是指地面运输、装车等围绕煤炭运销的工作过程。类型分为：地销、铁销、综合。范围包括：装车系统、矸石排运（除洗矸外）、地面胶带栈桥、磅房及轨道衡、铁路专线服务、抑尘，以及销售设备设施维修和运销部门薪酬等业务。

（7）税费管理

税费管理是指根据国家相关法律法规缴纳的各类税金及费用的管理过程。类型分为：税金和行政性收费。税金：增值税、资源税、城市维护建设税、房产税、城镇土地使用税、印花税、耕地占用税、环境保护税、车船税、水资源税等；行政性收费：教育费附加、水利建设基金、水土流失补偿费、残疾人就业保障金等。

（8）经费管理

经费管理对应管理费用，它是指为组织、协调、保障生产正常运营而设立的企业内部行政管理部室（即机关）相关支出的管理。范围包括：会议费、办公费、差旅费、业务招待费等。

（9）资金管理

资金管理对应财务费用，它是指企业为筹集生产经营所需资金，以及还款付息等的管理过程。类型分为：利息支出、利息收入（负数）、汇兑损失、汇兑收益（负数）、手续费等。

（10）其他业务

对应其他业务开支，是指不属于上述过程环节的其他业务开支。

6.2.2 十大环节

（1）采煤

采煤是指矿井采用适当的采煤工艺进行煤炭开采的生产过程。范围包括：划归采煤队管理的工作面、工作面运输顺槽胶带等业务。

（2）掘进

掘进是指在井工煤矿开采中，施工井筒、大巷、主要硐室等开拓井巷工程和掘进采区、采煤工作面等系统巷道的生产过程。范围包括：自大巷开口以内的掘进巷道区域业务。

（3）机电

机电是指维护机电设备安全运行与技术管理的工作过程（主要涉及管、线安装）。类型分为：供排水、供电、压风、机电维护、加工等。范围包括：为掘进、采煤、通风、供电、供风、供水、排水、运输、安全设施等业务服务的机电设备安装调试、管路缆线敷设（不含采掘工作面机电设备及安装回撤）、日常维护等。

（4）运输

运输类型分为主运输和辅助运输。主运输是指将采煤工作面开采的原煤输送到地面储煤场（仓）或选煤厂的过程，分为主胶带系统和主提运系统；辅助运输是指矿井材料、设备、工作人员的运输过程，分为无轨胶轮运输和轨道运输。

（5）通风

通风是指为保障煤矿安全生产而实施的通风工作过程。范围包括：通风设施运行、通风系统检测、地热防治等。

（6）灾害防治

灾害防治是指除通风（及地热防治）以外的矿井各类灾害防治工作过程。类型分为：防治水、防灭火、抽采、防尘、顶板、防冲、应急救援、安全监测监控等。

（7）采掘准备

采掘准备是指为原煤生产与巷道掘进准备而进行的采煤工作面与巷道掘进头设备安装调试或搬家回撤的工作过程。类型分为：工作面安装、工作面回撤、工作面直搬、掘进头安装、掘进头回撤、掘进头直搬。

（8）设备修理

设备修理类型分为大修理和中小修。设备包括液压支架、采煤机、带式输送机、综掘机、连采机、钻机、泵站、开关等井下生产设备。

（9）巷道维修

巷道维修是指对井筒、大巷、主要硐室、绞车道、风道、运输道和人行通道等井巷的补充支护、复喷、刷帮、挑顶、拉底、拉沟等维护修理的工作过程。

（10）其他

围绕原煤生产，不属于以上十大环节的煤炭资源勘探、采煤设计、污水处理、洗浴取暖、零星工程等工作与工程。

6.2.3 安全生产经营全过程管理体系

在陕西煤业"双十体系"基础上，彬长矿业集团结合矿井生产实际，进一步统一"十大过程、十大环节"的归集口径，进一步统一归集项目的具体内容，重新细化归类为67个子项，以便5对矿井更好地进行"双十体系"编制预算、偏离度分析和对标对表，为成本管控和降本增效提供依据。安全生产经营全过程管理体系以煤矿经营总开支为基础,构建出"生产作业-劳动组织-消耗要素-列支渠道"的预算与执行管理方式,健全全员、全要素、全价值链成本目标责任制。生产经营全过程管理体系主要过程及范围如表 6-1 所示。

表 6-1 生产经营全过程管理体系

序号	过程/环节	类型与范围	主要负责单位
一	原煤生产	采掘、掘进、机电等	采掘队、掘进队、机电队等
1	采煤	综采、综放、连采、普采、炮采、掘进煤	采煤队
2	掘进	开拓、准备、回采	掘进队
3	机电	供排水、供电、压风、机电维护、加工等	机电队
4	运输	主运输和辅助运输	胶带队、辅助车队
5	通风	通风设施及地热防治等	通风队
6	灾害防治	防治水、防灭火、抽采、防尘、顶板、防冲、应急救援、安全监测监控等	抽采队、探放水队、防冲钻机队、防灭火队等
7	采掘准备	工作面与掘进头安装、回撤、直搬	准备队
8	设备修理	大修和中小修	机修厂(维修中心)
9	巷道维修	更换巷道中损坏的支架,处理巷道帮、顶、底鼓等	巷修队等
10	其他	资源勘探、采煤设计、污水处理、洗浴取暖、零星工程等(含生产运营公司、调度室等薪酬)	无
二	分选加工	破碎筛分、分选等	洗煤厂
三	设备管理	购置、改造、租赁	机电部等
四	设施管理	新建、维修、改造、塌陷补偿、环境治理等	规划部、后勤部
五	科研管理	集团、股份、矿业、矿井	科技部、生产部
六	机装机运	地销、铁销、综合(含运销部薪酬)	运销部
七	税费管理	税金和行政性收费	财务部
八	经费管理	会议费、办公费、差旅费、招待费等(含机关部室薪酬)	综合部等
九	资金管理	利息支出、利息收入(负数)、手续费等	财务部
十	其他业务	营业外收支、资产处置损益、其他收益等	财务部等

6.3 内部市场化管理平台

6.3.1 内部市场化机制

全面预算管理作为企业重要的实施依据和采前控制手段,是对企业经营管理的全面分解,以此作为采中控制的重要依据和指标;内部市场化则作为执行工具,以实际工作量为依据,对内部市场进行工资结算,从而实现煤矿企业内部的计划与实施两大过程。内部市场化作为全面管理的一个有效载体,是把全面预算指标分解落实到个人、班组、区队以及矿井(各部门)的有效手段,从而确立预算化管理、市场化运作的基本理念,内部市场化机制如图6-1所示。

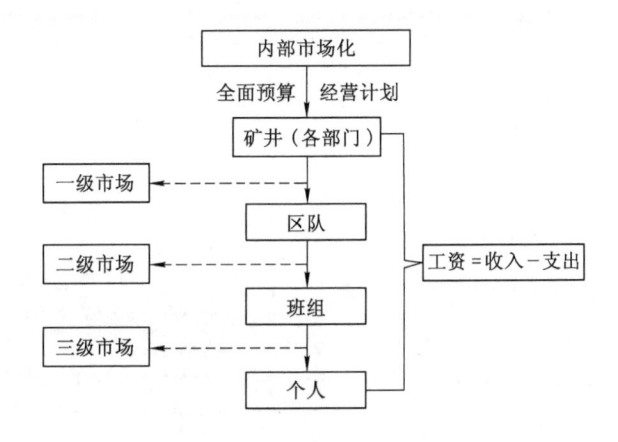

图 6-1 内部市场化机制

推行内部市场化管理就是将市场的竞争机制引入企业内部,通过工艺流程的划分、职责部门划分,形成市场中服务与被服务关系或买方的竞争关系,依据内部单位最终结算目标,使得各部门在市场的竞争中最大限度节支降耗,实现增效创收。

矿井与区队之间构成一级市场,以区队为核算点,模拟会计核算,由原来的单项考核改为按工作量和综合单价结算,变为矿井与区队行政管理关系和市场买卖关系。区队与班组之间构成二级市场,每个班组成为相对独立的经济实体,这些经济实体之间简单的买卖往来促成内部市场的形成,班组按区队要求,完成原煤、进尺及零星工程,区队根据下发的生产经营计划和市场定价,按照区队内部价格体系,在综合产品数量、质量、技术要求的基础上确定价格,完成产品交易,进而对班组结算。班组与个人(岗位)之间构成三级市场,三级市场是内部市场的最小单元,每个人的工作量、工作表现和材料消耗直接与个人的收入挂钩,形成"收入－支出＝工资"的理念,激发全体职工的成本效益意识。

根据内部市场运行机制的要求,按照煤矿生产要素进行分类,建立了产品、物资、电力、租赁、服务、安全质量、加工修理、劳务、资金、技术十大要素市场。模拟真实市场的交易原则提炼出的这十大要素市场基本涵盖了市场交易的所有内容,按照各市场的特点、性质分别对其采取不同的管理方式、结算方式,最大限度地激发市场活力,降低行政命令的干预,让其无限接近自然市场的状态,形成良性竞争,进而促进企业经营业绩的提升。

6.3.2 系统模块及功能

内部市场化管理平台为陕煤统建的财务管理平台,系统采用 B/S 架构,开发环境为 SQL server2008,VS2019,net framework 4.0 框架。

系统共包含一级市场,二级市场,三级市场,月度结算,零星工程市场,设备管理市场,日常加工维修市场,基础设置,安全设置,其他设置等模块。

其中一级市场的主要作用是矿井对区队工资结算,具体包含生产定额管理,生产专业结算管理,生产结算模型管理,部门定额权限设置,具体示例如图 6-2 至图 6-5 所示。

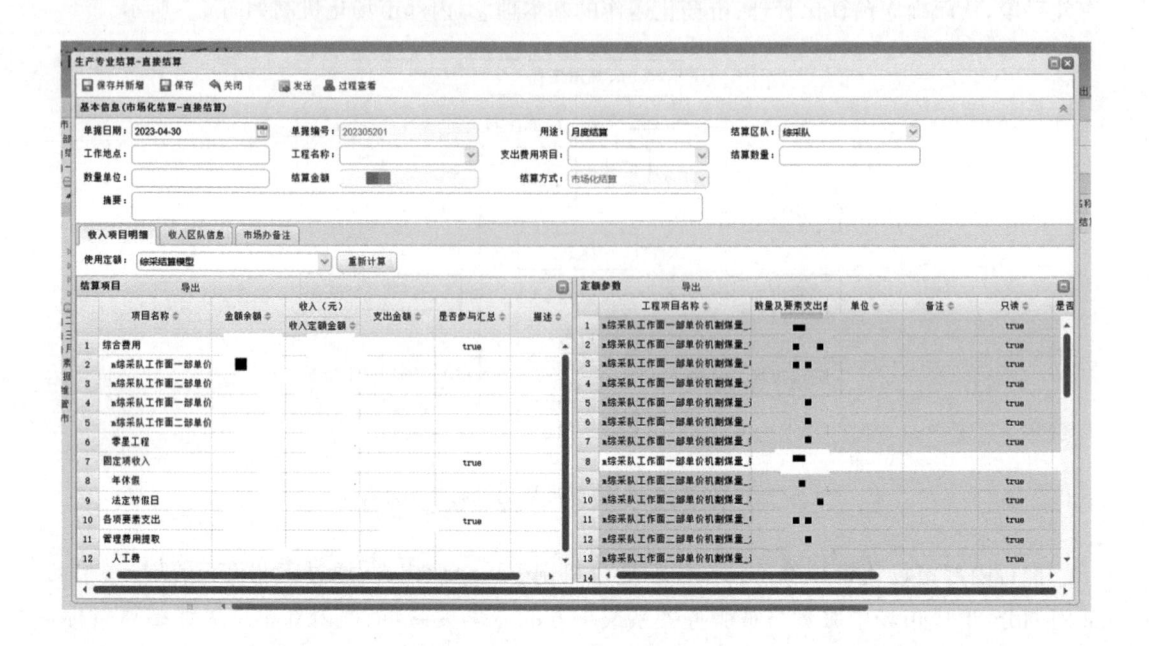

图 6-2 生产专业结算管理

图 6-3 生产结算模型管理

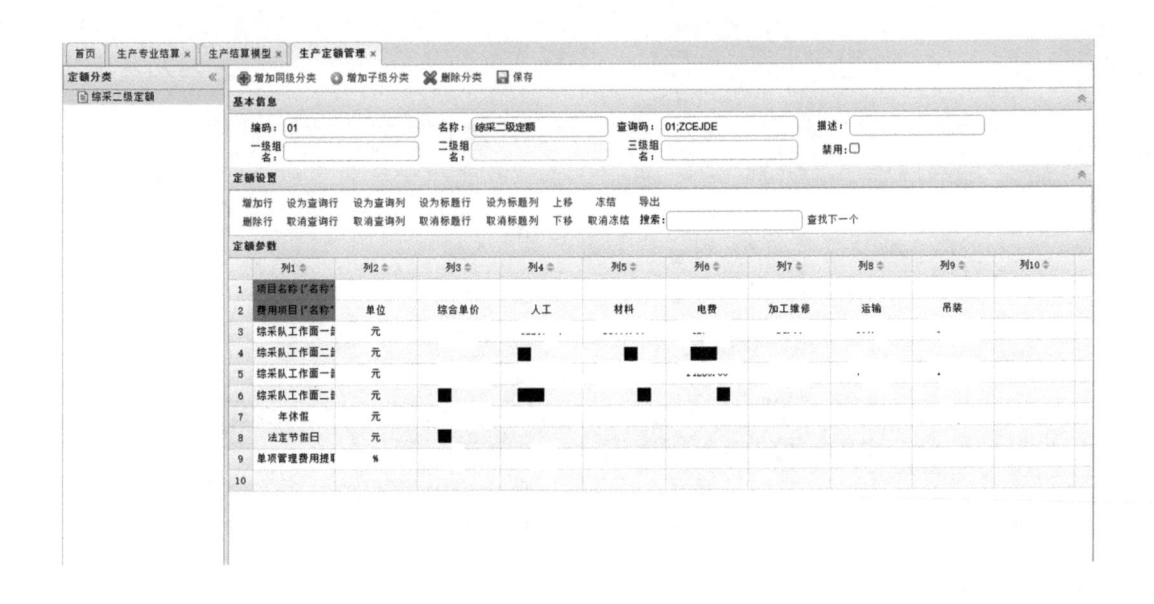

第 6 章　彬长矿区智能化经营管控体系建设

图 6-4　生产定额管理

图 6-5　部门定额权限设置

二级市场的作用是区队对班组的日度结算,具体包括日清日结管理(图 6-6)、二级单价维护、统计报表以及班组日收入查询(图 6-7)。

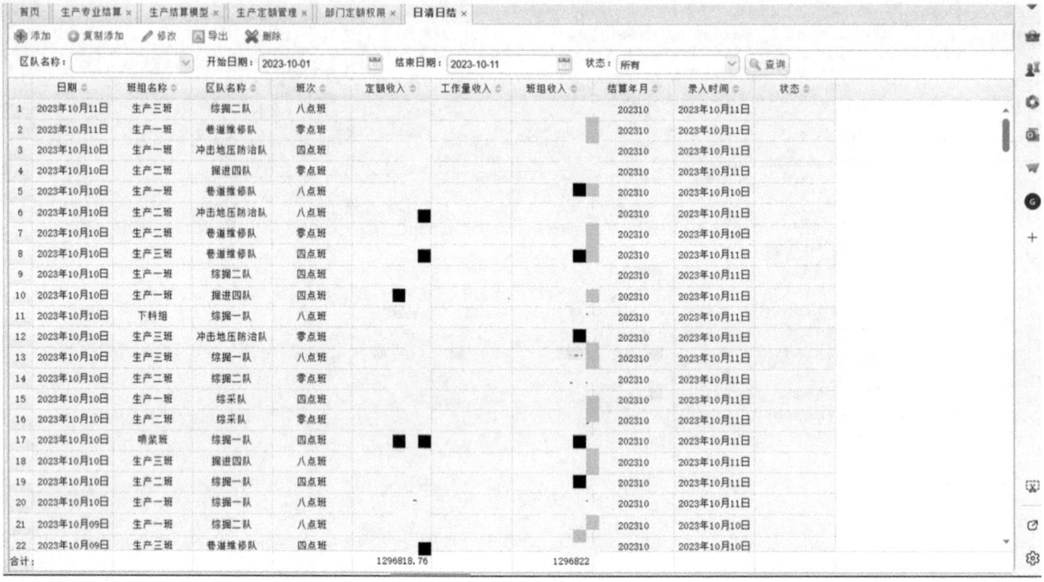

图 6-6 日清日结管理

图 6-7 班组日收入查询

三级市场包含班清班结管理、三级定额管理、班清班结统计查询等功能（图 6-8、图 6-9）。

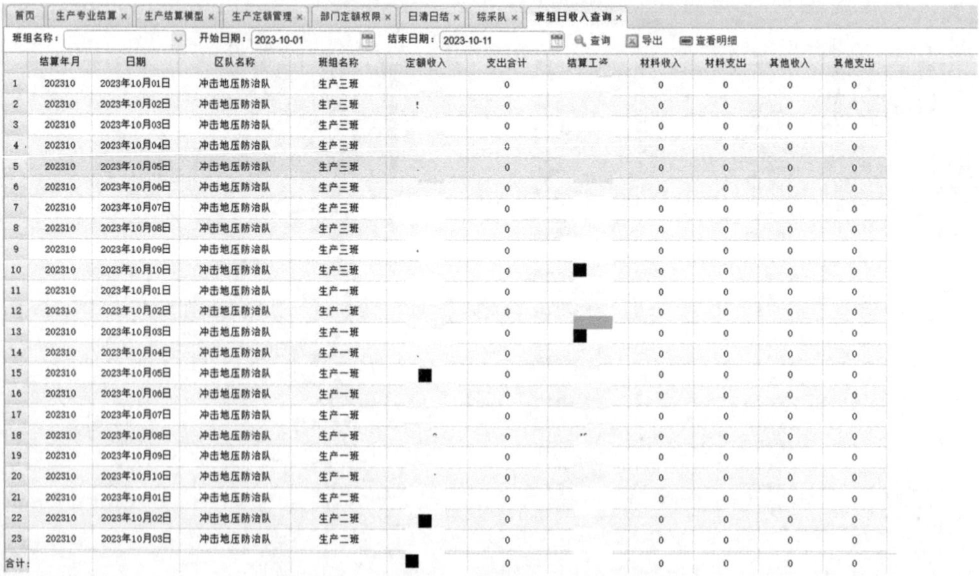

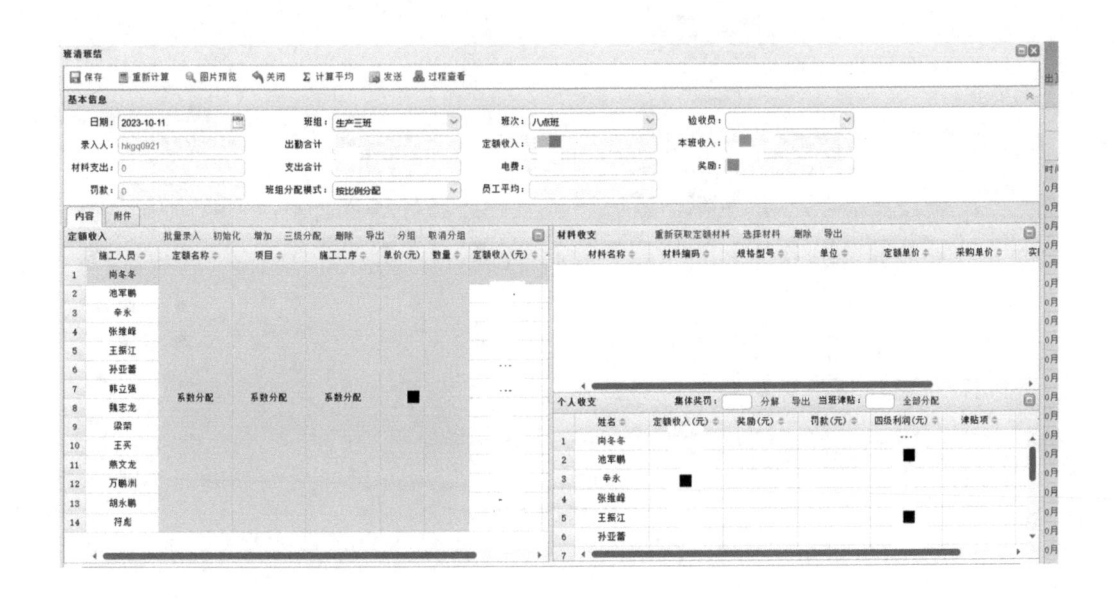

第6章 彬长矿区智能化经营管控体系建设

图 6-8 班清班结管理

图 6-9 班清班结统计查询

月度结算的主要作用是将工资兑现到个人，从而实现个人工资结算。具体包含月结、一级结算及考核、津补贴录入、工资分配、工资查询等功能（图6-10、图6-11）。

零星工程市场主要是零星工程发布、竞标、施工、结算、汇总的一个流程（图6-12）。

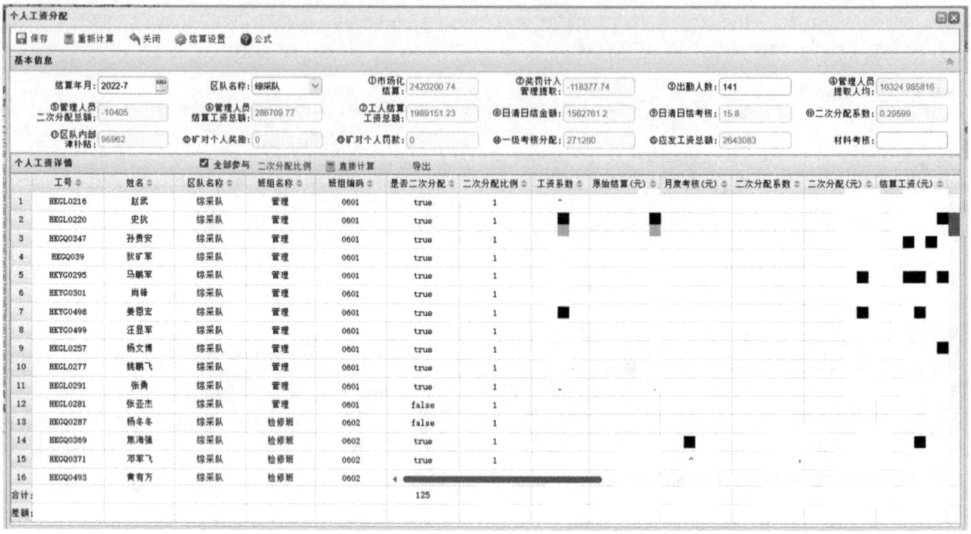

图 6-10 个人工资结算管理

图 6-11 考核单统计查询

图 6-12 零星工程市场管理

设备管理市场是设备台账买设备租赁、设备归还、设备维修模块（图 6-13）。

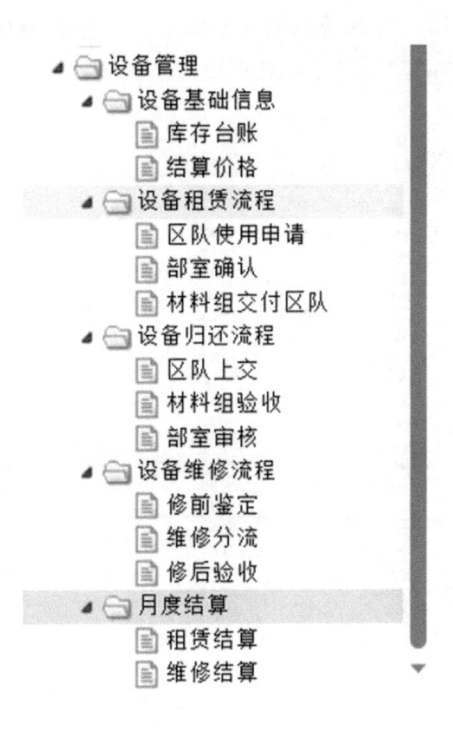

设备管理
　设备基础信息
　　库存台账
　　结算价格
　　设备租赁流程
　　　区队使用申请
　　　部室确认
　　　材料组交付区队
　　设备归还流程
　　　区队上交
　　　材料组验收
　　　部室审核
　　设备维修流程
　　　修前鉴定
　　　维修分流
　　　修后验收
　　月度结算
　　　租赁结算
　　　维修结算

图 6-13　设备管理市场

基础管理模块是对部门、用户数据信息进行维护（图 6-14）。

图 6-14　基础管理

安全设置是设置不同用户对系统的使用权限。具体包含角色管理、用户权限设置、部门权限设置、操作日志等（图6-15、图6-16、图6-17）。

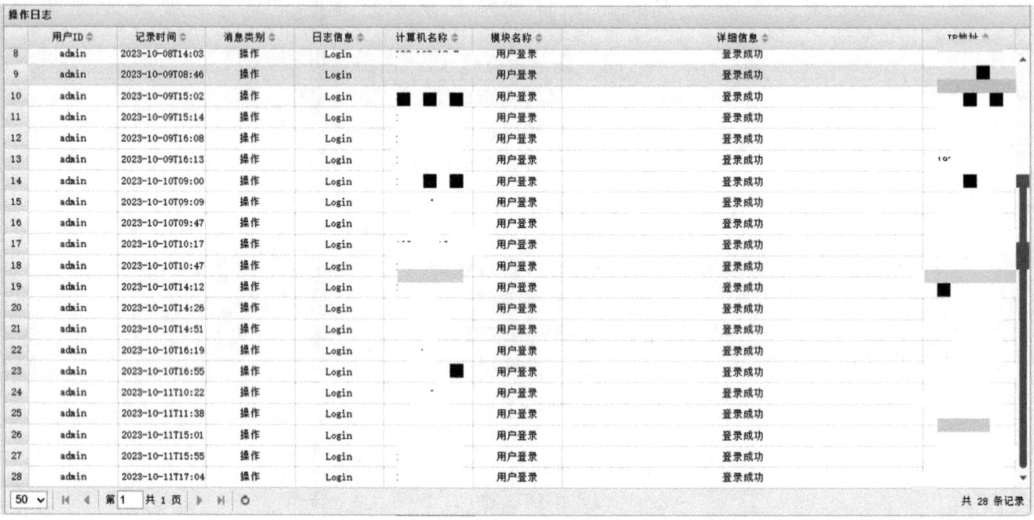

图 6-15 操作日志

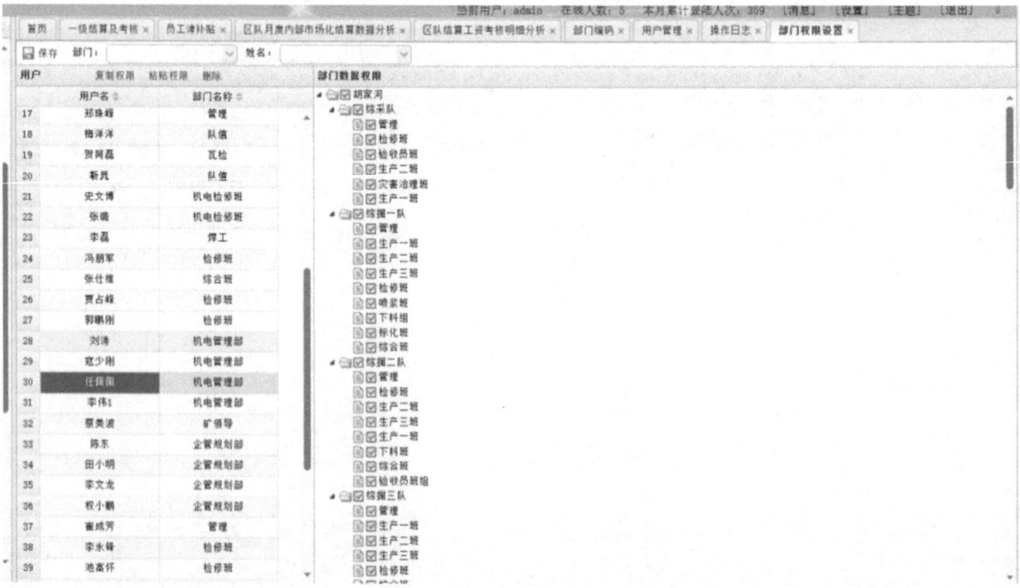

图 6-16 用户权限设置

其他功能包括手机App、工资查询仪、大屏展示日度数据等（图6-18、图6-19、图6-20）。

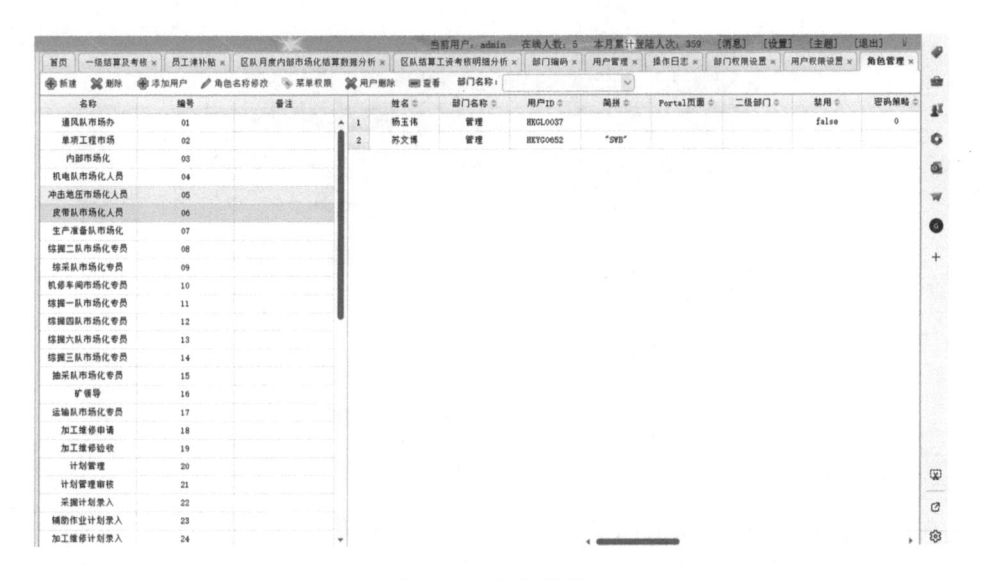

第 6 章　彬长矿区智能化经营管控体系建设

图 6-17　角色管理

图 6-18　工资查询仪职工工资查询界面

图 6-19　大屏展示日度数据界面

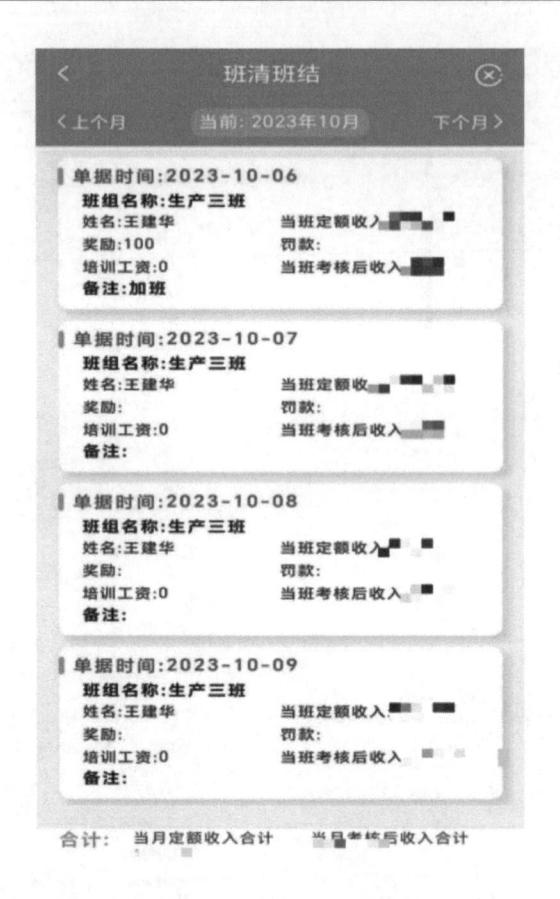

图 6-20　手机 App 界面

6.4　煤炭产供销价值链智慧联动平台

围绕陕西煤业"双十体系"以及彬长集团安全生产经营全过程管理体系环节,利用矿区、矿井两级大数据资源共享中心,对经营管理数据进行统一、规范化的采集、存储、传输,实现人财物资源共享,以"纵向共享"打破"数据孤岛"[79]。

在此基础上,在矿区侧搭建产供销价值链智慧联动平台,构建彬长矿业"数字矿区-煤炭大脑",通过信息技术与业务的紧密结合,建立生产、经营、预警等各方面的业务主题分析模型。通过数据价值链释放数据价值,以"横向联动"推进经营管控水平体系化、规范化、精细化提升[77-79]。

6.4.1　平台架构设计

6.4.1.1　总体架构

产供销价值链智慧联动平台总体设计是彬长矿业该示范项目的总体指导框架,是产供销价值链智慧联动平台相关子系统及其内部各要素之间有效组合运行的动力机制、建设机制和发展机制的模型化设定,以保证平台及系统功能统一规划、相互协调、结构一致、资源共享、标准规范[80]。产供销价值链智慧联动平台系统总体架构如图 6-21 所示。

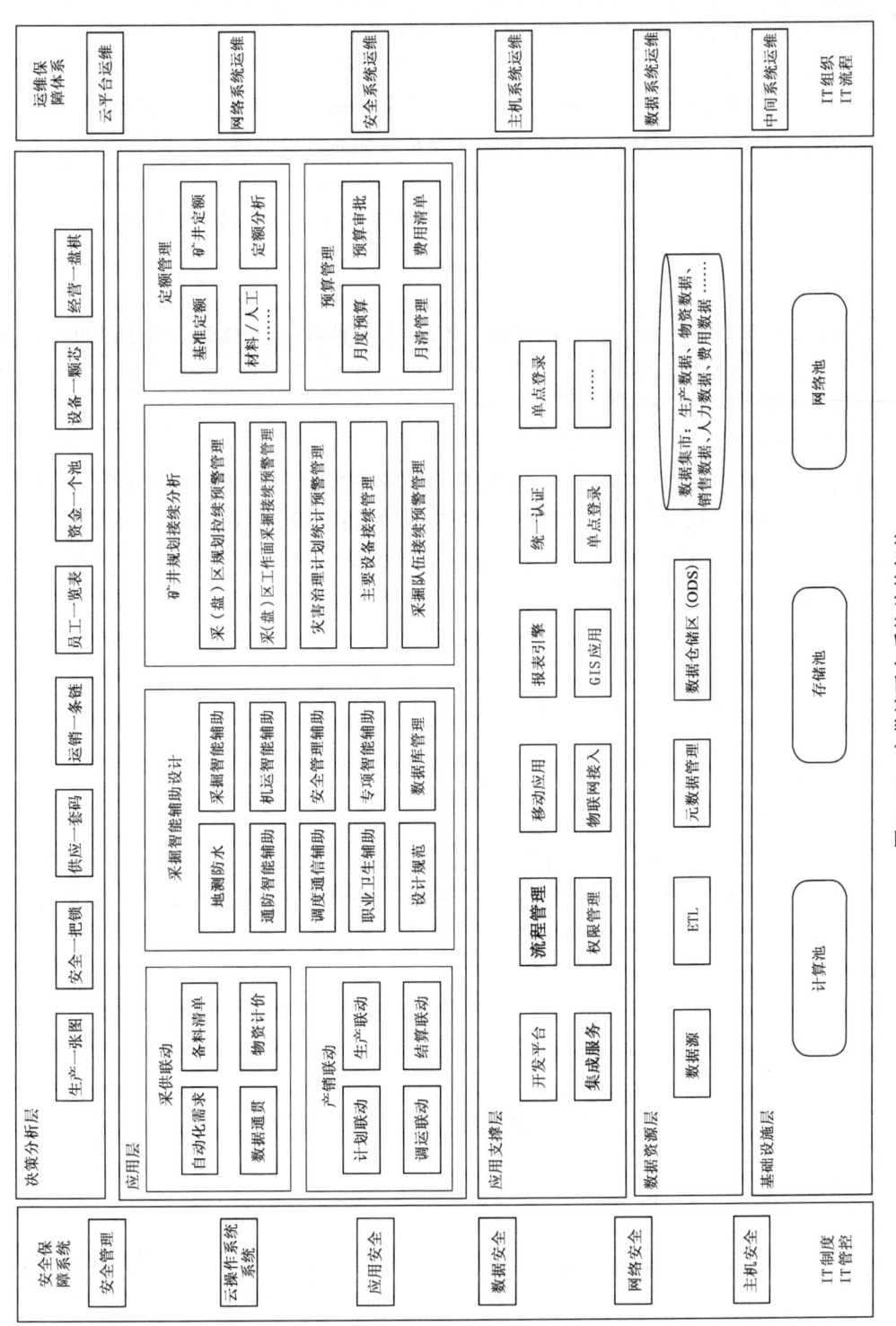

第6章 彬长矿区智能化经营管控体系建设

图 6-21 产供销平台系统总体架构

(1) 基础设施层

利用云计算技术,实现资源的池化管理,如计算资源、存储资源、网络资源等,达到资源的按需自动分配、按需弹性伸缩、自动化运维的目的。

(2) 数据资源层

基于煤矿存在安全监测、生产统计、业务运营等各类孤立数据,通过数据抽取、加载、清洗,建立安全生产经营数据仓库,并按照各主题分析域建立数据集市。

(3) 应用支撑层

提供了一系列应用程序的开发和运行环境,包括开发平台、流程管理、集成服务、移动应用、物联网接入、大数据分析等平台。

(4) 应用层

以陕西煤业安全生产经营过程管理"双十体系"为基础,以实现煤矿产供销协同、成本实时管理为目的,建设业务子系统包括:采掘智能辅助设计、采供联动、产销联动、矿井规划接续分析、定额管理、预算管理等。

(5) 决策分析层

面向彬长矿业、煤矿的各级领导,建设管理驾驶舱、安全生产分析、生产经营日清分析、物资供应分析、销售发运分析、成本指标分析、资金司库分析等,形成生产一张图、安全一把锁、供应一套码、运销一条链、员工一览表、资金一个池、设备一颗芯、经营一盘棋的图景,为领导决策提供支撑。

6.4.1.2 技术架构

彬长矿业集团大数据中心技术架构分为四层,最底层为数据支撑层,提供业务经营和设备感知数据;其上为数据采集层,负责业务经营类数据、设备数据、监测类数据的采集;在其上为数据持久化层,提供采集数据的持久化存储,最上层为数据应用分析层,负责数据的可视化分析展示及数据的共享。如图 6-22 所示。

(1) 数据支撑层

主要为数据来源系统,包括智能设备如智能工作面、快速掘进等;业务中心,包括预算管理、定额管理、采供联动等具体系统;矿端系统包括安全生产共享平台、人员定位、安全监测等系统。

(2) 数据采集层

数据采集平台,通过 ETL 工具、机语平台等实现经营数据和设备数据的采集,包括集团经营数据采集、监测类设备感知数据采集、自动化类智能设备数据采集。

(3) 数据持久化层

通过关系型数据库搭建集团数据仓库及各矿数据仓库,实现结构化数据的持久化存储;通过消息中间件实现数据"削峰填谷",稳定传送;通过 influxdb 时序数据库实现海量数据的存储及分析计算。

(4) 数据应用分析层

数据分析和门户平台,支持大屏总览、PC 看板、移动分析等前端应用的数据分析和可视化展现,支持数据的共享。

6.4.1.3 部署架构

系统统一部署在集团虚拟资源池,保证各个系统的网络互通、数据共享。彬长集团总部

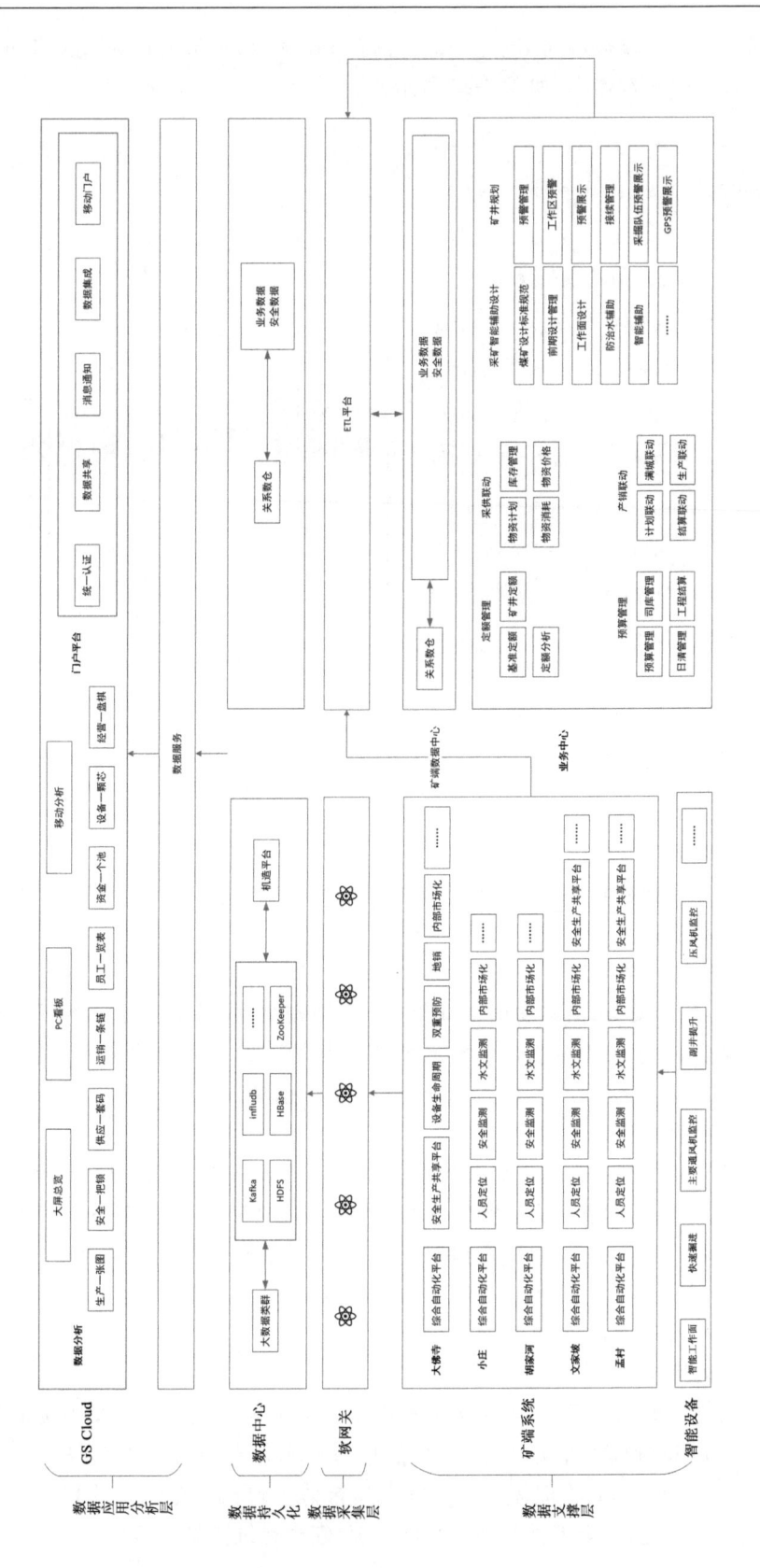

第 6 章 彬长矿区智能化经营管控体系建设

图 6-22 产供销平台系统技术架构

及下属成员单位将直接通过网络访问系统,并在 PC 端、移动端完成相应的业务处理,业务数据实时传输到总部数据库,如图 6-23 所示。

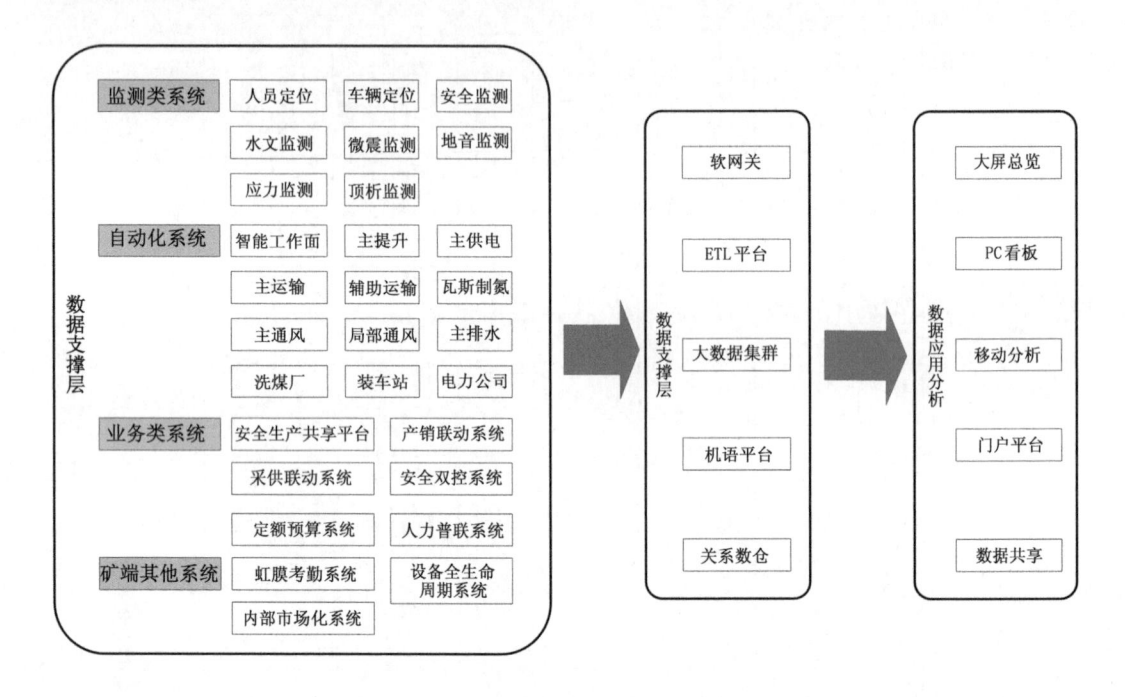

图 6-23 产供销平台部署架构

6.4.1.4 安全架构

产供销价值链智慧联动管理平台的安全架构包括安全技术体系、安全管理体系和安全运行体系三个部分以及安全运行管理中心。

(1) 安全技术体系

主要包括:物理安全、网络安全、主机安全、应用安全、数据安全;技术体系结构是系统的最小规则的集合,这些规则控制着系统元素或部件的配置、交互和相互间的依赖性,其目的在于确认系统满足一定的标准、规范和要求所组成的框架。

(2) 安全管理体系

主要包括信息安全建设的战略和治理框架、风险管理框架以及合规和策略遵从,包括信息资产安全风险评估,建立信息安全管理的组织机构、规章制度、人员安全等方面。安全治理、风险管理和合规是企业信息安全框架的最顶层,是企业业务驱动安全的出发点。通过对企业业务和运营风险的评估,确定战略和治理框架、风险管理框架,定义合规和策略遵从,确定信息安全文档管理体系。

(3) 安全运行体系

是指在安全策略的指导下,安全组织利用安全技术来达成安全保护目标的过程。安全运行与 IT 运维相辅相成、互为依托,共享信息与资源。安全运行体系与安全组织联系紧密,融合在业务管理和 IT 管理体系中。安全运行体系包括安全运行计划、安全运行实施、安全运行审核和改进、安全事件管理和文档管理、安全运维工具。信息安全的运行即通过安全风险分析与预警,安全状态和事件的监控,安全事件或事故的响应,以及基于安全目标的操作行为和日志审计等一系列过程,在相应的安全策略配合下体系共同完成。

(4) 安全运行管理中心

将彬长矿业各级组织分离的安全体系统一管理、统一运营,成为企业所有与安全相关的问题集中处理中心。包括设备管理、配置下发、统一认证、事件分析、安全评估、策略优化、应急反应、行为审计等等。中心能把全部安全的信息综合分析,进行统一的策略调度。

6.4.2 数据采集方式及内容

产供销价值链智慧联动平台数据采集内容汇总如表6-2所示,以下进行详细表述。

(1) 安全监测系统数据采集

数据采集模块通过多种对接方式将各类数据采集到平台中,针对矿井监测系统数据的采集提供以下数据对接方式。

① Web 服务方式。数据交换采用标准的 Web 服务的模式,有2种部署模式提供选择,以获取矿井监测系统数据。模式1是拉数据模式,由原系统厂商部署 WebService 程序,用于提取矿井监测系统数据,企业级数据采集模块部署采集程序,按照数据接口规范采集数据;模式2是推数据模式,在企业级数据采集模块部署 WebService 程序,用于接收数据,由原系统厂商部署采集程序,按照数据接口规范推送数据到企业级数据采集模块。

② 读取 XML 文件模式。由原系统厂商根据国家相关技术生成 XML 文件,在企业级数据采集模块部署采集程序,使用 WebService 的方式,读取生成好的 XML 文件。

③ 中间件服务方式。企业级数据采集模块使用中间件服务,用于接收、缓存数据,由原系统厂商根据中间件消息生产者 API 格式进行开发,按照数据接口规范推送数据到企业级数据采集模块。通过幂等性、分布式事务,支持恰好一次语义,保证网络情况复杂异常情况下,数据不丢失、重复消费等问题。

(2) 自动化系统数据采集

自动化数据采集提供设备接入网关软件,将常见的标准工业协议转换为平台接受的 MQTT 协议,实现设备接入功能。设备接入网关软件可以部署在边缘服务器,也可以部署在数据中心服务器。

① 网关软件支持 OPC UA、OPC DA、Modbus、CAN、HTTP API、ODBC、MQTT、串口等协议设备数据接入和格式转换,具备点表灵活配置与对接功能。

② 对于相关系统控制器或分站等控制设备内缺少必要报警输出的情况,提供预警规则配置,对其进行阈值预警校验,实现异常数据实时报警的功能。

③ 数据传输链路通过 MQTT 协议实现断线缓存续传功能,在数据传输链路环节中通过流式计算引擎技术实现数据报警功能。

④ 提供设备管理、运行监测、采集报警管理、设备连接等功能模块,提供完整的设备数据采集解决方案。

(3) 管理信息化系统数据采集

通过数据交换平台技术(ETL)或数据接口方式,实现矿井信息化系统数据采集。ETL工具具备资源库管理、转换设计器、转换执行引擎、任务设计器、任务执行引擎、日志管理等主流功能。

(4) 填报数据采集

涉及经营管理和安全生产的展现分析需求,数据填报平台能够满足填报、汇总的需求,具备集中管理、系统集成、多层级汇总合并等主要功能。

(5) 互联网爬虫

提供互联网数据的采集功能,可以爬取政府网站、煤炭市场网、陕西煤炭市场交易中心等网站爬取煤炭价格指数及行业动态信息。

① 支持对指定网站数据的采集功能。

② 支持将网站数据转化成标准的数据文件功能。

③ 支持定时数据抓取功能。

(6) 系统代码类数据采集

系统可通过JDBC的形式访问数据源,JDBC是一种用于执行SQL语句的Java API,可以为多重关系数据库提供统一访问,它由一组用Java语言编写的类和接口组成。通过JDBC方式,连接到系统代码表,基于查询语句获取。

(7) 共享目录接口方式

采集文件数据时,采用共享目录接口方式进行数据文件的交互。实现如下:统一规划交互的文件存放目录,同时具备高效、可靠的目录管理策略、可配置的目录读写权限控制,具有数据文件已经处理完毕和未处理的状态区分标识,共享目录接口主要通过基于共享读写存储的方式实现系统之间数据文件的交互,当对文件进行读写时通过目录文件的拷贝机制实现。

(8) 消息中间件方式

采用中间件服务,用于接收、缓存数据,由原系统厂商根据中间件消息生产者 API 格式进行开发,按照数据接口规范推送数据到企业级数据采集模块。通过幂等性、分布式事务,支持恰好一次语义,保证网络情况复杂异常情况下,数据不丢失、重复消费等问题。

(9) 数据采集内容

产供销价值链智慧联动平台的数据采集内容来源涉及安全监控系统、井下作业人员管理系统、顶板监测系统、矿井水文地质监测系统、主通风系统、提升系统、压风系统等数十类系统。

表6-2 产供销价值链智慧联动平台数据采集内容汇总表

序号	系统类型	系统名称	数据采集范围
1	安全监测类	安全监控系统	安全监控数据主要包括甲烷浓度、一氧化碳浓度、二氧化碳浓度、氧气浓度、一氧化氮浓度、二氧化硫浓度、风速、风压、温度、烟雾、馈电状态、风门状态、局部通风机开停、主要通风机开停状态等参数及报警事件等数据。
2		井下作业人员管理系统（人员定位）	井下作业人员管理数据主要包括井下人员位置、携卡人员出入井时刻、重点区域出入时刻、工作时间、井下和重点区域人员数量、领导带班及报警事件等数据。
3		顶板监测系统	数据主要包括顶板离层数据
4		矿井水文地质监测系统（包含:降雨量系统）	水文地质监测数据主要包括水文长观孔水位、水压、流速、流量、排水量、水仓水位、降水量等数据

第6章 彬长矿区智能化经营管控体系建设

表 6-2(续)

序号	系统类型	系统名称	数据采集范围
5	自动化类	主通风系统	主要包括风压、风速、风量、振动、电机电流、转速及功率、电机定子绕组温度、轴承温度等数据
6		提升系统	主要包括提升机的开停、提升重量、提升次数、提升容器位置和速度等监测数据;主电机电流、电压、有功功率、绕组温度、闸瓦间隙、轴承温度等监测数据;保护装置、制动系统、液压站、润滑系统、振动、钢丝绳状态、冷却装置状态等数据。
7		压风系统	主要包括空气压缩机温度、压力、电流、电压、功率、设备开停状态等数据
8		排水系统	主要包括水仓水位、流量、流速、压力(含管路压力、真空泵负压等)、设备温度(水泵轴承温度、电机绕组及轴承温度等)、振动、电流、电压、功率等模拟量数据;水泵、阀门、真空泵、防水门状态等开关量数据;排水量、有功电量、水泵运行时间等累计量数据
9		供电系统	具体包括电压、电流、有功功率、无功功率、功率因数、频率、温度、电网绝缘、电磁起动器、馈电开关分/合、有功电量及报警事件等数据
10		主运输系统	主运输胶带电流、电压、有功功率、绕组温度、电机振动频谱、胶带运行速度、载荷等监测数据
11		辅助运输系统	架空乘人装置启停信号、运行速度、语音联络等数据
12		综采工作面	采煤机、转载机、破碎机的电压、电流、开停机状态、开停机时间、开机率等监测数据
13		掘进工作面	掘进机的炮头位置、电压、电流、开停机状态、开停机时间、开机率等监测数据
14		分选加工系统	分选加工设备运行参数及分选工艺参数等监测数据
15	管理信息化	股份公司三网一平台系统	资金、预算、运销等相关数据
16		集团人力资源管理系统	人力资源管理相关数据
17		物资公司内部大市场电商平台	物资管理相关数据
18		运销公司运销管理系统	煤炭运销相关数据
19		安全生产信息共享平台	安全生产相关数据
20		设备全生命周期管理系统	设备运行、维护、台账等相关数据
21		生产接续规划系统	采掘接续计划、物资消耗计划等数据
22		各矿物资管理系统	各矿物资入库、出库、库存及消耗数据
23		双控系统	风险、隐患数据
24		考勤系统	人员打卡数据
25	填报类	月度生产计划	各矿生产计划、物资供应计划等计划情况
26		生产调度信息	产量、进尺、值班带班情况、班组情况、井下人员情况、计划完成率等数据
27		库存物资	各矿物资出入库、物资消耗情况等数据
28		其他数据	项目建设所涉及的其他数据信息

6.4.3 六大数字化业务管理模式

在陕西煤业内部市场化、安全生产共享平台等系统的数据基础上，依托产供销智慧联动管理平台，通过在核心业务流程中识别关键决策点，构建纵贯业务链条，以采掘智能辅助设计、采供联动、产销联动、矿井规划接续分析、定额管理、预算管理为核心的六大数字化业务管理模式[81-82]。产供销价值链智慧联动管理模式关系如图 6-24 所示。

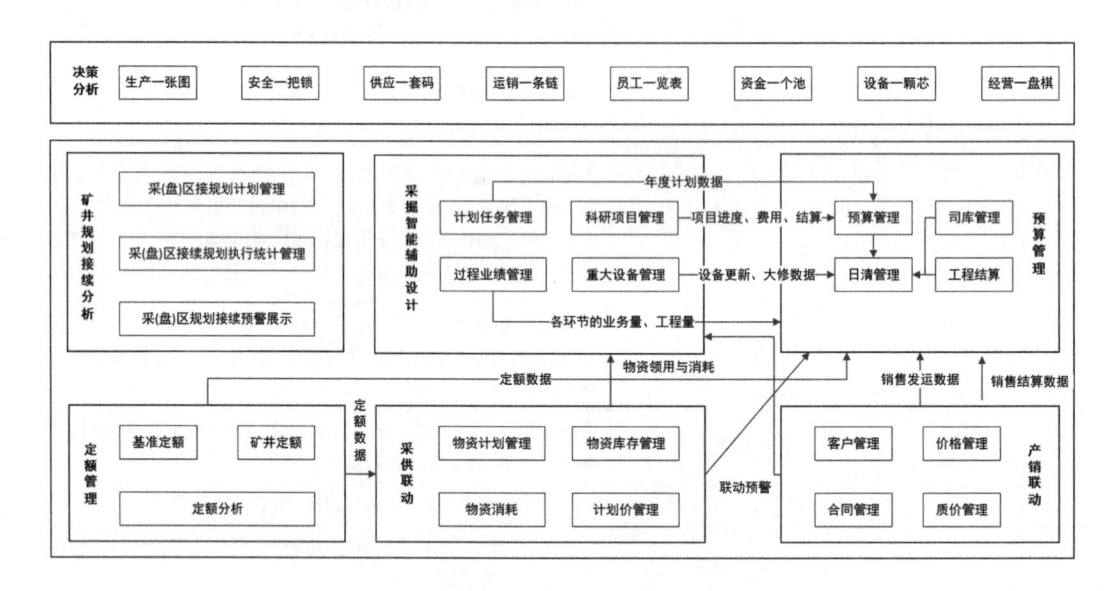

图 6-24 产供销价值链智慧联动管理模式关系图

（1）工作面智能辅助设计

综采综放工作面智能辅助设计是将生产、地测、通防、机电部门的工作面设计流程进行改造，运用 GIS 协同技术，建立工作面空间地理信息数据库，实现各专业在线协同进行工作面图纸设计，通过辅助计算、自动选型、自动成图等功能自动生成各专业设计报告，形成了一套工作面在线协同智能辅助设计系统，极大地提高了各专业的设计效率和质量。

同时，利用设计过程中形成的材料消耗数据为基础，根据经审查批准的工作面巷道设计和月度生产任务自动生成备料清单，由生产技术人员审核补充后形成采购计划，实现了采掘设计与采供业务的数据共享联动。最后在统一门户中基于 GIS 软件，形成智能设计"生产一张图"，对设计成果进行集中展示。

辅助设计依据采(盘)区工作面布置要求，在采(盘)区范围内布置一系列巷道，圈定工作面的区域，并对相关信息进行计算分析，然后基于煤层、地层、地质构造等开采条件、已采在采邻近工作面巷道信息、回采方法及设备配备信息、生产系统信息、专项设计信息等，生成工作面图形及说明书，其技术路线如 6-25 所示。

利用"GIS一张图"、互联网及大数据等技术，设计开发一套图形/说明书一体化的自动生成系统，为采掘设计提供了智能化辅助工具。系统在参照已采在采临近工作面的相关设计数据的基础上，并依据地质资料，完成本工作面的地测防治水、采掘、机电运输、一通三防、调度通信、安全管理、职业卫生及其他专项设计类等图形设计、文字说明及附表编制，系统功

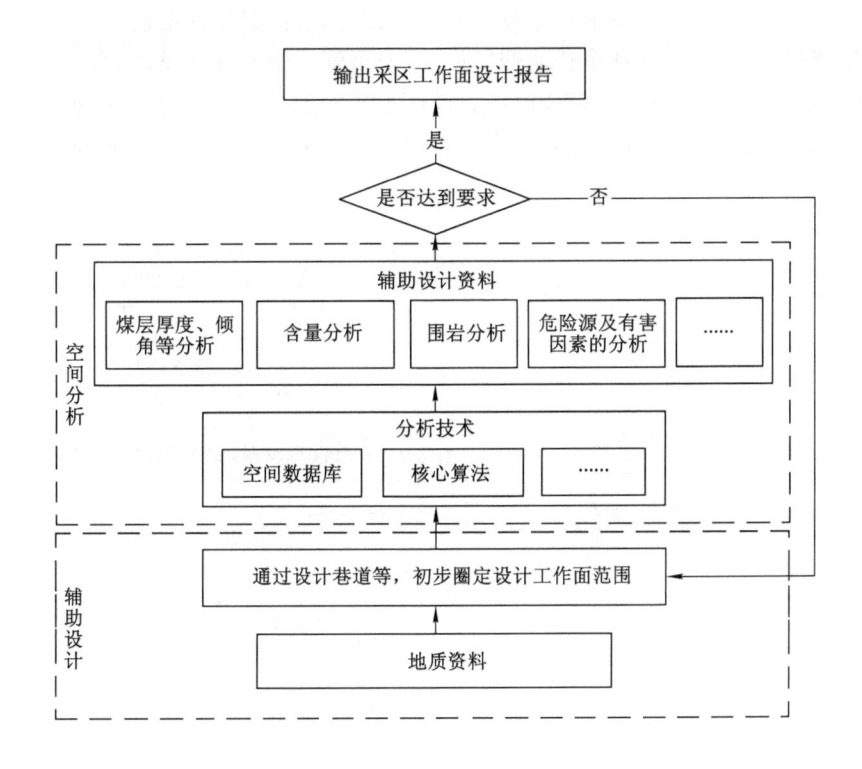

第6章 彬长矿区智能化经营管控体系建设

图 6-25 综采综放工作面智能辅助设计技术路线

能结构图及流程如图 6-26 所示。

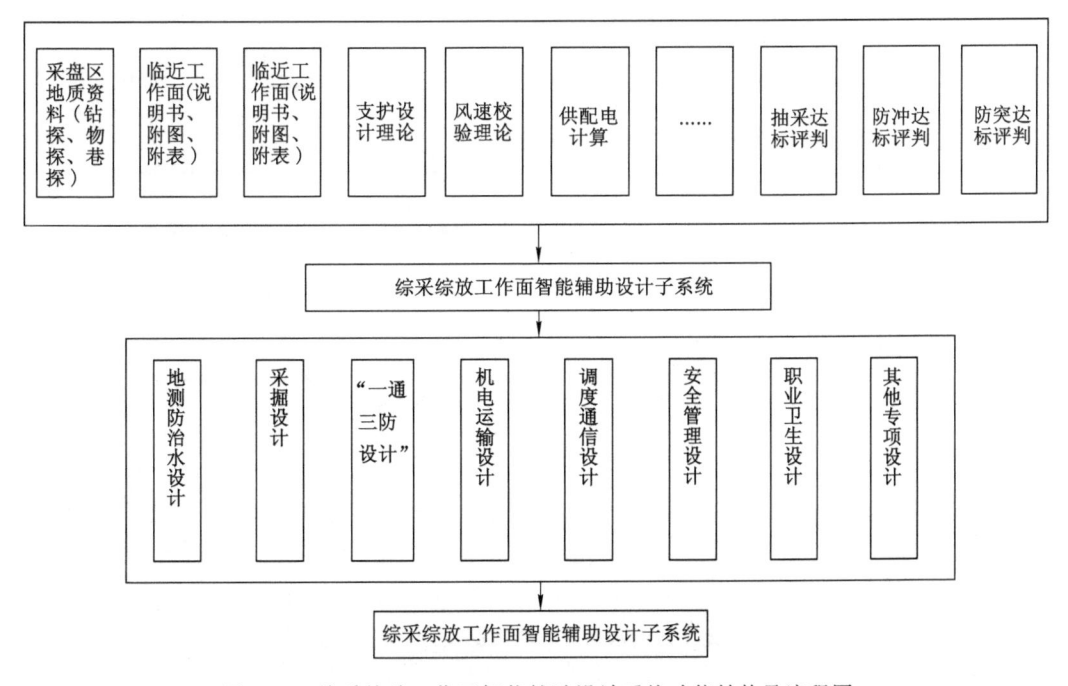

图 6-26 综采综放工作面智能辅助设计系统功能结构及流程图

辅助设计主要包括地测防治水专业智能辅助设计、采掘智能辅助设计、通防智能辅助设计、机运智能辅助设计、调度通信智能辅助设计、安全管理智能辅助设计、职业卫生智能辅助设计、冲击地压智能辅助设计及工作面设计说明书汇总编辑输出功能。部分专业功能模块结构如图 6-27 至图 6-30 所示，各专业辅助界面设计如图 6-31 至图 6-33 所示。

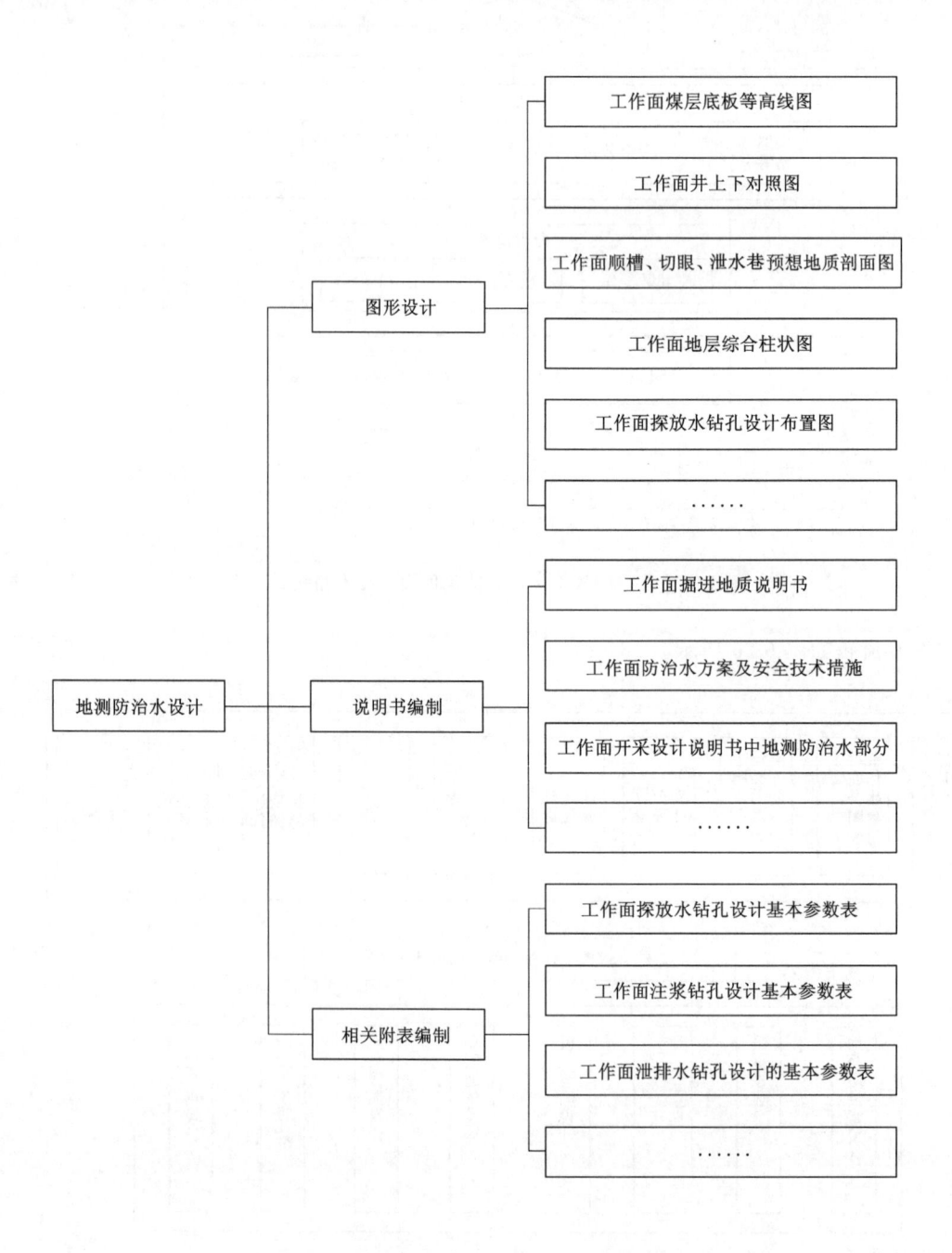

图 6-27 地测防治水专业智能辅助设计功能模块结构图

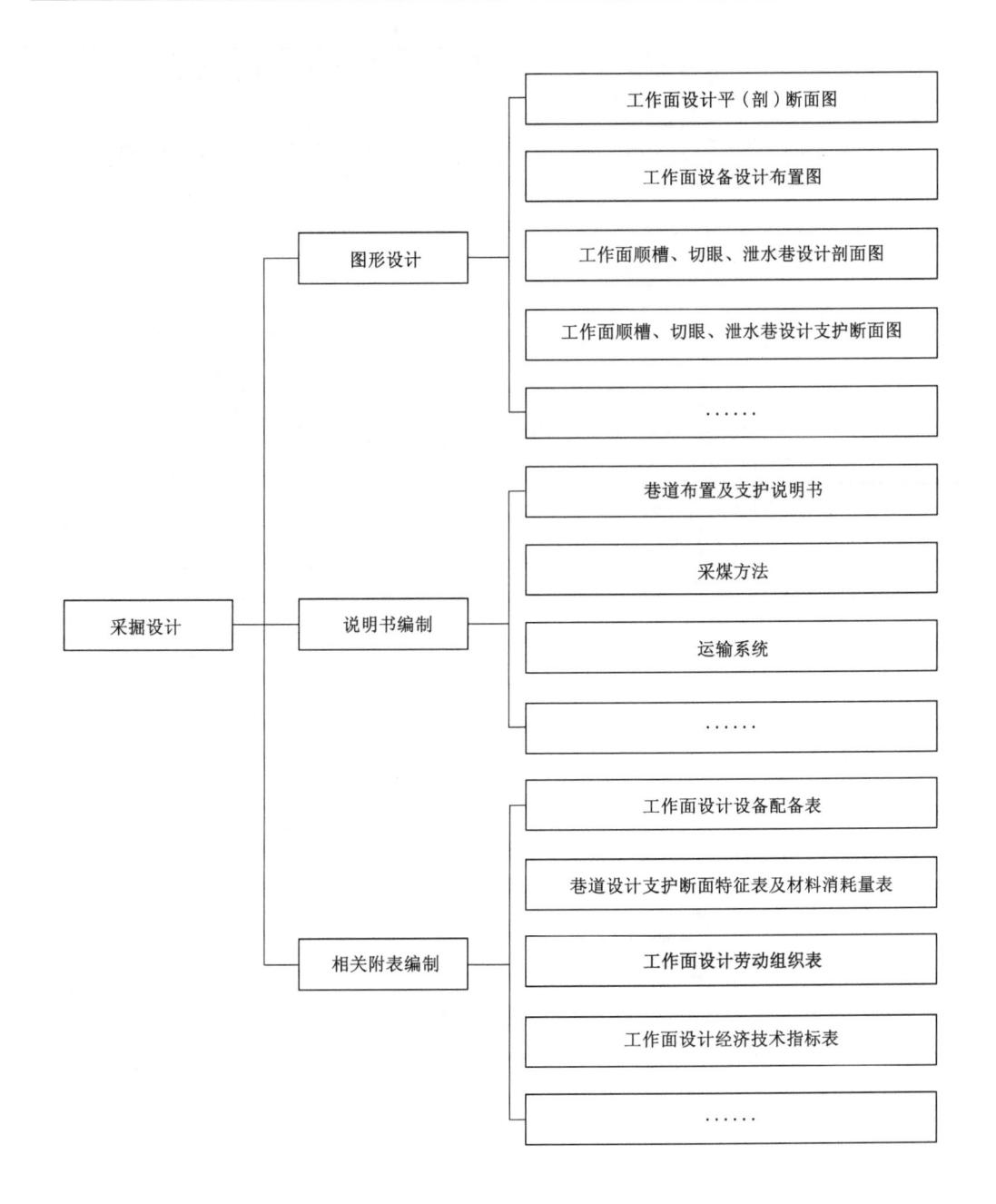

第 6 章　彬长矿区智能化经营管控体系建设

```
采掘设计 ─┬─ 图形设计 ─┬─ 工作面设计平（剖）断面图
         │            ├─ 工作面设备设计布置图
         │            ├─ 工作面顺槽、切眼、泄水巷设计剖面图
         │            ├─ 工作面顺槽、切眼、泄水巷设计支护断面图
         │            └─ ……
         │
         ├─ 说明书编制 ─┬─ 巷道布置及支护说明书
         │            ├─ 采煤方法
         │            ├─ 运输系统
         │            └─ ……
         │
         └─ 相关附表编制 ─┬─ 工作面设计设备配备表
                        ├─ 巷道设计支护断面特征表及材料消耗量表
                        ├─ 工作面设计劳动组织表
                        ├─ 工作面设计经济技术指标表
                        └─ ……
```

图 6-28　采掘智能辅助设计功能模块结构图

在 LongRuan GIS 中实现各专业说明书自动生成，示例如图 6-34 所示。

智能辅助设计成果为采供联动业务提供材料清单，生成备料计划。如图 6-35 所示为通过工作面设计自动生成的材料消耗清单。

（2）采供联动

采供联动以采掘智能辅助设计为基础，实现计划价统一自动管理，将原手工统计线下分发改为自动生成和在线共享，大幅降低人工统计工作量。各矿井根据经审查批准的工作面

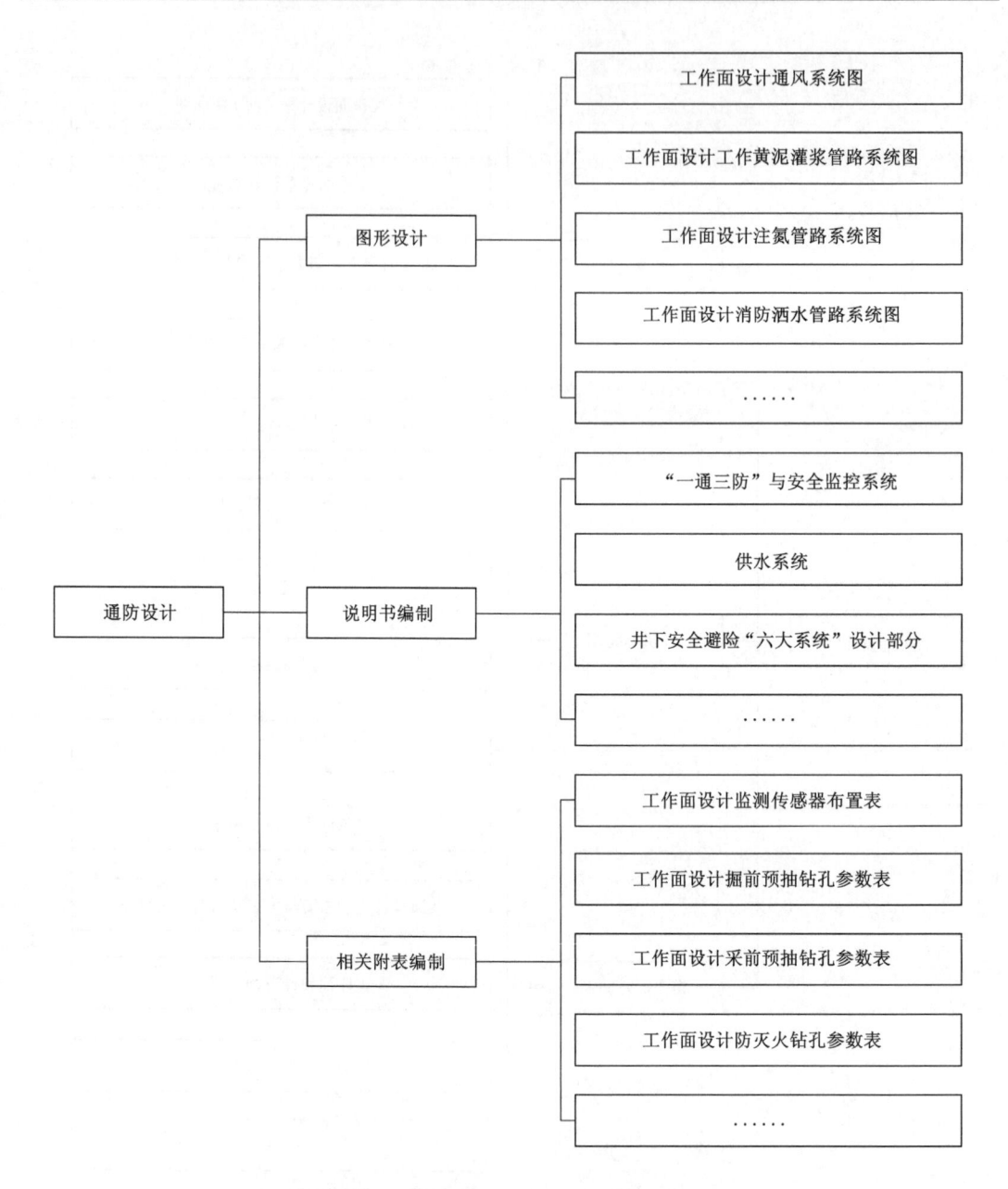

```
                                    ┌──────────────────────────────┐
                                    │      工作面设计通风系统图       │
                                    ├──────────────────────────────┤
                                    │  工作面设计工作黄泥灌浆管路系统图 │
                        ┌─────────┤ ├──────────────────────────────┤
                        │ 图形设计 ├─│    工作面设计注氮管路系统图      │
                        └─────────┤ ├──────────────────────────────┤
                                    │  工作面设计消防洒水管路系统图    │
                                    ├──────────────────────────────┤
                                    │            ……               │
                                    └──────────────────────────────┘

                                    ┌──────────────────────────────┐
                                    │   "一通三防"与安全监控系统      │
                                    ├──────────────────────────────┤
            ┌─────────┐  ┌─────────┐ │         供水系统              │
            │ 通防设计 ├──│说明书编制├─├──────────────────────────────┤
            └─────────┘  └─────────┘ │ 井下安全避险"六大系统"设计部分  │
                                    ├──────────────────────────────┤
                                    │            ……               │
                                    └──────────────────────────────┘

                                    ┌──────────────────────────────┐
                                    │   工作面设计监测传感器布置表     │
                                    ├──────────────────────────────┤
                                    │  工作面设计掘前预抽钻孔参数表    │
                        ┌──────────┐├──────────────────────────────┤
                        │相关附表编制├│  工作面设计采前预抽钻孔参数表    │
                        └──────────┘├──────────────────────────────┤
                                    │  工作面设计防灭火钻孔参数表      │
                                    ├──────────────────────────────┤
                                    │            ……               │
                                    └──────────────────────────────┘
```

图 6-29 通防智能辅助设计功能模块结构图

巷道设计和月度生产任务自动生成备料清单,由生产技术人员审核补充后形成采购计划。采购计划可传递到物资公司及生产服务中心,大大提高了计划提报效率和采购时效,同时生产服务中心根据支护材料需求计划,可进行线上支护生产管理和销售[83-84]。建立修旧利废线上管理功能,实现修旧利废、回收复用、随机配件和报废处置物资收发存联动,真正实现材料物资的"有旧不领新",具体采购业务流程如图 6-36 所示。

在内部大市场采购计划的编制页面,提供"采购清单"模块。编制月度采购计划时,录入工作面、巷道、工作环节、使用月份等工作内容信息;系统根据用户输入的工作内容信息自动

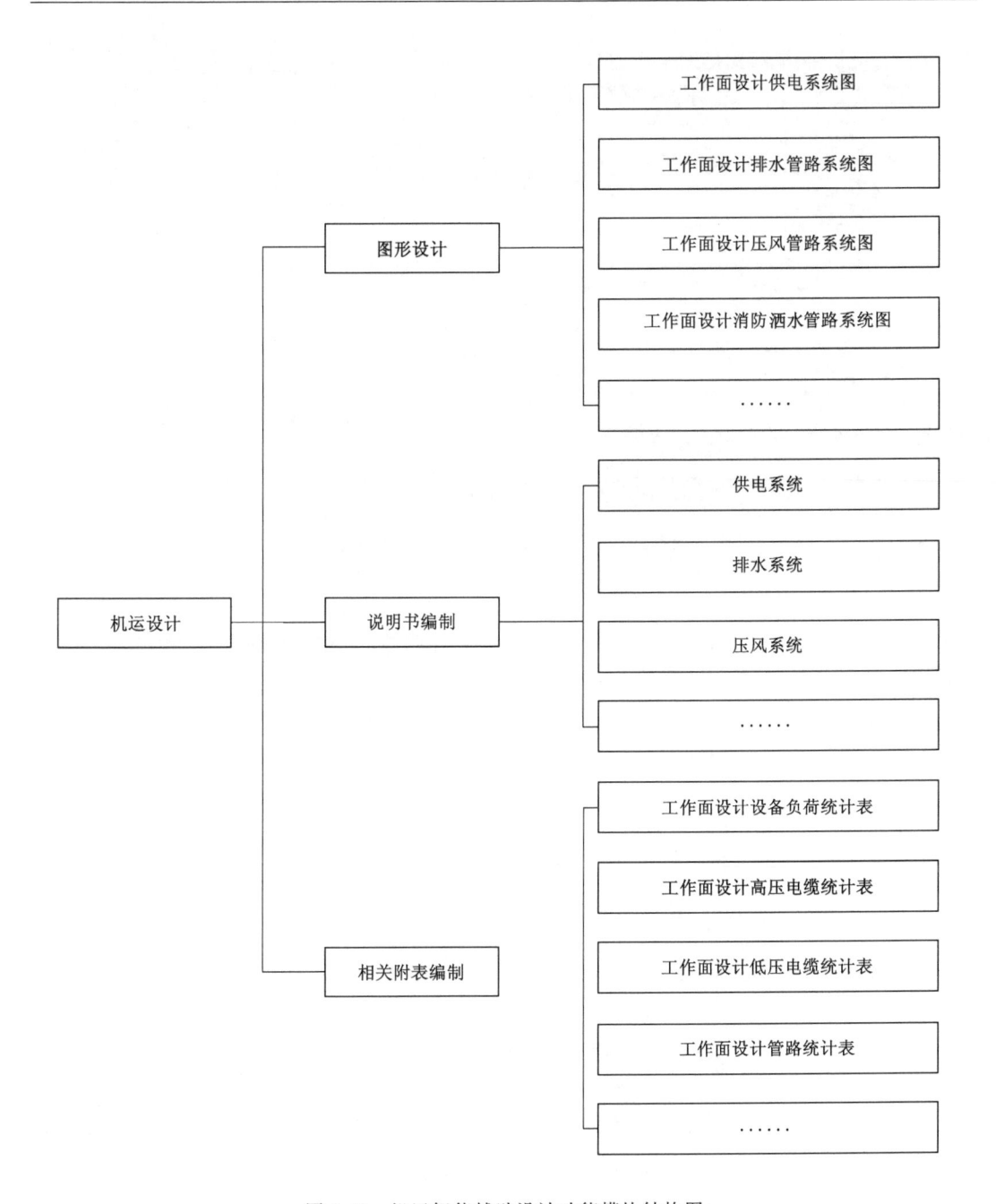

第6章 彬长矿区智能化经营管控体系建设

```
                                    ┌─ 工作面设计供电系统图
                                    │
                                    ├─ 工作面设计排水管路系统图
                                    │
                      ┌─ 图形设计 ───┼─ 工作面设计压风管路系统图
                      │             │
                      │             ├─ 工作面设计消防洒水管路系统图
                      │             │
                      │             └─ ……
                      │
                      │             ┌─ 供电系统
                      │             │
                      │             ├─ 排水系统
   机运设计 ──────────┼─ 说明书编制 ─┤
                      │             ├─ 压风系统
                      │             │
                      │             └─ ……
                      │
                      │             ┌─ 工作面设计设备负荷统计表
                      │             │
                      │             ├─ 工作面设计高压电缆统计表
                      │             │
                      └─相关附表编制┼─ 工作面设计低压电缆统计表
                                    │
                                    ├─ 工作面设计管路统计表
                                    │
                                    └─ ……
```

图 6-30　机运智能辅助设计功能模块结构图

从月度备料清单中提取所需物资及数量。用户可从清单中进行选择、编辑并直接生成采购计划。自动化提报流程以及新增自动化提报计划分别如图 6-37 和图 6-38 所示。

通过自动化提报功能的实现，进一步优化后续供应链的联动响应。对自动化提报物资的采购生产进行联动，对应物资进行采购跟生产计划的安排。采供联动等模块提供巷道采掘支护材料基础数据，具体管理界面如图 6-39 所示。

实现计划价管理的智能化。系统内计划价不再依赖手工整理＋批量导入的方式。内部

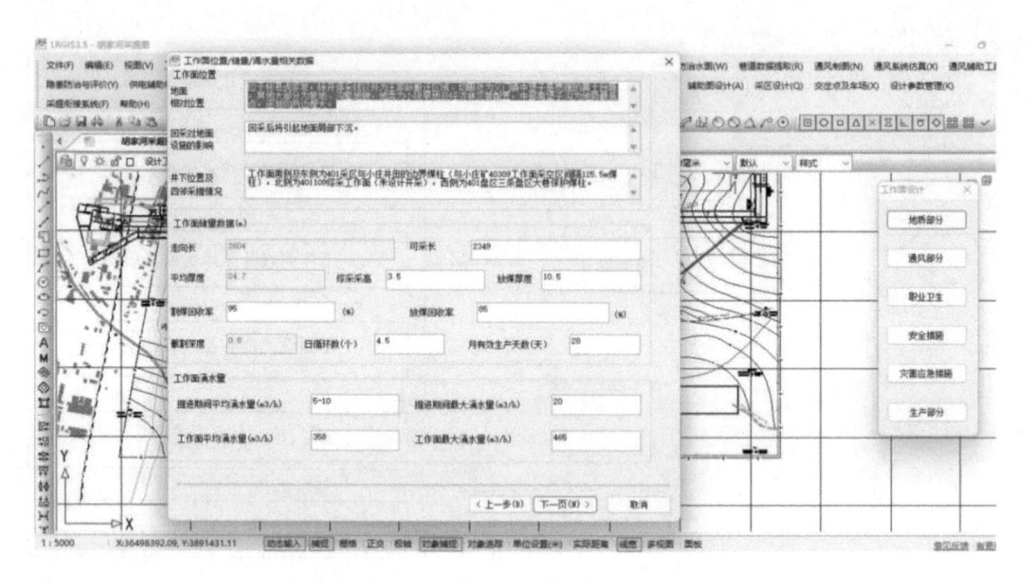

图 6-31 地测防治水智能辅助设计界面

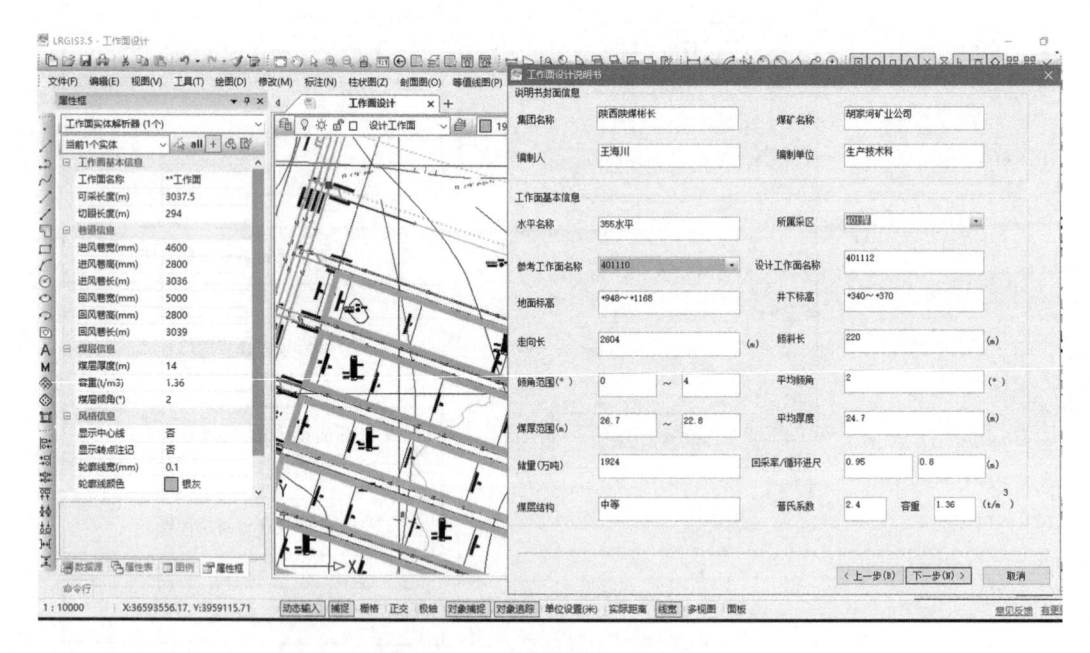

图 6-32 采掘智能辅助设计界面

大市场实现计划价每年自动批量更新、新增物资自动生成,所有自动生成的计划价以最近一次采购含税价为准,计划价管理流程如图 6-40 所示。

在计划价维护完善的基础上,内部大市场中需求计划提报、审批、汇总过程中应以计划价为统计口径;物资领用应同时显示计划价和实际结算价;部门的费用控制应以计划价为统计口径,计划价管理界面如图 6-41 所示。

实现修旧利废、回收复用、随机配件和报废处置物资收发存联动,维修件和随机配件等物资的库存和消耗内部市场化考核中体现,修旧利废管理流程及库存管理界面分别如

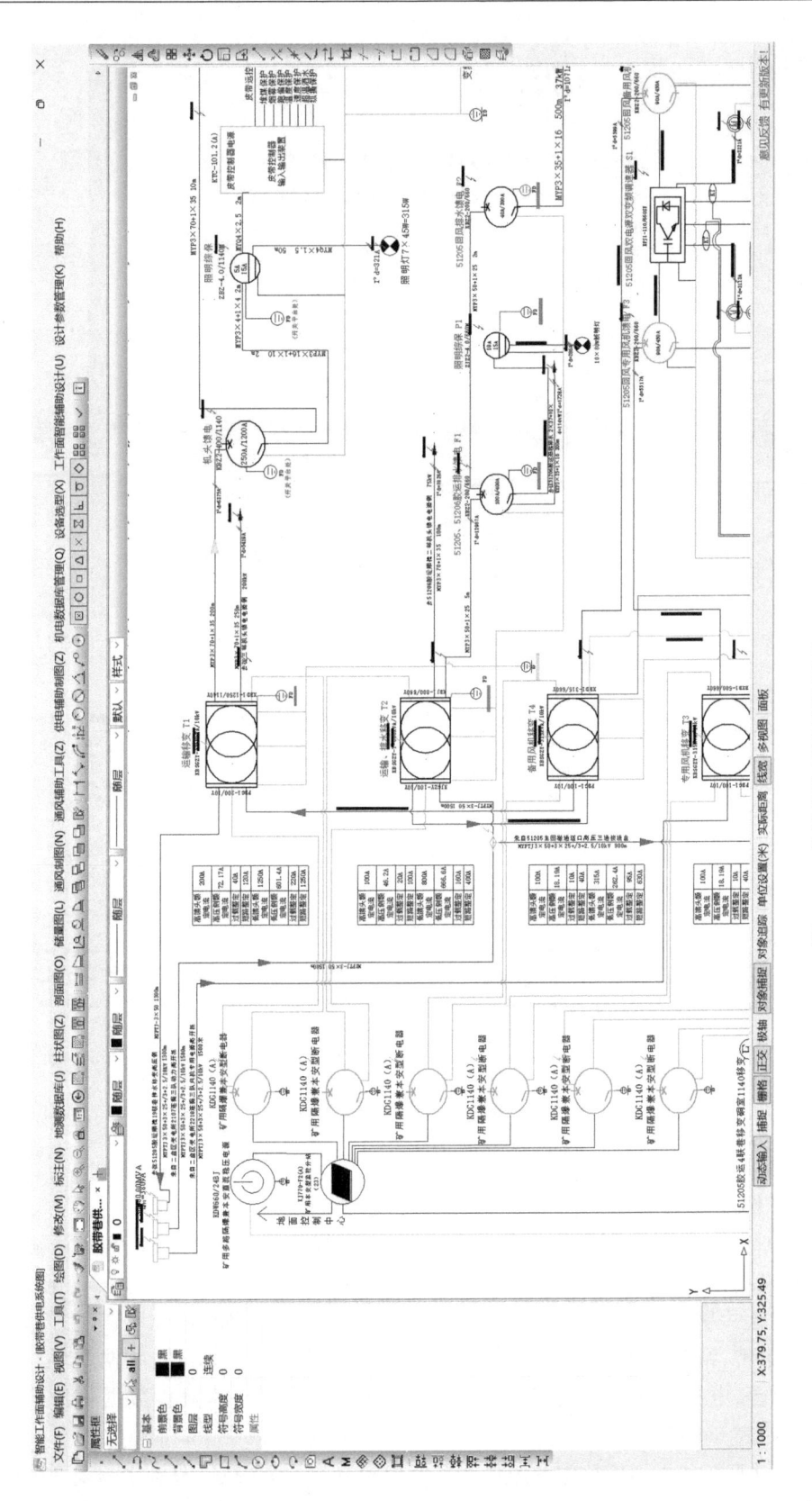

第 6 章 彬长矿区智能化经营管控体系建设

图 6-33 机运智能辅助设计界面

陕西陕煤彬长胡家河矿业公司

401112综放工作面开采设计说明书

（生产）

编制部门：生产技术科
编制人：王海川
编制日期：2022 年 7 月 7 日

图 6-34　生产设计说明书

图 6-35　材料消耗清单

图 6-42和图 6-43 所示。

（3）产销联动

产销联动功能以陕西煤业三网一平台为基础，打通煤炭生产网和煤炭运输销售网，实现矿业集团、下属各矿、运销集团、铁路站点之间的业务协同及数据共享。通过对接智慧运销、信息共享平台、矿端胶带仓储综合自动化、铁运等系统，融合计划、生产、煤质、库存、调运、销售、结算等数据，建立客户、计划、装车、结算、销售等专题数据库，依托数据中台、业务中台、电子签章、流程引擎等中间件，实现智能报表、BI 分析数据输出，产销联动功能结构如表 6-3 所示。

同时，共享矿井规划接续中的原煤回采计划和分选计划信息，驱动销售发运，实现产销

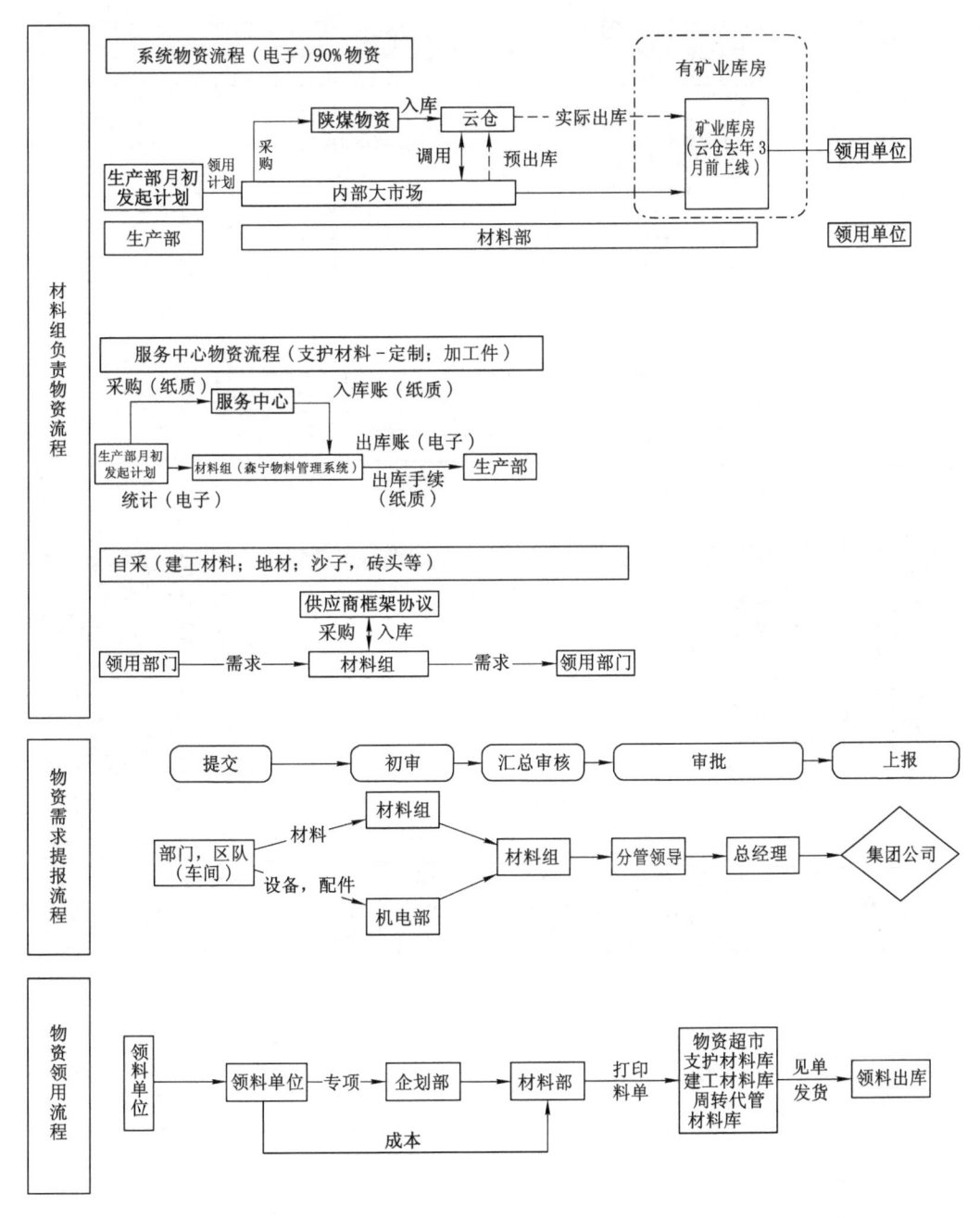

第 6 章 彬长矿区智能化经营管控体系建设

图 6-36 采购业务流程

联动。特别是销售发运与现场车辆、计量设备、煤仓煤位等充分集成,实现现场运行高效准确;分析煤炭安全生产异常对煤炭销售与煤质的影响,及时调整销售作业。

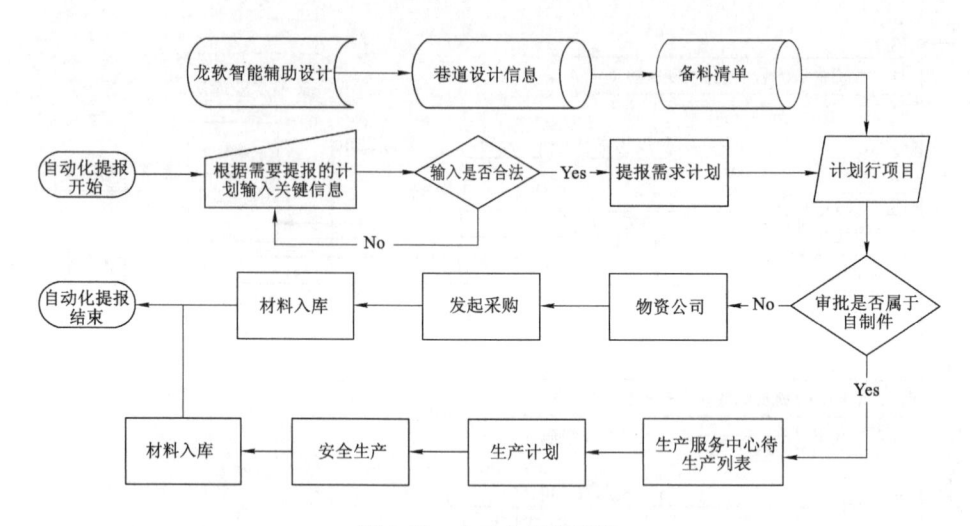

图 6-37　自动化提报流程

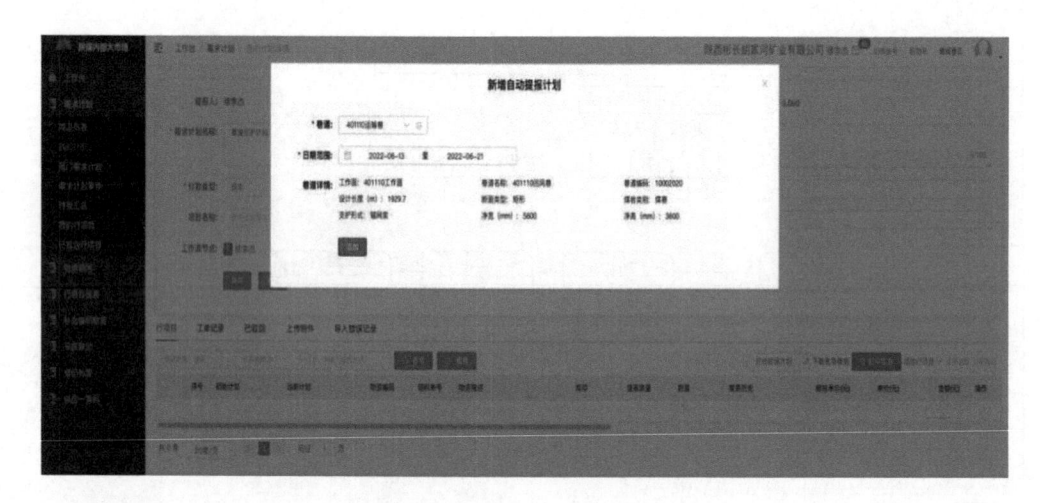

图 6-38　新增自动化提报计划

图 6-39　采供联动管理界面

第6章 彬长矿区智能化经营管控体系建设

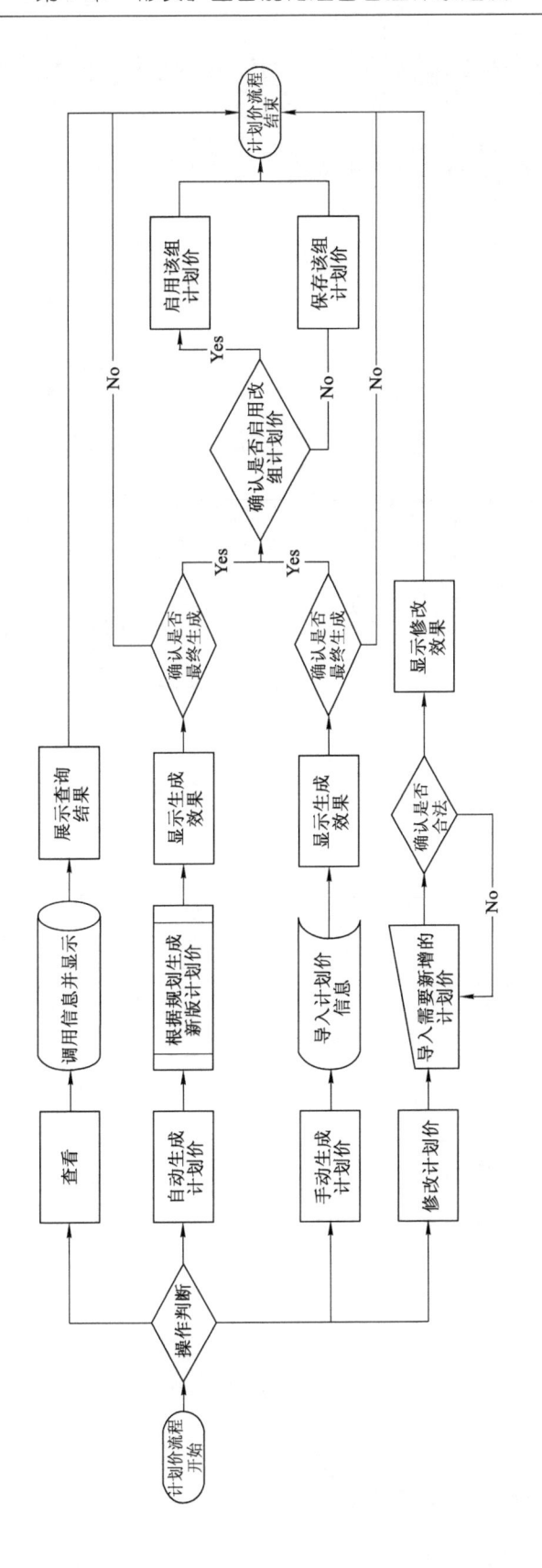

图6-40 计划价管理流程

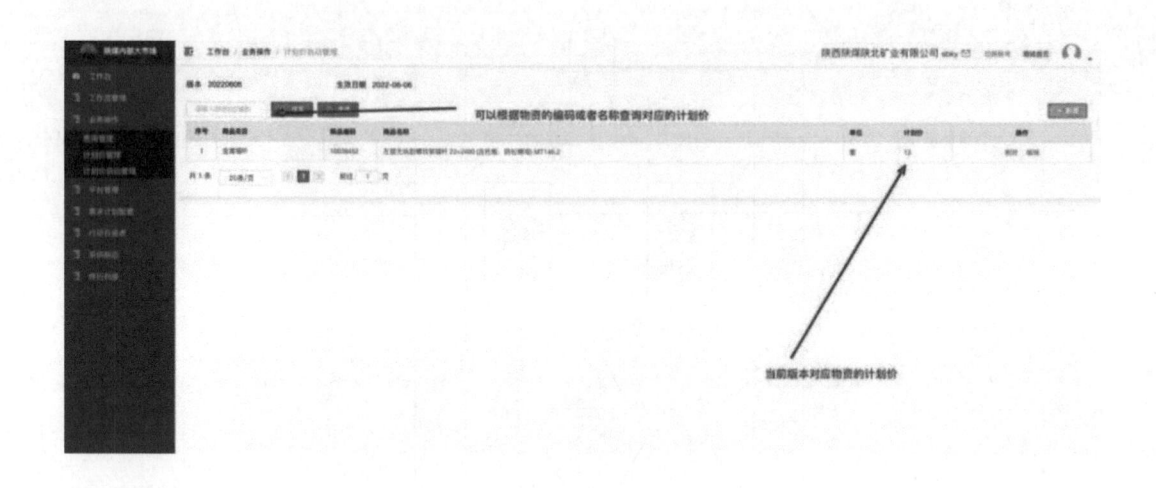

图 6-41　计划价管理界面

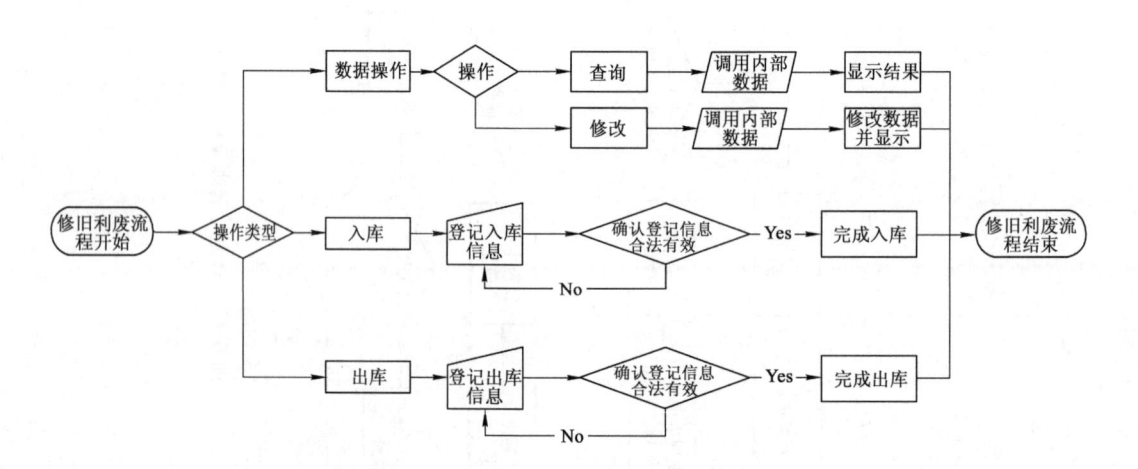

图 6-42　修旧利废管理流程

图 6-43　库存管理界面

第6章 彬长矿区智能化经营管控体系建设

表 6-3 产销联动功能结构表

序号	一级菜单	二级菜单	三级菜单	功能说明
1	基础功能	仓储系统		增删改查,基础信息登记
2		地销装车系统		增删改查,基础信息登记
3		胶带秤系统		增删改查,基础信息登记
4		铁销装车系统		增删改查,基础信息登记
5		客户管理		增(可获取装车数据)删改查,基础信息登记
6	计划管理	生产计划		日周月年,数据对接/手动填报,自动报表
7		销售计划		日周月年,数据对接/手动填报,自动报表
8	生产管理	库存管理		仓储系统对接,实时数据展示,自动报表
9		产量管理		调运数据对接,实时数据展示,自动报表
10		煤质管理		原煤/商品煤质数据对接或手动填报,数据展示,自动报表
11	调运管理	地销销售	提煤	成交函对接,形成提煤单
12			装车	矿端装车系统对接,实时数据展示,自动报表
13			胶带秤	文家坡/胡家河直销胶带对接,实时数据,自动报表
14		铁销销售	承认车信息	承认车数据对接,数据列表,自动报表
15			装车管理	装车数据对接,数据列表,自动报表
16	公转铁	文家坡公转铁		文家坡装车系统对接,公转铁数据独立展示
17	预警联动			生产、库存、安全预警及时展示
18	结算管理	运销结算(股份存续)		
19		运销结算		
20		矿井结算		调运/运销/辅助数据调取,算法模型,结算审批盖章
21	智能分析	智能报表	煤矿统计日报	格式定义,报表自动生成,在线编辑查询打印
22			胡/孟煤质化验日报	格式定义,报表自动生成,在线编辑查询打印
23			发站统计日报	格式定义,报表自动生成,在线编辑查询打印
24			其他报表	格式定义,报表自动生成,在线编辑查询打印
25		BI分析	决策分析	计划、生产、库存、销售、结算汇总展示
26			生产专题	生产相关数据建模分析
27			销售专题	销售相关数据建模分析
28			结算专题	结算相关数据建模分析

对业务数据进行线上化审批操作,代表关联人员知晓并对事项作出对应说明,线上化审批如图6-44所示。

在实际业务场景中存在需要进行线上签章使用的情况,传统线下盖章及签字存在很大的时间成本,且有一定的安全风险,因此印章线上化成了必需。业务管理员通过录入用户身份证号进行公安系统校验,校验成功后个人印章生效。企业印章则需校验统一社会信用代

图 6-44 线上化审批

码的有效性进行数据生效,电子签章示意图如图 6-45 所示。

图 6-45 电子签章

价格管理维护不同场景的价格,在结算时自动代入公式计算,如图 6-46 所示。

图 6-46 价格管理

第6章　彬长矿区智能化经营管控体系建设

考核管理根据不同业务场景进行不同考核规则的设置，系统自动根据规则进行运行，如图 6-47 所示。

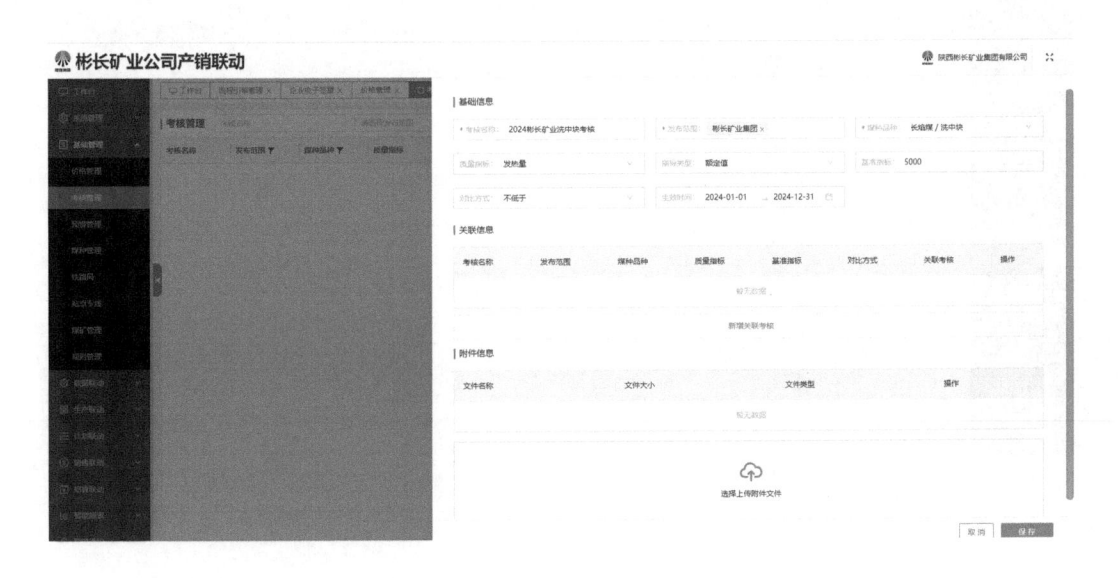

图 6-47　考核管理

预警管理根据不同业务场景进行不同预警规则的设置，系统自动根据规则进行运行，如图 6-48 所示。

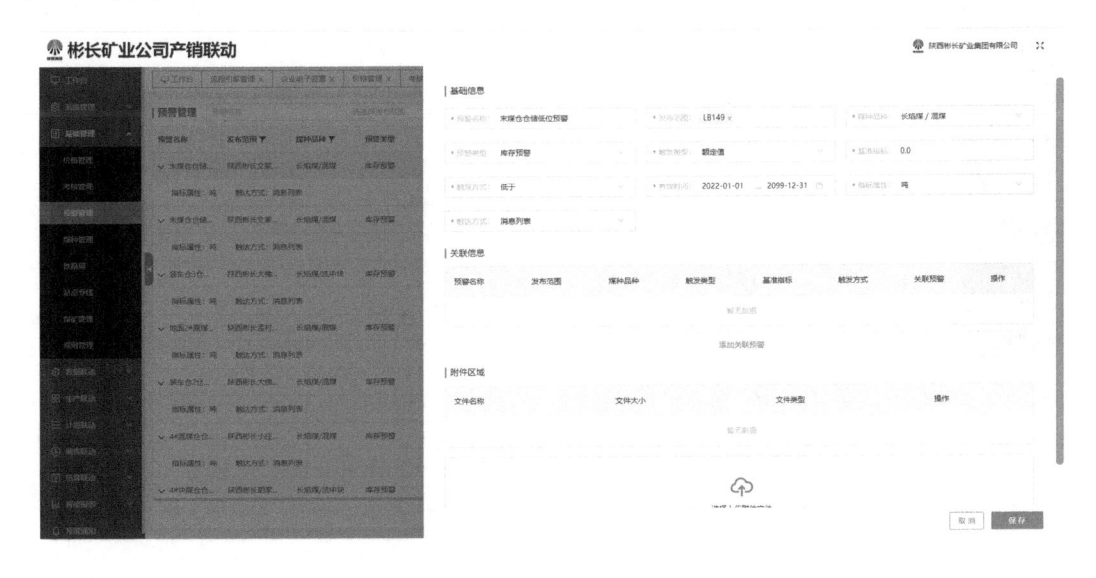

图 6-48　预警管理

结算管理根据不同业务场景进行不同结算规则的设置，系统自动根据规则进行运行，如图 6-49 所示。

业务管理员维护煤种品种作为基础数据，在系统运行过程中对各类业务场景用到的煤种品种进行数据筛选，煤种品种管理如图 6-50 所示。

图 6-49　结算管理

图 6-50　煤种品种管理

系统内置现有铁路局数据,同时页面可实现数据的增删改查操作,以便实际业务数据改动后及时进行页面调整,如图 6-51 所示。

站点管理维护现有铁路局的站点信息,并关联现有组织架构,提供增删改查等操作,如图 6-52 所示。

煤矿管理维护现有大佛寺矿、小庄矿、胡家河矿、孟村矿、文家坡矿的基础数据,并提供数据增删改查功能进行煤矿数据维护,同时可对煤矿关联站点、煤种品种、新增发货地址进行展示,如图 6-53 所示。

第 6 章　彬长矿区智能化经营管控体系建设

图 6-51　铁路局管理

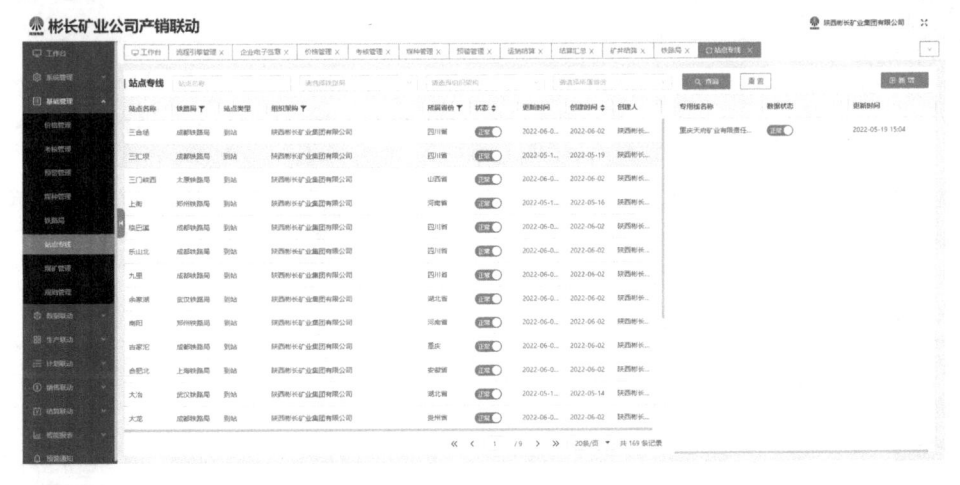

图 6-52　站点管理

图 6-53　煤矿管理

仓库管理主要作用是仓库维护、库存管理。用户可进行新建、编辑仓库信息,查看仓库详情等操作,如图 6-54 所示。

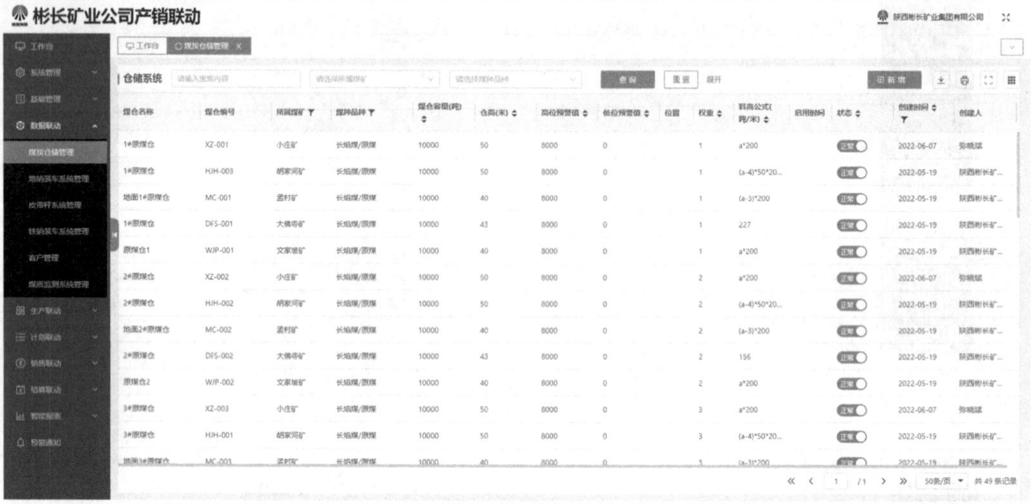

图 6-54　仓库管理

地销装车管理的主要作用是地销装车系统维护、地销装车系统管理。用户可进行新建、编辑地销装车系统信息,查看地销装车系统详情等操作,如图 6-55 所示。

图 6-55　地销装车管理

胶带秤管理的主要作用是胶带秤系统维护、胶带秤系统管理。用户可进行新建、编辑胶带秤系统信息,查看胶带秤系统详情等操作,如图 6-56 所示。

铁销装车(定量仓)管理的主要作用是铁销装车系统维护、铁销装车系统管理。用户可

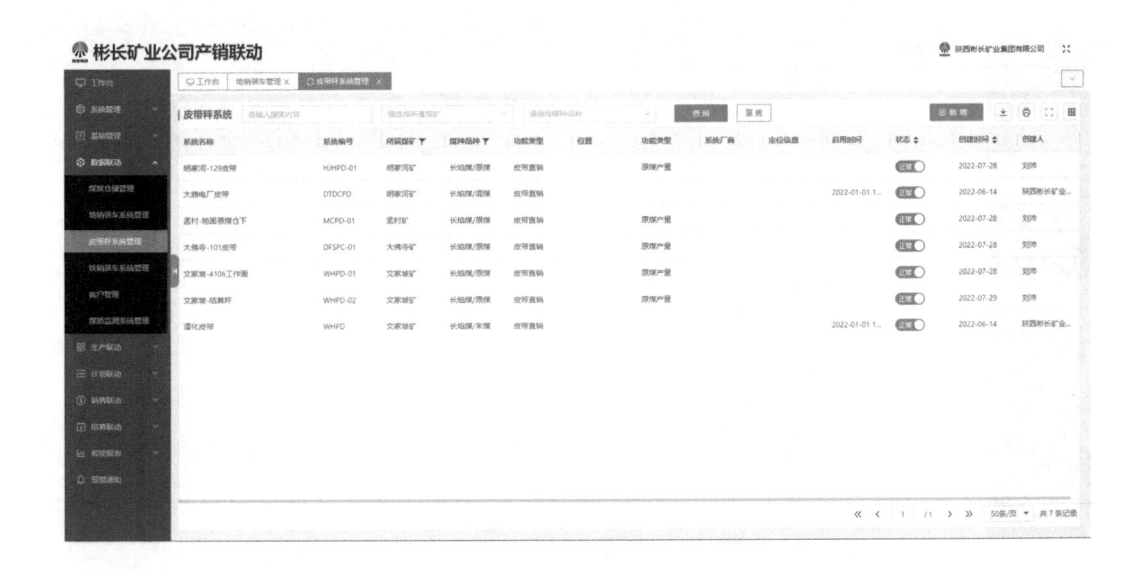

第6章　彬长矿区智能化经营管控体系建设

图 6-56　胶带秤管理

进行新建、编辑铁销装车系统信息，查看铁销装车系统详情等操作，如图 6-57 所示。

图 6-57　铁销装车管理

客户管理功能模块用于管理铁销、地销客户，各矿业公司新建和维护铁销客户信息，如图 6-58 所示。

产量计划管理完成煤矿单位各类生产相关计划数据的及时获取、展示及标准化。系统可将元数据组成各类生产报表及分析展示，主要体现在计划的对比分析、计划产量与实际产量对比分析，如图 6-59 所示。

销售计划管理完成煤矿单位各类销售相关计划数据的及时获取、展示及标准化。系统

图 6-58　客户管理

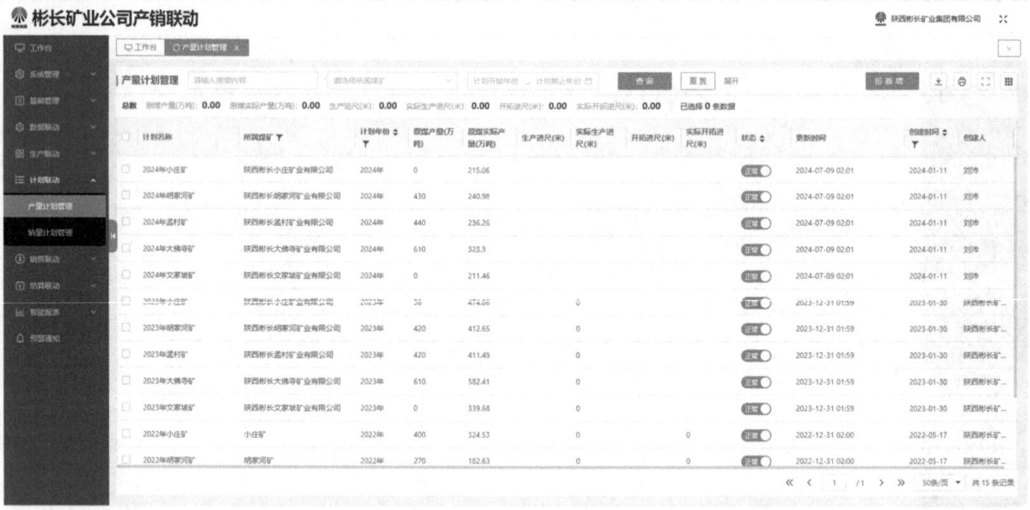

图 6-59　产量计划管理

可将元数据组成各类销售报表并进行分析展示,主要体现在计划的对比分析、计划与销量对比分析、计划影响产量分析,如图 6-60 所示。

库存联动完成煤矿单位各类库存相关实际数据的及时获取、展示及标准化并通过库存数据进行生产、销售之间的平衡;库存数据包括煤仓编号、煤种品种、即时库存量、高位预警值、低位预警值等。系统以列表形式进行各煤矿商品煤筒仓采集数据展示,并展示各矿各煤仓当前实时仓位、库存量等信息,最终将采集的实时仓储信息形成日统计报表供其他系统使用,如图 6-61 所示。

第6章　彬长矿区智能化经营管控体系建设

图 6-60　销售计划管理

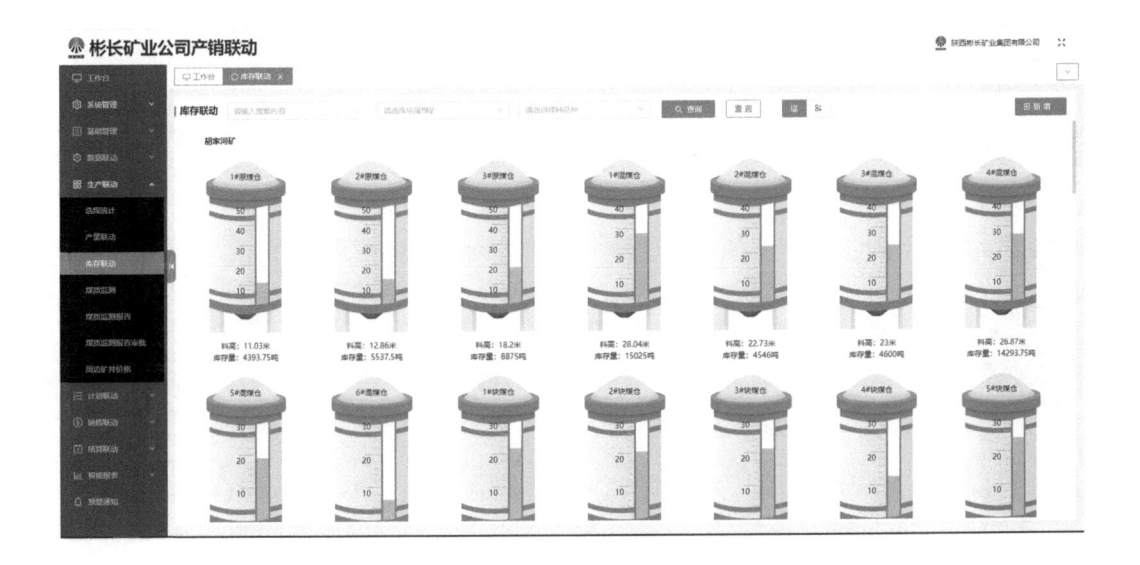

图 6-61　库存联动

产量联动完成煤矿单位原煤产量相关实际数据的及时获取、展示及标准化；系统自动进行日、周、月、年产量报表汇总，以时间段、煤矿单位进行区分，如图 6-62 所示。

煤质联动完成煤矿单位原煤质量和商品煤质量相关实际数据的及时获取、展示及标准化；系统展示煤质实时数据列表，并可以形成需要的日、周、月、年统计报表及实时曲线，如图 6-63 所示。

选煤统计完成对各煤矿单位洗煤厂的洗筛效率的展示，按照月份统计展示入选原煤、末原煤、块原煤、入选率、末精煤、块精煤、精煤回收率、中煤、洗煤泥数据、统计月份数

图 6-62 产量联动

图 6-63 煤质联动

据,如图 6-64 所示。

地销联动包括调拨单管理、装车管理、胶带直销管理、承认车管理。完成车辆(承运商)、客户(买受人)、出卖人、供货单位(煤矿)、货物之间的相互识别及相互匹配,货车在煤矿分别通过空磅及重磅后,智能装车系统自动识别电子提煤单并放行装车,并获取到该车辆的实时煤炭实装量,将实时装车数据推送至本系统,系统将调度数据汇总后用于产量数据及销量基础数据,全程可做到无人管理,从而打通产、销、运流程,如图 6-65、图 6-66 所示。

铁销联动完成铁运公司铁路装车数据的采集、展示及标准化;系统将获取智慧运销系统

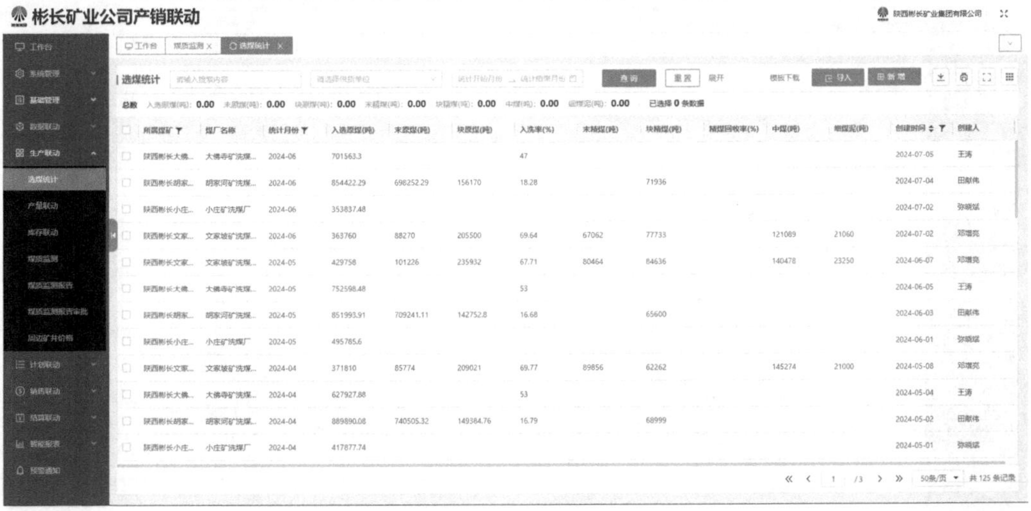

图 6-64 选煤统计

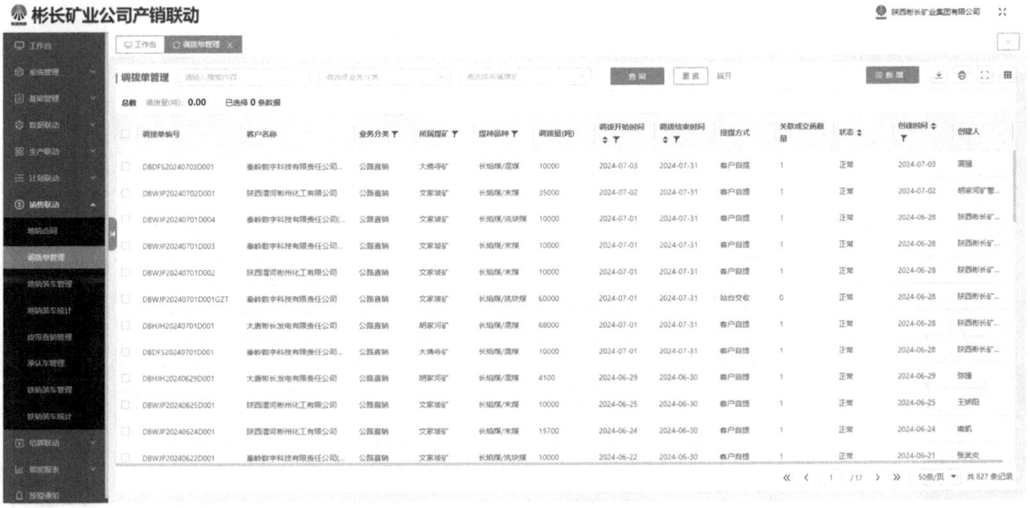

图 6-65 地销联动-调拨单管理

的请车受理数据发送到铁运公司装车系统,铁运装车系统可对应受理数据进行在装车完成时进行装车数据的补充,并及时同步至本系统及智慧运销系统。矿业公司可通过装车数据进行销售统计、返矿结算,如图 6-67 所示。

结算联动完成彬长矿业公司与运销公司、各矿井等单位结算。智慧运销系统提供针对彬长的客户结算及返彬长矿业公司结算,当智慧运销系统完成以上两个结算后,与本系统进行系统对接,获取返彬长矿业公司的相关结算数据。并且通过对接西煤竞拍系统,获取成交函信息,并进行实时展示及汇总,作为地销商品煤结算的基础数据参考,如图 6-68、图 6-69 所示。

预警监控对生产质量情况进行重点监管,发生预设规则内的预警时,系统自动根据规则

图 6-66 地销联动-装车管理

图 6-67 铁销联动-铁销装车管理

进行预警提醒,如图 6-70 所示。

(4)矿井规划接续分析

矿井接续分析基于"GIS一张图",展示煤矿灾害治理规划、工作面采掘接续、重大设备接续、采掘队伍接续,形成以时间轴为主线的工作面衔接安排,实现工作面的全生命周期管理。系统从接续管理数据的在线填报共享到接续状态的综合分析展示,基于"GIS一张图",形成接续预警分析一张图系统,实现对矿井接续状态的直观形象展示,辅助综合分析决策。

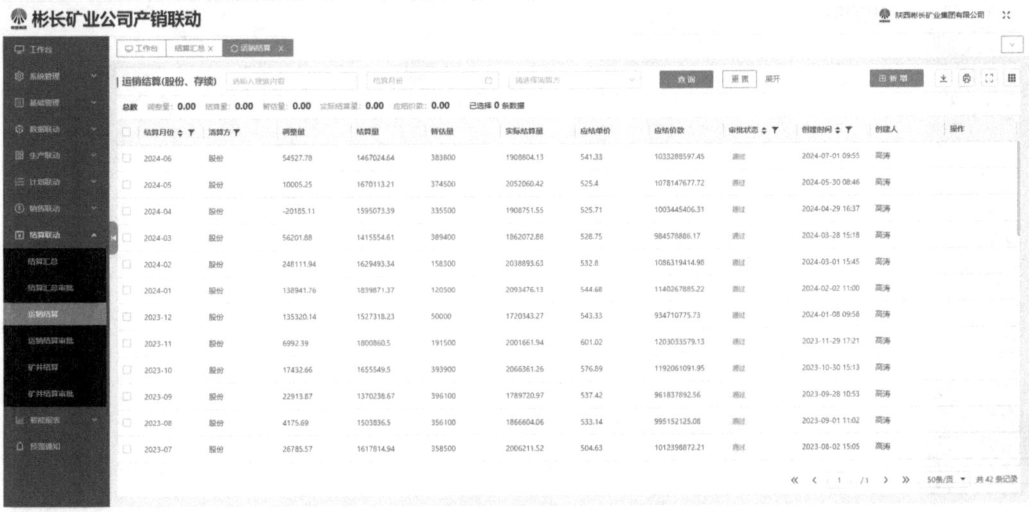

第6章 彬长矿区智能化经营管控体系建设

图 6-68　结算联动-运销结算

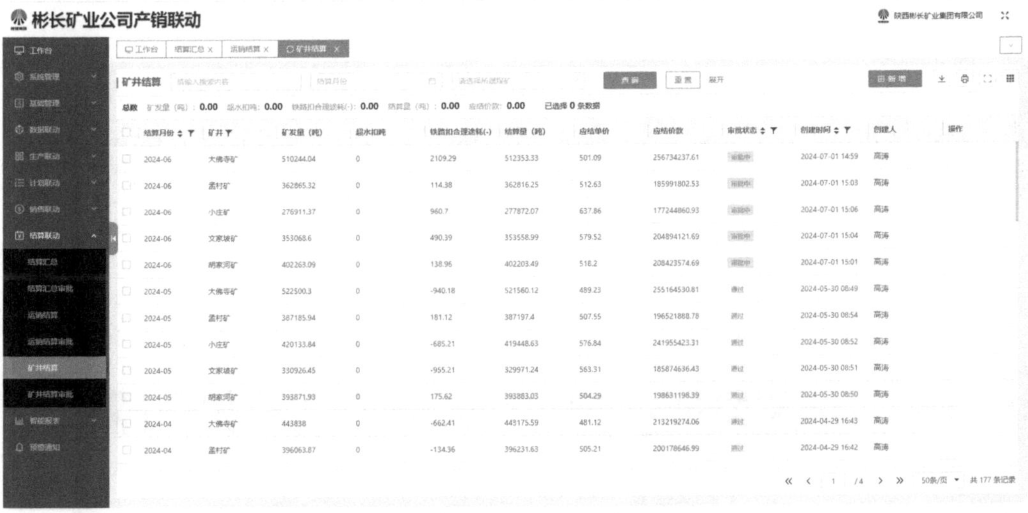

图 6-69　结算联动-矿井结算

运用信息化技术实现了传统的矿井接续管理数据的在线共享管理。通过建立接续管理过程中涉及的各方面预警分析机制,实现矿井接续管理过程中的在线动态预警管理,比如工作面接续中根据采面的推进速度推算出开采完成时间,根据掘进速度推算出接续面的出面时间,再按规定设定灾害治理时间,对比现采面结束时间和接续面出面时间,对工作面接续情况进行实时预警。通过采(盘)区规划接续、工作面接续、队伍接续管理系统实现对采区、工作面、队伍的接续进度管理和分析;通过灾害治理管理系统实现对矿井灾害治理进度的监督管理,通过设备接续管理系统对矿井设备接续状态进行分析管理。

采(盘)区规划接续计划表,实现采(盘)区规划接续计划管理。如图6-71所示。

采(盘)区规划接续年报表,实现采(盘)区规划接续实际情况统计管理。如图6-72所示。

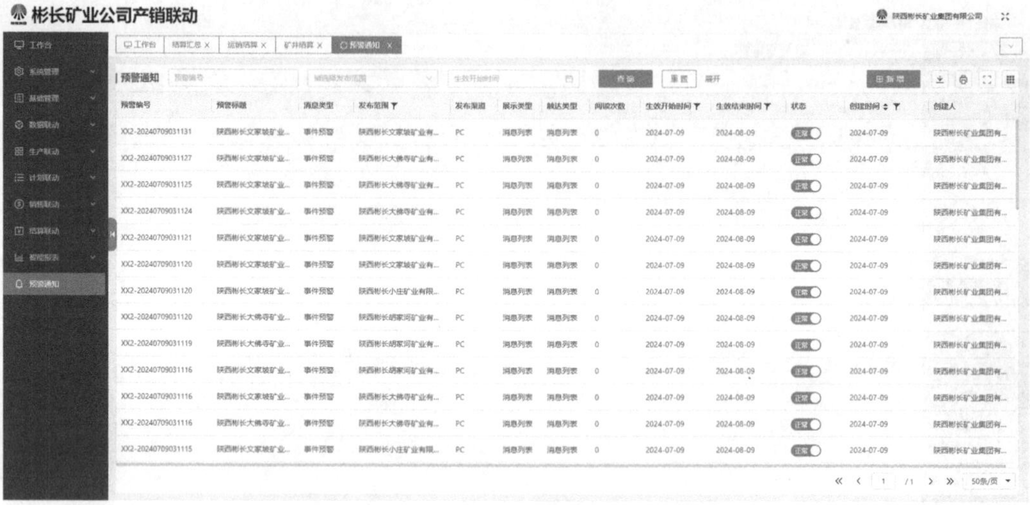

图 6-70　预警监控

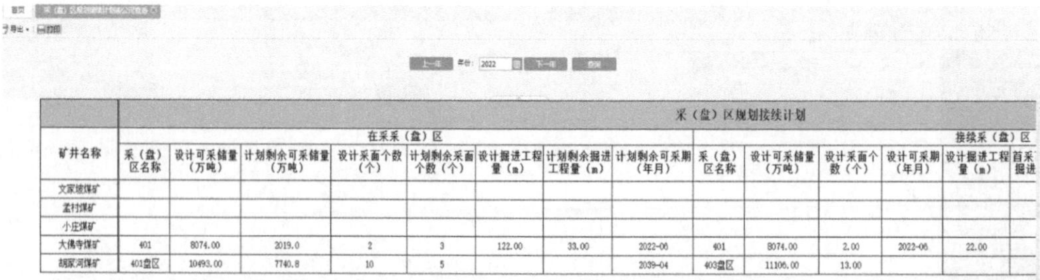

矿井名称	采（盘）区规划接续计划													
	在采采（盘）区								接续采（盘）区					
	采（盘）区名称	设计可采储量（万吨）	计划剩余可采储量（万吨）	设计采面个数（个）	计划剩余采面个数（个）	设计掘进工程量（m）	计划剩余掘进工程量（m）	计划剩余可采期（年月）	采（盘）区名称	设计可采储量（万吨）	设计采面个数（个）	设计可采期（年月）	设计掘进工程量（m）	首采掘进
文家坡煤矿														
孟村煤矿														
小庄煤矿														
大佛寺煤矿	401	8074.00	2019.0	2	3	122.00	33.00	2022-06	401	8074.00	2.00	2022-06	22.00	
胡家河煤矿	401盘区	10493.00	7740.8	10	5			2039-04	403盘区	11106.00	13.00			

图 6-71　采(盘)区规划接续计划表

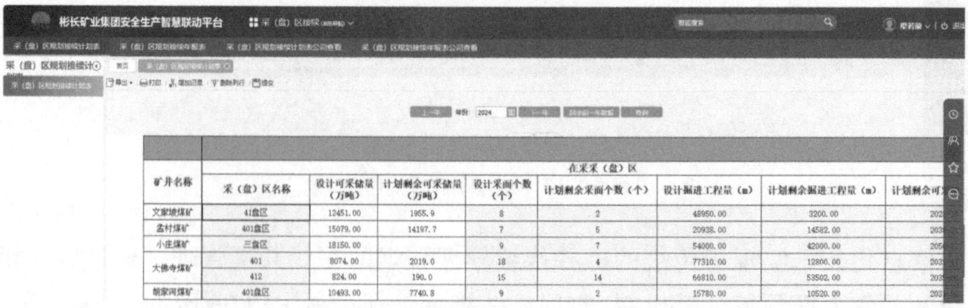

矿井名称	在采采（盘）区							
	采（盘）区名称	设计可采储量（万吨）	计划剩余可采储量（万吨）	设计采面个数（个）	计划剩余采面个数（个）	设计掘进工程量（m）	计划剩余掘进工程量（m）	计划剩余可
文家坡煤矿	41盘区	12451.00	1955.9	8	2	48950.00	3200.00	202
孟村煤矿	401盘区	15079.00	14197.7	7	5	20938.00	14582.00	203
小庄煤矿	三盘区	18150.00		9	7	54000.00	42000.00	205
大佛寺煤矿	401	8074.00	2019.0	18	4	77310.00	12800.00	203
	412	824.00	190.0	15	14	66810.00	53502.00	203
胡家河煤矿	401盘区	10493.00	7740.8	9	2	15780.00	10520.00	203

图 6-72　采(盘)区规划接续年报表

采煤工作面五年接续计划表，实现回采工作面五年接续计划管理。如图 6-73 所示。

通过采集安全生产信息共享平台中采掘工作面月度报表的有关数据进行对比分析，可发现工作面实际生产与计划的差异，若超出有关规定值则进行工作面生产异常预警，提醒生产管理人员及分管领导注意，便于及时采取措施纠偏。

基于煤矿“GIS 一张图”，可进行工作面五年接续计划分析预警。如图 6-74 所示。

第 6 章　彬长矿区智能化经营管控体系建设

图 6-73　采煤工作面五年接续计划表

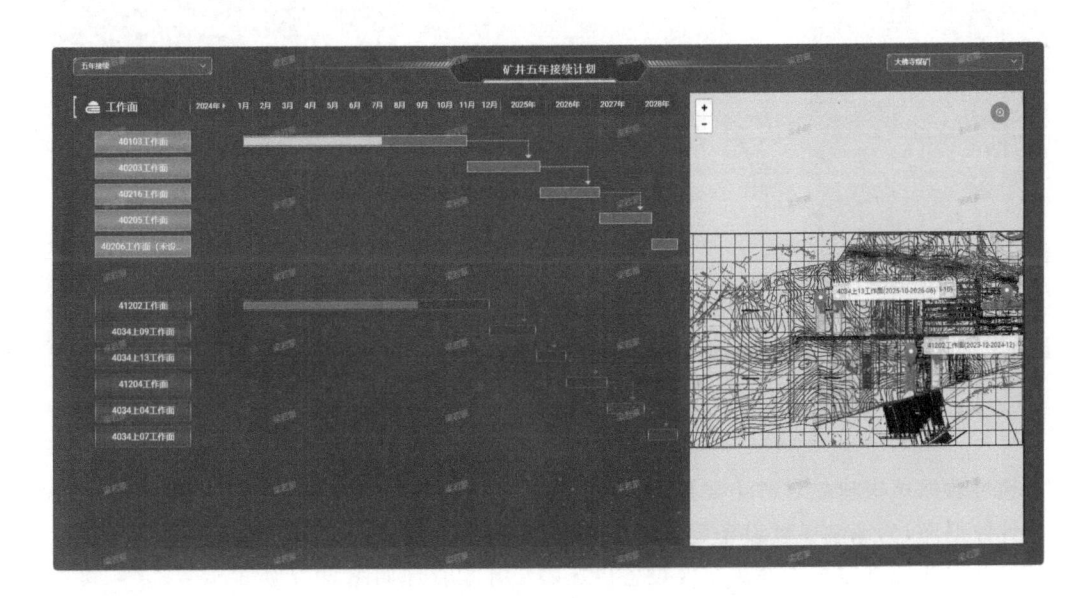

图 6-74　工作面五年接续计划分析预警

通过数据填报建立煤矿冲击地压、水灾、瓦斯、火灾、粉尘、地热灾害防治年、月作业计划数据库,为编制灾害防治预算、分析灾害防治工作业务及经营预测等问题提供数据支撑。

通过对八种灾害治理的计划、计划累计和业绩统计、业绩统计累计数据进行对比分析,通过分析得出灾害治理进度的快慢程度,优先关注水、火、瓦斯、冲击地压重要灾害的治理进度,发现治理进度延迟可进行预警提示,及时采取措施,确保灾害治理不影响采掘大小接续,实现安全高效、稳产高产。防冲年度工程量计划管理如图 6-75 所示。

图 6-75 防冲年度工程量计划管理

基于煤矿"GIS一张图",可进行灾害治理进度预警分析,如图 6-76 所示。

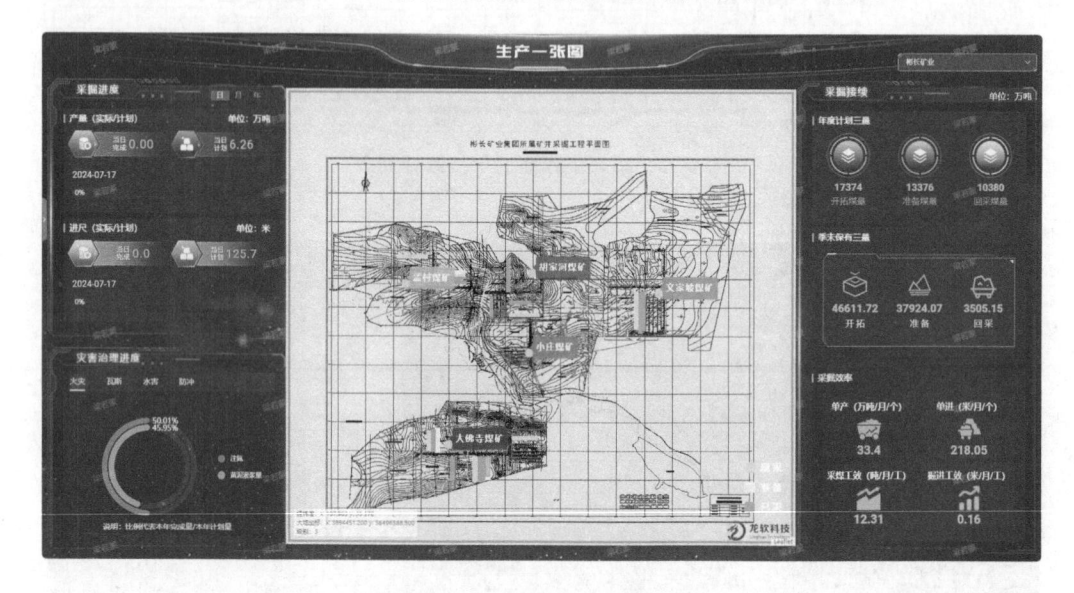

图 6-76 灾害治理进度预警分析

通过数据填报建立煤矿主要设备大修计划、主要设备购置计划和主要设备大修完成情况统计数据库,为编制年度设备购置预算,分析年度主要设备购置、到货、安装工作衔接及经营预测等问题提供数据支撑。主要设备更新购置计划管理如图 6-77 所示。

基于采掘工作面接续"GIS一张图",依据设备管理数据,可展示工作面主要设备大修、更新购置的新旧变化情况,设备大修、安装、使用历史情况。通过对比分析,可找出实际与计划的异常,针对异常与采掘衔接时点要求进行关联分析,判断异常是否影响采掘衔接关系,并进行预警提示。根据前述对比关联分析,可判断主要设备大修、更新购置工作的进展快慢,为领导决策是否采取措施加快或放慢大修、更新购置工作实施速度提供数据支撑,从而降低设备呆滞和库存成本,提高设备接续效率及设备利用率。主要采掘设备预警分析如图 6-78 所示。

通过调用安全生产信息共享平台采掘工作面年度接续计划管理与月度采掘反馈情况,

第6章　彬长矿区智能化经营管控体系建设

图 6-77　主要设备更新购置计划管理

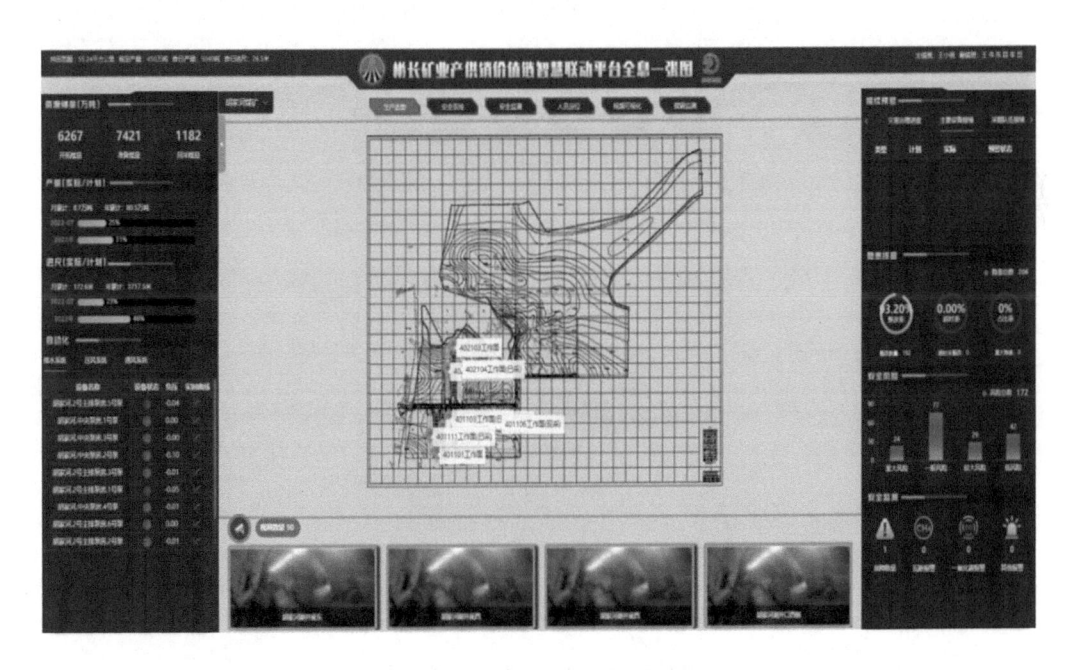

图 6-78　主要采掘设备预警分析

对比年度内采掘队伍接续实际情况。采掘队伍接续管理如图 6-79 所示。

通过调用 GIS 采掘工程平面图采煤工作面推进度、掘进工作面进尺及精确人员定位系统、人力资源管理系统数据，基于"GIS 一张图"可实时展示出掘进队伍所在掘进工作面是否与计划掘进工作面一致，进行预警提示，并将接续的实际掘进工作面及现场人员情况进行展示。采掘队伍接续预警分析如图 6-80 所示

（5）定额管理

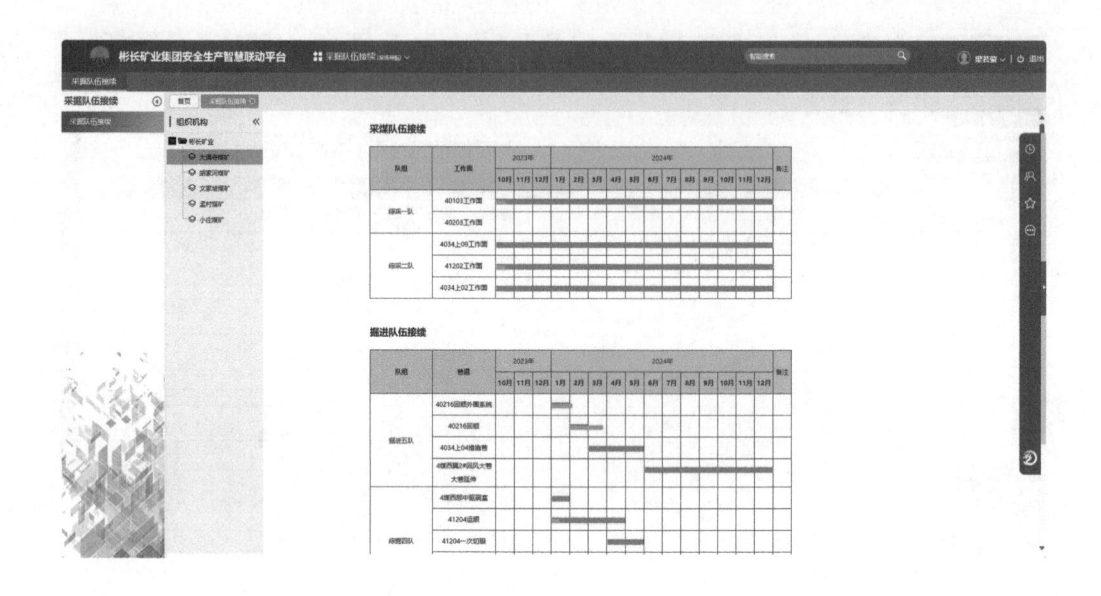

图 6-79　采掘队伍接续管理

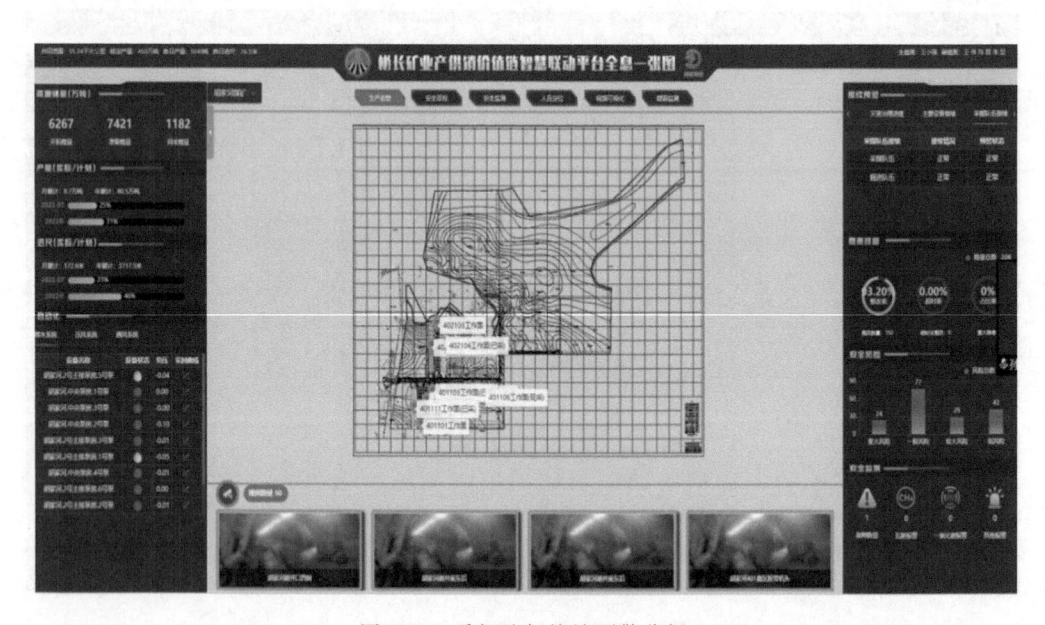

图 6-80　采掘队伍接续预警分析

定额管理以采煤和掘进环节的生产管理标准化为基础,建立彬长矿业集团和矿井两级采掘环节的费用支出标准,形成技术、装备、人工、材料、水电等资源配备的消耗定额,促进全要素生产率的有效提升。定额管理功能结构如图 6-81 所示。

完善以巷道、工作面为主线的生产工艺,结合巷道、工作面实际参数,制定统一公司级基准定额。其中,采煤基准定额 3 条目,掘进基准定额 2 条目。在此基础上,形成 5 个矿井 11 条目采煤矿井定额,48 条目掘进矿井定额基础数据。对异常的关键指标进行逐

第6章 彬长矿区智能化经营管控体系建设

层细化、挖掘分析,通过全追溯穿透查询,数据直接联查到明细单据;横向按年按月,纵向不同矿井之间对比;实现"钻取式查询"和"同环比分析"等多种查询和分析应用,从而提升数据分析能力。

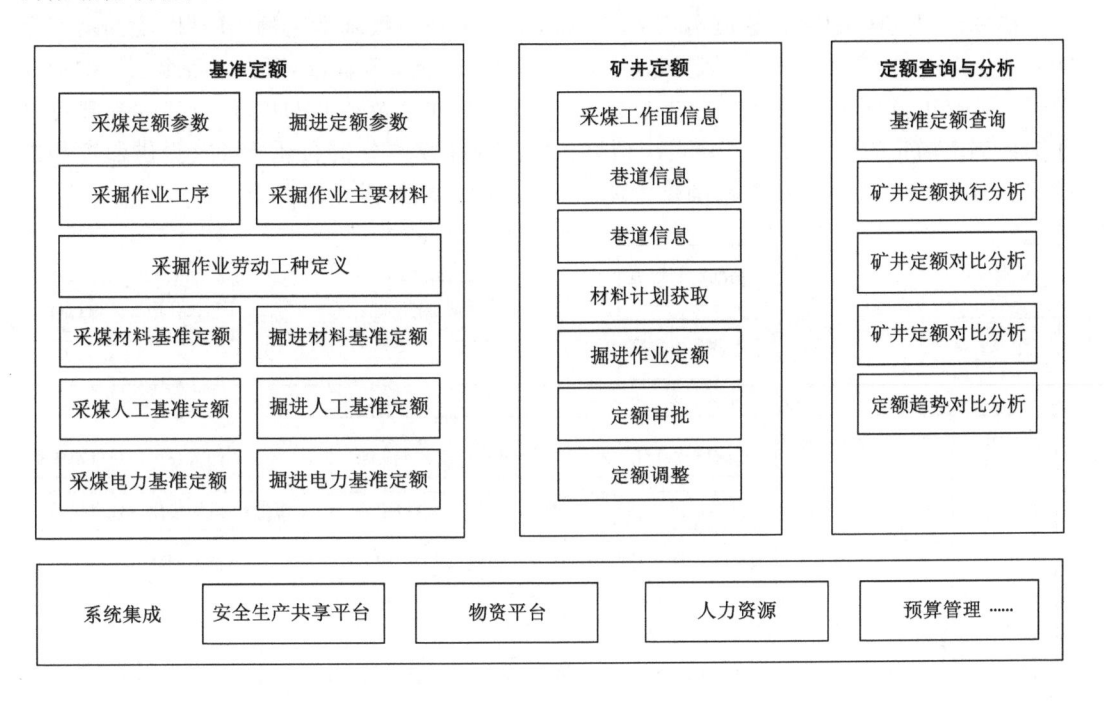

图 6-81 定额管理功能结构

定额管理流程如图 6-82 所示。

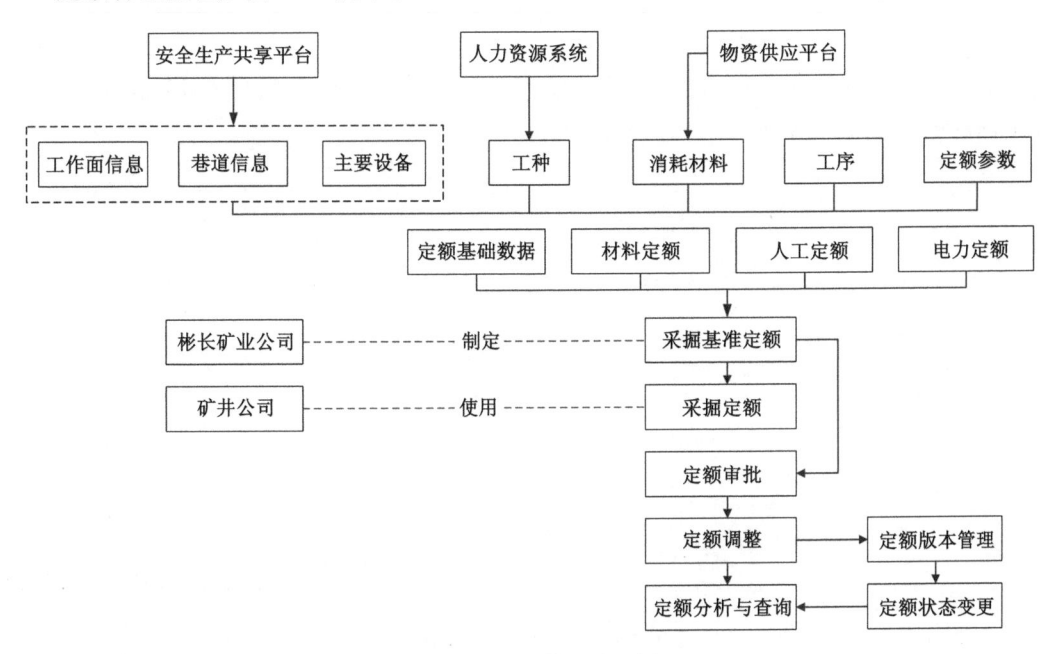

图 6-82 定额管理流程图

矿业公司一级基准定额,确认各类标准生产条件下,采煤、掘进等各生产工序,完成单位工作量需要的标准支出,作为各矿同等地质条件、同类生产工艺下进行成本控制与对标的标准。

矿井根据具体工作面、巷道实际生产条件,匹配公司一级基准定额,并在匹配的基准定额基础上形成矿井"一工作面一定额、一巷道一定额"二级定额标准,可以对各个工序的标准单耗进行修正,得出各工序的单位支出;汇总形成各工作面及环节的单耗;则工序单耗可以作为内部市场化的依据。为矿井生产预算、过程管控、成本分析和经营考核提供参考和依据,更好地指导和服务于矿井精细化管理。定额数据分类如图6-83所示。

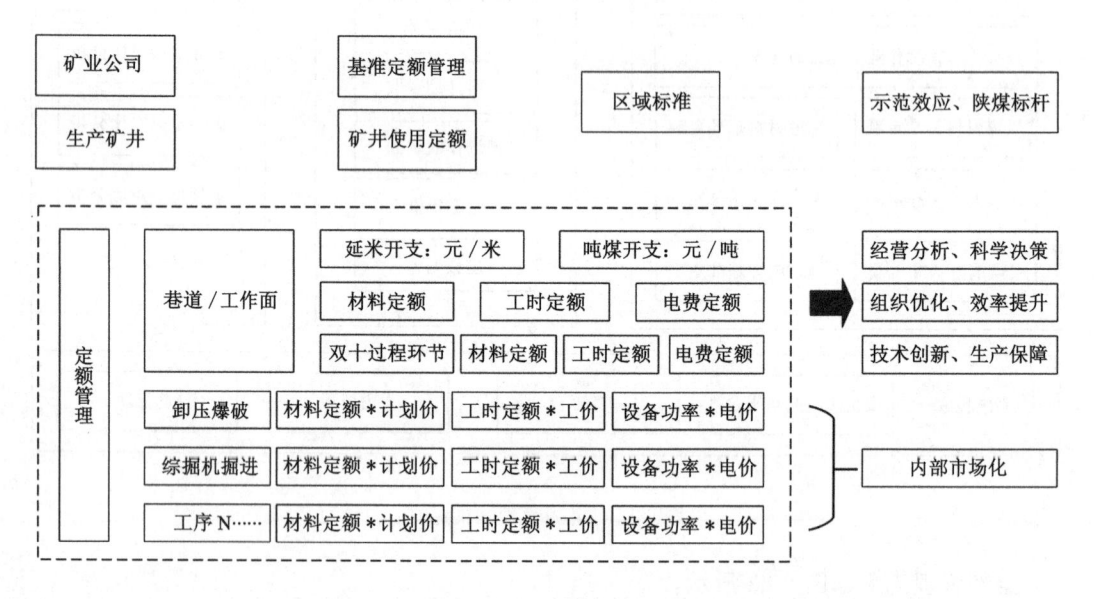

图6-83 定额数据分类

通过数据填报及在线审批建立基准定额、人工定额、材料定额、电费定额数据库,材料基准定额制单如图6-84所示。

图6-84 材料基准定额制单

第 6 章　彬长矿区智能化经营管控体系建设

通过数据查询、统计,实现基准定额和矿井定额的执行情况进行多维度、多层级、多形式的分析,如图 6-85 所示。

图 6-85　定额查询分析

(6) 预算管理

在年度预算的基础上,以月度生产作业计划为基础,结合作业定额,自动生成月度预算并及时分析月度预算的执行情况,实现预算全过程的智能管理,达到全过程追溯穿透查询,数据直接联查到明细单据多口径对比分析,横向按年按月,纵向在不同矿井之间对比;实现产量、进尺、销售、成本、利润、库存、各生产环节的数据、外部环境信息等关键指标的综合展示。预算管理流程如图 6-86 所示。

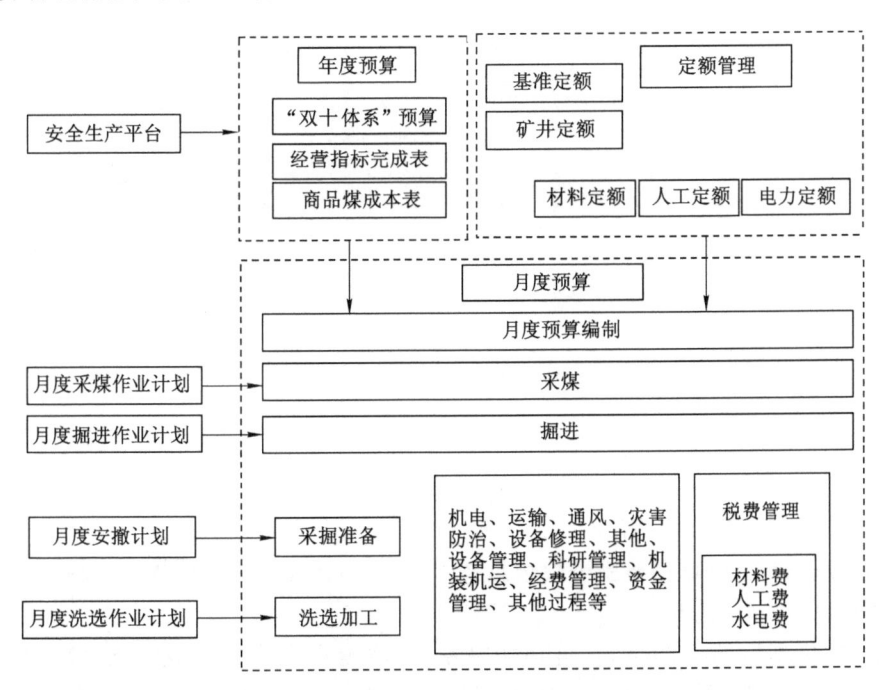

图 6-86　预算管理流程

通过数据填报及在线审批建立采煤、掘进、机电、通风、灾害防治等各生产专业预算数据库,如图6-87所示。

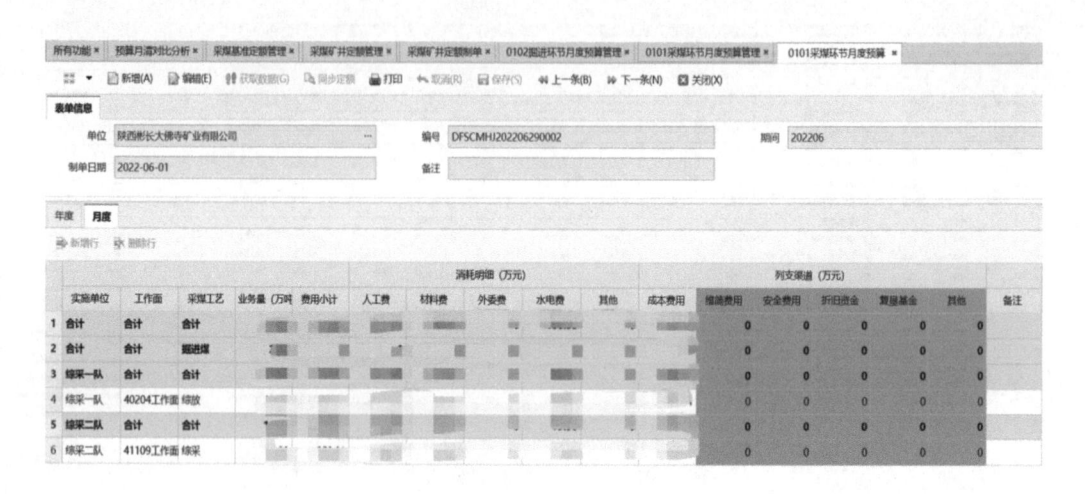

图6-87 采煤月度运算制单

按过程环节分析预算执行的对比分析,支持数据穿透,如图6-88所示。

图6-88 预算查询分析

6.4.4 "八个一"综合分析展示

以"八个一"管理理念为纲,建立公司数据资源中心与下属5对矿井数据资源中心,通过云计算、大数据分析、物联网等新一代信息技术的运用,构建智慧矿区煤炭大脑,实现煤矿全要素预测预警分析。

"生产一张图"(图6-89)结合地理信息系统,融合采掘规划接续情况、生产综合态势数据,进行综合分析展示,对接续紧张等异常情况提前预警提示,保障生产组织顺利有序。

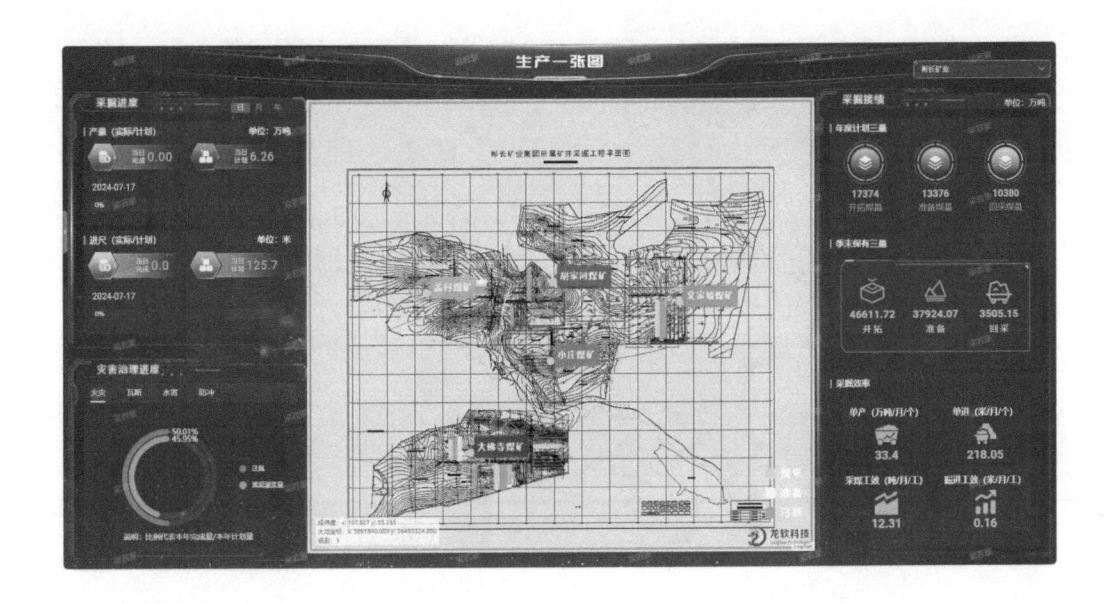

第 6 章　彬长矿区智能化经营管控体系建设

图 6-89　生产一张图

"安全一把锁"(图 6-90)监测矿井八大灾害监测数据,总览矿井安全态势,提供直观可视的矿井灾害的预警报警信息、安全管理风险管控信息,确保矿井安全生产。

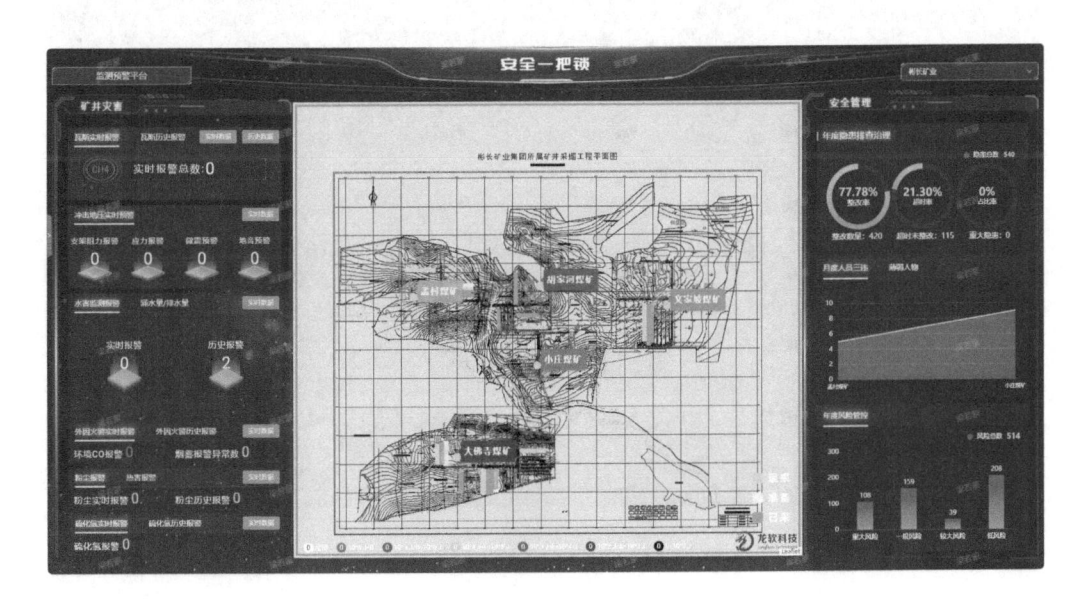

图 6-90　安全一把锁

"设备一颗芯"(图 6-91)实时监测设备运行状态,通过运行效率、能耗分析、健康评价、建立预警模型,确保设备使用的安全可靠。

"供应一套码"(图 6-92)推进物资代储代销统一管理,实时共享库存信息,实现物资实

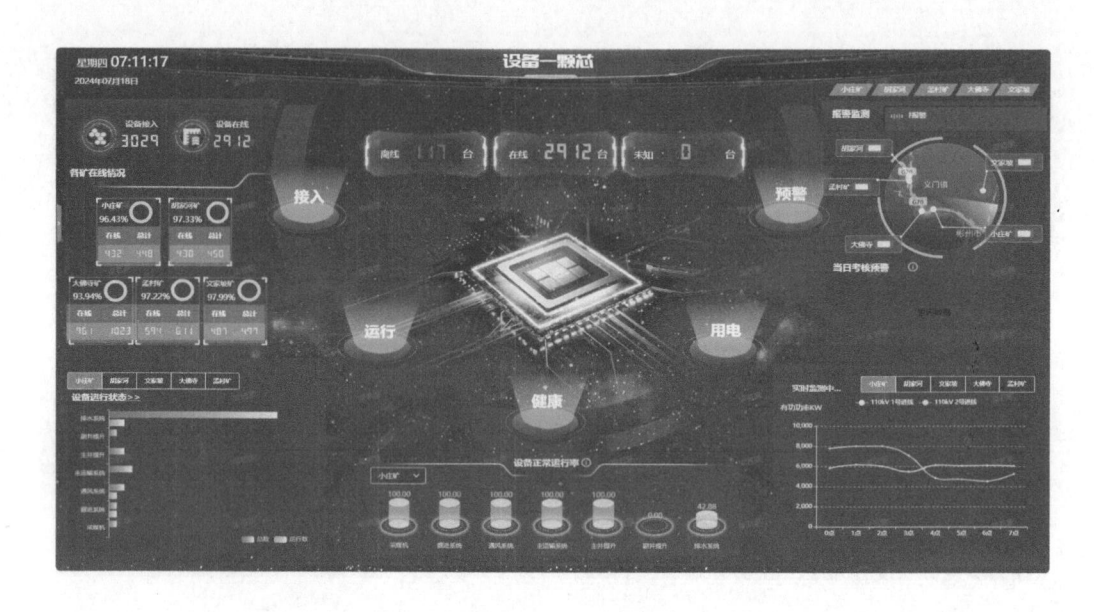

图 6-91 设备一颗芯

时采购、精准配送,做到库存有保障,消耗有记录,全面提升物资保障能力。

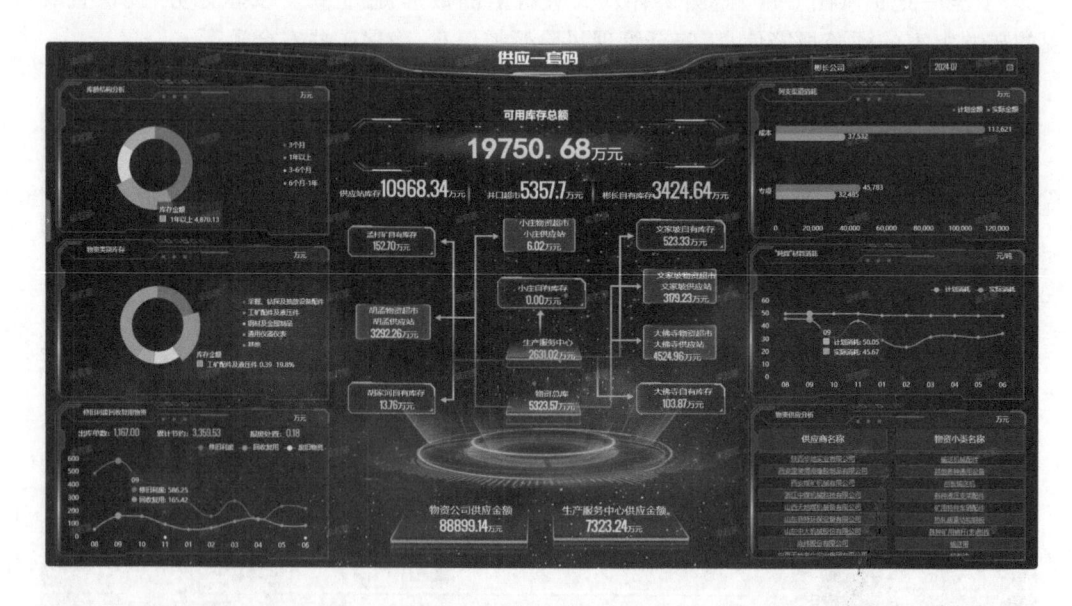

图 6-92 供应一套码

"运销一条链"(图 6-93)实现多维度产销数据协同分析,利用往期各项数据,建立预测模型,对煤炭生产、市场需求、产品结构、价格走势提供可靠的趋势预判,规避经营风险。

"员工一览表"(图 6-94)综合展示人员结构、工效、人工成本等信息,增强人力资源管理的洞察能力。

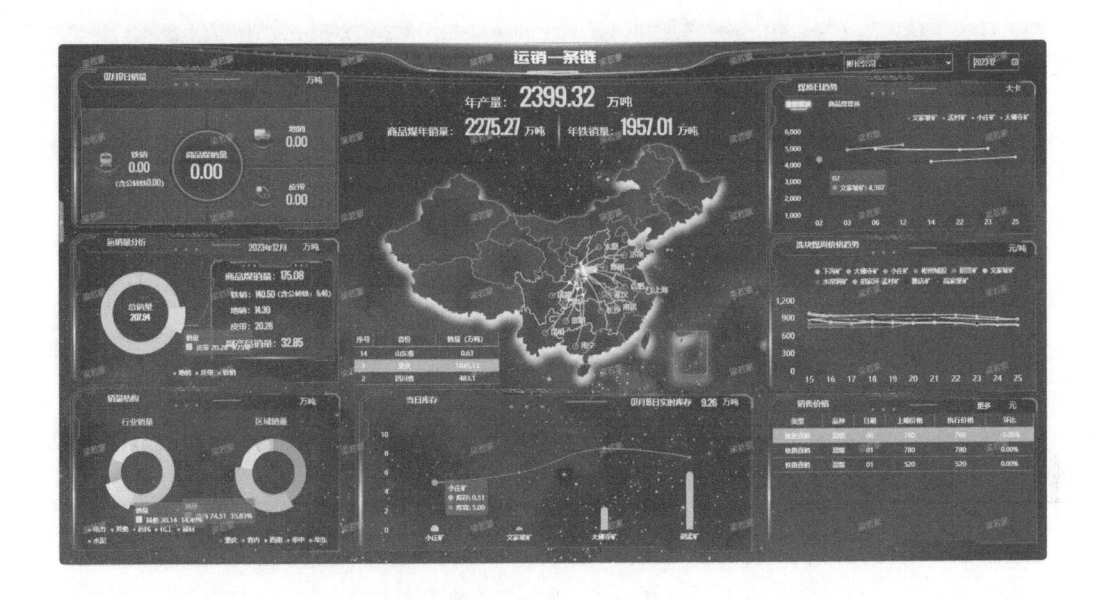

第6章　彬长矿区智能化经营管控体系建设

图 6-93　运销一条链

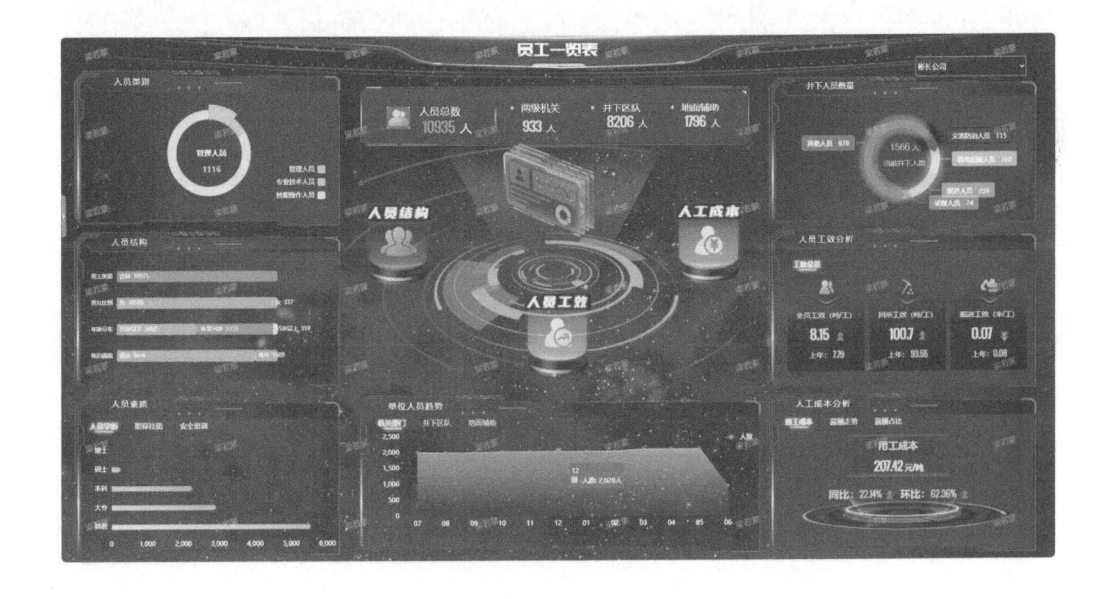

图 6-94　员工一览表

"资金一个池"(图 6-95)准确掌握公司资金流动情况,为公司生产经营进行合理资金规划,保障收支平衡,降低融资成本,提高经营效益。

"经营一盘棋"(图 6-96)呈现生产经营全过程财务实时管理,直观、动态地反映企业实时生产、经营、财务、利润情况;实现业财融合的一盘棋模式,多方面、全方位监控企业各层经营状况,提升科学决策能力。

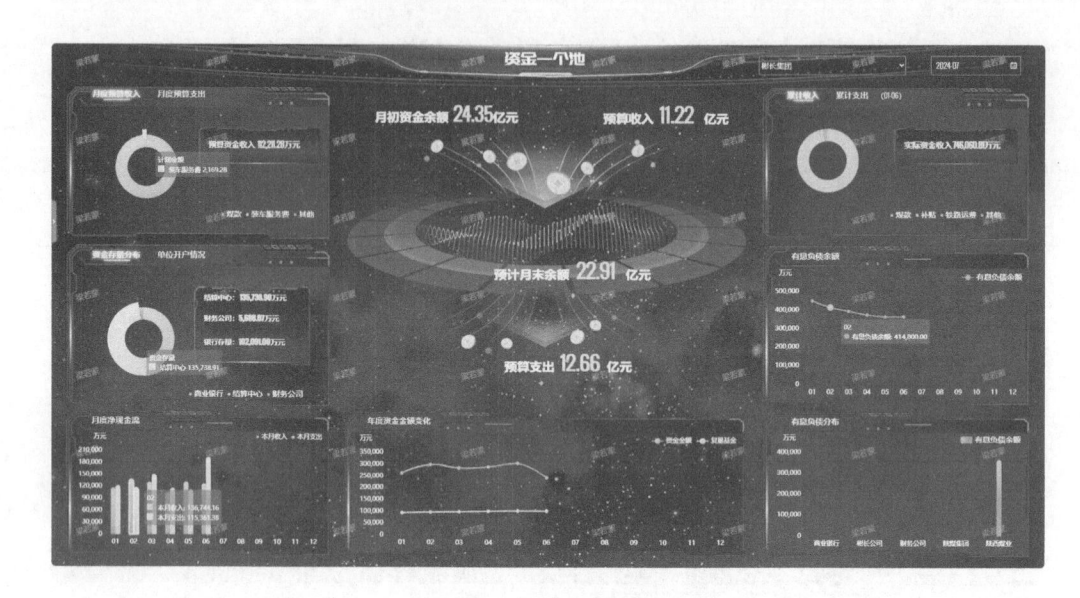

图 6-95 资金一个池

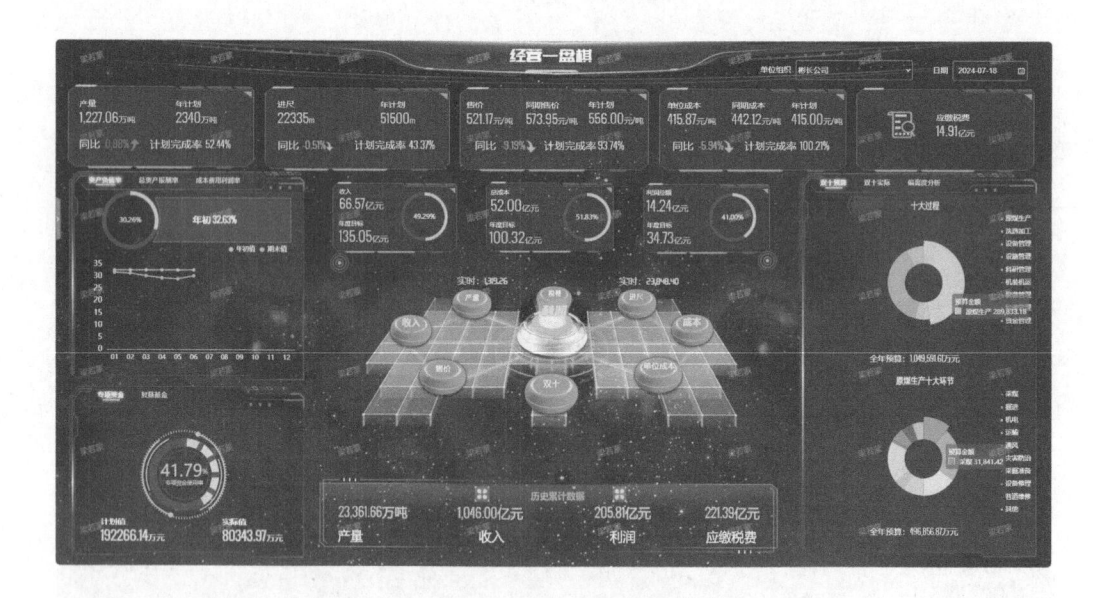

图 6-96 经营一盘棋

6.5 应用成效

(1) 优化资源配置,降低生产成本

以采掘智能辅助设计为基础,以"GIS一张图"为主线,形成了煤矿灾害治理规划、工作面采掘接续、重大设备接续、采掘队伍接续等全要素计划及资金投入计划。通过优化要素配置,减少了不必要的资源浪费,降低了生产成本,实现精准化和标准化的要素投入管理。比如,通过合理规划物资材料采购,实施闲置物资调配,2022年盘活闲置积压物资4 080万元,降低了矿井的材料成本支出。

(2) 业务财务融合,动态管控成本支出

利用信息化技术,为业务、财务的有效融合搭建起桥梁,一方面有利于业务人员直观地了解"干什么活、干多少活、花多少钱",做到心中有数;另一方面有利于经营管理人员更好地了解生产业务,知道"钱都花到哪里去了",从而实现煤炭成本动态化管控。通过业务量、成本消耗的数据集成分析,准确、全面地分析目标成本与实际成本的差异因素和形成原因,为企业的管理决策提供可靠依据,从而推动精细化成本管理的应用,使成本管理逐渐走向体系化、规范化、精细化。

(3) 产供销协同,效率效益双提升

通过产销联动、采供联动,实现产供销数据对接、业务衔接,通过系统集成,实现生产端与销售端信息数据的汇聚对接,其中请车、发运、质检时效比去年同期提升20%。通过外部市场数据的智能采集,及时掌握了解煤炭产品信息和流向,能积极响应市场需求,适时调整煤炭产品结构,生产适销对路的煤炭产品。2022年上半年实现块煤销售90.88万t,较上年同期多销30万t,对比混煤中长协价格,实现块煤增收1.46亿元。

(4) 高效采集数据,提高运营效率

内部市场化平台、煤炭产供销智慧联动管理平台的上线运行有效解决了人工手动操作效率低、时间长、错误率高等问题。平台上线运行后,彬长集团及所属矿井总体减少信息采集、整理、填报方面的工作岗位10个,每年可节省人工成本约200余万元。

第7章 彬长矿区智能化管控与治理建设

陕西彬长矿业集团有限公司通过智能化管控与治理模式的研究,以便实现彬长矿区的智能化建设需求、智能化投资建设以及IT运维管控,从而提供决策和执行上的有效保障,确保智能化投资可以有效产生业务价值。为此,针对彬长矿区的智能化管控与治理建设需要从智能化管控模式构建、智能化组织建设、智能化管控流程设计、智能化绩效管理、智能化标准规范和智能化保障措施六个方面着手建设,以便全方位实现彬长矿区高效、智能和安全的管控与治理[85]。

7.1 智能化管控模式构建

在管控模式研究中,集团管控是指企业总部为了实现集团的战略目标,在集团发展壮大过程中,对下属企业或部门采用层级的管理控制、资源的协调分配、经营的风险控制等策略和方式,使得集团组织架构和业务流程能够达到最佳运作效率的管理水平。

目前,集团管控模式主要分为三种类型。财务控制型:该类管控模式是以集团总部作为投资决策中心,以追求资本价值最大化为目标,管理方式以财务指标考核为主。战略控制型:该类管控模式以集团总部作为战略决策和投资决策中心,以追求集团公司总体战略控制和协同效应的培育为目标。运营控制型:该类管控模型以总部作为经营决策中心和生产指标管理中心,对企业资源进行集中控制和管理,以追求企业经营活动的统一和优化为目标。由于陕西彬长矿业集团有限公司采用"集团(彬长矿业集团)-子(分)公司(大佛寺矿业公司、胡家河矿业公司、文家坡矿业公司、孟村矿业分公司、小庄矿业公司、生产服务中心、救援中心等)-区队"的三级管控模式,因此属于运营控制型的集团管控模式。在此模式下,智能化应用主要体现在以下几个方面。

(1) 智能化管理

通过建立智能化管理信息系统,实现对企业资源的智能调度和管理。例如,利用智能化设备对生产现场进行实时监控,并及时调整生产计划和资源分配,以便提高生产效率和资源利用率。

(2) 智能化决策

通过智能化数据分析,为企业管理者提供科学决策支持。利用智能化数据分析模型对市场变化进行分析,以便帮助企业做出更准确的投资决策和市场预测。

(3) 智能化监控

通过智能化监控设备对企业的生产过程进行实时监控,及时发现潜在的安全风险和质量问题,避免事故的发生。

(4) 智能化沟通

通过智能化通信设备和软件平台,实现企业内部信息的快速传递和共享。例如,利用智能语音识别技术和通信平台进行企业内部会议记录和信息交流,以便提高沟通效率和质量。

(5) 智能化安全管控

通过智能化安全管理系统,对企业的生产过程进行全面监控和管理。利用智能化安全监控设备对企业的生产现场进行实时监控,以便及时发现安全隐患并采取相应的措施进行解决。

总体来说,通过将智能化技术手段与运营控制型的集团管控模式相结合,是进一步提高企业管理水平和效率、降低成本和提高竞争力的重要途径。

7.2 智能化组织建设

7.2.1 智能化组织机构规划

陕西彬长矿业集团有限公司为了能够高效和全面地开展矿山智能化建设工作,进行了智能化组织机构规划,明确目标和职责范畴,为深入推进两化融合奠定管理基础。

7.2.1.1 智能化组织能力

智能化组织的构建依赖于未来所需具备的智能化能力,而智能化能力的实现需要依托相应的组织机构进行保障。根据陕西彬长矿业集团有限公司的智能化发展定位,陕西彬长矿业集团有限公司应具备以下四类智能化能力。

(1) 战略与规划管理能力

战略与规划管理能力包括总体规划能力和架构与标准管理能力。其中,总体规划涵盖制定智能化战略、智能化规划管理、智能化创新管理、衡量智能化价值、宣传智能化愿景与目标、智能化制度管理、风险管理、需求管理和项目组合管理等方面。架构与标准管理涵盖应用架构、数据架构、基础设施架构、安全架构和智能化标准管理等方面。

(2) 建设与解决方案管理能力

建设与解决方案管理能力主要是提高项目管理、质量管理、项目群管理、项目收益管理、项目需求管理和应用开发管理过程的综合能力。

(3) 交付、支持与运维管理能力

交付、支持与运维管理能力主要是通过智能化技术,使彬长矿区具有服务交付管理、服务支持管理和运维管理等方面的综合能力。

(4) 智能化综合管理能力

智能化综合管理能力主要是通过智能化技术,实现包括智能化员工绩效考核、智能化员工职业规划管理、智能化资产管理、智能化知识管理、智能化预算管理、智能化采购管理、智能化供应商管理和智能化综合事务处理的能力。

7.2.1.2 智能化组织职责

陕西彬长矿业集团有限公司应成立对应的智能化组织机构,包括综合办公室、规划管理部、项目管理部、应用管理部、基础设施管理部和运维管理部,各部门主要职责如下。

(1) 综合办公室职责

综合办公室主要负责该部门对内、对外发函、申请和通知等文件的起草,协助部门各种智能化管理规章制度的建立、修订及执行监督。此外,负责部门对外联系和宣传工作,以及领导交办的其他事项。

(2) 规划管理部职责

规划管理部主要制定智能化管理制度和规范,并监督执行。此外,该部门编制智能化建设年度计划和年度报告,负责智能化风险管理和信息安全战略与规划,指导所属企业智能化规划管理,以及参与智能化服务标准和流程的制定和推行工作。研究、跟踪创新智能化技术,设计技术架构,并对所属企业智能化应用技术进行指导。参与制定企业智能化标准框架,并对应用系统的开发标准和接口标准、数据标准、基础设施标准等进行制定。对所属企业智能化应用系统平台的性能进行评估与优化,完成领导交办的其他智能化相关事项。

(3) 项目管理部职责

项目管理部主要负责收集智能化需求,跟踪各项目小组的工作状态,编制状态报告,分享智能化项目经验,审核项目进度和预算,协调解决建设中的重大问题。此外,项目管理部组织相关部门进行项目验收,对具体智能化项目进行管理,明确项目目标,建立执行计划,使用科学方法、工具和技能组织实施,跟踪项目情况,控制进度、成本、质量和范围。项目管理部还要参与智能化战略、规划、标准体系框架及管理制度、规范和年度计划的制定,完成领导交办的其他智能化相关事项。

(4) 应用管理部职责

应用管理部根据需求功能说明书进行系统开发、测试,不仅参与智能化服务标准与流程的草拟和推行工作、智能化战略与规划的制定、智能化标准体系框架的制定、智能化管理制度与规范的制定和智能化年度计划的制订,而且参与智能化应用系统平台的性能评估与优化,对所属企业智能化应用技术进行指导,完成领导交办的其他智能化相关事项。

(5) 基础设施管理部职责

基础设施管理部负责制定基础设施架构的发展战略规划与管理制度、智能化基础设施的建设、管理与运维工作,并进行项目管理工作,负责集团公司基础设施安全建设和信息安全管理日常工作,参与智能化服务标准、流程的草拟和推行工作、智能化标准体系框架的制定、智能化战略与规划的制定、智能化管理制度与规范的制定和智能化年度计划的制定,对所属企业智能化基础设施的相关工作进行指导,完成领导交办的其他智能化相关事项。

(6) 运维管理部职责

运维管理部制定和维护智能化服务目录,提供统一的服务平台,负责智能化系统权限变更的维护,向彬长公司用户提供桌面支持,制定并实施彬长公司防病毒策略,参与服务水平协议的制定执行、智能化服务标准、流程的草拟和推行工作、智能化战略与规划的制定、智能化标准体系框架的制定、智能化管理制度与规范的制定和智能化年度计划的制订,并对所属企业智能化技术支持相关工作进行指导,完成领导交办的其他智能化相关事项。

此外,陕西彬长矿业集团有限公司下属二级单位,可以根据自身情况决定是否成立智能化部门,但必须有专兼职的智能化人员负责智能化需求收集,并负责本单位智能化系统的规划、建设、应用和运维等管理工作。

7.2.2 智能化人力资源建设

企业智能化建设是一项错综复杂的系统工程,它需要跨部门、跨系统地进行多年的迭代完善。在这个过程中,企业需要利用计算机、网络和通信等现代信息技术,对信息资源进行深度开发和广泛利用,不断提高生产、经营、管理、决策的效率和水平,从而提高企业经济效益和企业核心竞争力[86-87]。

由于企业智能化建设任务的多样性,所以需要的智能化人才同样具有多样性和多层次性。企业智能化人才大致可以分为如下四类。

(1) 智能化管理类人才

该类人才是指那些负责企业智能化建设管理任务的专业人才。这些人才是高度复合型的,他们不仅具备扎实的智能化技术知识,还拥有丰富的管理经验和战略眼光。他们是企业智能化战略的规划者和组织者,负责制定并实施智能化建设的计划和方案,以推动企业的智能化发展。这些人才通常需要具备跨学科的知识和技能,包括计算机技术、网络通信技术、自动化技术、管理科学和商业智能等领域的专业知识。他们的主要任务是帮助企业实现智能化转型,提高生产效率、降低成本、优化资源配置和提升市场竞争力。

(2) 智能化技术应用和服务人才

该类人才是指在企业生产、经营和管理各领域中,运用智能化技术和提供智能化技术服务的人才。这些人才不仅需要具备扎实的智能化技术知识,还需要具备丰富的实践经验,能够将智能化技术应用于企业实际工作中,提高企业的生产效率、管理水平和市场竞争力。智能化技术应用和服务人才的具体职责包括为企业承担智能化系统的规划、设计、建设、运营和维护等工作,通过提供专业的智能化技术服务,不断推进企业的智能化发展。

(3) 智能化技术研究、开发和推广人才

该类人才是指在企业中从事智能化技术研究和开发的专业人员。这些人才通常具备深厚的计算机科学和智能化技术知识,能够在企业中为智能化技术的发展和应用提供支持。他们的职责包括研发新的智能化技术产品,优化现有技术,提升企业智能化水平,以及为企业提供智能化教育及人才培训。这类人才通常需要具备高度的专业知识和技能,能够在企业中为智能化技术的研发和应用提供战略支持,并推动企业的智能化发展。

(4) 一般智能化技能应用人才

该类人才是指那些在企业中从事基本智能化工作,并具备一定智能化技能的人才,包括拥有智能化素质的普通员工等。这些人才通常具备基本的智能化技能和知识,能够熟练地运用智能化设备和系统完成日常工作任务。他们的职责包括操作智能化设备、监控智能化系统运行状态、优化智能化系统性能等。这些人才在企业中发挥着不可或缺的作用,是推动企业智能化发展的关键力量之一。

其中,前三类智能化人才是推动智能化进程的骨干力量,第四类人才是智能化建设的基本力量,在智能化的推进中同样起着重要作用。因此,建立企业自己的多层次智能化人才队伍是企业智能化成功的关键。

(1) 智能化人力资源面临的问题与解决办法

目前,陕西彬长矿业集团有限公司在智能化人力资源建设方面主要面临以下三个问题:人力资源供应紧张,智能化技术人员的招聘存在困难;对智能化技术人员缺乏专业知识和技能培训,可能会影响他们在实际工作中发挥出最大的能力;缺乏对智能化技术人员的职业发展规划,可能会影响他们的工作积极性和长期发展。

为了解决上述三个问题,促进陕西彬长矿业集团有限公司在智能化技术领域的持续发展和提升,陕西彬长矿业集团有限公司需要从人才培育机制、人才使用机制、人才配置机制和人才激励机制四个方面入手。

① 人才培育机制。以提升智能化人才的专业技能和创新能力为目标,根据不同类型和层次的人才,采取多元化的培育方式。该方式包括企业内部培训、外部研修和技术交流活动等多种形式,旨在培养出一批具备专业知识和实践经验的智能化人才。

② 人才使用机制。通过建立健全的评价体系,根据智能化人才的贡献和价值,公正、公平地评价各类人才的作用。同时,以项目为载体,让优秀智能化人才在实践中脱颖而出,发挥他们的才能。

③ 人才配置机制。在智能化人才配置方面,充分发挥市场的作用,优化人才的配置。通过建立智能化人才库和人才流动机制,吸引和补充紧缺的智能化人才。同时,也要打破地域、身份等限制,促进智能化人才的合理流动。

④ 人才激励机制。为了激发智能化人才的积极性和创造力,需要建立一套完善的激励机制。该机制包括物质激励、成长激励、精神激励和环境激励等多种方式。例如,设立智能化人才奖励制度、提供更多的学习和发展机会、营造积极向上的工作氛围等。

通过上述四个方面的努力,陕西彬长矿业集团有限公司建立了一套完整的智能化人才发展体系,为企业的智能化发展提供有力的人才保障。

(2) 智能化技术人员职业发展规划

智能化技术人员的职业发展是一个持续增强自身技能,进而在更高层次或更专业的职能岗位上实现自我提升的过程。为此,陕西彬长矿业集团有限公司根据自身的业务需求,并充分结合智能化技术的发展规律,制定出了一套智能化职能岗位和业务级别体系。该体系为智能化技术人员的职业发展提供清晰、明确的路径和指引,如图 7-1 所示。

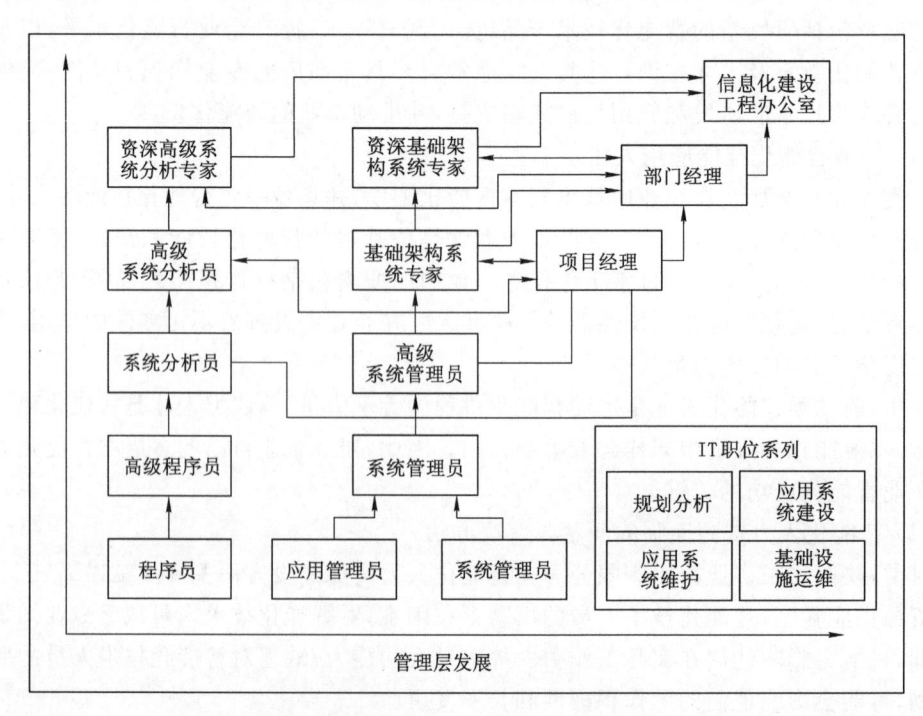

图 7-1 智能化技术人员职业发展规划

第 7 章　彬长矿区智能化管控与治理建设

针对智能化技术人员进行专业知识和技能的培训是一项系统性工作,一般的培训工作主要包括以下四个方面的内容,如图 7-2 所示。

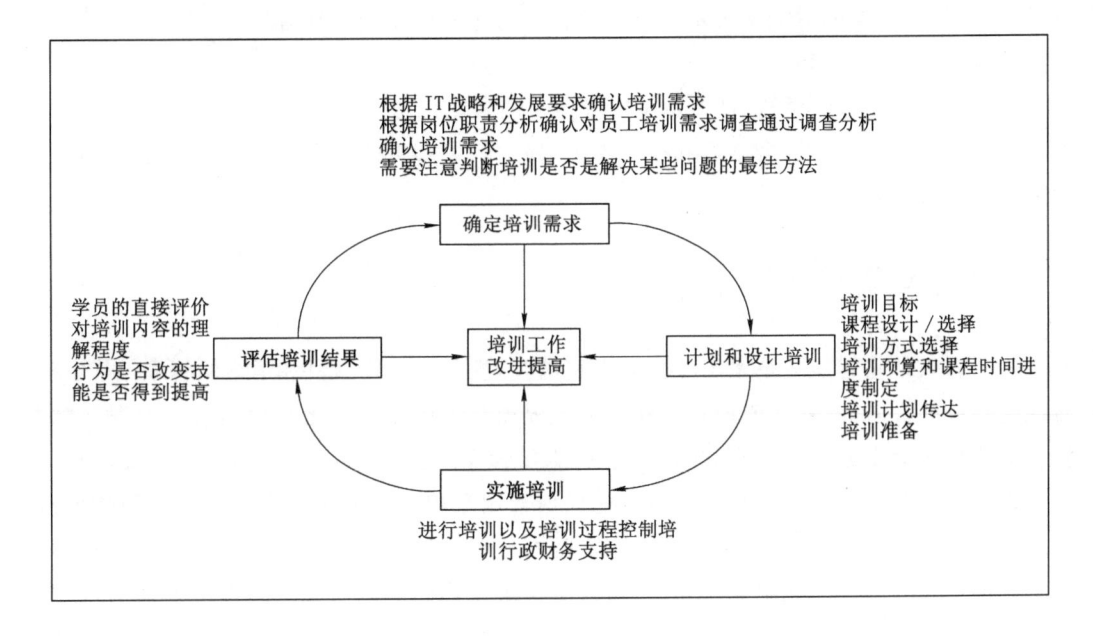

图 7-2　专业知识和技能的培训

① 确定培训需求。通过了解智能化技术人员的实际需求和当前的知识和技能水平,确定培训的目标和内容。

② 计划和设计培训。根据培训需求,制订详细的培训计划,主要包括培训的时间、地点和内容等。同时,根据培训的目标和内容,设计和开发相应的培训课程和材料。

③ 实施培训。根据制订的计划,进行培训的实施工作,主要包括讲师的安排、场地布置、学员的招募和培训管理等。

④ 评估培训结果。培训结束后,对培训的效果进行评估,主要包括学员的反馈和培训后的工作表现等。通过评估结果,可以了解培训的效果和不足之处,为今后的培训工作提供参考。

智能化技术人员需要具备智能化管理、专业技能和业务知识等多个方面的专业知识和技能。因此,在培训课程的设计方面会综合考虑,以便提供全面的培训服务。具体来说,培训课程主要包括以下四个方面的内容。

① IT 管理类。该类课程内容主要包括 IT 战略规划-企业智能化建设路径指南、智能化的商业价值、IT 项目管理(CMMI 体系)、IT 服务管理(ITIL 体系)和 IT 安全管理体系等课程,这些课程可以帮助智能化技术人员了解智能化管理的理论和实践,提高他们的管理能力和水平。

② IT 专业技能类。该类课程内容主要包括智能化系统需求分析、智能化系统设计和开发、系统测试方法和网络建设规划等课程,这些课程可以帮助智能化技术人员提高他们的

技术水平和应用能力，使其能够更好地应对工作中的挑战。

③ 业务知识类。该类课程内容主要包括研发管理、供应链管理和市场及营销管理等课程，这些课程可以帮助智能化技术人员了解企业的业务运作和管理，提高他们的业务素养和服务质量。

④ 其他类。该类课程内容主要包括流程管理和优化沟通技巧等课程，这些课程可以帮助智能化技术人员提高综合素质和工作能力，使他们能够更好地与同事、客户和其他利益相关者进行沟通和合作。

7.3　智能化管控流程设计

为了有效地将智能化技术与业务需求相结合，规范智能化项目和运维的管理，以及确保智能化服务的及时提供，需要通过建立相关流程和制度构建智能化管理体系[88]。基于陕西彬长矿业集团有限公司治理现状，设计了智能化管理流程图，如图 7-3 所示。在此基础上，详细设计和制定了当前迫切需要的智能化规划管理流程和下属企业智能化项目审批流程。其中，智能化规划管理流程主要用于制定陕西彬长矿业集团有限公司的总体智能化规划，并审批各所属企业的智能化规划，使之与陕西彬长矿业集团有限公司总体业务发展方向相匹配；下属企业智能化项目审批流程主要用于集团公司信息管理部审批所属企业的智能化项目预算，预算表经过信息管理部及公司领导审批同意之后正式下发，并允许所属企业依照执行。

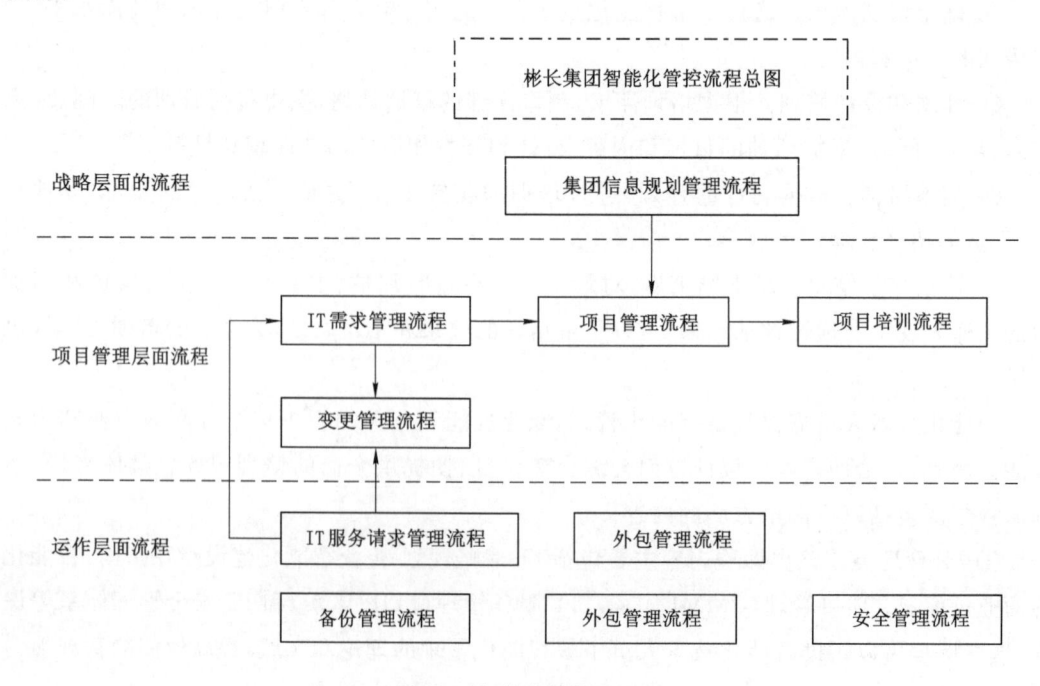

图 7-3　智能化管控流程图

7.4 智能化绩效管理

绩效管理是管理者与员工之间就目标如何实现达成共识的过程,是一种能够增强员工实现目标的管理方法,同时也是推动员工取得优异绩效的管理过程。高效的绩效管理体系对于企业运营目标的实现至关重要。

智能化绩效管理通过分析大量数据,进而预测员工的绩效表现和未来的发展趋势,从而为企业提供更客观、准确的评估指标。通过自动化处理,智能化绩效管理减少了人为干预和误差,提高了绩效管理的效率和准确性。同时,根据员工的个性化需求和特点,智能化绩效管理还能进行个性化的评估管理,从而提高员工的满意度和忠诚度。通过实时监控和反馈机制,智能化绩效管理还能及时发现和纠正员工的不足之处,进而提高员工的绩效表现和工作效率。

陕西彬长矿业集团有限公司的智能化绩效考核体系涵盖了多个层面,主要包括公司对所属企业的智能化考核、企业内部对各部门的智能化考核,以及针对企业全体员工的考核。为了实现这些考核的合理性和有效性,必须构建完善的智能化绩效管理体系。该体系主要包括以下四个环节的内容。

(1) 关键绩效指标的确定

关键绩效指标的确定是智能化绩效管理体系的基础,主要包括关键绩效指标设计、权重设计以及评判标准的确定。这些关键绩效指标直接与公司的战略目标和业务目标相关联,以确保员工和部门的行为与公司的整体战略保持一致。其中,关键绩效指标的确立需要综合考虑多方因素。平衡计分卡的使用使得陕西彬长矿业集团有限公司可以在原有注重结果性考核机制的基础上,同时对内部运作过程的优化以及执行能力的提升进行考核管理,从而更好地保障绩效结果的实现。绩效指标分析和设计的主要步骤如下所述。

① 主题树分解:通过主题树分层分解的方法,对战略措施进行层次化分解,形成智慧化绩效指标库。

② 落实责任主体:分析部门职责设定及其在工作流程中与上下级、同级单位的功能界面划分,然后具体确定承担各指标的责任主体。

③ 筛选关键指标:根据重要性、可控性和可衡量性三项标准,确定关键绩效指标(KPI),并对指标进行定义和评价标准设定。部分关键绩效指标如表7-1所示。

表 7-1 关键绩效指标

编号	所属类别	指标名称	单位	定量/定性	指标计算公式	考察目的
1	有效规划并评估智能化战略	是否具备中长期滚动规划及实施蓝图		定性	是否有依据业务需求,成文的、专门制定的中长期智能化规划及实施蓝图	衡量对智能化规划的重视程度
		智能化投入总额占固定资产投资比重	%	定量	(智能化投入总额/固定资产投资额)×100%	衡量公司在财力上对智能化的支持程度

表 7-1(续)

编号	所属类别	指标名称	单位	定量/定性	指标计算公式	考察目的
2	增强智能化管理和控制能力	是否具有明确的管控组织与流程		定性	是否具有统一的、明确的管控组织、管控模式、权责划分及相应流程	衡量智能化建设的规范性
		智能化项目规划实施率与完成率	%	定量	(已完成的智能化建设项目/智能化规划的总实施项目)×100%	考虑智能化项目的执行度
		信息系统战略规划外项目比例	%	定量	(未列入智能化战略规划的信息类项目个数/信息类项目总数)×100%	衡量智能化战略的执行效果,如智能化战略规划制定合理,则规划范围外的信息类项目应该限定在很小的范围内
		按计划按时完成的信息项目比例	%	定量	(按时完成的信息类项目个数/信息类项目总数)×100%	衡量信息类项目的执行效率,最佳值为100%
		预算内完成的信息项目比例	%	定量	(在预算内完成的信息类项目个数/信息类项目总数)×100%	衡量信息类项目的预算执行效果,最佳值为100%
		人员绩效达标率与激励措施的匹配率	%	定量	是否有IT人员绩效考核指标,指标的达标率	考量人员积极性与工作质量
3	拥有优质的服务与资产管理水平	IT服务满意率	%	定量	服务满意率调查结果	衡量IT客户服务满意度
		信息终端使用者问题及时解决率	%	定量	(在固定时间内解决的终端使用者问题/终端使用者问题总数)×100%	衡量对信息系统终端使用者问题的解决效率,最佳值为100%
		主要信息类设备(如服务器)的故障停运时间	天/百台	定量	$\sum$每个设备的故障停运时间/(设备总数/100)	衡量关键信息类硬件设备的运行可靠性,此值越小越好
		IT硬件资产的有效利用率	%	定量	(正使用的IT硬件资产数量/未过使用年限的总IT资产硬件数量)×100%	衡量IT硬件资产的有效利用率

在形成完善的绩效指标库后,还需要设定合理的目标值。绩效指标目标值的确定主要基于客观的基准值,并根据发展需要进行合理提升。

(2)绩效管理办法的制定

绩效管理办法的制定是智能化绩效管理体系的重要环节,涉及确定绩效管理的流程、考核管理的相关办法、考核周期以及相对应的沟通机制。这些管理办法明确了员工和部门在实现公司目标过程中的角色和责任,同时提供了清晰的指导和反馈机制,以确保员工能够及时了解自己的工作表现,并做出相应的改进。

(3) 考核结果的应用

考核结果的应用是智能化绩效管理体系的关键环节。根据考核结果,陕西彬长矿业集团有限公司可以采取相应的措施进行奖惩,例如薪酬的增减、对相关人员和部门提供培训和进行岗位调整等。此外,考核结果还可以为改善业务流程和管理制度提供基础信息,帮助公司识别需要改进的领域并制定相应的解决方案。

(4) 绩效管理体系的维护和更新

随着公司战略目标和业务环境的变化,智能化绩效管理体系也需要做出相应的调整,以保持其有效性。这需要信息管理部门和其他相关部门密切合作,并根据公司的实际情况,对智能化绩效管理体系进行调整和完善,以实现最佳的绩效管理效果。

在智能化绩效考核体系中,除了对信息管理部门的考核外,还涉及对业务部门的考核,例如在智能化建设过程中业务部门的参与度等。陕西彬长矿业集团有限公司通过建立一套适用于业务部门的智能化绩效考核指标和标准,以反映其在智能化建设中的贡献和效果。同时,建立了相应的激励机制,鼓励业务部门积极参与智能化建设,并为其提供必要的支持和资源。

综上所述,陕西彬长矿业集团有限公司通过构建完善的智能化绩效管理体系,将绩效考核与智能化紧密结合,以实现公司整体战略目标和业务目标的有效达成。上述管理体系的应用需要信息管理部门、人力资源部门和企业管理部门等各相关部门的密切合作和协调,以确保智能化绩效考核体系的有效性和实施效果。

7.5 智能化标准规范的制定

企业智能化过程实际上是企业标准建设的过程,因此需要依据企业智能化建设过程中的一般规律、基础要求和共性需求设计和制定智能化标准规范。这个规范是企业智能化建设和智能化信息技术应用的重要基础,也是保障企业智能化建设成功的重要准则。

上述智能化标准规范的制定是以《中华人民共和国标准化法》及其配套法规中规定的标准制定原则为依据,充分吸收了国际、国家和行业标准,并结合企业特点和业务需求,最终形成了一套完整的智能化标准体系。通过这个体系的实施,力求做到协调配套、结构合理和科学有序,既满足陕西彬长矿业集团有限公司近期的智能化建设需要,又具备长远发展所必需的前瞻性。

智能化标准体系的总体框架按信息技术的本身属性进行划分,由信息技术基础标准、信息网络标准、信息资源标准、应用标准、信息安全标准和管理与服务标准6个类别构成。具体各类别的规范内容如表7-2所示。

表 7-2 陕西陕煤彬长矿业有限公司智能化标准规范体系

序号	一级分类	二级分类	规范内容	备注
1	信息技术基础标准	术语标准	信息系统、信息技术、分类编码、软件工程、电子商务等方面的专业术语。目的是避免对信息技术主要名词、术语和技术词汇的歧义性理解	
		软件工程标准	包括软件工程基础标准、软件过程标准、软件质量标准、软件工程技术与管理标准、软件工程工具与方法标准和数据处理标准等	用于企业内部自行开发软件过程管理
		硬件环境标准	主要为计算机场地(机房、数据中心、灾备中心)的技术要求和规范	
2	信息网络标准	网络接口标准	主要包括各种同构异构网络的互联接口,屏蔽各种物理网络技术的差异	
		传输与接入标准	主要包括有线、无线、光纤、电缆等网络的传输与接入	
		网络管理标准	主要包括信息网络管理、监控、维护标准	
		网络工程标准	主要包括综合布线标准和其他网络工程标准	
3	信息资源标准	信息分类与编码标准	将具有某种共同属性或特征的信息归并在一起,通过其类别的属性或特征来对信息进行区别,以满足公司智慧化建设互联互通、资源共享和信息交换与处理的需要	数据标准化基础
		元数据标准	通过对元数据及其属性的规范化,使不同用户对统一数据拥有一致的理解,表达和标识,实现不同系统的集成与数据共享	
		业务文档格式标准	包括利用各种描述技术定义的业务文档格式标准	
4	应用标准	基础软件标准	包括操作系统、数据库、中间件等基础软件标准	
		支撑服务标准	解决资源共享、信息交换、业务访问、目录服务等应用关键问题的标准	如IM,Mail,OA等支撑服务系统
		信息集成平台标准	包括信息门户,应用集成,数据交换,数据中心等相关领域的标准	如Portal,SOA平台等信息集成平台
		业务应用标准	各业务应用系统,如财务、人力、运销系统建设所需的技术标准,建设规范和管理规范	
5	信息安全标准	安全基础标准	主要包括安全的基本术语表示、安全模型、安全框架、安全体系等与安全相关的基础标准	
		物理安全标准	从物理角度阐述安全的保障标准,包括安全的物理建设标准、机房安全标准、数据中心安全标准、灾备中心安全标准等	

表 7-2(续)

序号	一级分类	二级分类	规范内容	备注
5	信息安全标准	网络安全标准	与网络相关的安全技术标准,包括 VPN 标准等	
		系统安全标准	包括操作系统安全、数据库安全、终端桌面安全等方面的标准和规范	
		应用安全标准	包括应用系统安全机制与安全等级等	
		数据安全标准	主要包括数据安全,数据加密的相关标准,为数据安全提供保障	
6	管理与服务标准	通用管理标准	信息项目规划、计划立项与审批、招投标、系统设计、系统建设实施、监理、验收、评价等方面的标准与规章制度	
		IT 服务管理标准	基于国际先进标准 ITIL 的陕西陕煤彬长矿业有限公司服务管理模型,提高集团 IT 服务管理水平	

智能化标准体系的构建是一个不断演进和动态更新的过程。随着信息技术的持续创新和智能化建设的逐步深化,对智能化标准体系进行动态管理和优化变得至关重要,以确保其实时性和有效性。该标准体系的制定和发布仅仅是第一步,更为关键和长期的任务是进行标准体系的日常维护、定期评估和修订,以确保其与企业信息系统建设和业务应用需求保持一致,并保障标准的可行性和准确性。为了贯彻"一标制"原则,智能化标准体系的动态管理和维护工作在陕西彬长矿业集团有限公司智能化管理部门的统一组织下有序进行[89]。

7.6 智能化保障措施

建立彬长矿区的智能化保障措施是为了确保智能化标准体系得以有效实施,智能化保障措施结构如图 7-4 所示,主要包括以下几方面。

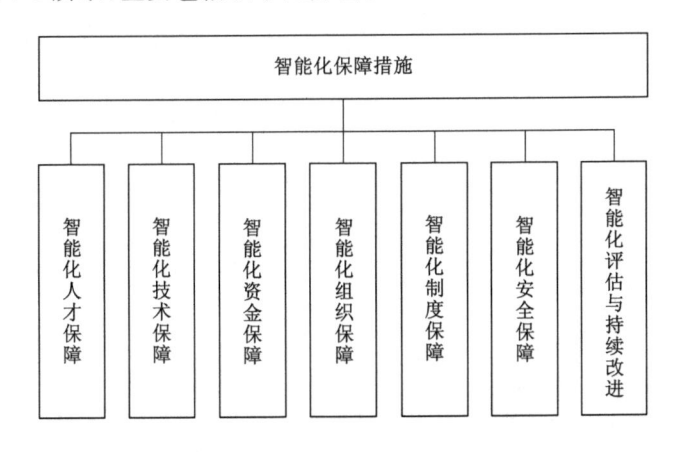

图 7-4 智能化保障措施结构图

(1) 智能化人才保障

通过加强智能化人才引进和培养,建立一支具备智能化思维、掌握智能化技术和熟悉智能化业务的专业团队。

(2) 智能化技术保障

积极引进和研发先进的智能化技术,主要包括人工智能、大数据、云计算和物联网等,为智能化标准体系的实施提供技术支持。

(3) 智能化资金保障

为智能化标准体系的制定、实施和维护提供充足的资金支持,确保资金来源稳定、使用合理和管理规范。

(4) 智能化组织保障

通过建立健全智能化管理组织体系,明确各级责任和分工,加强跨部门、跨领域的协作配合,形成智能化标准体系实施的合力。

(5) 智能化制度保障

制定和完善智能化相关的制度规范,主要包括智能化系统的规划、设计、开发、测试、部署、运行和维护等方面,以便明确智能化标准体系在各环节的应用要求和执行标准。

(6) 智能化安全保障

通过建立健全智能化安全保障体系,加强信息安全、系统安全和数据安全等方面的管理和防护,以便确保智能化系统的稳定性和安全性。

(7) 智能化评估与持续改进

通过对智能化标准体系的实施效果进行定期评估和检查,及时发现和解决问题,从而不断提升智能化标准体系的实用性和有效性。

总体来说,通过上述智能化保障措施的实施,可以有力地推动智能化标准体系在彬长矿区的落地和应用,为陕西彬长矿业集团有限公司数字化转型和高质量发展提供有力支撑。

第8章 彬长矿区所属单位智能化建设成果及常态化运行管理

陕西彬长矿业集团有限公司认真落实国家八部委《关于加快煤矿智能化发展的指导意见》、国家能源局及国家矿山安全监察局《智能化煤矿建设管理暂行办法》和陕西煤业"智能矿井、智慧矿区、一流企业"的总体要求,始终把加快"四化"建设作为优化布局调接续、减人提效的重要途径,作为实现灾害超前预防和综合治理的关键支撑。围绕"顶层设计、整合集成、持续投入、全面提升"思路,按照"顶层设计+精准投入"的建设原则,设计了涵盖"一平台、一朵云、一张网、六大板块、五化融合、八链互补"的111658智慧矿区顶层架构及配套的智能化建设实施方案,有力推动彬长矿区智能矿井、智慧矿区建设跨上新台阶。截至2022年,小庄、文家坡、大佛寺、胡家河和孟村5对矿井全部实现智能化矿井建设目标,小庄矿建成国家Ⅱ类高级智能化矿井,其他矿井建成国家Ⅱ类中级智能化矿井。

8.1 小庄矿智能矿井建设成果

小庄矿业公司隶属于陕西彬长矿业集团有限公司,设计生产能力6.00 Mt/a,服务年限67年。井田面积46.23 km²,煤层平均厚度18 m,可采储量5.4亿t。矿井自投产至今,累计生产煤炭2 530万t,实现营业收入86亿元。小庄矿业公司的井田东西长6.5 km,南北宽约7.0 km,井田面积45.82 km²,位于彬州市义门镇,矿井地质储量920.89 Mt,可采储量544.96 Mt。该矿井始建于2010年5月1日,2019年10月24日通过项目验收,设计生产能力6.00 Mt/a。

小庄矿业公司采用立井单水平开拓,共开凿四条井筒,分别为主立井、副立井、白家宫进风立井和回风立井。全井田划分为5个盘区,目前在二、三盘区进行采掘活动,三盘区布置1个40309采煤工作面,采用走向长壁综合机械化放顶煤开采,全部垮落法管理顶板。井下共有4个综掘工作面,其中二盘区西翼布置1个综掘工作面,三盘区西翼布置2个综掘工作面,东翼布置1个综掘工作面。矿井煤层稳定,褶曲影响很小,断层影响很小,陷落柱影响很小,围岩较稳定,对采掘有一定影响,主采4煤层属Ⅰ类易自燃煤层,瓦斯等级鉴定为高瓦斯矿井。此外,该矿井煤尘具有爆炸性,水文地质类型为复杂型,4煤层及其顶底板均具有中等冲击倾向性,弱煤尘爆炸危险性,矿井一级热害。

8.1.1 典型建设成果

"5G+智慧矿区"陕西省试点示范项目,通过"生产导入"和"应用研究"并行的模式,快速促进通信产品利用第五代通信技术的"广连接、大带宽、低时延"特点,提升小庄矿信息基础设施和机房水平。此外,通过嫁接5G一体式高清工业摄像仪和5G一体式红外热成像摄像仪,进行井下高清视频图像5G传输应用;利用5G-IoT多参数无线传感器进行数字孪生工作面的生产执行、移动端应用和智慧矿区安全生产VR仿真培训等任务工作,丰富传统复杂地质条件下矿井生产智能化和安全管理方法和手段,为在陕西乃至全国复制推广奠定数据基础和生产经验。

根据彬长矿区智能矿井的建设要求,掘进工作面和综放工作面各一条作为示范点,建成矿井5G通信基础设施以及配套5G生产平台和调度环境,实现了示范的多场景高清视频分析系统、无线全感知安全生产系统和数字孪生工作面生产执行系统等应用场景[90-91],如表3-1所示。

应用研发类建设涉及5G通信质量优化、采掘图像识别与优化、高清图像解析与预警、全感知系统预测模型优化、全感知环境安全5G-IoT传感器研发和智能预警模块+数字接口等智能应用内容。

(1)矿井5G通信基础设施

利用5G无线网络的"覆盖广、低时延、低功耗"技术提升小庄矿业的信息基础设施水平,建设智慧矿区生产指挥系统和智能矿井生产执行系统所必要的网络基础设施。通过独立部署的网络边缘计算MEC实现各个应用场景的信息交互从集中式数据中心下沉到矿井网络边缘端,在靠近矿井生产执行的网络边缘端提供IT和云计算的能力,达到高带宽、低延迟、近端部署的效果,并通过MEC单元、IPRAN交换机、基带处理单元(BBU)、扩展单元(FSW)和远端射频单元(pRRU)组成。BBU与FSW间通过光纤相连,FSW与pRRU通过光纤/光电混合缆相连的一站式解决方案,实现高清摄像头、采掘和机电设备、环境安全及地压应力传感器、生产智慧和应急指挥管控等信息数据实时传输、分析和管理。用户可按矿区定制需求访问不同网络,在兼顾矿区专网和公网业务的同时,实现矿区范围的网络隔离,保证了矿井生产指挥和执行数据的安全性和隔离性。

(2)多场景高清视频分析系统

多场景高清视频分析系统利用5G无线网络技术,能够彻底解决4G仅提供2~4个高清摄像头数据传输的尴尬局面,以及高清图像实时传输的延迟问题。同时,可见光和红外高清摄像头可以通过5G无线方式接入通信网络,解决掘进工作面视频移动设备的撤布线困难和线缆易松脱的问题。针对现场采掘图像进行工作面设备状态、人员操作和故障报警等智能分析,可实现工作面24 h全方位、无死角的实时监控,解决当前各类巡检机器人造价高、充电慢、改造工程量大、运维复杂和巡线死角多等问题。

(3)无线全感知安全生产系统

根据陕西彬长矿业集团有限公司智慧矿区和智能矿井信息化建设要求,利用5G等无线通信网络技术,实现有关矿井工作面和机电环境的瓦斯、通风、地音、微震、应力、矿压和水文等生产安全感知信息的无线化实时采集和传输,以便解决多类型数据孤岛和日常巡检、生产搬运等工作量较大的问题。此外,通过利用基于OPC-UA技术和无线通信技术的4D-GIS全感知系统,实现多源异构数据的实时分布式存储和安全智能分析,以便解决当前因系统孤立和无法协同分析生产环境、地质条件和水位信息背后潜在的安全风险与隐患问题。

(4)数字孪生工作面生产执行应用系统

5G数字孪生工作面生产执行系统主要解决"环境-装备-工艺"的相互关系。通过对掘进工作面物理数据、虚拟数据,环境数据、图像数据、知识与服务数据的融合交互,实现动态场景的智能应用。具体来说,该系统将5G无线技术与数字孪生技术相融合,形成物理体数据、虚拟体数据和能量信息间的动态交互,实时反映采掘工作面及设备的实时运行状况、实时性能、环境参数和突发扰动等的动态过程数据,形成物理模型相关数据,最终实现掘进工作面生产、设备的安全管理,具体功能如图8-1所示。

图 8-1 工作面三维现实+数字孪生监管

8.1.2 示范应用与项目效果

"5G+智慧矿区"示范项目依照"总体规划、分步实施、因地制宜、效益优先"的原则,利用5G无线通信技术、MEC架构、超融合架构、大数据、图像识别、分布式计算、4D-GIS和数字孪生等先进技术,构建了高效的智能化生产管理系统和科学防灾治灾基础[92]。该项目建成后,实现了基于数字孪生信息采集和图像感知的采掘系统、"三机"系统、主通风系统与供配电系统等,并针对氧气、粉尘、一氧化碳、甲烷、硫化氢和二氧化碳等有害气体信息进行实时监测及预控。利用数据驱动和智能创新等方式,改造传统管理与生产模式,将煤矿数据转化为核心资源优势,实现技术、设施、资金、人才和服务等资源的优化配置,从而提升管理和煤炭生产的精细化,让数据成为引领发展的新动力[93]。

具体示范性应用内容如下所述。

(1) 井下高清视频图像的5G传输应用

通过可见光和红外线高清摄像仪,形成对采煤机、掘进机、顺槽胶带、设备硐室和中央变电所等移动或固定设备的状态监测,进行矿井生产过程、环境安全的有效采集和分析预警,并以4D-GIS和数字孪生形式展示。

(2) 安全监测泛在感知物联网应用

在现有OPC-UA、CAN、Modbus等工业总线和ZigBee、LORA、5G-IoT、Wi-Fi等工业无线监测系统的基础上,研发基于5G-IoT技术的环境安全信息多参数一体化无线传感器。通过在地面融合安全、地质、水文、冲击地压和顶板等灾害监测子系统,形成超融合标准化数据存储和安全监测泛在感知物联网应用系统,从而实现矿井生产现场环境安全的有效分析和早期预警。

(3) 5G数字孪生工作面生产系统应用

通过生产过程中采掘装备和配套设备的系统模拟和在线更新,融合4D-GIS技术和虚拟现实(VR)技术,搭建基于5G的全感知、高清视频以及生产执行子系统,形成可靠的工作面数字孪生生产管理系统。通过井上3D数字孪生和VR大屏,展现矿井安全生产设备的运行状态,并实现采煤生产和环境的安全预测、计划调度、突发事件预警和应急处置功能。

通过"5G+智慧矿区"示范项目的实施,形成了"1中+4全"的小庄模式,即全部中国芯、数据全感知、生产全孪生、安全全覆盖和运营全管控。项目成果在国际和国内首次实现了以下突破。

通过探索适合关中矿区复杂地质条件环境的"5G+智慧矿区"建设方法和路径,实现小庄矿的管理协同化、资源利用高效化、业务智能化和服务便捷化,形成有效的煤炭安全生产在线监控、智能分析、动态评价、超前预警和应急响应等智能运维和智慧管理的"彬长模式",为彬长矿区的智能化发展和陕煤股份"四化"建设积累经验。

通过安全风险分级分类与分析预警、井下危险区域实时监测、生产设备全生命周期管理和故障识别、矿井人员追踪管理等落地验证。提供了可靠的面向国家矿山能源多元灾害环境的工业互联网+安全生产解决方案。

利用"数字化""网络化"和"智能化"的智慧矿山实施路径,形成"1+1+1+1+N"模式,即1个基础、1朵云(混合云)、1个信息共享综合管控平台、1个生产一体化协同平台和N个应用(智能综合管控的生产执行系统、经营管理系统、决策支持系统、安全管理系统、远程监控及维护系统、统计分析与预测系统、移动智能终端App)的智能矿井,实现生产智能监控、设备智能管理与监控、安全智能监控、应急智能指挥、风险分级预警与隐患排查、综合集团驾驶舱、报表统计和数字孪生与仿真等功能。

通过更新井下综采面、掘进面和中央变电所的煤矿设施,形成了可靠的数字化和5G网络化基础。在此基础上,通过构建1套大数据采集系统、1套大数据硬件平台(云平台管理、计算资源、存储资源、网络资源等)、1套数据服务架构、1个"5G+智慧矿区"基础设施平台、1个业务支撑平台以及N个智能化应用和1套标准模式体系,最终将矿井生产体系打造成了安全生产全感知、煤矿数据融合共享和高新技术全方位应用的"5G+智慧矿区"。

8.2 大佛寺矿智能矿井建设成果

大佛寺煤矿是陕西彬长矿业集团规划建设的第一个特大型现代化矿井,井田面积71.29 km^2,位于彬州市长武县,保有资源储量82 920.3万t,剩余可采储量44 981.4万t,剩余服务年限46.1年。2006年8月建成投产3.00 Mt,2010年10月开工建设8.00 Mt,2020年陕安委办核定生产能力7.50 Mt/a。

该矿井采用斜井、立井单水平开拓,现有五立三斜八个井筒,采用分区式通风。井下主运输系统为带式输送机,辅助运输系统为无轨胶轮车。矿井主采煤层为4煤,$4_上$煤局部可采。其中,4煤平均厚度为11.65 m,$4_上$煤平均厚度为2.88 m,分别采用综采放顶煤和综采回采工艺。矿井煤层稳定,褶曲影响较大,断层影响很小,陷落柱影响很小,围岩较稳定,对

第8章 彬长矿区所属单位智能化建设成果及常态化运行管理

采掘有一定影响。煤层属易自燃煤层,瓦斯等级鉴定为高瓦斯矿井。水文地质类型为复杂型,煤层及顶板具有弱冲击倾向性,煤尘具有爆炸危险性,矿井无热害。

近年来,大佛寺矿在陕西煤业、陕西彬长矿业集团有限公司和各级政府的指导关怀下,全面落实上级单位关于安全生产和智能化建设的工作部署和要求,以复杂地质条件下多元灾害协同治理与智能化煤矿建设深度融合为目标,持续推进矿井智能化建设进程,形成了煤炭开采智能化、现场作业自动化、固定设施无人化和运营管理信息化的智能化矿井新格局。

8.2.1 典型建设成果

8.2.1.1 信息基础设施智能化建设成果

大佛寺矿目前完成了工业环网和视频环网建设,搭建了智能化系统数据传输"高速公路"。在此基础上,取得了人员精确定位系统和智能综合管控平台建设等成果。

（1）人员精确定位系统建设

大佛寺矿建有 KJ69J(A)型人员精确定位系统,如图 8-2 所示。该系统能够实时监测井下作业人员分布情况,具有出入井人员考勤统计、跟踪定位、轨迹回放、报表查询等功能。该系统由精确定位基站、电源箱、接收器、环网交换机和地面中心站等组成,系统标识卡容量 65 000 个,基站与标识卡之间的无线传输距离≥400 m,巡检周期≤5 s。该系统采用 UWB 精确定位技术实现了人员动态 1 m,静态 30 cm 的人员精确定位。该技术与传统通信技术有极大的差异,它不需要使用传统通信体制中的载波,而是通过发送和接收具有纳秒或纳秒级以下的极窄脉冲来传输数据,从而具有 GHz 量级的带宽,具有穿透力强、功耗低、抗多径效果好、安全性高、系统复杂度低和精确定位精度高等优点。精确定位基站及无线接收器设备均采用抗干扰(EMC)技术设计,已通过检验机构 EMC 相关检验。

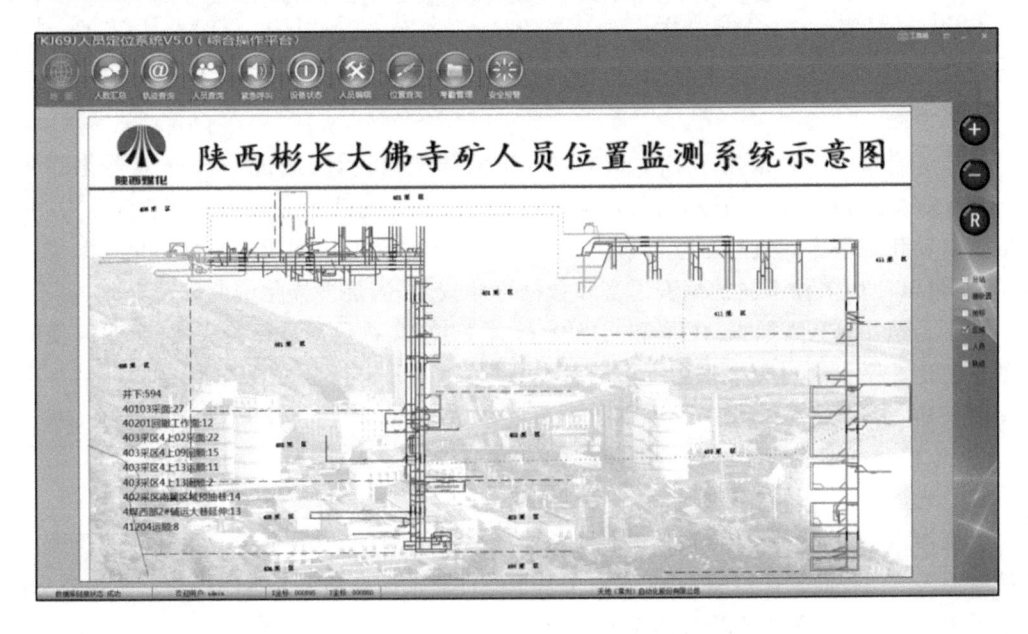

图 8-2 人员精确定位系统

（2）智能综合管控平台建设

大佛寺矿智能综合管控平台集成了各业务系统的数据及感知层的数据,运用新一代信息技术建设业务中台和数据中台,形成了具有自感知、自决策和自执行的智能化平台。如图8-3所示。该平台围绕监测实时化、控制自动化、安全本质化、管理信息化、业务协同化、知识模型化和决策智能化的目标进行相应的业务模块应用设计。基于模块化、组件化的技术架构设计思路,以矿井工业互联网平台为数字底座,汇聚煤矿地质勘探、巷道掘进、煤炭开采、主辅运输、通风与压风、供电和供排水、安全监测、分选和经营管理等各业务系统的工业时序数据和管理业务数据,实现了调度指挥的全息可视、重大危险的智能预警、安全管理动态诊断、生产过程协同控制和经营管理智能分析等功能。

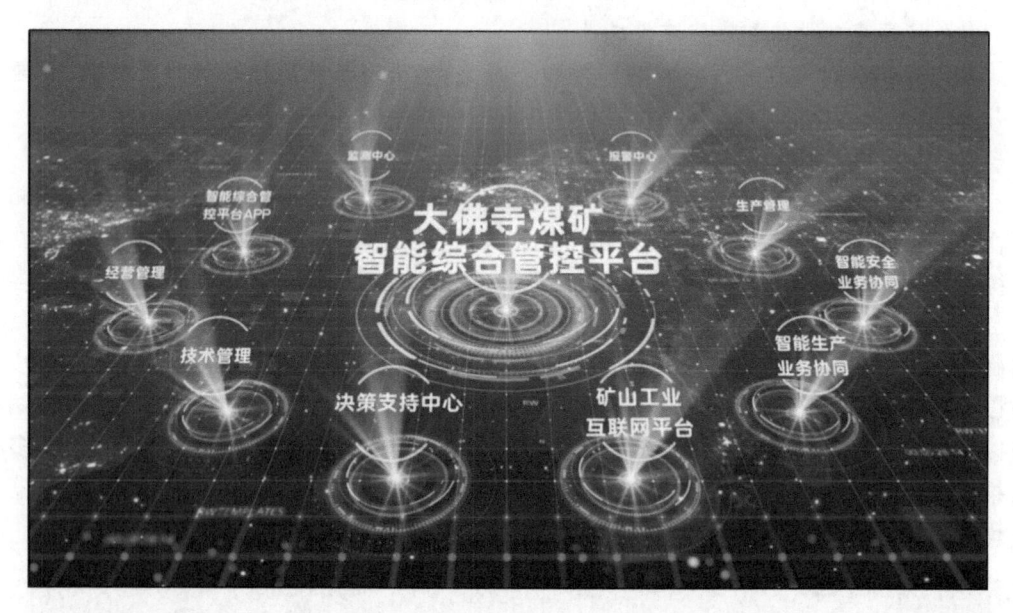

图8-3 智能综合管控平台系统

智能综合管控平台采用了 Spring Cloud 微服务架构设计,通过 docker 容器化部署应用。每个服务运行于独立的进程,并且采用轻量级交互。这些服务具备独立业务能力,并可以通过自动化部署方式进行独立部署。智能综合管控平台的应用风格是最小化业务集中管理,从而可以使用多种不同的编程语言和数据存储技术,满足多样化的业务需求。

该平台运用 AI、大数据、IOT 和 GIS 等新 ICT 技术,将数据进行集成使能、业务使能以及数据使能。平台通过数字平台提供的各类数据,对矿井进行全方位监管。此外,数字孪生底座的搭建,为 IOC 提供了三维可视化的真实场景呈现,构建了将矿山统一调度、综合集控、安全监控和智能决策于一体的智能综合管控平台。

8.2.1.2 地质保障系统智能化建设成果

大佛寺透明地质保障平台包括透明地质保障系统、透明地质数据中心系统和地质数据信息库与随采多源智能物探监测系统,实现了基于数据驱动的高精度三维建模的透明地质保障,满足了矿井安全生产和灾害治理的需求。

(1) 透明地质保障系统

该系统主要由首页、透明采掘、矿井地质、水文地质、瓦斯地质、冲击地压、矿井测量和储量管理八个主要功能模块组成,示例如图 8-4 所示,具体功能如下所述。

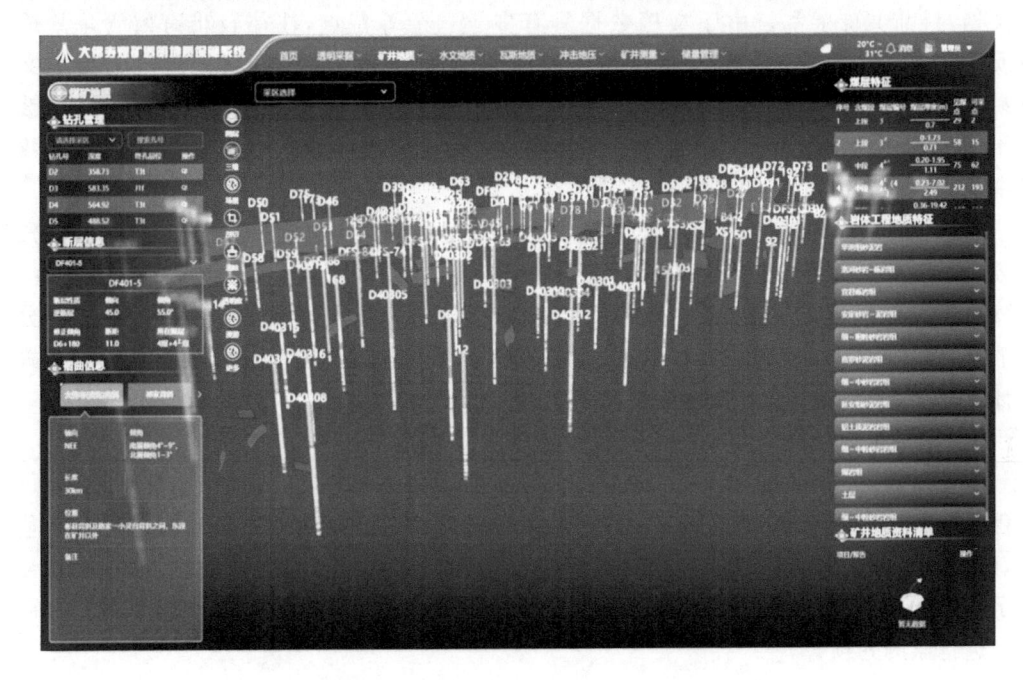

图 8-4 基于钻孔数据形成钻孔岩心柱

① 地质信息动态关联分析。基于对大佛寺煤矿地质条件分析和存在问题梳理,构建的智能开采地质保障系统融合了采掘工程信息和工作面实时监测数据,能够进行动态关联分析,实现矿井和工作面地质透明化表达和空间关联分析,从而为智能采掘、灾害预警、储量提供业务支撑。

② 多层级地质保障。煤矿地质透明可视化表达具有两个趋势和特征:大场景+多要素、小场景+高精度。前者能够将区域地质的各要素(周边地表、水文、地质、构造、采掘等信息)通过 2D 与 3D 一体化的地质保障平台整体呈现出来,并能完成复杂空间信息查询、检索、大数据分析、空间统计与预警决策。后者则可以表现煤矿中一些更加复杂精细的结构、组成和功能。例如掘进场景的顶板离层与锚索支护、采煤工作面的规划截割、推溜、采空区垮塌与井下导航、5G 与物联网(IoT)等技术综合形成的采掘工作面等。此外,地质透明可视化针对场景的不同尺度设计了透明展示。

③ 地质保障专业业务支撑。该系统利用数据驱动模型能够实现三维可视化交互展示,并融合水和瓦斯等多属性信息,根据隐蔽致灾体的空间位置、几何大小和属性等信息,为煤矿生产提供综合地质预报服务,支撑灾害预警。

(2) 透明地质数据中心系统

该系统主要包括数据管理、报表台账、系统管理、任务管理、配置管理和服务管理六大功能模块。具体功能如下所述。

① 分布式文件存储组件。对存储于平台文件系统上的文件提供存储操作,为上层的数据汇集、数据检索、数据计算、数据分析挖掘和 MPP 数据库提供基础存储结构。此外,能够存储结构化、半结构化和非结构化等多源异构数据。

② 分布式 NoSQL 数据库。在煤矿日常业务以及动态监测监管方面，涉及大量的电子文档，目前文件杂乱。由于文档数据具有多、小、杂等特点，往往较难有效管理。透明胶质数据中心系统通过使用主流的分布式 NoSQL 数据库，可以很好地解决大量小文件不易存储和不易管理的难点。同时，在面对决策层所需的多维数据聚合场景时，能够通过不同维度快速检索，为决策支撑子系统提供必要的展示数据，丰富整个应用系统数据可视化程度。

③ 分布式消息队列。从实际的自然资源动态监测监管与评价决策工作考虑，自然资源业务工作涉及了大量的非空间数据。该类数据具有实时性强、生成即发送等特点。因此，为保障自然资源业务工作能实现全业务类型的监管与评价，透明地质数据中心系统采用分布式消息队列组件解决工作中实时数据采集难题，同时消息队列还能与大数据平台分布式内存计算框架无缝连接，实现数据的实时采集、实时计算功能。

（3）地质数据信息库与随采多源智能物探监测系统

基于安全生产信息共享平台，建立了地质数据信息库如图 8-5 所示，实现了地质数据、工程数据的数字化存储，能够为矿井安全生产提供准确、可靠的地质信息服务。在此基础上，建设了矿井随采多源智能物探监测系统如图 8-6 所示，具备地质探测、数据存储和分析展示功能，实现了工作面上覆岩层裂隙发育规律和富水性分布情况的监测分析，提前对矿井水害进行监测并预警。

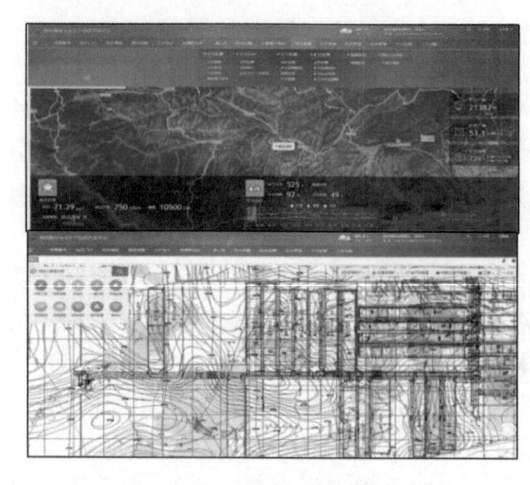

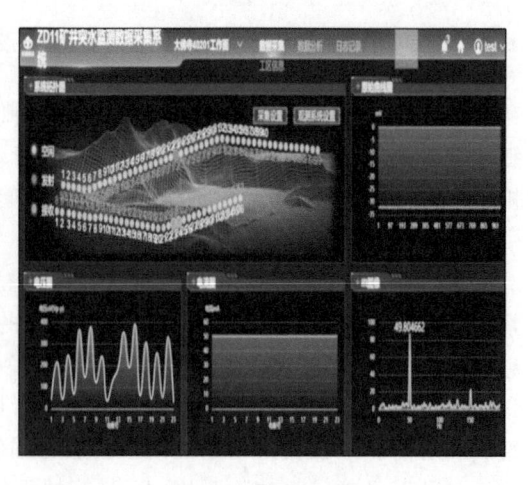

图 8-5 地质信息数据库　　图 8-6 矿井随采多源智能物探监测系统

8.2.1.3　掘进系统智能化建设成果

为从根本上缓解矿井接续压力，最终实现掘进抽采平衡，大佛寺矿先后引进了 3 套快速掘进成套装备和 2 套智能掘进装备，掘进工作面监控系统如图 8-7 所示，实现了快速截割和快速支护，大幅提高了掘进效率，有效缓解了矿井生产接续压力。此外，智能掘进装备具备"一键启停"及设备危险区域人员接近识别及报警功能，在提升掘进效率的同时，提升了作业安全系数，为矿井安全生产保驾护航。

8.2.1.4　采煤系统智能化建设成果

大佛寺矿智能化采煤工作面由 SAC 支架电液控制系统、SAS 采煤机自动化控制系统、SAP 泵站集中控制系统和 SAV 高清视频监控系统等组成，能够实现以采煤机记忆割煤为

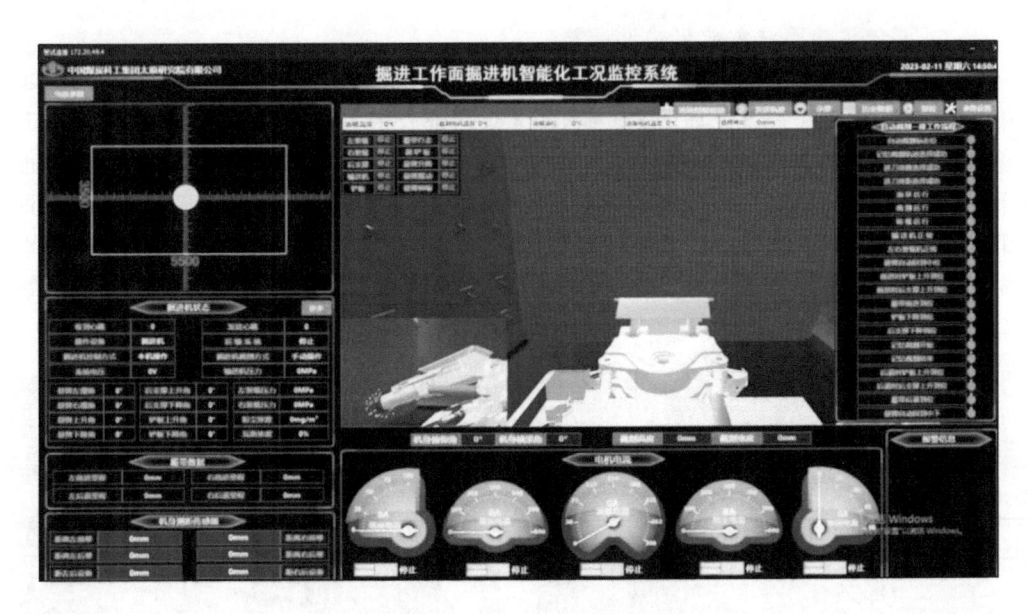

第 8 章　彬长矿区所属单位智能化建设成果及常态化运行管理

图 8-7　掘进工作面监控系统

主,人为就地干预为辅;以液压支架跟机自动移架为主,人为就地干预为辅;以综采运输设备一键启停控制为主,远程监控中心干预为辅;最终不但能够实现对工作面各类设备的远程操控,而且能够实现工作面程序化、自动化和智能化运行。

大佛寺矿井先后完成了七个采煤系统智能化工作面建设,形成了以"工作面自动控制为主,监控中心远程干预控制为辅"的智能化生产模式,采煤系统智能化工作面监控系统如图 8-8 所示。其中,40201 智能化综放工作面首次引进采煤机 LASC 惯性导航系统,通过惯性导航装置时间周期定标或距离分段定标,实现了工作面自动调直,进一步确保了采煤工作面设备协调、连续、高效和安全运行。

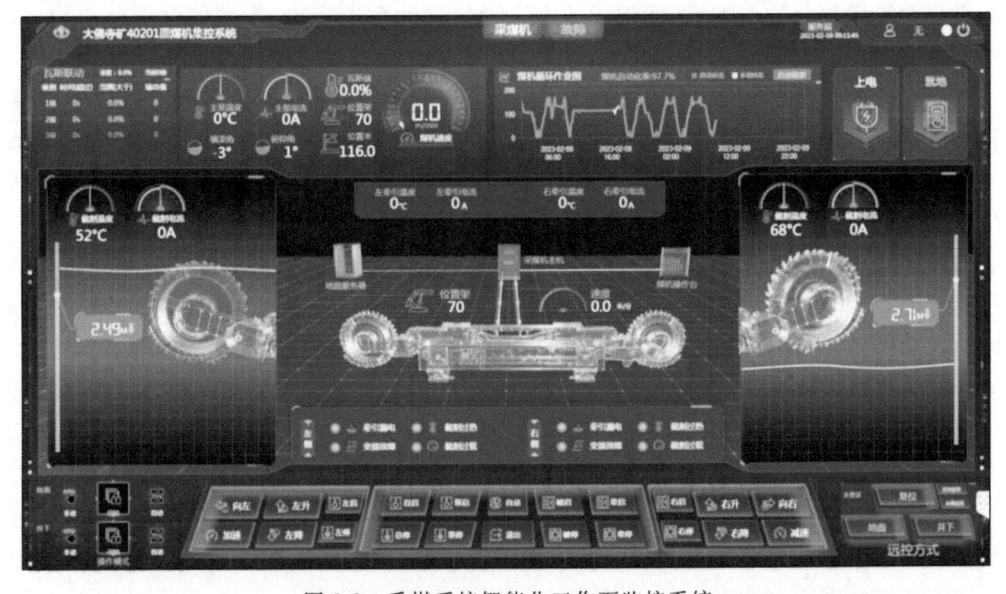

图 8-8　采煤系统智能化工作面监控系统

8.2.1.5 主煤流运输系统智能化建设成果

矿井六部带式输送机均已完成集控系统升级改造,实现了带式输送机在线监测及远程集中控制功能,胶带集控系统如图8-9所示。4煤西部胶带大巷一部带式输送机头引进1台巡检机器人,搭载摄像机、红外热释仪和甲烷浓度监测仪、CO浓度监测仪等监测设备,通过对采集数据的智能分析,判断环境和设备是否存在异常。以设备替代人工巡检,将人从简单的重复性作业中解放出。此外,该系统完成了主运输系统带式输送机机头"电子围栏"装置的应用,并试点建设了设备状态及异常行为识别系统,为高风险区域作业人员提供了可靠的安全保障,如图8-10所示。

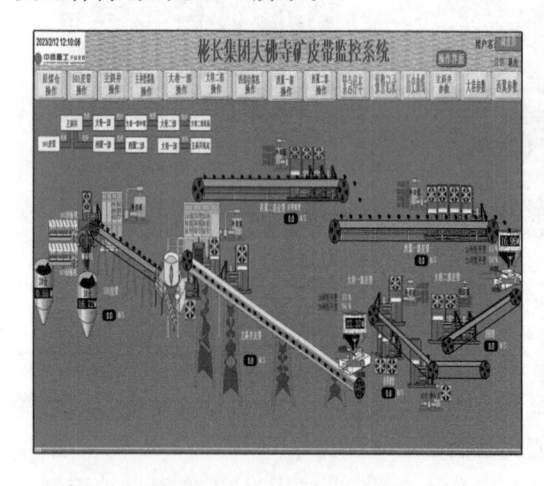

图 8-9 胶带集控系统　　　　　　图 8-10 电子围栏

8.2.1.6 辅助运输系统智能化建设成果

在系统智能化方面,基于UWB精确技术建设胶轮车调度管理系统,如图8-11所示。该系统主要由无轨胶轮车管理服务器、工控机、智能道闸控制分站、LED显示屏、矿用本安光端机和无线通信分站等组成,实现了井下车辆位置的精准定位、车辆调度通信对讲、井下调度信息发布、红绿灯智能管理、井下智能识别和车辆排班及车辆运行状况监测等功能,增强了车辆运行的规范性,杜绝不安全行为,提高了车辆运行效率,节约车辆运行成本,达到了胶轮车信息化管理的目的。此外,车辆配备车载导航系统,实现了胶轮车转弯、会车提醒及超速报警等功能,有效消除了超速、会车、转弯时存在的安全隐患,杜绝了会车时长距离倒车的情况发生。

8.2.1.7 通风与压风系统智能化建设成果

大佛寺矿主要通风机集控系统以工业控制计算机为核心,采用ARJC系统主要由信号测取装置和传感(变送)器、信号采集及转换装置、通信装置、供电装置和显示器等组成,实现了实时监测通风系统参数、通风机的性能参数、电机的电气参数、轴承温度、电机振动、数据管理、报表管理、性能测试和远程通信等功能。

局部通风机集中控制系统主要由工业控制计算机、局部通风机监控系统软件、接口软件、矿用隔爆兼本质安全型可编程控制箱、视频监控设备、矿用隔爆兼本安型光端机和各类监测传感器以及通信线缆等组成,实现了对井下局部通风机远程在线监控功能,局部通风机在线监控系统如图8-12所示。

第 8 章　彬长矿区所属单位智能化建设成果及常态化运行管理

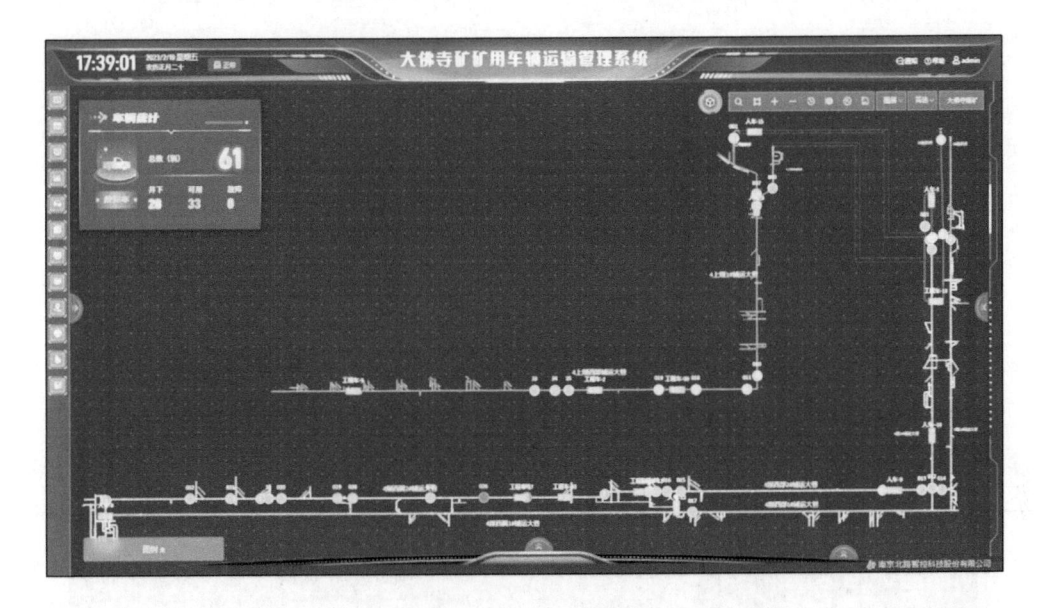

图 8-11　胶轮车调度管理系统

图 8-12　局部通风机在线监控系统

此外,大佛寺压风制氮集控系统主要以工业控制计算机和 PLC 为核心,配以各种外围设备(采集分站、压力传感器、振动传感器和温度传感器等)组成,在组态软件和 PLC 的控制下,能够实现压风机的远程控制与自动倒台、恒压控制等功能。压风机在线监控系统如图 8-13 所示,该系统实现了主要通风机及压风制氮设备的在线监测和远程集中控制功能,具备主要通风机一键启动、反风和倒机功能,大幅提升了设备运行可靠性,每班可减少巡检工 2 人,达到了减人提效的目的。

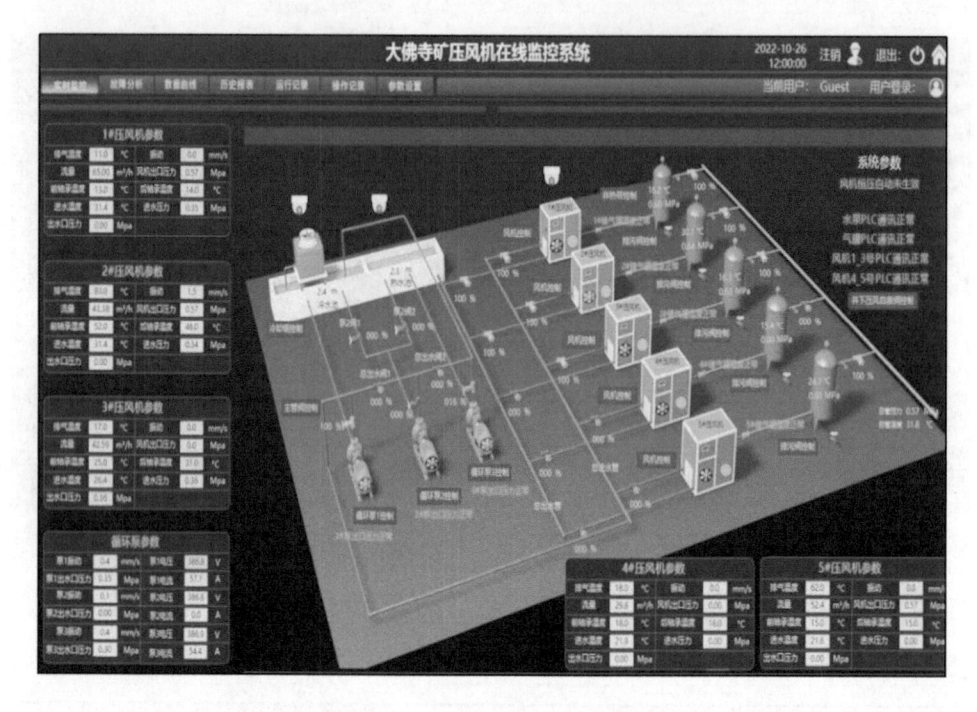

图 8-13　压风机在线监控系统

8.2.1.8　供电与排水系统智能化建设成果

矿井建有电力监控及防越级跳闸系统,实现了井下 8 个变电所和 2 个配电点供电设备的"五遥"功能。其中,遥信、遥控和遥调准确率 100%,遥控、遥调传输时间小于 2 s。基于分布式区域保护原理搭建防越级跳闸系统,彻底解决供电设备的越级跳闸问题,防越级准确率不低于 99.9%,系统响应时间低于 30 ms。同时,在 403 采区变电所试点建设了火灾预警及自动灭火系统,如图 8-14 所示,实现了电缆温度的智能预测、预警,火灾参数的智能监测、分析及变电所的自动灭火和远程控制功能。

图 8-14　火灾预警及自动灭火系统

第8章 彬长矿区所属单位智能化建设成果及常态化运行管理

在排水系统建设方面,建有水泵房集中控制系统,智能化排水监控系统如图8-15所示,实现了井下5个排水泵房远程集中控制及"无人值守,有人巡检"的自动化系统巡检模式,达到了"减人提效"的目的。此外,引进水仓清理、远距离喷浆等智能化机器人,降低了职工劳动强度。井下各临时排水点也完成自动化改造,实现了"自主"运行,减少岗位人员占比。依托智能综合管控平台,最终实现了排水系统与水文监测系统的智能融合联动。

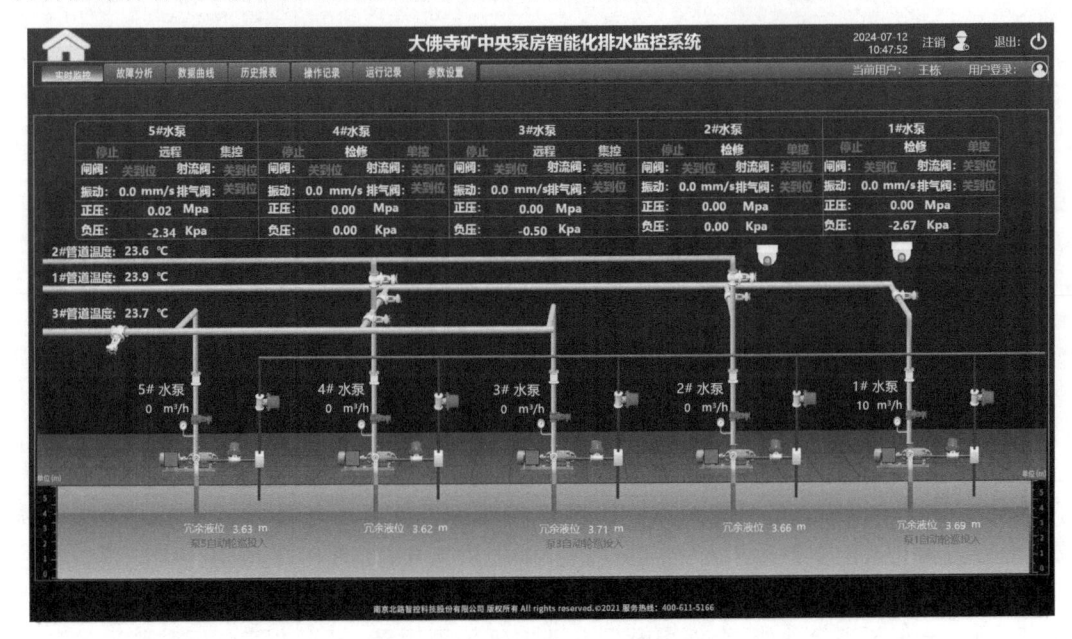

图8-15 智能化排水监控系统

8.2.1.9 安全监控系统智能化建设成果

(1) 安全监控系统

大佛寺矿建有KJ90X安全监控系统。该系统主要由监控主机、上传机、核心交换机、防爆工业以太网交换机、井下监控分站、传感器及断电执行器、电源箱和避雷器等组成。系统主机设于监控中心,采用双机热备份,并有传输、联网、显示、存储、打印、报警、控制等功能。此外,该系统具有分级报警、逻辑报警等功能。其中,分级报警可根据瓦斯浓度大小、瓦斯超限持续时间、瓦斯超限范围等设置不同的报警级别,分级响应。瓦斯浓度报警功能能够根据巷道布置及瓦斯涌出等内在逻辑关系,实施逻辑报警。甲烷传感器也具有现场模拟测试系统报警和断电功能。基于上述功能,安全监控系统具有就地断电和区域断电功能。

在此基础上,安全监控系统能够实现包括瓦斯监控系统、人员定位系统和广播系统的多系统融合,如图8-16所示。融合后的系统可在"GIS一张图"上进行展示,并且该图具备图形导入功能,能任意进行图形导入导出操作。此外,该图具备了矢量缩放、平移、鹰眼、空间坐标设置和测点位置查找等功能,可动态显示测点实时数据、状态和地址等相关信息功能。

(2) 煤矿顶板与冲击地压监测系统

煤矿顶板与冲击地压监测系统由GUD520(B)四测点围岩移动传感器和GMY800矿

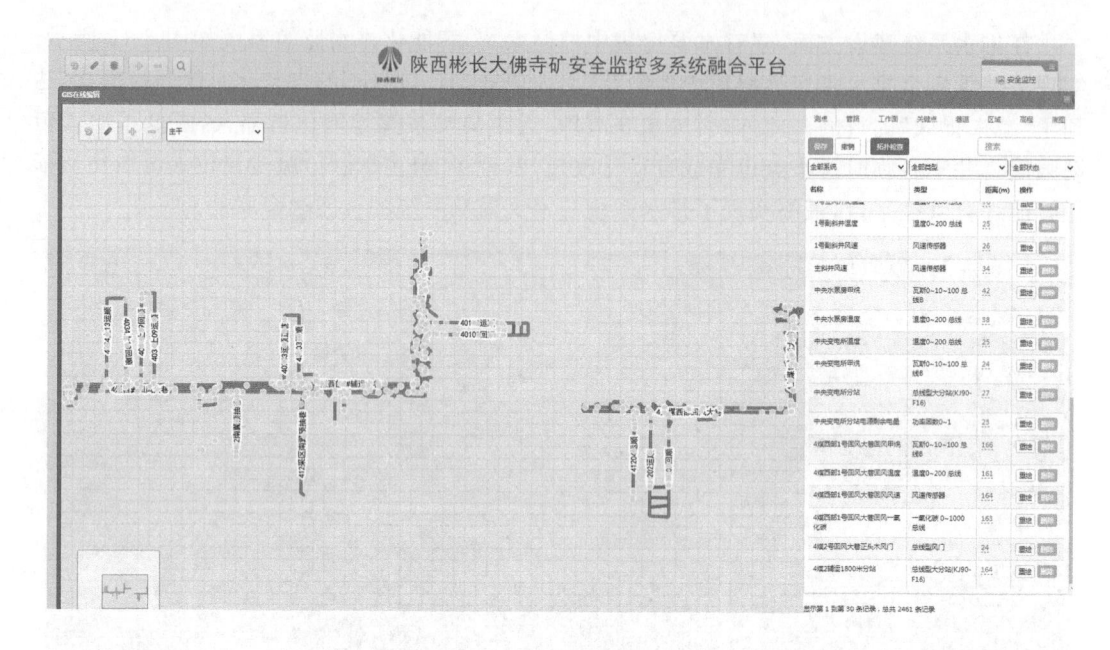

图 8-16 安全监控多系统融合平台

用本安型锚杆(索)应力传感器组成。该系统实现了顶板离层与锚杆(索)应力的实时监测,能够检测巷道的支护效果,为巷道支护技术提供指导,如图 8-17 所示。煤矿顶板与冲击地压监测系统融接了微震、地音、应力等多种监测系统,能够实现数据联合分析与结果显示、动态分析预警等功能,全面提升了矿井灾害预测预警、超前决策分析和精准治理的能力。

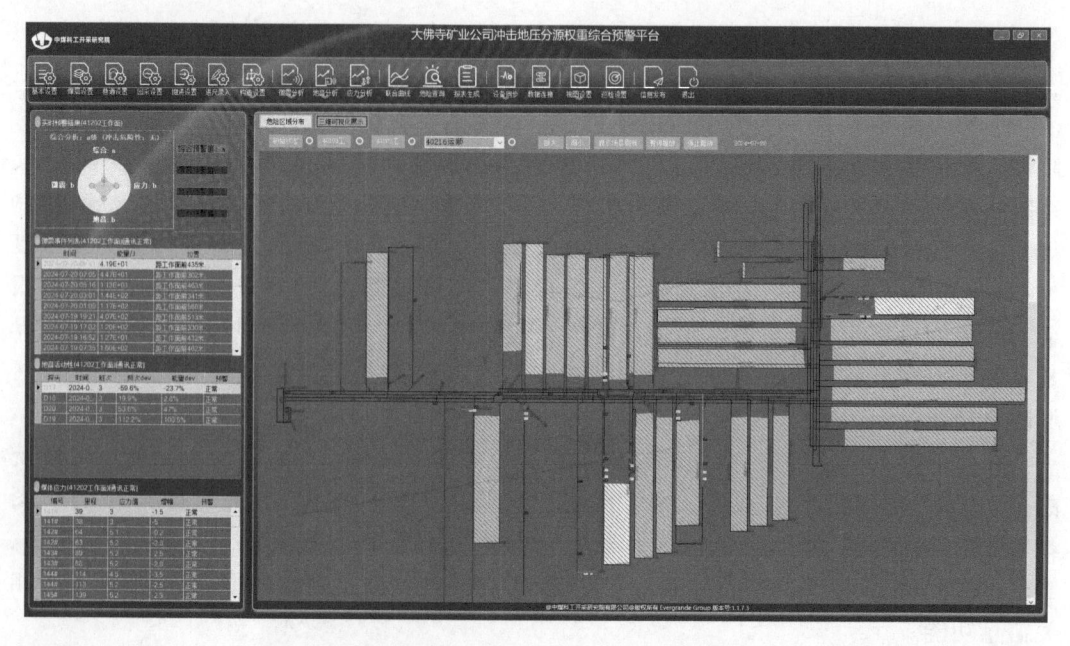

图 8-17 煤矿顶板与冲击地压监测系统

第8章 彬长矿区所属单位智能化建设成果及常态化运行管理

8.2.1.10 智能化园区与经营管理系统智能化建设成果

以现代维护理论为指导,积极探索全生命周期管理系统的应用,全生命周期管理平台如图 8-18 所示。该系统通过建立设备故障预警模型,满足了设备预防性维护和故障精密诊断需求,保障了设备运行始终处于可控和在控的状态,实现了矿井机电设备从计划、购置、安装、运维到报废的全生命周期管理目标。

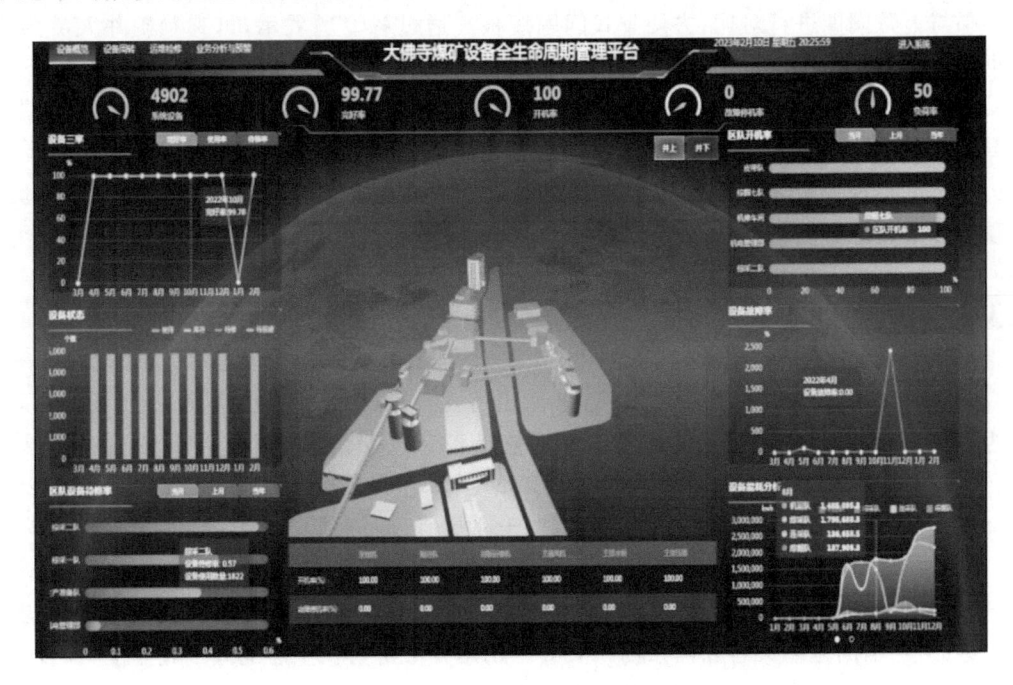

图 8-18 全生命周期管理平台

8.2.2 示范应用与项目效果

煤矿安全智能保障系统从矿井安全监管角度出发,在实现安全数据全面汇集的基础上,从"人、机、环、管"四个维度对安全数据进行归集和应用,构建了"矿井-矿业公司-陕西煤业"三个层级的指标评价模型,形成了三个层级四个维度的综合智能评价体系,包含一套评价预警指标、一个安全综合数据中心、三级安全智能保障系统。

通过对矿井开展多维度智能化分析评价,能够及时掌控矿井当前安全管理态势,并能根据系统发出的智能监测预警信息对风险实行精准管控,实现对矿井安全态势的全专业、全时态、全业务的动态评估和管理,助力开展安全监管决策和实施精准安全管理,全面提升矿井安全治理效能。

大佛寺矿智能安全保障系统包含智能安全态势、智能安全评价、智能保障系统三个功能模块。其中智能安全态势、智能安全评价为前端大屏展示页面,智能保障系统为后台管理。具体的示范性应用与效果如下所述。

(1) 智能安全态势

智能安全态势可全局展示大佛寺矿综合评价及"人、机、环、管"四个维度的评价结果、态势,可展示矿井六大灾害基本信息、煤矿重点区域评分及排名,同时可对系统数据的接入、各类关键指标月度智能预警及月度智能管控进行统计分析。

(2) 智能安全评价

智能安全评价可全局展示大佛寺矿灾害综合评价及水灾、火灾、顶板、瓦斯、煤尘、冲击地压等单灾害评价信息及评价走势,可实时展示六大灾害静态及动态评价等级,详细展示人员、机电、环境、管理四个专题,各专题可查看每个维度的评价详情及整体态势情况,并将评价结果与上月同期进行对比,方便查找问题短板。通过各专题展示,可查看矿井人员构成、培训、行为等情况,机电设备的健康指数、故障、维保、巡检、超限、断电等异常情况,井下水、火、瓦斯、煤尘、顶板、冲击地压各类灾害的静态和动态评价结果以及管理方面存在的问题。

(3) 智能保障系统

系统可实现智能场景、重点指标预警的反馈、"人、机、环、管"的基础信息填报、重点区域权重划分及传感器挂载等功能。

8.3 胡家河矿智能矿井建设成果

胡家河煤矿,位于咸阳市长武县境内,面积约 55.24 km²。地质储量 884.01 Mt,可采储量为 395.44 Mt,服务年限 60.8 年,剩余地质储量 830.18 Mt,剩余可采储量 364.05 Mt,设计生产能力 5.00 Mt/a,矿井核定生产能力 4.50 Mt/a。主采煤层 4#煤,厚度在 0.8~26.20 m 范围内,一般厚度在 10~15.00 m 范围内,属于高热值、低灰、低硫的优质动力、化工用煤。

该矿井采用立井单水平开拓,中央并列式通风,分别布置有主、副立井和回风立井三条井筒,共划分 8 个盘区,其中 4 煤 5 个盘区,3 煤 3 个盘区。布置有五条大巷,一条带式输送机大巷,两条辅助运输大巷和两条回风大巷。采用分层走向长壁后退式采煤方法,综合机械化放顶煤采煤工艺,全部垮落法管理顶板。矿井煤层稳定,褶曲影响较大,断层影响较大,陷落柱影响很小,围岩较稳定,对采掘有一定影响,主采 4 煤层属Ⅰ类易自燃煤层,瓦斯等级鉴定为高瓦斯矿井,煤尘具有爆炸性,水文地质类型为复杂型,4 煤上分层、下分层属于Ⅲ类,为具有强冲击倾向性的煤层,顶板岩层属Ⅱ类,为具有弱冲击倾向性的顶板岩层,底板岩层属Ⅰ类,为无冲击倾向性的底板岩层,弱煤尘爆炸危险性。

8.3.1 典型建设成果

(1) 信息基础设施智能化建设成果

胡家河矿井有线主干网络采用 10 000 Mb/s 及以上通信网络和冗余环形结构,新建矿井有线主干网络采用自主可控技术与装备。核心设备采用三层交换机,具备路由和冗余功能。矿井地面环网与井下环网分别布设,在核心交换层互通,具备自诊断功能,具有网络流量管理及网络拓扑自动生成功能,网络自愈时间小于 50 ms。此外,井上下采用 4G/5G/Wi-Fi 主流无线通信技术,能够满足无线通信要求。无线网络覆盖主要运输大巷、采煤工作面、进风大巷、掘进工作面等区域,单个基站支持不少于 32 个用户并发。无线通信系统可接入基站,容量满足矿井无线通信全覆盖的最低要求。该矿井配备了移动终端设备,数量能够满足井下班组长以上管理和技术人员、安检员、瓦检员等需求。终端支持语音通话、视频通话、联网功能,移动终端待机时间不小于 10 h。

在网络基础设施建设的基础上,应用的私有云或混合云具备云端实例(云服务器)在线管理、集群功能和网络路由自动指向功能。其中,公有云或混合云具备非结构化和结构化数据存储能力,且存储容量可实时弹性扩展,能够满足存储要求。私有云初始资源不小于20 T,可在线增加硬件存储资源,满足存储要求,并且具备异地灾备配置。此外,视频监控信息存储系统容量不少于30天的累计信息量,其他信息存储系统容量不少于1年的累计信息量。通过建立统一的数据资产管控体系和数据治理系统,统一了胡家河矿的数据标准,矿井主要业务过程实现了数字化,数据进行了合理的分类、定义、管理、存储与服务,数据间交互方式合理。胡家河矿还采用了行业统一的数据交换标准规范协议,能够满足为煤矿主要业务系统提供数据服务的要求。

(2) 地质保障系统智能化建设成果

胡家河矿井采用智能地质探测设备,能够最大程度降低人工劳动强度,提高勘探数据的精度与广度。在彬长矿区首次引进 YZG(A)矿用钻孔方位伽马测井仪,集钻孔窥视、伽马测井、测斜等功能于一身,设备轻小、组件简单,减少操作人员数量和强度,提高精度。此外,采用 YTC-12 矿用本安型槽波地震仪对采掘工作面进行超前构造探查,确保工作面安全回采。地质探测结果能够实现地质模型构建与实时更新,地质模型建模精度小于 1 m。胡家河智能开采地质保障系统如图 8-19 所示。

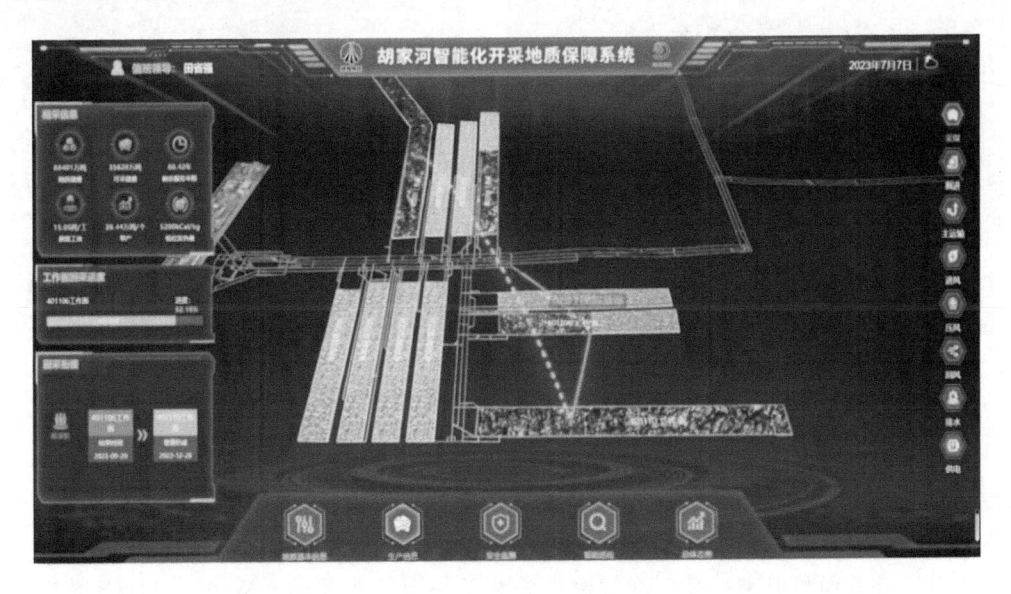

图 8-19　胡家河智能开采地质保障系统

目前胡家河地质保障系统依托矿井原有地质数据进行全矿井建模,并结合矿井生产、工程、地质数据的融合、分析与共享,能够满足智能化煤矿对地理信息服务的要求。在地质保障系统中,三维地质体建模可查看地层结构、地质构造和煤层等相关信息,煤层三维剖切功能可查看煤层和顶底板等相关属性信息,同时实现了积水区、采空区、钻孔和断层等地质探测数字化存储。地质保障系统的云服务器搭建了胡家河矿地测数据库,可以实现地质数据、工程数据以数字化形式储存在龙软 GIS 的地测数据库中。

(3) 掘进系统智能化建设成果

根据胡家河井下实际地质条件及巷道尺寸,通过采用 EBZ260M-4 掘锚一体机+自移机尾组成的煤巷道智能快速掘进系统,提升了掘进作业的智能化水平,实现了掘、运平行作业,提高了巷道掘进速度和单进水平,满足采掘接替要求。

此外,通过实施掘进工作面待掘区域超前钻探,开展掘进工作面随掘超前探测、超前电法及孔中电法等物探技术,进行巷道待掘进区域的地质构造、水文地质条件和瓦斯等进行超前探测,探测距离、速度、精度满足智能化掘进要求。

胡家河矿井还利用惯导技术,实现了掘锚机自主定位、定姿、定向功能和数字式全站仪对飘逸数据进行实时修正,确保数据的精度。此外,利用设备自带遥控器或控制系统实现远程遥控行走。

在掘进面,智能掘进系统采用标准的CANOPEN2.0协议进行连接,实现工作面所有设备的控制和实时监测。通过井下环网,能够将工作数据上传至地面调度室,实现远程地面遥控功能(包含一键启停功能,系统启停闭锁顺序联动控制)。此外,通过可视化系统,实现了远程监控和故障诊断功能,最终能够对掘进设备、支护设备、运输设备等进行实时监测与控制。具体的智能化掘进系统功能界面如图8-20所示。

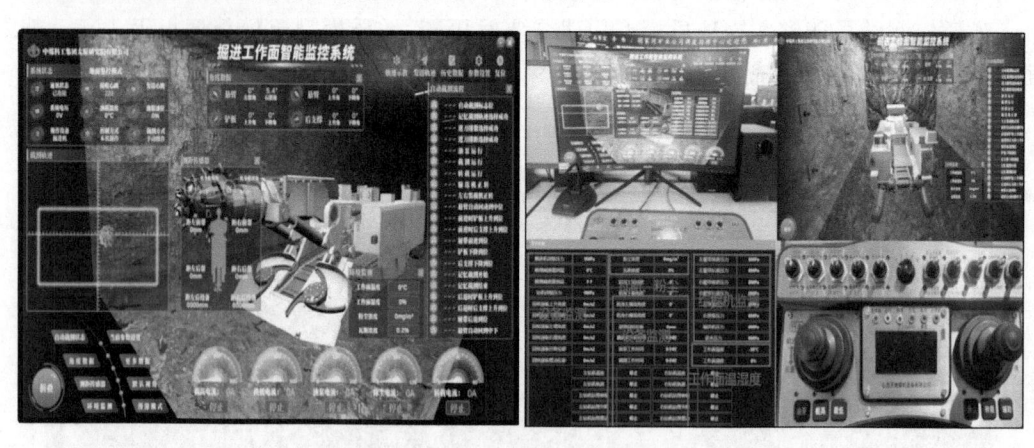

图8-20 智能化掘进系统功能界面

目前,胡家河矿井建有井下掘进系统集控中心和地面集控中心。通过井下环网,将工作数据上传至地面调度室,能够实现远程地面遥控功能。目前,胡家河矿井实现了掘进工作面的场景建模和掘进设备高精度建模,并结合生产数据、地质数据实现可视化展示,具备危险区域人员接近识别与报警功能。在掘锚机安装了一台千兆环网+Wi-Fi+UWB精确定位三合一基站,能够实现掘进系统的通信和定位网络覆盖,配合精确定位矿灯可实现人员的精确定位,同时通过AI和系统协同控制功能,利用摄像头对人员行为进行智能识别,实现了人员违规和接近危险区域的识别与报警功能,以便确保人员安全。

胡家河矿在为解决传统岩巷掘进工艺缓慢,制约矿井403盘区生产接续的现状,结合强冲击地压矿井"开拓大巷必须布置在岩巷"规定的基础上,采用TBM掘进机进行岩巷掘进。该掘进机不仅安装有一般硬岩掘进机安装的计算机控制、传感和信息技术功能,还安装有自动导向系统、控制系统、数据采集系统、显示记录系统和气体监测系统等,具有施工数据采集、姿态管理、施工数据管理、施工数据实时远传和施工信息化的功能,可实现掘进机全部部件的信号采集、数据分析和集中控制,具备现场集中控制和远程数据同步等操作功能。

第8章 彬长矿区所属单位智能化建设成果及常态化运行管理

(4) 采煤系统智能化建设成果

胡家河矿井采煤机安装有位置监测、摇臂角度感知、摇臂调高、油位、油温、油压和瓦斯监测等传感器,具备自主定位、姿态监测、远程控制和机载无线遥控功能,能够实现备运行工况检测、故障诊断与预警。此外,该采煤机具备记忆截割(自适应截割)功能,运行记录齐全,记忆截割(自适应截割)率大于60%;具备瓦斯、煤尘等感知检测功能,能够实现瓦斯监控系统的联动控制。采煤机还具备工作面"三角煤"三机协同控制割煤、直线度检测、防碰撞检测功能,智能化采煤系统功能界面如图8-21所示。

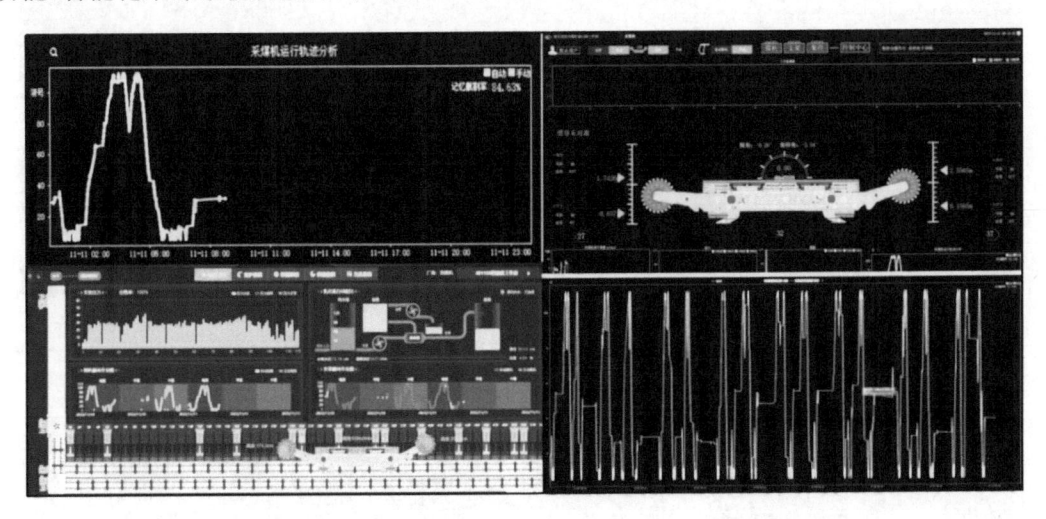

图8-21 智能化采煤系统功能界面

(5) 主煤流运输系统智能化建设成果

胡家河矿井主煤流运输系统实现了远程集中控制,带式输送机运输系统相关设备能通过现场工业总线实现互联互通,能够与煤矿综合管控平台实现智能联动,实现无人值守作业。井下一部、二部和三部运输胶带均采用CST控制,401盘区采用变频器控制,具备防滑、堆煤和跑偏等综合保护装置,能够根据监测结果实现综合保护装置的联动保护控制。此外,主煤流运输系统中沿线煤流基于AI识别,实现了分布状态实时监测和变频调速,具备调速模型的优化功能,实现煤流平衡功能和环境监测预警功能,主运输胶带智能煤流调速系统功能界面如图8-22所示。

(6) 辅助运输系统智能化建设成果

辅助运输车辆具备无线移动通信功能,能够实现车辆精准定位(静态定位精度0.3 m、动态定位精度7.3 m),并具有车辆运行状态参数监测(超速、路径偏离报警和运动轨迹等)功能。无轨胶轮车具备智能安全预警系统,具有人员及设备接近防撞预警、防疲劳驾驶、超速预警等功能,可实现重要运输交叉路口、运输区域的闯红灯、超速等违章行为自动记录。此外,物资装卸实现了机械化作业,集中装载点、上下人站点、加油检修硐室等实现视频监控。辅助运输智能化系统功能界面如图8-23所示。

(7) 通风与压风系统智能化建设成果

胡家河矿井建有主要通风机集控系统、局部通风机集控系统、压风制氮监测系统和井下压风供水管路远程监测系统,实现了主要通风机及压风制氮设备、风水管线压力的

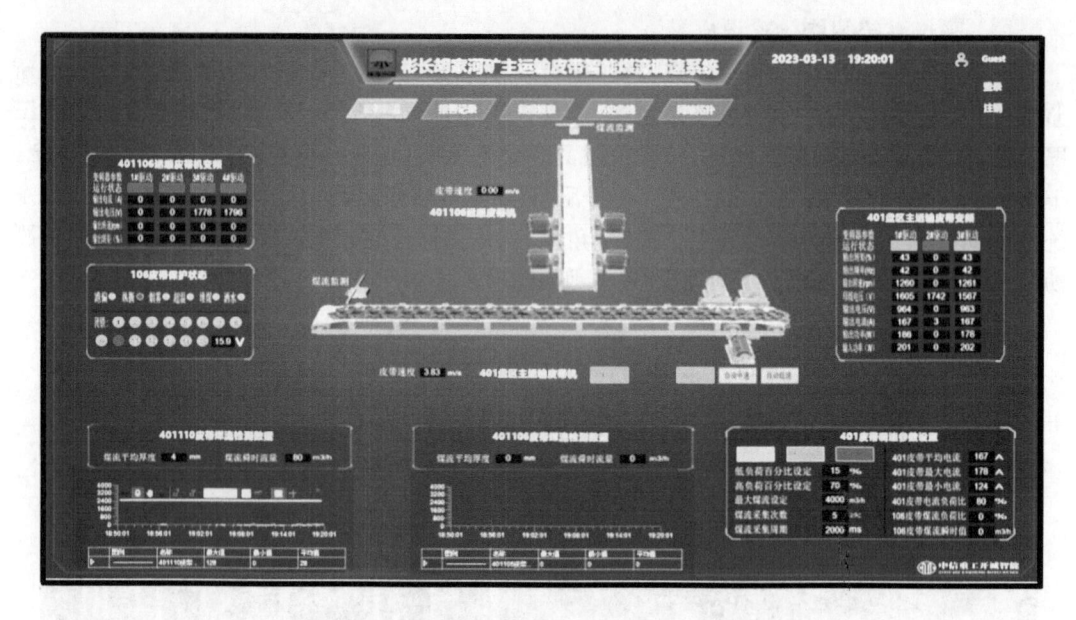

图 8-22　主运输胶带智能煤流调速系统功能界面

图 8-23　辅助运输智能化系统功能界面

在线监测、远程集中控制功能,具备主要通风机一键启动、反风和倒机功能,大幅提升了设备运行可靠性。通过该系统的应用,每班可减少巡检工 2 人,达到了减人提效的目的。该系统功能界面如图 8-24 所示。

(8) 供电与供排水系统智能化建设成果

矿井高压供电系统具备智能防越级跳闸保护功能,具有对矿井所有变电所进行实时监控与电力调度的功能,可进行供电系统故障诊断和预警。目前,胡家河矿井已对井下主变电所、采区变电所和重要配电点均设置了电力监控系统,能够实时监测电气设备运行工况,并实现无人值守和远程操作,数据通过接入综合管控平台,能够实现状态参数实时显示和故障

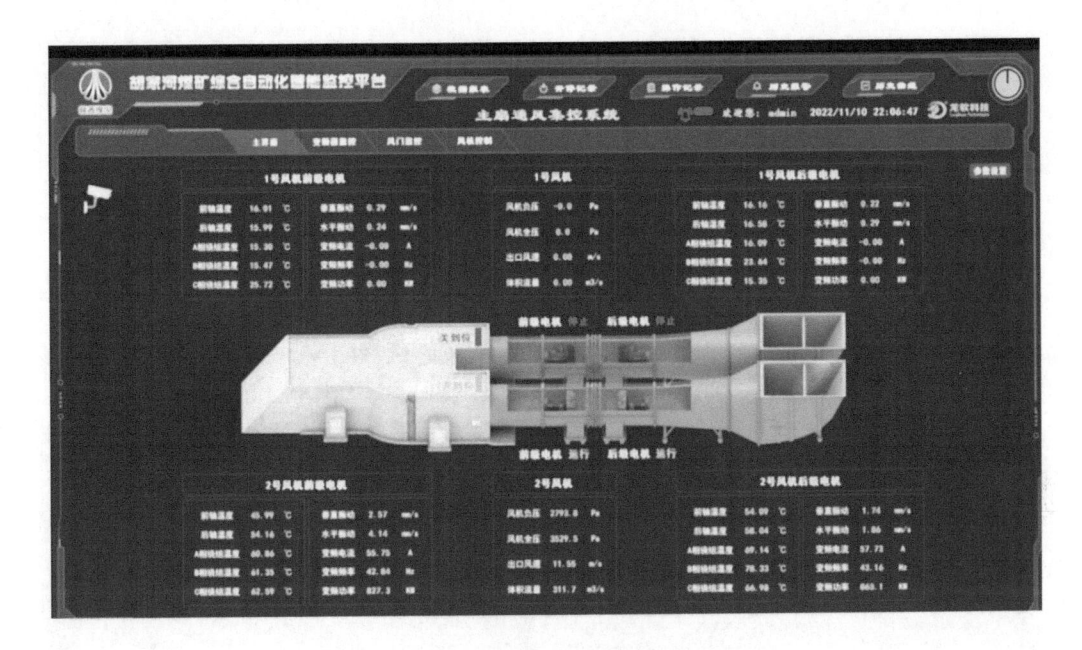

第8章 彬长矿区所属单位智能化建设成果及常态化运行管理

图 8-24 主要通风机集控系统功能界面

预警等功能。供电智能化系统功能界面如图 8-25 所示。

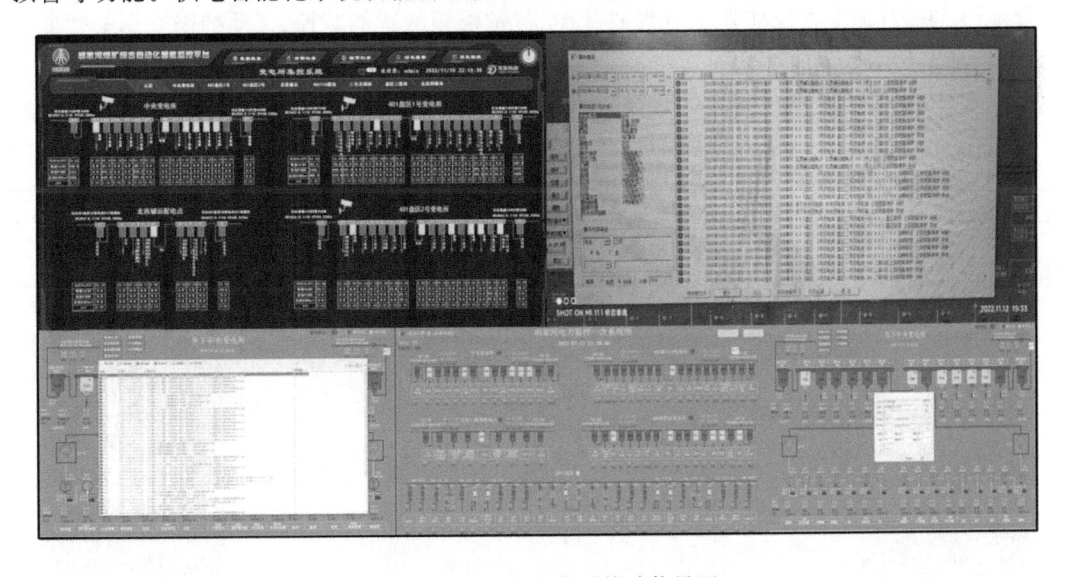

图 8-25 供电智能化系统功能界面

此外,供排水系统根据水位对重要排水点进行自动抽排和自动投切水泵。供排水系统具备设备故障分析诊断及预警功能。中央水泵房实现远程集中控制及无人值守。供排水系统具备水量、水压的智能监测与控制功能。具体功能界面如图 8-26 所示。

(9)安全监控系统智能化建设成果

胡家河矿井建设有完善的瓦斯监测装置,能够实现对井下主要作业环境瓦斯浓度变化的实时在线监测,并根据瓦斯监测数据,进行瓦斯超限区域智能断电。此外,通过安全监控

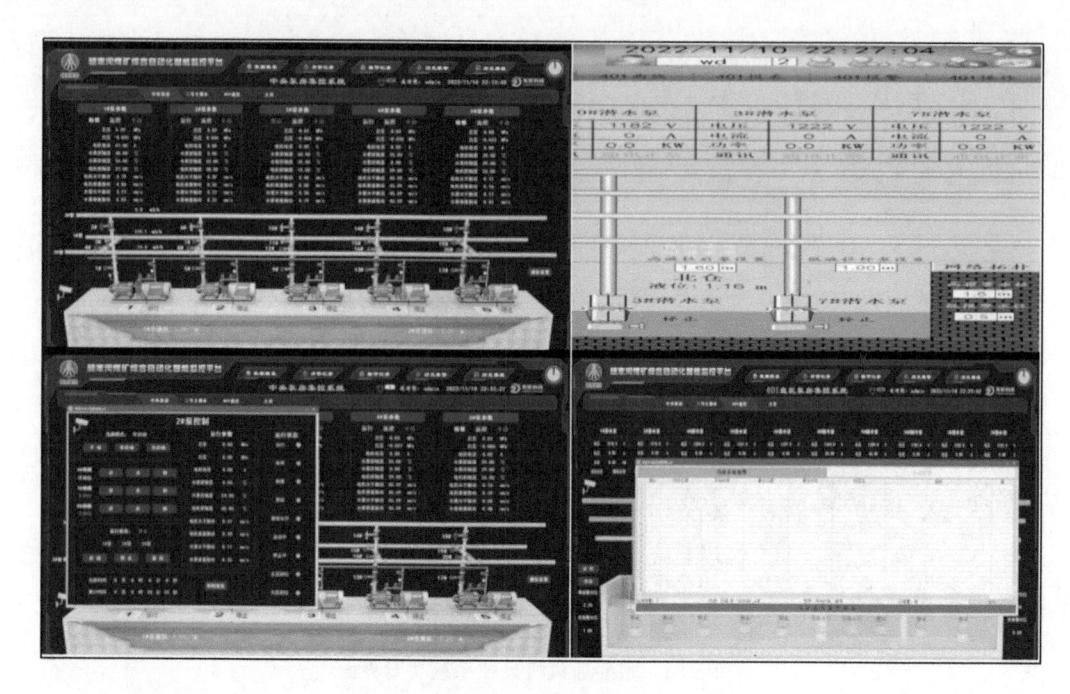

图 8-26 供排水智能化系统功能界面

系统能够实现对瓦斯抽采作业全过程的管控、打钻视频的智能监控、瓦斯抽采数据的智能监测、分析与上传等。

在水害治理方面，胡家河矿井建设有水害预警平台，对主要含水层、井下主要出水点、井下重点密闭、中央水仓等重点部位的水文变化进行实时动态监测，实现监测数据的实时分析与预测、预警。探放水作业实现钻孔数量、钻孔位置、钻孔角度、钻孔深度、终孔位置和钻杆钻进速度信息的数字化，具备数据自动采集功能。水害监测系统与排水系统实现智能联动控制。具体的水害预警平台功能界面如图 8-27 所示。

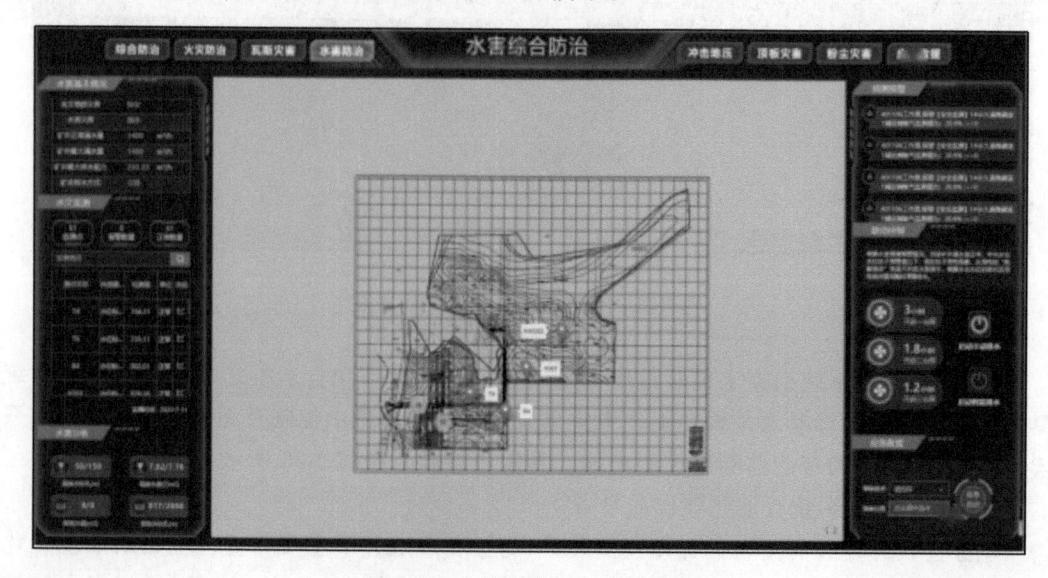

图 8-27 水害预警平台功能界面

第 8 章　彬长矿区所属单位智能化建设成果及常态化运行管理

在防灭火方面，胡家河矿井建设有防灭火在线监测系统，建有束管监测或光纤测温等自然发火监测预报系统，能够实现对井下采空区自然发火情况的监测、数据分析及上传。在电气设备、带式输送机等易发生火灾的区域，设有火灾变量监测及防灭火设施，能够实现火灾参数的智能监测与分析，并根据分析处理结果进行智能预测和预警。防灭火在线监测系统功能界面如图 8-28 所示。

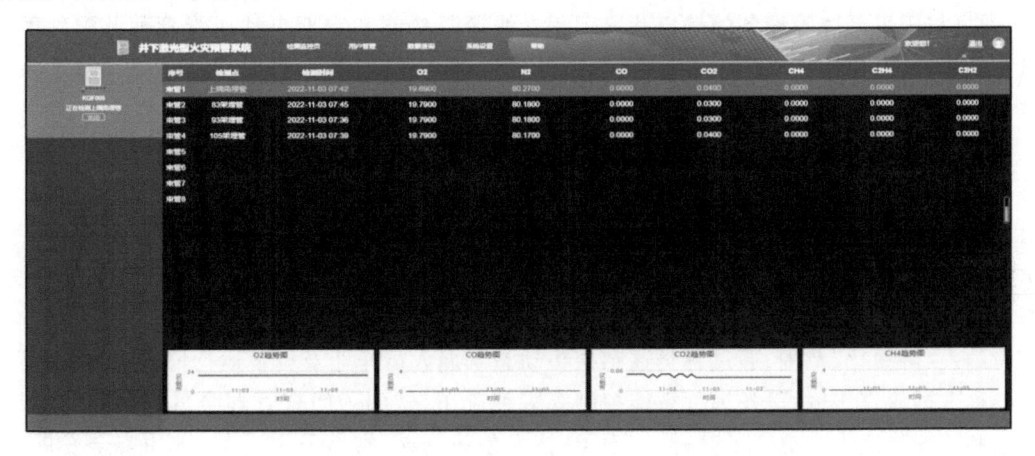

图 8-28　防灭火在线监测系统功能界面

在冲击地压灾害防治方面，胡家河矿井建有煤矿顶板与冲击地压监测系统，能够实时监测综放工作面支架工作压力，并将监测数据实时上传至系统。此外，该矿井能够实时监测锚索、钻孔应力变化情况，并将监测数据实时上传至系统，实现井上计算机实时动态显示各测区监测参数、曲线、直方图，通过无线手段实时监测工作面支架工作阻力，了解工作面顶板矿压规律，掌握周期来压步距、支架压力频次分布规律，验证支架压力选型情况，为矿井生产安全提供技术指导。胡家河矿井具备基于微震监测、应力场监测等技术的冲击地压监测、预测与预警系统，对冲击危险区域进行实时监测，具有冲击地压数据分析功能，能够实现冲击地压监测数据的智能分析与预测预警。该矿井建有冲击矿压风险智能判识与多参量监测预警云平台，结合微震、地音、应力实时监测数据分析，能够实现智能化分析与监测预警。具体的顶板与冲击地压监测系统功能界面如图 8-29 所示。

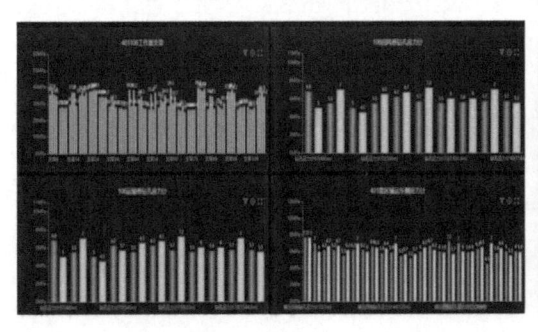

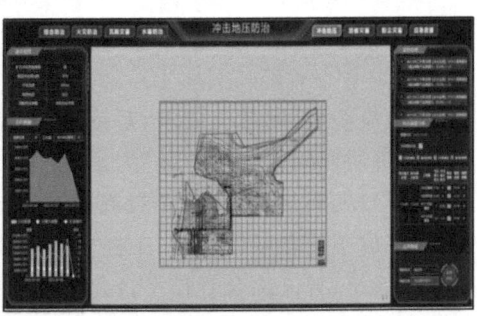

图 8-29　顶板与冲击地压监测系统功能界面

（10）园区智能化建设成果

胡家河矿井建有智能安防、智能车辆管理、智能门禁闸机管理、智能信息发布及个人移动终端管理系统,实现了工业设施保障系统的智能决策和数据共享。通过建立班组管理系统,做到班组流程化、标准化等管理;通过建设生产计划及调度管理、生产技术管理、机电设备管理等系统,具备值班自动化管理功能,实现自动排班及辅助记录工作日志;通过建设机电设备管理系统,具有采掘工作面设备、主煤流运输系统、辅助运输系统、供电与供排水系统、通风与压风系统等设备的健康状况远程在线诊断功能和定期自动运维管理及配件库存识别功能;通过建立矿井经营管理系统,能够提供规范化数据接口,对生产系统和管理系统数据进行融合,并实现数据分析等功能。

8.3.2 示范应用与项目效果

胡家河矿业公司是一个集多种灾害耦合叠加,治理难度较大的复杂地质灾害矿井。该矿井通过建设智能快速掘进、主煤流自适应、智能管控平台、智能感应风门、AI智能图像分析、智能刷脸门禁和智慧停车等智能化系统,能够将胡家河矿的地面生产生活、井下作业全方位纳入"可视化"范围,通过各类遥感探头动态掌握人员作业及设备运行情况,实现地面井下各种数据快速传输、设备远程智能控制等多种应用,做到了闭合管理全覆盖,为矿井减人提效和持续稳定生产奠定了基础,实现了"技术创新突破、智能开采高效、本质安全发展、质量效益提升"目标,走出了一条质量高、效益好、结构优的发展新路子。

当前,智能化建设、智慧化发展正在深刻改变着人类的生产生活方式,已经成为各行业的发展共识,更成为煤炭行业高效持续发展的核心动力。胡家河矿紧紧抓住"智慧矿山"建设机遇,持续抢占智能化建设新高地,快速推进"四化"建设,充分发挥数据集成、人工智能、工业物联网和智能化设备优势,在源头提升灾害治理联动预警处置能力的同时,大大降低了劳动强度,提升了安全保障和发展质量,全体职工实实在在的满意度和幸福感得到大幅提升,跑出了智慧矿山建设的"加速度",以胡家河矿的有力实践推动彬长公司朝着高质量发展目标阔步向前。

8.4 文家坡矿智能矿井建设成果

文家坡煤矿的井田东西宽 9.86 km,南北长 11.69 km,面积为 79.690 3 km²,位于彬州市城关镇。井田内共有资源储量 729.44 Mt,扣除损失后可采储量 342.72 Mt。矿井设计生产能力 4.00 Mt/a,矿井实际生产能力 4.00 Mt/a。该矿井严格按照陕西煤业"智能矿井、智慧矿区、一流企业"的总体要求,坚持"突出创新引领,强化科技赋能,努力打造复杂地质条件下多元灾害协同治理智慧矿井"为宗旨,以国家能源局关于印发《智能化示范煤矿验收管理办法(试行)》的通知(国能发煤炭规〔2021〕69号)为依据,以建设国家Ⅱ类中级智能化煤矿为目标,完成了信息基础设施、工控安全保障系统、智能化综采工作面、智能掘进系统、智能辅助运输系统、智能综合管控平台建设等14项智能化项目建设,目前已达到国家Ⅱ类中级智能化煤矿建设标准。

该矿井采用立井单水平开拓方式,布置主立井、副立井、进风立井、回风立井。掘进采用综合机械化和炮掘相结合的掘进工艺,回采工作面采用走向长壁综采放顶煤采煤工艺。矿井设计生产能力为 4.00 Mt/a,主采 4 号煤层,矿井设计服务年限为 61.2 年。矿井煤层稳定,褶曲影响很小,断层影响较大,陷落柱影响很小,围岩较稳定,对采掘有一定影响,主采4煤层属Ⅰ类易自燃煤层,瓦斯等级鉴定为高瓦斯矿井,煤尘具有爆炸性,水文地质类型为复杂型,4煤层及其顶底板均具有弱冲击倾向性,具有煤尘爆炸危险性,矿井一级热害。

8.4.1 典型建设成果

8.4.1.1 机器人集群项目建设成果

(1) 协同作业

煤矿智能化作为我国煤炭工业高质量发展的核心技术支撑,已成为行业广泛共识,应用机器人将工人从繁重危险的地下开采作业中解放出来是实现煤矿智能化的重要途径和目标。2019年1月,国家煤矿安全监察局出台了《煤矿机器人重点研发目录》,煤矿机器人研发进入快车道;2021年11月,工信部和国家矿山安全监察局联合发出了《关于面向矿山领域征集机器人典型应用场景的函》,向矿山领域征集一批机器人典型应用场景,形成一批可复制可借鉴的成果并加强推广应用,煤矿机器人应用再次按下加速键。

文家坡矿的机器人集群项目围绕采掘工作面、辅助作业岗位机器人进行重点突破,在全矿井进行机器人集群的研发及工程应用,实现关键作业岗位机器人换人、恶劣环境减人,降低安全风险,推进全矿井、全环节、全过程的智能化,图8-30为主运输胶带巡检机器人控制界面,图8-31为巡检机器人工作场景。

图 8-30 主运输胶带巡检机器人控制界面

该项目按照"机器人协同调度平台+机器人"的模式,分三期进行建设。一期建设机器人综合管控平台,集成煤矿现有各类机器人,包括胶带巡检、固定场所巡检、智能仓储、各种服务类机器人等,并研究智能化工作面机器人化关键技术,实现工作面精准控制和高效协同;二期项目研制工作面超前支护机器人,提高自动化程度;三期项目开发喷浆机器人、管路安装机器人和巷道修复机器人等辅助作业机器人,机器人覆盖率达到40%以上,实现机器人集中监控。

图 8-31 巡检机器人工作场景

利用智能化综合管控与机器人集群协同调度平台构建了全矿井的信息中心、调度中心、决策中心以及管理中心，对机器人进行了集成示范。

(2) 协同调度

智能化煤矿综合管控与机器人集群协同调度平台基于"一支撑—平台六中心"的应用架构，以智能矿山基础平台及煤炭工业大数据为数据底座，以机器人集群协同调度为特色，基于对象化建模方式融合煤矿安全、生产等数据，通过统一的数据流、信息流及业务流，建立机器人集群协同调度、安全保障、生产协同、综合管控、精准运维等应用中心，打通了煤矿"横向协同、纵向贯通"的安全生产管理体系，实现安全生产"管与控"一体化。

开发的煤矿机器人集群协同调度平台，针对煤矿机器人集群构建生产协同体系和逻辑模型，实现了多机器人之间的联动作业过程在多约束条件下的最优解。在统一平台中实现了机器人作业协同、巡检调度、充电管理；在多维度数字孪生空间下，映射真实现场的环境、设备状态，实现对机器人实体逆向优化的远程控制，达到基于实时数据驱动的智能管控与作业指导。

机器人集群协同调度平台完成了对现有采煤类机器人、掘进类机器人、超前支护机器人、喷浆机器人、抓管机器人、胶带巡检机器人、变电所巡检机器人、安防巡检机器人和地面客服等多种机器人的场景化建模，实现了对运行机器人的传感监测、动作姿态等信息集成与

第8章 彬长矿区所属单位智能化建设成果及常态化运行管理

模型联动,形成了以"采-掘-运-辅"为核心、井上井下协同的机器人集群。在统一平台实现了多机器人之间的作业协同、运输与巡检调度、充电调度管理,在统一的任务调度管理与任务编排、跟踪反馈与协同控制等方面也取得初步成效。

8.4.1.2 智慧水务管理系统建设成果

彬长矿业文家坡矿智慧水务管理系统正式投入运行,不仅有效降低了矿井水务管理综合成本,还切实提高了水务管理的效率与效益,智能水务数据大屏如图8-32所示。

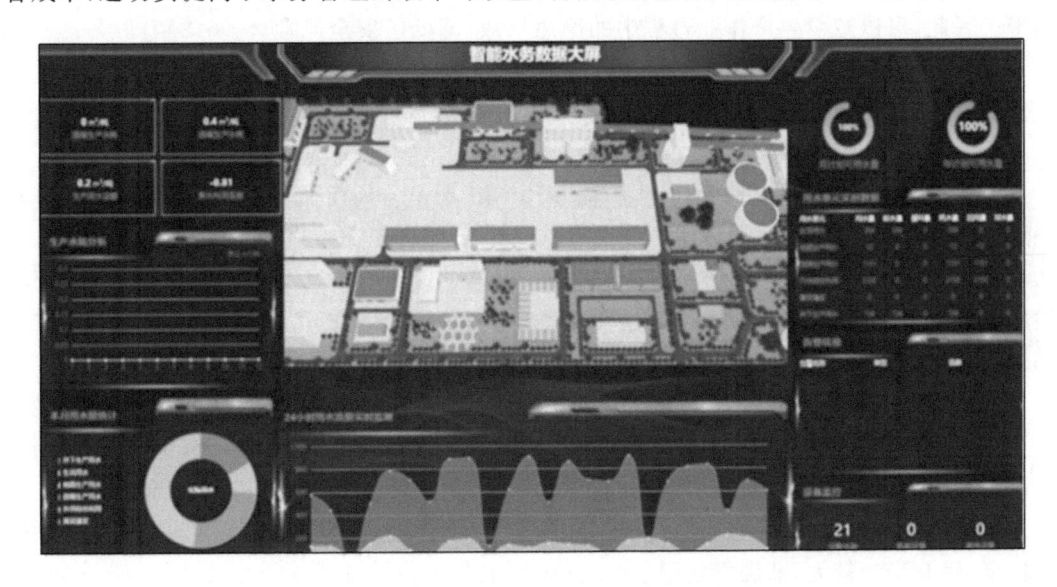

图 8-32 智能水务数据大屏

该系统以煤矿水循环"供-用-耗-排"过程为监测对象,以物联网、大数据技术为依托,采用先进的智能传感技术,对矿井生产和生活用水单元的供水端、用水端、排水端和耗散过程进行多层级、高频次、全过程的水量监测。此外,通过信息和云计算技术存储,处理各项数据,能够自动生成满足《彬长矿业文家坡计划用水管理办法》要求的用水原始记录和统计台账,自动计算原煤生产水耗、选煤生产水耗、水重复利用率、废水回用率以及人均日用水量等工业用水考核指标,自动对不同用水单元月、季、年等不同时段进行水平衡动态测算与管理,自动比对实际取用水量与计划取用水量、取用水定额是否超过限额,突发异常状况可自动判断并向工作人员发出报警,为矿井水务管理工作高效开展提供了精准的数据支撑。自该系统投运后,工作人员可在数据大屏查看各类数据分析模型和相关精准数据,并对矿井用水系统和单元的用水情况进行实时在线监控,不仅加强了取水总量控制,还达到了减人提效的目的。

8.4.2 示范应用与项目效果

文家坡矿井通过引入先进的人工智能、物联网技术和智能化设备等技术装备,实现了机器人协同和水务管理等方面的智能化功能,提高了工作效率和准确性。

首先,该系统通过机器人技术实现了各个机器人与智能化综合管控系统的信息互联互通,能够实时监测和传输机器人信息。由此,利用机器人的智能化操作,可以更加高效地进行井下作业,减少了手工操作和人为错误的发生。

其次,智能水务系统利用智能化设备和算法对水务数据进行分析和预测。通过对历史数据的分析,系统可以预测未来的水量使用趋势和需求。因此,文家坡矿井可以提前实现水量使用的自动控制,避免了水量使用不够或者浪费的问题,提高了水量使用的效率。

此外,上述系统还引入了智能化的调度算法,能够根据具体的应用情况,自动做出预测预警。因此,可以减少生产作业过程中的隐患事故,降低了安全风险。

8.5 孟村矿智能矿井建设成果

孟村煤矿,位于咸阳市长武县境内,面积约 63.6 km²。地质储量 1019.20 Mt,可采储量 585 Mt,服务年限 69.5 年,设计生产能力 6.00 Mt/a,项目于 2010 年 5 月开工建设,2022 年 10 月通过项目验收。本井田延安组含煤 2 层,仅第一段所含的 4 号煤为可采煤层,煤层性质属于低硫、黑色,半亮型烟煤,第二段所含的 4 号煤全区不可采。煤层全厚在 3.7～26.30 m 范围内,平均为 16.25 m。

该矿井开拓方式为立井单水平开拓,综采放顶煤开采,全部垮落法管理顶板,综合机械化掘进施工工艺。矿井运输采用带式输送机运输及防爆胶轮车运输相结合(主运输胶带,辅助运输胶轮车)。矿井采用主立井、副立井进风,回风立井回风的中央并列抽出式通风。矿井瓦斯治理的方式:抽采为主,辅以风排、监测监控、人工检查等综合瓦斯治理措施。矿井煤层稳定,褶曲影响较大,断层影响很小,矿井内无陷落柱,围岩较稳定,对采掘有一定影响,主采 4 煤层属极易自燃煤层,瓦斯等级鉴定为高瓦斯矿井,煤尘具有爆炸性,水文地质类型为复杂型,4 煤层具有强冲击倾向性,顶板岩层具有弱冲击倾向性,底板岩层无冲击倾向性。4 煤层总体上具有强冲击危险性,弱煤尘爆炸危险性,矿井二级热害。

8.5.1 典型建设成果

(1) 信息基础设施智能化建设成果

孟村煤矿井下有万兆环网、安全监测专网各一套,各自独立组网,孟村煤矿主干网络为万兆环网,采用冗余环形结构,均具备路由和冗余功能,矿井地面网络与井下环网分别布设。井上、下大巷及硐室采用 4G 无线通信技术。无线通信系统可接入基站用户数不少于 1000。有线主干网络与无线主干网络均能通过其通信网关实现终端节点基于 IPv4 的网络层级访问,实现本网络制式到以太网协议的标准化转换。此外,采用迪普防火墙隔离办公网与互联网防护,APT 安全设备进行网络实时监测。

该矿井建有超融合管理平台,接入了管控平台、便民 App 等系统数据分类、数据分析、数据融合功能。人员定位系统采用 UWB 精确定位技术,可实现静态的定位精度在 0.3 m 以内,动态精度在 1 m 以内。

(2) 地质保障系统智能化建设成果

矿井采用智能地质探测设备,能够最大程度降低人工劳动强度,提高勘探数据的精度与广度。地质探测设备具备数据自动采集与上传功能,地质探测结果能够实现地质模型构建与实时更新,地质模型建模精度小于 1 m。目前,该矿井已建立了煤矿基本信息

第 8 章　彬长矿区所属单位智能化建设成果及常态化运行管理

库、地质基础库和测量成果库,实现了地质数据与工程数据的融合共享,为矿井通风系统、供电系统、供排水系统等生产系统提供了精确的地理信息服务。例如,地质保障系统通过三维地质建模,提供了钻孔、工作面和煤层等地质数据与工程数据,为综合管控平台提供了生产技术和综合调度等安全生产信息数据,实现了数据共享功能,提高了数据利用率。目前孟村地测数据库中所含钻孔总数为 72 个,平均每平方公里内所含钻孔数量为 1 个,已将所勘探的地质数据按照含煤地层结构、地质构造、煤层及顶底板岩性、厚度、矿井瓦斯和水富集区等实时录入到孟村矿地测数据库中,从而实现钻探数据的数字化存储。地质保障智能化系统如图 8-33 所示。

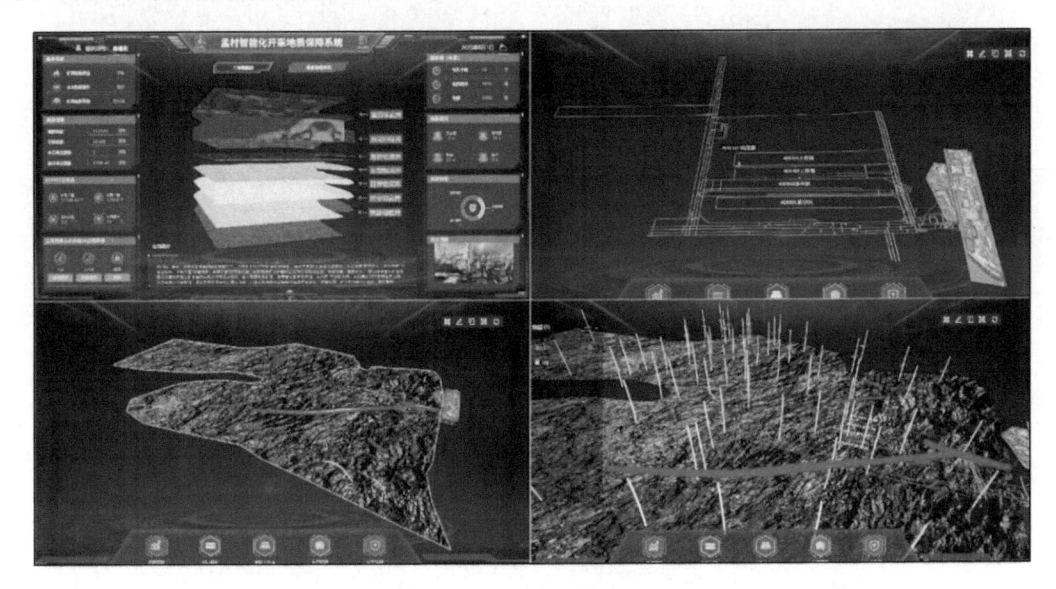

图 8-33　地质保障智能化系统

（3）掘进系统智能化建设成果

矿井巷道施工作业的掘、支、锚、运等工序全部采用高效机械化或自动化装备,掘进速度满足采掘接替要求,采用掘锚机＋矿用带式转载机＋胶带自移机尾＋智能管控系统进行掘进。该系统可以对巷道待掘进区域的地质构造、水文地质条件等进行超前探测,并利用惯导系统实现掘锚机自主定位、定姿、定向功能,通过数字全站仪对惯导数据进行实时修正,保证导航精度。此外,该系统利用遥控、井下集控操作台和地面操作台能够实现远程控制、无线遥控、惯导测量定位、截割断面监视、语音对讲、设备联动、视频采集传输、环境安全监测、人员危险区监测、远程控制、一键启停和自动截割等功能,同时已将自移机尾、长距离运料胶带接入该控制系统。掘进系统还配备智能钻臂,能够遥控操作钻机进行锚护动作,并配备机载临时支护装置,具有工况在线监测和故障诊断功能,能够实现临时支护机械化作业。具体的掘进智能化系统功能如图 8-34 所示。

（4）采煤系统智能化建设成果

采煤机安装有位置监测、摇臂角度感知、摇臂调高、油温、油压、瓦斯监测等传感器,具备自主定位、姿态监测、远程控制、机载无线遥控、直线度检测和防撞检测功能。采煤机监控软件可实现对煤机位置、姿态、远程控制,能够实时监测运行工况,并对存在的故障进行分析诊

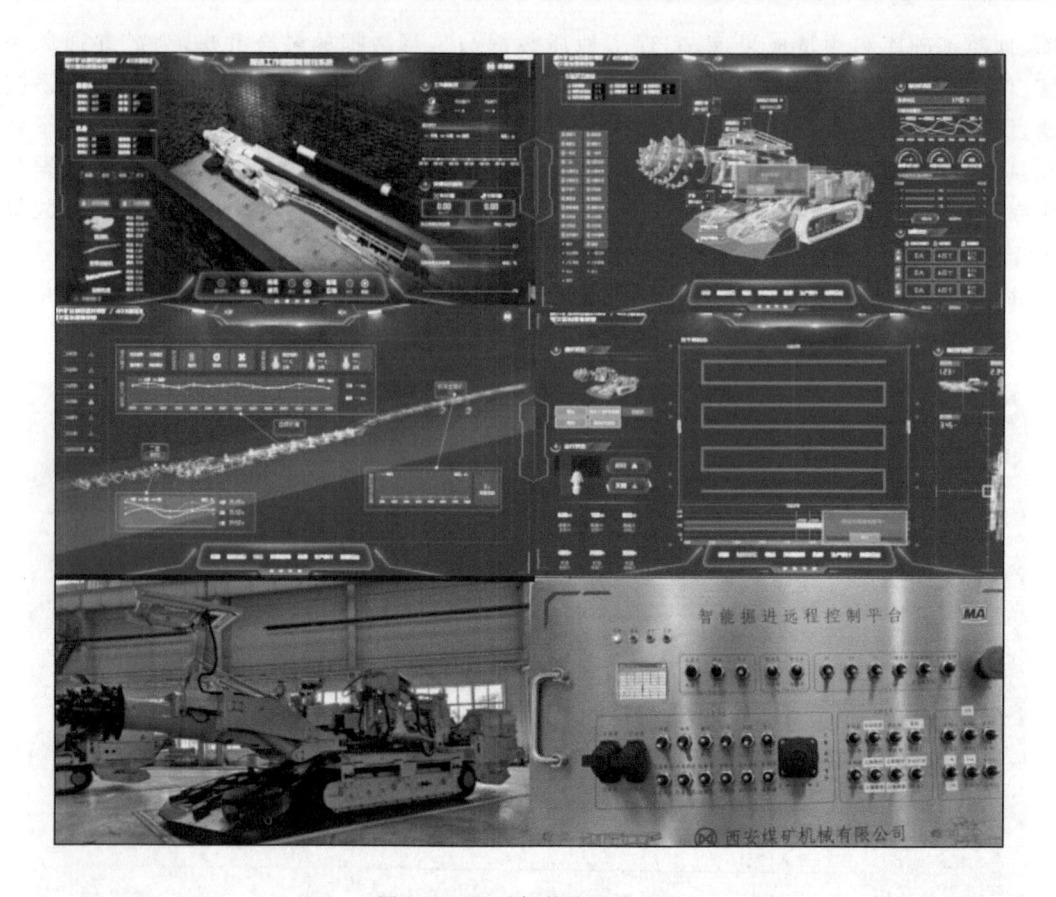

图 8-34　掘进智能化系统功能

断,发出预警提示。此外,采煤机安装有瓦斯传感器,采煤机运行速度结合矿井现有安全监控系统中该工作面上隅角瓦斯,能够实现联动控制。采煤机还具备工作面"三角煤"功能,能够实现三机协同割煤。具体的采煤机智能化系统功能如图 8-35 所示。

（5）主煤流运输系统智能化建设成果

带式输送机运输系统能通过现场工业总线实现互联互通,与煤矿综合管控平台实现智能联动,实现无人值守作业。单条带式输送机具备完善的传感器、执行器及控制器,能够实现单台设备的自动控制和联动保护控制。此外,给煤点设计合理,能够实现带式输送机安全运行,地面栈桥及原煤仓和煤仓、给煤机的带式输送机联动控制。主煤流运输系统中沿线煤流基于 AI 识别,实现了分布状态实时监测、变频调速,具备调速模型的优化和煤流平衡的功能,能够自动识别人员违规穿越带式输送机等不安全行为。集控系统自身具备各部带式输送机驱动部电机电流、温度以及减速器轴承温度和润滑油温度等参数的实时采集、状态监测、故障在线诊断与预警、运行效率分析等功能,具备振动监测。具体的主煤流智能化系统功能如图 8-36 所示。

（6）辅助运输系统智能化建设成果

辅助运输系统具备无线移动通信功能,能够实现车辆精准定位、车辆运行状态参数监测、超速、路径偏离报警和运动轨迹等功能。无轨胶轮车安装智能安全预警系统,具有人员

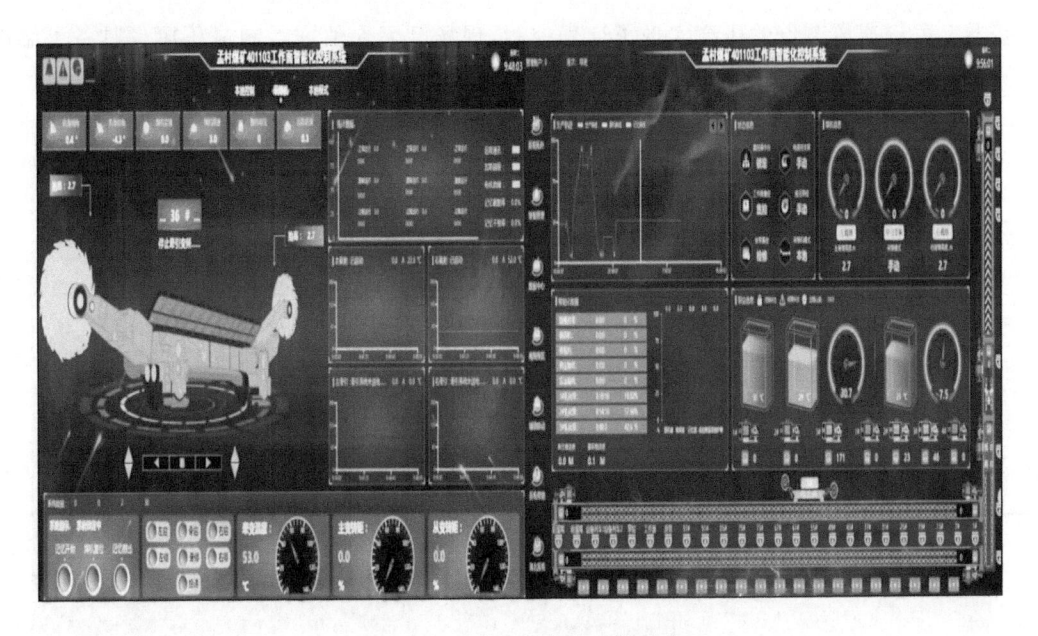

第8章 彬长矿区所属单位智能化建设成果及常态化运行管理

图 8-35 采煤机智能化系统功能

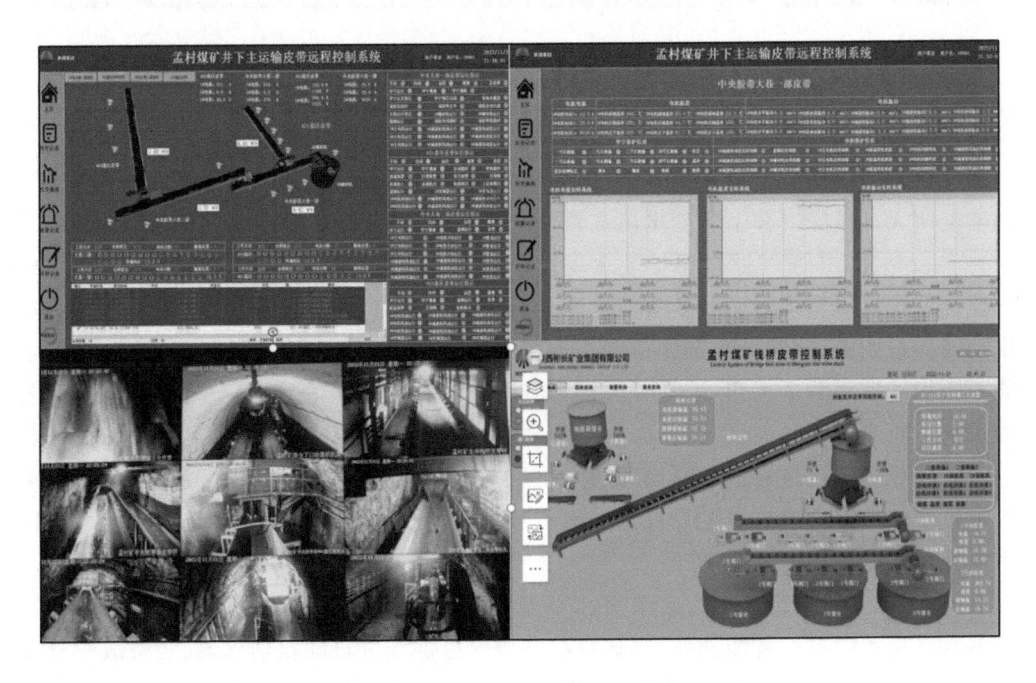

图 8-36 主煤流智能化系统功能

及设备接近防撞预警、防疲劳驾驶、超速预警等功能。矿井装有红绿灯系统,实现了闯红灯、超速等违章行为自动记录。

(7) 通风与压风系统智能化建设成果

主要通风机实现了一键式启动、反风、倒机功能,能够对井下瓦斯浓度、风速、风压等参数进行实时监测。过车风门、主要行人风门实现了自动开关,并安装了视频监控系统和声光报警器。关键通风节点的风窗实现了远程控制,现场已无人值守。制氮压风也具备了温度监测预警功能。具体的智能化通风系统功能如图8-37所示。

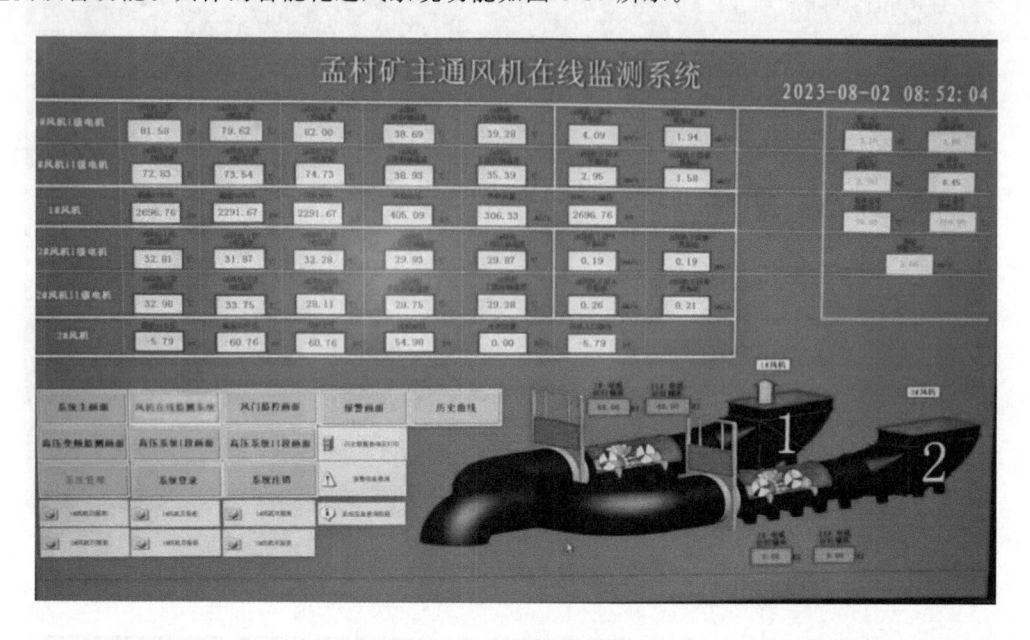

图 8-37　智能化通风系统功能

(8) 供电与排水系统智能化建设成果

矿井通过智能供电监控系统,实现对井下高低压开关远程控制、数据分析等功能,从而实现变电所无人值守。井下各变电所高爆开关综合保护器具有防越级跳闸功能,可根据运行方式自行适用,并通过设置保护装置供电上下级参数及闭锁时间实现智能防越级功能。电力监控系统可以实现对矿井所有变电所运行数据的实时监控,具有遥信、遥测、遥控功能,点击功能面板中的遥控按钮,选择待操作开关,输入管理员密码,即可进行遥控操作。点击功能面板中的实时数据按钮,选择开关即可查看对应开关的遥信、遥测实时数据。矿井电力监控系统还具有告警及追忆功能,事故告警功能可以看出故障发生时间,确定故障设备及故障原因。当设备运行过程中,运行参数达到保护装置设定的告警值,监控系统会发出告警。事件追忆功能能够为事故发生后提供准确可靠的分析资料,以便快速地分析出原因。具体的供电智能化系统如图8-38所示。

此外,排水系统实现了中央水泵房、401盘区水泵房、$2^{\#}$主排水泵房的远程集中控制,能够根据水泵房水位进行智能抽排,具备负荷调控或根据水位自动投切水泵、设备故障分析诊断及预警功能。各主排水泵房实现远程集中控制及无人值守,具备水量、水压的智能监测与控制功能。智能排水联动系统能够在线监测各排水点水仓水位、管道流量及水泵实时数据,并及时预警报警。通过监测数据分析,可自动启动智能化排水。具体的排水智能化系统如图8-39所示。

(9) 安全监控系统智能化建设成果

孟村矿井建有KJ24矿压监测预警平台,综采工作面支架压力数据、巷道离层数据能够实现自动上传。矿井各掘进工作面及综采工作面顺槽均安装有顶板离层仪,监测数据可实

第8章 彬长矿区所属单位智能化建设成果及常态化运行管理

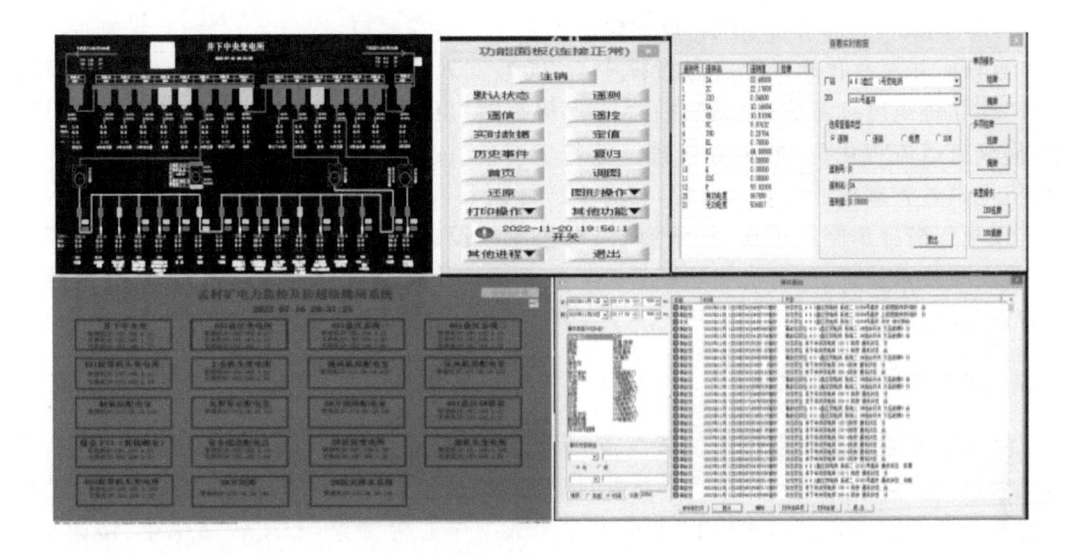

图 8-38 供电智能化系统

图 8-39 排水智能化系统

现自动上传和分析。该矿井建有 ARAMIS M/E 微震监测系统、地面 ARP 微震监测系统、SOS 微震监测系统、KJ24 应力监测系统和 ARES-5/E 地音监测系统,可以对冲击危险区域进行实时监测。此外,孟村矿井建有煤矿冲击地压分源权重综合预警平台,能够针对冲击地压、微震、地音、应力等进行智能分析与预测预警。该矿井还具备完善的双重预防管控机制,并建立双预管控信息系统,能够实现风险的分级管控、隐患的闭环管理及分布位置的可视化展示。建立的安全管理大数据看板,能够实现对多种灾害的融合共享和对煤矿安全态势总体评估。

(10) 园区与经营管理系统智能化建设成果

孟村矿井建有智能调度信息指挥中心，能够实现对井上下各系统的统一协同管控。此外，建立班组管理系统，包括班前会流程化管理、班中巡查管理、井下交接班管理等功能，做到班组流程化、标准化等管理。管控云平台中建立的调度管理系统、生产管理系统、机电设备管理等业务管理系统，具有生产计划和调度管理功能。此外，管控云平台能够实现规程措施编制和审批、技术资料、专业图纸设计、采掘生产衔接跟踪、工程进度跟踪、生产与技术指标、经营指标物资管理系统及内部市场化信息管理系统，能够实现园区的智能化经营管理。

8.5.2 示范应用与项目效果

彬长矿业孟村矿紧跟时代发展潮流，大力推进智慧矿山建设，为实现矿井生产系统最优管理，达到安全、生产和管理一体化的目标，建成了"看得见、管得了、控得住"全过程的智能综合管控平台。该平台以煤炭工业大数据中心为支撑，利用数字孪生、协同GIS等技术，对矿井真实环境的仿真构建、全息还原，同时将生产类、经营类等多业务子系统进行融合，开发形成数字孪生、决策中心、灾害防治、大数据分析、移动端App等5个业务应用中心，实现了各自动化系统和安全监测监控系统的实时监测、集成控制，能够辅助人员日常管理及决策下发，形成"现场无值守，远程可视化，人在中心坐，系统全掌握"的平台管理模式。

此外，该平台以"人、煤、电、风、水"为主体对象进行梳理，以原煤生产为主线，对"采、掘、机、运、通、排"等主要安全生产环节，进行多要素全流程的集中、协同、优化控制与智慧运行，实现全煤链多粒度、可视化展示。通过对关键环节的智能分析，得出依赖关系，为生产决策提供有力依据。通过数据共享，加强信息交流能力，克服传统信息交换的滞后性，实现各生产环节的智能协调，使主煤流系统和关键设备群智能数控，形成完整的管控模式，为提升生产效率筑牢坚实根基。

最后，孟村矿井以"减员、增效、强安"为目标，对共享业务逻辑进行重组和封装，用"点"加"面"的形式，将生产调度、安全管理、机电运输和灾害治理等系统数据采集并"入湖"。通过不断沉淀数据模型和接口规范，打破数据孤岛，应对业务系统的快速迭代，逐步实现智能矿山系统多方面、多方位的融合联动。同时，基于4D-GIS时空演进技术建立井下三维模型，以数字孪生为核心、数据整合为基础，在数字空间内，形成可视化高度融合，集调度指挥、安全监测、信息管理为一体的全流程贯通、全业务融合、全场景监控智能管控平台，打开了智慧矿山建设的新格局。

8.6 生产辅助单位智能化建设成果

8.6.1 建设原则与运行机制

8.6.1.1 智能生产服务系统建设原则

(1) 软件的可靠性

智能生产服务系统所接入各子系统的通信接口协议和数据格式，满足国家/行业标准且具有开放性和成熟性。智能生产服务系统操作站人机界面中,监控数据整体响应更新速度小于 2 s(含子系统响应时间),画面更新速度小于 3 s;系统具有高稳定性和数据安全性。

(2) 硬件的稳定性

集成接口设备选用适合矿井恶劣环境下的工业性产品,防爆环境下选用国家煤矿安全认证产品。基于可靠性理论,智能生产服务系统核心设备考虑冗余配置,保证关键设备单点故障时建立快速切换机制,不影响主要生产系统运转。智能生产服务系统考虑降级操作方式,当意外事故和灾害发生时能够有效组织和恢复生产。

(3) 系统间的互联性

智能生产服务系统建立统一的系统互联标准,便于系统数据高度集成,并实现集自动化控制数据、语音、视频于一体的综合监控功能,建立生产事件与多媒体信息联动的功能,消除监测监控系统、自动化系统与多媒体会议系统之间的"孤岛"状态。管理信息系统与智能生产服务系统之间信息无缝衔接,能够形成统一的协同安全生产监控与管理的平台。

(4) 平台的覆盖性

与生产运行有关的所有子系统集成到智能生产服务系统及协同安全生产管理平台中,形成信息互联和跨子系统资源共享的数据流,以及实现相互之间的联动功能;智能生产服务系统为管理信息系统提供必要的管理数据,建设综合自动化系统的同时,考虑产量统计、能源消耗、设备管理、人员管理和井下车辆管理等数据采集的需求。

(5) 管理的可视性

智能生产服务系统可视性:包括视频画面展示系统和人机界面展示系统。其中,视频画面展示系统应覆盖井上、井下主要生产环节,能够清晰地实时监视现场场景和动态,通过操作站也能够自由调用历史回放画面,便于查找历史状态;智能生产服务系统与所有互联子系统都应建立相关子系统的监控画面,各子系统能够提供尽可能详细的设备运行状态、参数(包括子系统正常和故障状态),便于操作人员及时掌握生产与设备运行情况。在运行出现故障时,能够掌握具体故障原因,及时提出维护维修对策,迅速恢复生产,达到提高生产运行效率的目的。

8.6.1.2 智能生产服务系统运行机制

(1) 控制机制

控制机制主要包括以下三方面内容:首先,针对采集的各监控子系统的生产工况参数进行综合分析,自动完成过程控制,也可由生产服务系统集控员远程操作控制;其次,系统的控制操作应遵循预检、启动的原则;最后,各监控子系统具有集中联锁/就地解锁 2 种控制方式,并且不同的控制方式可实现无扰动转换。

(2) 智能联动机制

建立各系统间的预警、报警机制,统一数据库(实时数据库、历史数据库),把各系统所采集到的数据进行统一管理。各种预警信息应提供死区、延时、报警抑制选项,防止在一定时间内的重复报警,并可在通信中断、维护和测试时抑制不必要的报警。对设备的启停和各项参数提供常规的文字和语音报警外,对系统由低到高采取分级预警方式,实现生产调度辅助决策。

(3) 设备挂牌机制

通过设备挂牌功能,系统可远程对 1 个或多个设备进行禁止操作控制,从而保障远程控制的安全问题。

设备挂牌种类包含检修牌、禁止牌、故障牌等,并采用不同图示。设备挂牌后可抑制对其控制输出,以确保当检修人员在现场作业时,其他操作员不能发送控制指令,仅保留对挂牌设备的监视功能,数据正常扫描刷新,在摘牌后,恢复对设备的控制功能。当被监控设备挂检修牌时,生产服务系统不更新该设备的所有信息,计算机重启或者故障,不应影响禁止状态。此外,应提供禁止设备列表,记录禁止的操作人、操作位置、开始时间、结束时间和模式,该列表支持查询和打印,所有的禁止操作都保存到系统日志中可随时调阅。

8.6.2 智能培训中心建设成果

2022年2月,全国煤炭行业首个"5G+智慧矿山"培训基地在彬长矿区揭牌,智慧矿山虚拟现实培训平台主要由智慧矿山 VR 培训、智慧矿山可视化培训等两大部分组成[94]。

8.6.2.1 智慧矿山 VR 培训——教师管理中心

教师管理中心是整个培训系统的教师管理端,可对系统功能、人员资料等进行管理、设置,对受训人员操作进行远程监控,对考核成绩进行汇总。该中心通过模拟各工种在工作现场的实际操作步骤、程序和方法,实时评定受训人员能否按照标准要求完成操作任务。

教师管理中心具备完善的数据分析功能,对受训人员的操作过程进行自动记录、评估、计算成绩,实现考训一体化。此外,该中心可以列出扣分项,提示正确操作规范,使受训人员真正达到规范操作流程,提高操作水平的目的。

主要功能如下所述。

(1) 监控与回放

教师可对学生端运行的内容进行监控,查看其显示画面,了解其训练状态。也可对受训人员进行练习、考核的过程进行回放。进入监控或回放模式后,可以展示俯瞰整个工作场景的视角,也可以使用鼠标进行旋转、缩放和拖动操作,便于教师检查受训人员操作。通过点击对应人员的定位按钮,能够定位到人员所在位置,实现近距离观察。

(2) 场景管理

该功能主要显示所有运行中的虚拟工作场景列表,可通过设置条件筛选显示不同场景,如教学训练、模拟考核和在线考核等。此外,通过该功能可以查看虚拟场景的详细信息,如类型、参与人员、场景运行状态等,也可进行监控或关闭场景等操作。

(3) 考试中心

教师可以在考试中心界面浏览到现有的考试列表,创建、修改或删除考试任务。只有当前日期在考试开始日期和结束日期之间时,考试才可以进行。

(4) 数据查询

教师通过数据查询界面,可以查询考试成绩,并须指定考试批次、内容或考生姓名中的至少一项。

(5) 人员管理

管理人员可以查看系统中注册的所有受训人员信息,并进行添加、修改、删除等操作。此外,可以查看在线人员列表,显示其操作状态,也可直接对特定人员进行监控。

8.6.2.2 智慧矿山 VR 培训——透明矿井子系统

以智能化矿井真实环境为依据,引入数字孪生和透明地质的技术理念,在三维仿真场景中全方位透明化呈现矿井各项信息,实现智能化矿井的地理信息、矿井结构、生产系统概况等方面的整体性教学。子系统建设内容以彬长矿业目标示范矿为原型,主要功能如下所述。

(1) 矿区地理信息展示

该功能模块展示以下信息:矿区三维地图,立体呈现矿区周边地形地貌及煤矿井上建筑;矿区透视图,从地表视角观察井下巷道、工作面分布;透明地质,显示井田盘区与岩层分布情况、各地层厚度与主要成分、主要地质构造等。

(2) 矿井巷道布局展示

该功能模块展示以下信息:包括主副立井、进风井、回风井、井底车场、运输大巷、回风大巷、工作面顺槽、掘进巷等的煤矿井下巷道整体三维模型、作业中的回采工作面(示范矿某综放工作面)、作业中的掘进工作面(示范矿某掘进工作面)和采空区岩层垮落状态。

(3) 综采面煤层结构展示

该功能模块展示综采工作面煤层三维模型,并对各部位经纬度、标高等数据进行标注,将平面的矿图立体化,可以直观地查看煤层的走向、倾角、长度、宽度等数据,断层、背斜、向斜等地质构造,不同位置的煤层厚度等信息。

(4) 六大生产系统展示

展示煤矿井下六大生产系统(采、掘、机、运、通、排)整体概况。例如,采煤系统主要展示智能化综采工作面的设备组成,包括采煤机、液压支架、端头支架、刮板输送机、转载机、破碎机、带式输送机、远程供电设备、远程供液设备、集控中心等,以及各设备联合运转的情况;掘进系统主要展示智能化掘进工作面的设备构成,包括掘进机、锚杆台车、桥式转载机、带式输送机、局部通风机等,以及各设备联合运转的情况;机电系统主要展示井下主要供电设备情况,包括变电站、井下变电所等,以及供电线路;运输系统主要展示井下主要运输设备情况,包括提升机、带式输送机等,以及主运线路、辅运线路;通风系统主要展示主要井下通风设备情况,包括主要通风机等,以及进风线路、回风线路;排水系统主要展示井下主要排水设备情况,包括水泵房等,以及排水线路。

(5) 安全避险系统展示

该功能模块展示煤矿井下安全避险六大系统(监测监控、人员定位、紧急避险、压风自救、供水施救、通信联络)整体概况。例如,监测监控系统主要展示井下监测监控系统主要设备和分布情况;人员定位系统主要展示井下人员定位系统主要设备和分布情况;紧急避险系统主要展示井下避灾线路与避难硐室分布情况;压风自救系统主要展示供风管路与用风点分布情况;供水施救系统主要展示供水管路与用水点分布情况;通信联络系统主要展示井下通信联络系统主要设备和分布情况。

8.6.2.3 智慧矿山VR培训——虚拟实景漫游子系统

利用虚拟现实技术,使受训人员能够通过VR设备在虚拟煤矿场景中进行井上、井下漫游。虚拟场景以真实煤矿为背景进行建模,主要建筑、机械设备等完全按照实物1∶1建立,配以文字、语音解说,使受训人员能够对煤矿实地环境、主要设备、工艺流程等有深刻的认识。子系统建设内容以目标示范矿井上建筑及井下巷道(某综放工作面和某掘进工作面)为原型,主要功能如下所述。

(1) 引导功能

进入实景漫游后,可选择是否开启引导模式。开启引导模式——将由飞行小助手带领学员逐一查看井上、井下区域和设备,并伴有语音和文字介绍;关闭引导模式——将由学员自由在井下探索,飞行小助手跟随。

(2) VR 操作

使用手柄对着地面按下扳机键,地面就会显示出蓝色可移动框,代表学员可移动的范围。松开手柄扳机键,则学员可移动至手柄瞄准的目的地处。在漫游过程中,手柄指向任意设备或建筑,都会显示该建筑或设备的信息。使用手柄瞄准设备并扣动扳机,可显示该设备的详细信息。

(3) 导航功能

点击跟随的小助手机器人,会弹出导航界面。在此界面中可选择漫游中的关键地点、设备直接传送到达。另有地图、设置、帮助等功能,在此界面中可选择重新开始漫游或直接退出此版块。

(4) 井上工业广场漫游

在井上工业广场进行漫游,观察煤矿井上建筑与设施,并了解其主要用途,包括:办公楼、调度中心、风机房、变电站、物料仓库、洗煤厂、储煤仓、装车站等。

(5) 井下工作现场导览

模拟下井参观的整个过程,观察煤矿井下巷道与设备并了解其主要用途,包括:安全检查室、提升罐笼、无轨胶轮车、架空乘人装置、供电设备硐室、供液设备硐室、运输顺槽、采煤工作面和掘进工作面等。

8.6.2.4 智慧矿山 VR 培训——虚拟实操作业子系统

该子系统模拟煤矿井下工作现场实际场景、设备和设施,完成主要工作人员的单人操作练习、模拟考核和实操考核。操作训练中,系统会在每一步做出文字及语音提示,引导受训人员学习操作。模拟考核中,由受训人员自行操作,系统会进行评分,使受训人员能够自我评估掌握程度。实操考核是在教师的监控下对受训人员进行真实实操考核,并对考核过程、考试结果进行记录。子系统实操内容包括作业前检查、常规操作、特殊地质情况下的操作、险情应对等。按工作岗位分为:采煤机操作作业、安全检查作业、瓦斯检查操作作业、掘进机操作作业、井下电气操作作业、煤矿监测监控作业、煤矿瓦斯抽采作业、煤矿探放水作业、无轨胶轮车司机作业和多人协同作业,以及智能综放工作面的多工种协同作业演练。以采煤机操作作业为例,井下作业实操训练模块内容主要包括采煤机作业前安全检查和采煤机安全作业两部分操作。

8.6.2.5 智慧矿山 VR 培训——安全事故警示教育子系统

通过虚拟仿真模拟煤矿安全事故经典案例,真实还原井下事故发生场景,将 VR 技术与煤矿安全培训内容进行结合,使受训人员产生身临事故现场的感觉,真切感受安全事故发生时带来的反思和感官刺激,体会违规操作所带来的严重后果。在安全体验系统的指引下,正确应对生产过程中遇到的问题,发现并处理事故隐患及应急避险,提高自救能力及提升安全生产水平,具有较强的实用性,让安全生产理念更加深入人心。

事故案例的类型主要包括透水事故、火灾事故、瓦斯爆炸事故、煤尘爆炸事故、冒顶事故、煤与瓦斯突出事故、提升机坠井事故、窒息事故、运输事故和触电事故。每个事故一个案例,每个案例的时间 15 min 左右。主要功能如下所述。

(1) 事故体验

受训人员以第一视角真实体验煤矿事故发生瞬间的震撼,切身体会事故造成的严重后果,对安全事故的危害产生清晰直观的认识。

(2) 事故回顾

从事故发生前的违规操作、安全隐患开始,还原事故发生的整个过程,使受训人员全面、详细了解事故的起因、经过和结果。

(3) 事故解析

详细分析事故的前因后果,使受训人员深刻认识到,对安全生产规章制度的忽视是导致事故发生的根本原因,违规操作必将付出血的代价。

(4) 安全演示

引导受训人员重新经历事故发生前的情景,通过正确、合规的作业方式,排除不安全因素,从而避免事故的发生。

8.6.2.6 智慧矿山 VR 培训——应急救援模拟演练子系统

为认真做好煤矿灾害事故发生后的应急处理工作,迅速有序地开展应急救援行动,采取有效措施,防止灾情和事态的蔓延,保证遇险人员及救援人员能迅速进行有效反应,进一步增强应对和防范煤矿安全生产事故风险和事故灾害的能力,最大限度地减少事故灾难造成的人员伤亡和财产损失,研发了 VR 煤矿应急救援模拟演练子系统。该子系统借助虚拟现实技术和仿真建模技术,实现了矿山突发应急管理全过程的多角度、多方位演练和评估,可支持多人模拟、演示和知识培训等。该子系统提供了 3 种类型学习体系,包括遇险人员、救援队和指挥中心,具体职责应急演练内容如下。

(1) 遇险人员自救演练

根据现场灾害种类及情况进行对应避灾和自救的方法,在保证自身安全的前提下进行互救的措施。在遇到特殊情况时的应变能力学习,以及在避灾过程中怎样维持避灾条件,延长生存时间,等待救援。

(2) 救援队施救演练

该功能模块主要负责根据指挥部制定的抢险救灾方案,快速制定行动计划和安全技术措施,组织现场抢险救灾、搜救转送伤员,合理组织和调动战斗力,保证救援任务的完成。

(3) 应急救援指挥演练

该功能模块主要负责在接到报警后,迅速标定报警的方位和险情的等级等要素,及时拟定救援计划并迅速向救援队、煤矿有关领导汇报。根据事态的发展,随时修正救援方案,提供领导决策。此外,根据煤矿领导的授权,与相关救援单位进行协调并下达领导的有关命令等。

8.6.2.7 智慧矿山 VR 培训——危险源辨识与学习体验子系统

煤矿危险源辨识与学习体验子系统主要模拟真实矿井危险源场景,通过声光报警、文字弹框、危险源提示等丰富的交互内容,提供"一体两翼"的学习方案(一体即一个学习主体,两翼即事故体验以及解危体验两个分支),使得受训人员在逼真的场景中,学习危险源辨识的内容、流程和方法,同时可以进行事故体验和解危体验,对危险源工作能够有更深度的理解。

(1) 危险源辨识学习

该功能模块将真实工作场景中出现频次较高的危险源、平时罕见的危险源安排在虚拟的场景中,要求受训人员在通过该危险源时能够及时地辨别、归类、记录并解决,目的是让学生在较短的时间内学会该场景危险源辨识的方法,养成记录的习惯,掌握处理危险源的方法。

(2) 危险源后果体验

该功能模块作为学习主体的分支内容,主要承担了危险源辨识深化理解的功能。通过对事故场景的真实还原,从一开始就使得受训人员树立起安全意识,培养受训人员认真谨慎的工作习惯,为受训人员在实际工作中能够不重复不遗漏地检查并解决危险源奠定基础。

(3) 解危体验

该功能模块作为学习主体的另一个分支,主要承担了处理危险源能力培养的功能。通过对真实矿井内解决问题的模拟演练,使得受训人员能够提前习得工具的使用方法、掌握危险源解决的基本原理和方法,从而使得受训人员在实际工作中能够更高效地解决问题。

通过以上"一体两翼"的学习,受训人员可以学习识别危险源内容,将其分类记录,并通过事故体验,身临其境地感受危险源将会造成的事故,在培训阶段即牢牢树立安全意识。同时,通过解危体验,使得受训人员尽快掌握危险源解除的方法,为实际高效解决问题打下基础。

8.6.2.8 智慧矿山 VR 培训——煤矿设备三维仿真子系统

利用三维交互引擎和量身定制的三维模型资源,真实再现智能化采煤、掘进等生产设备,将设备的基本信息、工作原理、结构展示、操作步骤、常见故障及处理方法等通过可视化的方式形象直观地表现出来。受训人员还可进行模拟操作,将教、学、练充分结合,增强培训效果,使学生不用下井就能掌握智能采掘设备的相关知识与规范操作。

8.6.2.9 智慧矿山可视化培训

(1) 智慧矿山可视化培训——素材库

本模块结合煤矿安全生产特点、行业安全培训现状以及国家对安全技术培训的有关要求,成功地实现了煤矿安全技术可视化仿真教学。内容涵盖煤矿各技术工种,遵循国家关于煤矿安全培训大纲和考核标准的相关要求,具有针对性、实用性、启发性,通过实景再现、设备分解、模拟操作等形式把教学内容展现出来,为煤矿技能培训提供了一种全新的解决方案。

本模块结构采用章、节、目的编排方式,易于教师授课及受训人员理解。内容按知识及技能要求组织,在保证知识系统性和连贯性的基础上,着眼于技能操作,力求精练,突出针对性、典型性和实用性。每个工种都涵盖基础知识、专业知识、安全知识及操作、维护、故障处理等方面。

本模块涉及工种子模块,主要包括煤矿安全检查工、瓦斯检查工、井下爆破工、采煤机司机、井下电钳工、综采维修电钳工、综掘机司机、带式输送机操作工、井下电气维修工、瓦斯抽采工和煤矿探放水作业。此外,该模块包含了子系统客户端和手机移动客户端。客户端主要用于学员通过电脑浏览学习后台维护的课程资源;移动端不但可以浏览学习后台维护的课程资源,还可以记录学习过程、学习结果以及课程评价等内容,并接收系统后台自动推送的新闻、课程、培训计划以及培训效果评价等内容。

(2) 智慧矿山可视化培训——PC 管理端

PC 管理端主要功能如下所述。

① 课程上传。将标准课程资源通过系统后台管理端上传到系统,并对课程进行归类,

编辑课程相关信息并存档。

② 考勤管理。与彬长矿业培训室考勤系统做对接,在培训系统能看到签到日志。该项功能需客户与考勤系统厂家协调,并提供数据接口。

③ 新闻推送。通过系统后台维护新闻信息,前端推送至 App 端进行首页展示。

④ 岗位标准作业流程推送。通过系统后台可对多工种的岗位做标准作业流程进行编辑上传和自动推送。

⑤ 开班审核。通过系统后台中的开班功能,管理员可以迅速完成各煤矿上交的个人开班资料审核。

⑥ 在线报名。按照一期一档的计划,开放学习班在线报名,系统能够进行智能化识别、注册、验证。

⑦ 一人一档。全面对接各矿、培训机构的人员存档要求,让任何数据可追溯。

⑧ 课程学习。针对专业技术知识方面,集安全法规、安全管理、生产技术、本岗位安全作业、"一通三防"和自救互救知识于一体,严格按照"煤矿安全培训大纲"的要求。针对各专业技术工种规范操作流程方面,通过虚拟仿真技术,模拟设备及井下工作中的规范操作方法及流程,使受训人员在不下井的情况下就能感受到井下的真实环境;针对大型设备虚拟展示方面,通过虚拟仿真技术,将设备的工作原理、结构及一般机械故障的排查和维护整合在系统中,受训人员通过计算机就可随心所欲地学习;针对小型仪器、仪表的结构、工作原理及操作方面,通过虚拟仿真技术,使受训人员清晰、完整地看到其内部结构,掌握维护检修技能。

(3) 智慧矿山可视化培训——移动客户端

安全技术可视化仿真培训子系统的手机客户端是集在线学习、在线考试、在线管理于一体的煤炭培训云平台。通过手机等移动设备,学员进行在线学习及题库练习,管理员或领导实现在线监督及数据查询。系统通过开班,给学员下发学习、题库练习、模拟考试等类型的培训任务,全面、全时段地监督管理学员的培训情况,最后通过一人一档功能,将学员的基本信息、持证情况、培训信息等记录存档,实现详细化及可追溯。

通过云服务器强大的数据统计及存储功能,借助现有的移动互联网,改变传统培训管理高成本低效率的模式,实现煤矿培训管理智能化、教学网络化、考试模拟化,真正做到管、学、考的全面统一。可以为管理者提供准确的信息查询、视频监控及异常预警。

8.6.3 智能电力系统建设成果

作为彬长集团为保障矿井安全生产而组建的专业化供用电管理队伍,电力公司紧紧围绕"智能矿井、智慧矿区、一流企业"目标,以新技术、新装备应用提升安全供电保障能力。

8.6.3.1 有"颜值"有"智慧",打造全景能源数字化场景

全景能源数字化是基于数字孪生技术用最直观、最直接的方式展示企业厂区、车间、产线、工艺和设备的实时状态,而且可以在平台上直接进行管理和运维,实现在使用过程中工厂设备信息所见即所得,打破传统表格化、信息化的应用模式。各变电站供电设备运行情况及矿井供电负荷实时数据清晰地显示在大屏上,系统 24 h 采集、分析、处理各类信息,实时监控、解析、准确判断设备的运行状态,调度员轻点鼠标即可实现变电站的三维可视。电力公司数字化场景如图 8-40 所示。

图 8-40 电力公司数字化场景

各变电站设备运行稳定高效,视频监控、数据监测、三维场景等多个系统任意切换,大屏显示提供多个关键 KPI 模块待选,指标按照集团/区域、单企业维度,从经营类、安全类、运维类、节能减排四个维度创建指标体系。可自主串联监控的设备,划分企业厂区、车间、产线、工艺、设备等区域实现多层管理,并在平台上仿真建模,实现实时算法训练,寻求最佳调控方案。

此外电力公司智能电网建设突出"总体规划、精益实用、阶段完善"的工作思路,项目涵盖变电站智慧化、产权线路智慧化、智能电网调度管控平台建设三大部分,开启"一中心三平台十二功能"智慧管理新模式,功能涵盖三维数字模型展示、能耗监测分析、数据监测展示、电网参数模拟计算与保护定值整定、远程控制、"六遥"在线监测等 13 项。

智能电网调度管控平台充分运用 AI 智能分析、三维模拟巡检、全息可视化感知、远程控制等先进技术,积极构建精细化的地球立体全景展示,通过三维建模对变电站及供电设备的三维可视,同时拥有全站可视化能力,达到了设备数据与模型联动、信息共享与监控联动,为智能电网管理提供高精度三维地质模型和业务数据的集成与应用。构建设备三维仿真场景以及供配电系统直观网架结构,通过系统培训可让运行人员快速适应工作环境,同时规避作业风险,提高事故处理能力。调度中心监测大屏如图 8-41 所示。

8.6.3.2 瞄准"智"高点,深耕智能化系统应用

(1) 削峰填谷调节

以能耗管理为目标,建立能耗指标体系,以工厂、生产线、设备为维度开展能耗分析。通过在平台上调节这些可调负荷的启停或时间段后模拟仿真形成最优(费用最低)的用能曲线,从而达到节省电费的目的。

① 辅助决策参考信息功能显示能耗及发电日总览数据,并结合排产算法及储能需量管理计算当日最大收益,提供辅助决策;支持点击生成策略,查看最佳经济性排产及储能充放

第8章 彬长矿区所属单位智能化建设成果及常态化运行管理

图 8-41 电力公司调度中心监测大屏

电策略。策略模型中,结合天气(辐照)、需量、生产任务、生产时间、负荷上限(最大市电用电量)综合考虑,以最佳收益为目标,进行能耗排期及储能充放电策略调整。

② 需量管理功能提供发电＋用能的预测曲线,发电侧包含市电、光伏发电和储能放电曲线;用能侧包含产线用电及储能充电曲线,支持按照某个时间点查看当前时间点下的能耗地图。该功能模块按照园区、车间、产线、设备四个维度开展分析,提供手动能耗排产,识别可调能耗峰值,进行需量管理。

③ 数据精度调整功能支持从 1 s～15 min 维度的数据颗粒度切换,用电负荷预测的曲线随着数据精度的调整,曲线做对应变化。理论上时间维度越小,曲线越准确,但是计算成本也更高。高精度的负荷预测曲线,有利于储能充放电策略及排产的优化,提高收益,数据进度匹配需量考核。

④ 甘特图功能显示当日所有设备的排产时间甘特图,支持按照订单及按照能耗设备进行分布显示。按照能耗设备进行显示时,支持手动调整排产时间和对设备运行期间的负荷进行预测显示。此外,排产负荷曲线支持与过去三天的对比显示。

(2) 能源数据诊断

① 用电诊断。通过电能质量(谐波、三相不平衡度)、用电质量,结合剩余电流监测企业用电安全性,辅助企业安全用电,提高企业用电安全性。

② 节能诊断。以单品合格用能特征曲线为基础,采用自学习方式进行用能数据标记,通过聚类方式识别异常用能节点构建用能浪费分析模式,识别能源浪费点,指导开展节能改进。

③ 故障预警诊断。从发电、用电、充电、放电、设备用能等维度建立预警告警机制,运用数据计算和数据分析及时发现可能出现的故障并形成预警信息,从而减少设备故障带来的损失。

④ 单品能耗诊断。通过产品产量以及系统采集的能耗数据,在产品单耗中生成产品单耗趋势图,并进行同比和环比分析,使得厂区能够根据产品单耗情况来调整生产工艺,从而降低能耗。

⑤ 发电诊断。以组串、逆变器、箱变、风机、储能等发电单元为分析对象,从设备的衰减率、一致性、转换效率和离散率等角度进行诊断分析,识别低效和失效设备,辅助现场运维参考。

⑥ 能源安全监视预警。实时监测各供电环节及用电环节的用电质量及用电安全数据,包括电压合格率、谐波和频率等,对各种参数进行分析展示,设定相应的预警阈值,实现各供电、用电设备的安全评估,提前对用电异常进行预警。

(3) 源网荷储一体化管控

① 光储融合,支持光伏展示、功率预测和储能展示。通过光储荷协同,保障企业有序生产。企业导入能耗排产方案,识别可间断负荷用能特征,通过数据聚合,支撑动态调节峰值能耗产线,优化光伏出力不足时候的产能负荷,在不影响产能的基础上,降低了单瓦用能成本。

支持光伏发电逆变器实时数据监测及运行状态展示,主要包括运行状态、直流测数据、交流测数据、当日发电量、累计发电量、逆变器功率、告警信息和历史信息等数据,实时了解光伏逆变器运行状况与健康程度。

此外,通过最近 30 年 NASA 大数据,构建光伏系统逆变模型和太阳辐射模型,以季节和天气类型作为历史样本选取样本源,针对气象部门提供的预测日分时气象数据,在历史数据库中寻找相似数据点作为历史样本。依据历史样本构建离线参数寻优数据总集,使用 BP 神经网络模型、晴空辐照模型和 LSTM 超短期预测模型进行发电系统发电功率预测。

支持储能系统实时数据监测及运行状态展示,实时呈现储能充电和放电过程,展示储能能量流图,主要包括簇级系统 SOC、充放电功率、实时数据、实时功率、消防状态、运行状态等内容,能够实时了解储能集装箱的运行状况与健康程度。

② 源网荷储调度通过云端策略制定与分析完成边缘策略执行与记录。通过光伏、余热发电和用能的预测数据,开展系统调度仿真。以前一周期数据与昨日预测数据对比,迭代分析边缘储能的充放电策略,并将充放电策略、需量调控策略下发到边缘设备,进行实时的监视和分析,识别调度运行的响应时间和控制精度等问题,进一步提升源网荷储一体化系统的经济运行。

边缘设备接受云端调控策略(主要包括 AGC/AVC 需求响应和充放电策略),并在边缘侧实时跟踪边缘数据,记录故障事件和关键数据的日志,定时上传至运算中心。

(4) 探索变电站"有人巡视、无人值守"管理模式

变电站智慧化建设在原有的监控系统基础上,增加设备、电缆在线监测功能,整合设备状态、电网潮流监控、电力数据监控、变电站安防、消防、动环等主辅信息,构建智能监测应用系统,配电开关可实现一键顺控操作,探索变电站"有人巡视、无人值守"管理模式。

智能电网调度管控平台完成了变电站系统数据一站式入湖,实现对 10 座变电站电气一二次设备、环境监测系统、电缆测温系统、智能巡检系统、电量统计与质量分析系统、智能门禁系统、智能消防系统的数据监测和展示,通过对关键设备运行参数进行实时监测和汇总分析,构建智能监测应用和常态化智慧监控,确保矿区供电管理科学稳定。管理人员可通过网页、手机 App 等方式随时随地访问系统软件,对电网实时信息进行浏览,更加方便远程指挥和故障处理。变电站远程控制如图 8-42 所示。

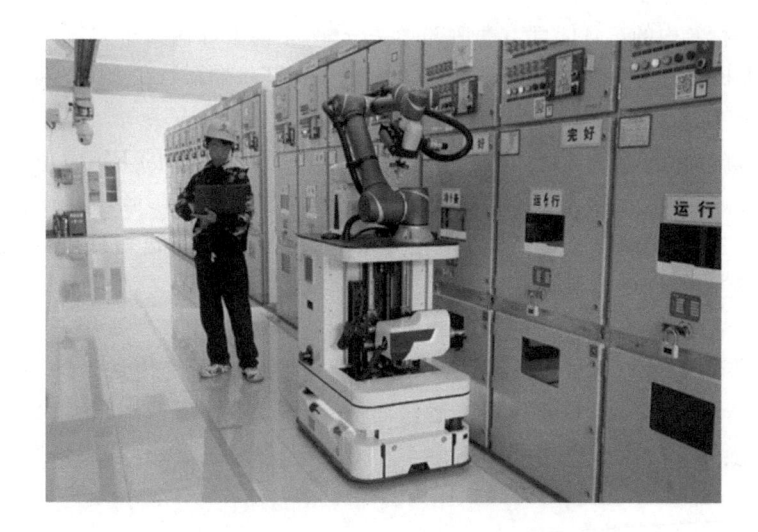

第 8 章　彬长矿区所属单位智能化建设成果及常态化运行管理

图 8-42　变电站远程控制

同时,智能电网建设实现了高低压电气设备遥信、遥测、遥控、遥调、遥视、遥脉信息在线监测及远程实时传输和可视化监控,遥控功能具备防误操作和远程闭锁功能,为执行操作任务加上"安全锁"。

总体来说,智能电力系统的应用如变电站安防系统、自动消防系统,以及为供电线路加装的智能监拍、视频、绝缘、防山火、绝缘子污渍、覆冰等在线监测装置和传感器,能将杆塔信息、监测信息实时上传至调度管控平台进行分析,实现供电线路的实时感知、全景可视和故障智能诊断,安全高效做好供电设备、线路运行情况的主动监测、提前预警和分析排查。智能电力系统通过技术升级不断提高智能电网建设水平,提高矿区供电可靠性,为矿井安全生产注入澎湃动力满足煤矿开采需求。

8.6.4　智能铁路运输建设成果

陕西彬长矿业集团有限公司铁路运输分公司(简称"铁运分公司"),成立于 2013 年 9 月,是以承担彬长矿业 5 对矿井煤炭铁路外运任务为主的专业化铁路运输分公司。公司位于陕西咸阳彬州市境内,北邻西平铁路,南邻福银高速,地理位置优越。随着铁道部车号识别系统的推广应用,铁运分公司通过安装车号识别系统,对入矿的路车车辆信息进行准确的识别,经计算机处理后为矿区铁路运输信息管理系统提供路车、自备车实时追踪管理所需的准确的、实时的基础信息,实现了矿区铁路对路车、自备车的实时管理、车流的精确统计和实时调整,为矿区铁路实现运输信息化、提高运输效率提供了保障。

车号自动识别系统采用能够在列车高速运行条件下,准确地识别出列车的车次,机车、车辆车号信息,采用网络技术实现信息共享。采用射频技术实现高速行驶的车辆与地面设备之间的信息交换是该系统的技术关键。该系统主要包括车辆标签、地面识别子系统和集中管理子系统。

(1) 车辆标签

作为路车的主要配件,车辆标签内部芯片存储有路车车号信息和车辆的维修技术参数信息。标签安装在机车、货车底部的中梁上,由微带天线、虚拟电源、反射调制器、编码器、微处理器和存储器组成。每个标签内的车号信息由铁道部唯一分配,相当于每辆路车的"身份证"。企业自备车安装电子标签时,要采用特殊编号,避免与路车重号,保证每个车号在全国的唯一性。

(2) 地面识别子系统

由安装在轨道间的地面天线、车轮传感器及安装在探测机房的 RF 微波射频装置、读出计算机(工控机)和防雷元件等部分组成。地面识别设备安装在矿区铁路交接口处,实时准确地完成对出矿和入矿路车标签信息的识别,并将识别出的信息进行处理,通过电缆或光缆传至车站集中控制管理计算机。

(3) 集中管理子系统

车站配置专门的信息化集中管理系统设备,把地面识别系统传送来的路车信息通过集中管理系统进行处理、存储,并通过网络运营商的 VPN 专网(虚拟网)转发到矿区铁路调度中心服务器。服务器对车号信息和车站调车作业信息进行综合处理,实现路车在矿区铁路的实时追踪。

8.7 智能化煤矿系统常态化运行管理

为深入贯彻陕西煤业《2023年"四化"建设工作要求》和彬长公司《2023"四化"建设工作安排》,陕西彬长矿业集团有限公司以"四化"建设促进矿井全业务链效能提升,树立"业态协同、建用衔接、均衡发展、融合提升"的工作理念,开展智能化系统常态化运行工作,全面释放智能化系统保安促产效能,提升矿井智能化系统应用水平。具体的管理原则如下所述。

① 坚持目标导向,着力攻关制约智能化系统常态化运行的堵点与难点。

② 立足过程提质,因地制宜地明确各阶段关键指标,充分研判各阶段提升指标,形成良性循环。

③ 立足总结推广,进一步加强先进经验的总结、提炼,积极贡献彬长方案、彬长模板。

④ 明确各智能化系统常态化运行监管和维护责任分工,明晰各部门智能化系统的监管范围;全面提升各类智能化系统使用率,实现系统常态化运行;矿井智能化运维人员素养逐步提升。

在此基础上,陕西彬长矿业集团有限公司制定了智能化煤矿系统常态化运行管理的目标,如下所述。

(1) 提升智能化系统的全面感知能力

大佛寺矿试点建成智能化矿井常态化运行态势感知系统,对矿井现有智能化系统的运行及使用情况进行实时监测与分析,确保各类智能化系统常态化运行。此外,各矿井完成智能光纤检测管理系统建设,实现光纤的全天候监测、光缆芯线质量统计分析、光缆布线及链路管理、故障报警及定位、故障自动切换备用芯等功能,为矿井智能化系统常态化运行打下坚实基础。

(2) 提升智能化系统供电网络安全保障能力

各矿井进一步优化井下供电系统,在变电所、配电点及顺槽口安装智能化系统专用综保,减少因停电检修造成的系统断线影响,确保各类智能化系统正常、稳定运行。此外,需要进一步优化环网交换机及光纤布置,减少信号传输过程中造成的损耗,提升传输效率,确保工业环网高速、稳定运行。

(3) 提升智能化系统业务预警能力

第8章 彬长矿区所属单位智能化建设成果及常态化运行管理

持续开展智能综合管控平台优化工作,将智能综合管控平台报警中心模块的报警信息按业务下发各部门、区队进行实时监测,及时处理传感器报警、故障、异常信息,确保系统正常、稳定运行。

(4) 提升智能化系统管理运维能力

每月开展一次信息化、智能化专业培训,切实提高系统维护人员技术水平,避免因人为因素造成的系统异常情况,确保系统正常、稳定运行;每季度组织一次"四化"建设调研,梳理系统使用过程中存在的共性问题,形成问题清单并逐项处理,进一步提升系统运行稳定性[94]。此外,分专业编制各类智能化系统运行维护人员操作规程及维护流程图。

针对陕西彬长矿业集团有限公司制定的智能化煤矿系统常态化运行管理目标,进行的管理保障内容如下所述。

(1) 提高思想站位,深化系统应用

智能化系统是矿井智能高效安全生产的重要组成。各矿井要把智能化建设作为系统性工程,持续开展系统优化提升、长效应用工作,以用、管、运为立足点,着力抓好现有智能化系统的常态化应用,提升智能化建设与安全生产之间的耦合度,充分发挥智能化系统功效,夯实矿井智能化建设成果。

(2) 强化组织保障,完善考核机制。

各矿井作为开展智能化系统常态化运行的第一责任主体,成立主要领导为组长、分管领导为副组长、相关业务部门负责人为成员的工作专班,落实各级责任,建立层层传导的责任体系,紧扣系统保安效能提升,确保智能化系统常态化运行工作的扎实推进。同时以考核促提升,不断优化完善系统运行质量评价指标,确保智能化系统常态化运行工作落到实处。具体的考核评分表如表 8-1 至表 8-5 所示。

表 8-1 智能化综采工作面常态化运行考核评分表

序号	检查项目	基本要求	评分方法	得分
1	制度完善 (20分)	1. 建立有完善的系统运行维护管理制度(包含:职责划分、岗位责任制、操作流程、交接班管理制度等)	现场检查,有一处不符合要求扣1分	
		2. 建立设备台账,并按要求及时更新		
		3. 各类记录齐全并及时更新(包含:运行记录、故障处置记录、巡检记录、交接班记录等)		
2	系统运行 (75分)	1. 智能化工作面各项功能正常,视频画面清晰、稳定	现场查验,有一处不符合要求扣5分	
		2. 工作面记忆截割率≥90%		
		3. 工作面自动化使用率≥95%		
		4. 工作面远程控制功能响应时间<300 ms		
		5. 智能化工作面设备平均无故障时间:MTBF≥600 h		
		6. 液压支架电液控制系统立柱压力、推移千斤顶行程、尾梁插板行程、掩护梁及尾梁倾角等各传感器正常使用		
		7. 推移行程传感器,损坏率不超过0.5%。压力传感器,立柱压力传感器,损坏率不超过1%;护帮压力传感器损坏率不超过2%		

表 8-1(续)

序号	检查项目	基本要求	评分方法	得分
3	系统运行 (75分)	8. 支架红外接收器、遥控接收器、人员限位传感器、支架倾角传感器、工作面摄像仪、工作面照明灯、采煤机双轴倾角仪、采煤机采高倾角仪、采煤机温度模块、采煤机通信模块、采煤机红外发射器、采煤机端头钻完好率100%	现场查验,有一处不符合要求扣5分	
		9. 综放工作面生产期间,直接参与生产人员不大于6人(放煤工3人、支架工、煤机司机、刮板机头看护工各1人)		
4	培训及系统操作(5分)	1. 熟知岗位作业流程及操作规程(2分)	现场考核,不符合要求该项不得分	
		2. 每月至少开展2次系统使用及维护培训(3分)	现场查验记录,少一次扣1.5分	

表 8-2 智能化掘进工作面常态化运行考核评分表

序号	检查项目	基本要求	评分方法	得分
1	制度完善 (20分)	1. 建立有完善的系统运行维护管理制度(包含:职责划分、岗位责任制、操作流程、交接班管理制度等)	现场检查,有一处不符合要求扣1分	
		2. 建立设备台账,并按要求及时更新		
		3. 各类记录齐全并及时更新(包含:运行记录、故障处置记录、巡检记录、交接班记录等)		
2	系统运行 (75分)	1. 掘进工作面作业期间,人员不得进入桥式转载机以内范围	现场查验,有一处不符合要求扣2分	
		2. 掘进机机身各转载点摄像头完好,监控画面可实时上传		
		3. 掘进机机身倾角、测距、行走等各类传感器完好,功能灵敏、可靠		
		4. 远程控制功能灵敏、可靠		
		5. 工作面截割期间,自动化截割时间不得低于总截割时长的50%		
		6. 掘进机各胶管必须排列整齐、有序、无破口、不漏油、渗油		
		7. 掘进机不能断水运行,截割电机及冷却系统和外喷雾装置齐全有效,雾化效果良好		
		8. 掘进机不得有漏油现象、综掘机截割头截齿齐全完好、机载甲烷传感器必须合格有效、压力表完好、指示准确		

第8章 彬长矿区所属单位智能化建设成果及常态化运行管理

表8-2(续)

序号	检查项目	基本要求	评分方法	得分
3	系统运行（75分）	9.各种操纵阀手把应灵活、可靠,油缸动作应灵敏,油泵、马达及各传动部位运转平稳,无异响,无异常升温	现场查验,有一处不符合要求扣2分	
		10.掘进机桥式带式输送机上、下托辊应齐全,转动灵活,无跑偏;胶带宽度不小于640 mm,松紧合适,运行平稳;电滚筒无异响或漏油现象		
		11.掘进机各紧固部位紧固到位,油箱,油质要清洁,不缺、漏油,其他润滑点补油到位		
		12.掘进机机跟机电缆安装拖缆装置固定牢靠、无摩擦机尾现象;停机后掘进机按要求停放		
		13.带式输送机机头、机尾挡煤板、接煤槽,清扫器等必须统一标准,固定牢固,使用良好,不得使用铁丝绑扎(专用U形卡子固定),挡煤皮子,清扫器皮子必须完好、平整		
		14.胶带、刮板输送机,减速机、滚筒、张紧绞车、传动齿轮,电机轴承,必须按规定加油,减速机油位必须加到2/3(各加油孔用螺丝堵塞防止进尘);无漏油、渗油现象		
		15.带式输送机架、延线托辊齐全完好,转动灵活,无缠绕物,胶带无跑偏;机头大架储带部位人行侧、非人行侧必须安装防护网;旋转部位有防护栏;行人跨越处设统一过桥(有过桥牌板)		
		16.胶带无撕裂、划伤、砸伤现象,接头无异常;宽度不少于胶带宽度90%且中间无失效卡子,磨损宽度不得超过原带宽的20%(单掘进头640 mm、两个或两个以上750 mm)		
		17.带式输送机声光信号和胶带保护装置齐全、完好,机头机尾及全线安设通信和信号装置,安设间距不超过200 m		
4	培训及系统操作(5分)	1.熟知岗位作业流程及操作规程(2分)	现场考核,不符合要求该项不得分	
		2.每月至少开展2次系统使用及维护培训(3分)	现场查验记录,少一次扣1.5分	

表8-3 集中控制类系统常态化运行考核评分表

序号	检查项目	基本要求	评分方法	得分
1	制度完善（20分）	1.建立有完善的系统运行维护管理制度(包含:职责划分、岗位责任制、操作流程、交接班管理制度等)	现场检查,有一处不符合要求扣1分	
		2.建立设备台账,并按要求及时更新		
		3.各类记录齐全并及时更新(包含:运行记录、故障处置记录、巡检记录、交接班记录等)		

表 8-3(续)

序号	检查项目	基本要求	评分方法	得分
2	系统运行（75分）	1. 控制系统相关的开关量、模拟量模块,通信及信号电缆,必须定期检查并做好记录,确保模块正常运行	现场查验,有一处不符合要求扣5分	
		2. 系统压力、振动、温度、电压、电流、流量等监测数据必须能实时上传		
		3. 系统远程集中控制功能必须灵敏、可靠,同时具备历史操作记录查询功能		
		4. 就地操作功能按要求定期进行测试,并有相关操作记录		
		5. 系统操作人员必须熟知各系统设备数量、摆放地点及设备基本运行参数		
		6. 定期对各类系统设备使用及运行情况进行巡检,发现问题及时处理,并做好相关巡检记录		
		7. 系统实际是否已实现无人值守		
		8. 单个集控系统是否实现全覆盖		
3	培训及系统操作（5分）	1. 熟知岗位作业流程及操作规程（2分）	现场考核,不符合要求该项不得分	
		2. 每月至少开展2次系统使用及维护培训（3分）	现场查验记录,少一次扣1.5分	

表 8-4 监测类系统常态化运行考核评分表

序号	检查项目	基本要求	评分方法	得分
1	制度完善（35分）	1. 建立完善的系统运行维护管理制度	现场检查,有一处不符合要求扣1分	
		2. 建立设备台账,并按要求及时更新		
		3. 各类记录齐全并及时更新（包含：运行记录、故障处置记录、巡检记录、交接班记录等）		
2	系统运行（60分）	1. 各类监测设备正常、稳定运行	现场查验,有一处不符合要求扣5分	
		2. 监测数据真实可靠		
		3. 系统是否按照相关数据上传协议要求规范上传系统数据		
		4. 各系统是否具备专用电源		
		5. 各类监测设备完好率100%		
		6. 工业视频监控画面端正、清晰、稳定		
		7. 生产地点变化后,必须及时修正信息系统监测点信息,数据录入齐全完整		
		8. 系统数据定期按要求进行备份		
		9. 定期对系统备用电源进行放电测试,确保备用电源待电符合要求,同时做好相关放电测试记录		
		10. 定期对各类系统设备使用及运行情况进行巡检,发现问题及时处理,并做好相关巡检记录		

第 8 章 彬长矿区所属单位智能化建设成果及常态化运行管理

表 8-4(续)

序号	检查项目	基本要求	评分方法	得分
3	培训及系统操作(5分)	1. 熟知岗位作业流程及操作规程(2分)	现场考核,不符合要求该项不得分	
		2. 每月至少开展 2 次系统使用及维护培训(3分)	现场查验记录,少一次扣 1.5 分	

表 8-5 智能综合管控平台常态化运行考核评分表

序号	检查项目	基本要求	评分方法	得分
1	制度完善(10分)	1. 建立有完善的平台运行维护管理制度	现场检查资料	
2	平台运维管理(80分)	1. 各单位负责各自分管专业的数据管理工作,一个专业涉及多个模块的,须根据模块安排不同的人员进行数据管理工作(3分)	现场检查,缺少1人扣1分,未设置专人该项不得分	
		2. 使用单位平台数据管理人员必须熟知系统功能及操作技巧(3分)	现场抽查,不符合要求该项不得分	
		3. 平台数据管理人员必须熟知各自分管专业的数据接入情况及设备安装位置,具备处理系统常见性问题的能力(4分)	现场抽查,不符合要求该项不得分	
		4. 平台所有账户均按照权限划分,不得使用他人账号,更不得随意篡改系统数据(5分)	现场检查,未按要求使用该项不得分	
		5. 使用单位专业负责人每日至少登录一次,单位负责人每月登录次数不小于 10 次(5分)	现场检查,缺少 1 次扣 2 分,扣完为止	
		6. 平台各子系统数据上传由各系统分管单位负责,出现数据上传中断情况立即安排人员进行排查,不得出现数据上传中断 1 h 以上情况发生(10分)	现场检查,出现 1 次 1 h 以上中断情况扣 5 分,扣完为止	
2	平台运维管理(80分)	7. 使用单位负责对平台技术管理模块中的图纸、技术资料、公共文档等分专业进行上传(20分)	现场检查,图纸、文档等技术资料未及时更新扣 2 分/处,无图纸、文档资料扣 5 分/处,扣完为止	
3	平台运维管理(80分)	8. 使用单位每日对平台各界面展示数据进行核对,确保显示数据的准确性(3分)	现场核对,有 1 处数据与实际不符扣 1 分,扣完为止	
		9. 调度室牵头,各部门配合每月对平台生产管理模块中的重点工作月报、调度日报、生产月报等数据进行更新(25分)	现场检查,报表等数据未及时更新扣 2 分/处,无报表扣 5 分/处,扣完为止	
		10. 每日对服务器网络运行状态进行检查,并做好相关检查记录(2分)	现场检查,不符合要求扣 1 分/处,扣完为止	

表 8-5(续)

序号	检查项目	基本要求	评分方法	得分
4	培训及系统操作(10分)	1. 每月至少开展1次系统使用及维护培训(5分)	现场检查,当月未培训该项不得分	
		2. 每季度开展一次座谈会,收集平台使用过程中存在的问题及各单位建议,做好相关记录,并有针对性地开展平台优化工作(5分)	现场检查,季度未开展,本项不得分	

（3）筑牢人才素养,探索运维新模式。

各矿井每月组织一次信息化、智能化系统培训,采取内部培训、外聘专家、外出轮训等多种培训方式,强化智能化系统维护队伍素养,做到人岗适配,充分发挥人才效能,确保现有智能化系统正常、稳定运行。

综上所述,通过智能化煤矿系统常态化运行管理工作,可以有效提高煤矿的安全性、生产效率和运营效果,从而实现彬长矿区的可持续发展。

第9章 彬长矿区灾害智能化防治关键技术及工程实践

彬长矿区煤矿自然灾害多元复杂,瓦斯、冲击地压、水和火等灾害交织叠加,同时伴有煤尘、顶板、硫化氢和高温热害等灾害,尤以冲击地压、瓦斯、水和火为重。多元灾害相互交织影响,耦合叠加,协同治理难度大,给矿井安全生产和陕西彬长矿业集团有限公司经营管理带来较大压力[95]。

近年来,在国家矿山安全监察局、省市县各级政府的大力支持和陕煤集团、陕西煤业的坚强领导下,陕西彬长矿业集团有限公司围绕"十四五""123355"高质量发展目标,加强重大灾害防治顶层设计,加快各矿井灾害治理3年至5年规划落地实施,研究并应用了"L型"地面水平井分段水力压裂防治冲击地压技术、井下定向长钻孔水力压裂防治冲击地压技术,构建形成了"11543"瓦斯防治、"1155"冲击地压防治、"11235"水害防治和"1343"自然发火防治等一系列系统科学、立体精准的治灾新体系,实现了复杂地质条件下多元灾害智能协同治理。

陕西彬长矿业集团有限公司融合了新一代信息化和智能化等技术,用于解决多元灾害耦合叠加条件下的灾害预防及治理问题,强化了多元灾害"监、管、控"的智能协同治理能力,提升了"科学治灾、精准治灾"的智能化水平,探索出了超前治理模式、区域治理模式和系统治理模式,发布了6项企业标准,形成了彬长矿业的多元灾害智能协同治理体系,有力推动了彬长矿区灾害治理手段由局部治理向区域治理、超前治理和系统治理转变,连续多年实现安全"六零"目标。

9.1 灾害防治关键技术体系

陕西彬长矿业集团有限公司经过多年不懈探索研究,逐步摸清了各类灾害的"脾气秉性",掌握了各类灾害的自然规律,找到了行之有效的治理方法和路径,并在科学理论的指导下,实施了大量的灾害治理工程,取得了较好的治理成效,获得了具有彬长特色的复杂地质条件下多元灾害协同治理经验。

在瓦斯防治方面,构建了"11543"瓦斯治理体系,即围绕"一个目标",推行"一种模式",深耕"五项技术",提升"四个保障",创新"三个途径"。以精准治理"零盲区"、严格管控"零超限"、综合利用"零排放"为目标,大力推行井上下"三区联动"瓦斯治理模式[96-97]。矿井8年以上规划区通过地面钻井进行抽采;3～8年准备区超前预抽;1～2年生产区采前预抽与卸压抽采相结合精准抽采工作面瓦斯,做到抽采达标"零盲区"。瓦斯治理手段上,探索形成以"2-111"(水力割缝+液态CO_2驱替)瓦斯高效抽采和特厚煤层长钻孔水力压裂增透为代表的5项关键技术,瓦斯抽采效果不断增强。围绕瓦斯治理关键环节,进一步强化超前地质保障、组织管理保障、过程控制保障和供电可靠保障,彬长矿区连续8年实现瓦斯"零超限"。此外,综合应用低浓度抽采瓦斯和乏风瓦斯发电、地面煤层气开发及集输利用、余热利用等先进技术实现了瓦斯分级综合利用,大佛寺煤矿建成全国首个瓦斯"零排放"示范矿井。

在水害防治方面,构建了井上下立体水害防治"11235"模式。即围绕"零水害"目标,坚持"立体探查、精准预报、主动疏防、综合治理"的防治水理念,按照"高效排水、绿色减排"两条治水路径,以地质、排水和科研三项基础工作为抓手,致力于顶板水、离层水和老空水等五种典型水害防治。坚持以透明地质为灾害治理前提保障,采用"随采随探+孔中物探"新技术动态监测隐蔽地质因素;建立地测数据库和地质保障系统两大应用平台,保障地质成果透明化应用。不断完善矿井、采区、采掘工作面三级排水系统,实现高效排水;创新布设区域集中泄水巷,实现工作面涌水有序疏排。开展巨厚洛河组含水层精细探查,精准指导涌水量预测;应用井上下大孔径钻孔联合疏排与水害超前预警,有效消除了离层水害威胁。针对胡家河井筒全深冻结后产生的冻结孔水害,创造性地应用"环形措施+注浆堵水"工艺方法成功解决这一难题,获得国家发明专利。

在自然发火防治方面,构建了"1343"综合防治体系,重点突出采空区、采后封闭区和巷道系统等区域防治,严格落实"分级预警+应对措施"响应机制,创新应用采空区灌注液态CO_2防灭火技术,所属矿井连续多年实现"零发火"。

在井上下立体防治冲击地压方面,构建了以"地面区域压裂为主、井下局部治理为辅"的井上下立体防治冲击地压"1155"体系,即:围绕"零冲击"防治1个目标,坚持冲击地压"可预、可防、可控"1个理念,采用井上下立体联合监测5种方法,应用井上下立体协同卸压5项技术,为降低冲击风险、实现"零冲击"目标和矿区安全生产提供了有力保障。

9.1.1 瓦斯防治及综合利用"11543"新体系

(1) 瓦斯赋存特征[98-100]

① 瓦斯赋存量大。彬长5对矿井均为高瓦斯矿井。其中,大佛寺绝对瓦斯涌出量120 m^3/min,历年最大达210 m^3/min;其他矿井一般30~40 m^3/min。矿井开采煤层瓦斯含量一般3~5 m^3/t,最大6.4 m^3/t。

② 煤体中游离态瓦斯占比小,仅为30%~40%,吸附态瓦斯量大。

③ 煤层透气性差。煤层坚固性系数较高,瓦斯含量较高,瓦斯压力较低,煤层透气性较差,透气性系数平均为0.25 m^2/MPa^2 · d。

④ 抽采瓦斯流量与浓度衰减快,钻孔流量衰减系数为0.03~0.04 d^{-1},抽采约60天后钻孔瓦斯浓度基本下降到1%~5%。

⑤ 瓦斯抽采难度较大,抽采条件与效率较差。

(2) 瓦斯防治体系建设[101-103]

通过多年不断研究探索和丰富工程实践,构建了具有彬长特色的"11543"瓦斯治理体系。如图9-1所示。

① 围绕1个目标

精准治理"零盲区",严格管控"零超限",综合利用"零排放"。

② 推行1种模式

以井上下联合治理为核心的"三区联动"瓦斯抽采模式。"井上下抽采相协同、三区递进

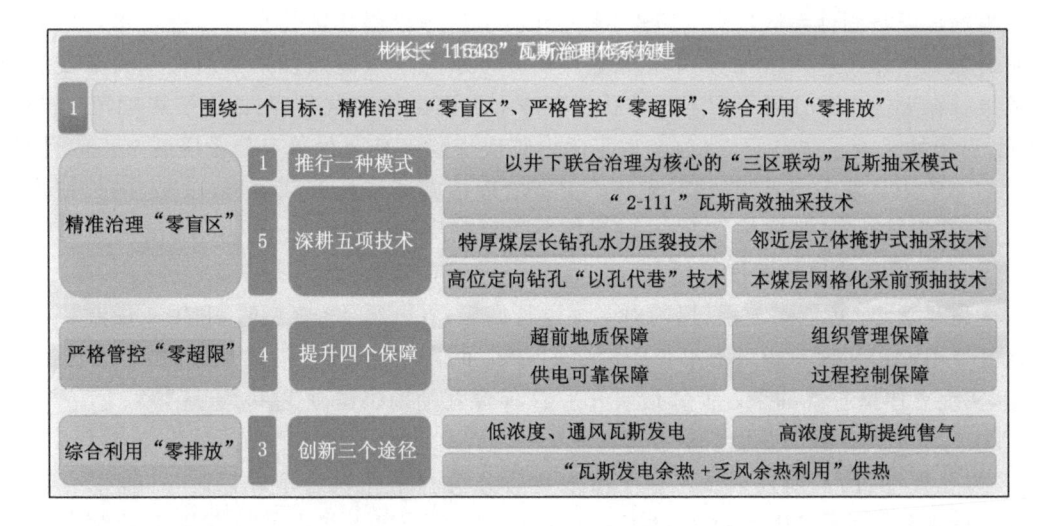

第9章 彬长矿区灾害智能化防治关键技术及工程实践

图 9-1 "11543"瓦斯治理体系

相协调、预抽与卸压抽采相耦合"的"三区联动"瓦斯抽采技术路线。

③ 深耕5项关键技术

深入研究"2-111"瓦斯高效抽采、特厚煤层长钻孔水力压裂、邻近层立体掩护式抽采、高位定向钻孔"以孔代巷"和本煤层网格化采前预抽5项关键技术。

④ 提升4个保障基础,即:超前地质保障、组织管理保障、供电可靠保障和过程控制保障。

⑤ 创新瓦斯3个利用途径

采用低浓度瓦斯发电、通风瓦斯(乏风)发电、集输提纯和余热利用等技术,综合利用地面井抽采瓦斯、井下抽采、风排瓦斯,进行发电、售卖和供热等,实现矿区瓦斯"零排放"。

(3) 瓦斯防治关键技术及利用实践效果

① 地面瓦斯抽采井技术

在地面布置瓦斯抽采井超前治理规划区瓦斯,以便解决井下巷道未开拓区域瓦斯治理难题。彬长矿区已实施82组(口)煤层气地面抽采井,包括生产直井、多分支水平井、远端对接"U"型井、"V"型井和丛式定向井井型。其中,水平井单井日产气量最高达3万 m^3,垂直井单井日产气量最高达4 000 m^3。目前正常产气24组(口),平均瓦斯浓度70%,日产气量5万 m^3。

② "2-111"瓦斯高效抽采技术

国内首创"2-111"高效瓦斯抽采技术,利用高压水射流割缝卸压和液态 CO_2 气相驱替原理及工艺,在单孔内开展2种技术作业(水力割缝+液态二氧化碳驱替),实现了1次割缝卸压、1次气相脱附驱替及1次导向扩冲驱气的瓦斯高效抽采新模式。在孟村矿开展的"2-111"瓦斯高效抽采技术,现场试验效果的有效影响半径为26 m,CO_2 衰减周期为13 d,衰减系数为1.348 d^{-1},压注周期为23 d,抽采效果提高了2.17倍,钻孔工程量减少了50%。

③ 特厚煤层长钻孔水力压裂技术

根据煤层坚固性系数较高的特点,率先开展了特厚煤层长钻孔水力压裂技术,以"分段扩张裂隙+整体沟通网络"的技术思路是煤矿井下水力压裂高效抽采瓦斯技术的新发展和新成果。在大佛寺矿开展了顺层长钻孔超高压水力压裂技术试验,测试压裂影响范围46～58 m,百米抽采流量提高了5倍,实现了国内首次煤层钻孔双封单卡分段压裂施工。目前,在大佛寺矿402采区南翼预抽巷、孟村矿灾害治理措施巷依托有利地形,以"定向长钻孔+水力压裂"为核心,开展实施了大盘区(采区)式区域瓦斯综合治理。

④ 邻近层立体掩护式抽采技术

优先开采$4_上$煤层解放层,提前对4煤进行卸压;在开采$4_上$煤层时,利用4煤开拓大巷或盘区专用灾害治理巷施工密集长距离定向钻孔抽采4煤瓦斯,拦截4煤向$4_上$煤层瓦斯涌出,实现立体掩护式抽采。上邻近层开采后,4煤瓦斯涌出量减少40%～55%。

⑤ 高位定向钻孔"以孔代巷"技术

"以孔代巷"的瓦斯抽采技术基于精细地质分析和钻孔轨迹精确控制,并辅以可靠的抽采达标评价技术,采用大功率、大扭矩定向钻机,在采煤工作面回风巷施工长距离高位走向大直径钻孔,根据实际工作面采场瓦斯涌出特征,对采空区卸压瓦斯进行抽采。目前,各瓦斯抽采矿井采煤工作面已全面推广应用,有效解决了回采期间采空区瓦斯涌出的难题。

⑥ 本煤层网格化采前预抽技术

根据特厚煤层赋存特征,采煤工作面沿倾向布置常规预抽钻孔,沿顶煤布置走向补充长距离定向钻孔,实现了本煤层不同层位全覆盖、全面达标,瓦斯精准治理"零盲区"。

⑦ 低浓度瓦斯发电

大佛寺煤矿建成低浓度瓦斯发电厂,电厂安装了36台低浓度瓦斯发电机组,总装机容量达到2.04万 kW,年发电能力1亿度,已累计发电8亿度,实现了大佛寺煤矿井下抽采浓度8%以上的瓦斯全部利用。

⑧ 通风瓦斯(乏风)氧化及超低浓度瓦斯利用

大佛寺煤矿累计建成5台6万 Nm^3/h、1台9万 Nm^3/h、1台27万 Nm^3/h 的氧化装置、1台4 500 kW蒸汽轮发电机组,将通风瓦斯(乏风)与浓度8%以下抽采瓦斯掺混利用,通风瓦斯处理能力达到66万 Nm^3/h,建成了全国首个"煤矿通风瓦斯利用示范工程"。

小庄矿超低浓度瓦斯利用项目2023年2月建成投运,建成1台9万 Nm^3/h 的氧化制热装置,每年可以减排甲烷约600万 m^3,折合二氧化碳当量约10万 t,实现了年供热量7.8万 GJ、矿区瓦斯"零排放"和区域供热"零碳化"目标。

⑨ 地面煤层气开发及集输利用

在矿区布置的82组(口)煤层气地面抽采井中,优选大佛寺矿井田气量稳定、布置集中的29组煤层气井,通过全长26.6 km的集输管网输送至提纯压缩输送站,日处理能力达5万 m^3,提纯后的高浓度瓦斯向地方天然气公司销售,日最高售气量达3万 m^3。

2023年,彬长公司已累计完成瓦斯抽采量4 200万 m^3(其中井下3 410万 m^3,地面790万 m^3),完成全年计划60%;瓦斯利用量为1 683万 m^3,完成全年计划51%(发电量为495万 kW·h,售气量为213万 m^3,氧化供热利用量为120万 m^3);抽采钻孔量为88.7万 m^3(其中,区域预抽钻孔3.5万 m^3,水力割缝钻孔2.5万 m^3、水力压裂钻孔1.4万 m^3、高位定向钻孔4.4万 m^3),完成全年计划68%。

第9章 彬长矿区灾害智能化防治关键技术及工程实践

9.1.2 水害防治"11235"新体系

陕西彬长矿业集团有限公司下属5对矿井地质及水文地质条件均为"复杂"型,顶板水、离层水、老空水、断层水和井筒水等5种典型水害严重影响矿井安全建设及生产。多年来,陕西彬长矿业集团有限公司始终坚持超前研究矿区区域水害形成机理[104-108],超前探查采掘活动区域水害影响范围,制定相应水害防治措施,不断修正、梳理水害治理新技术[109-111],形成了以"地质透明、科技引领、系统保障"为支撑的"11235"水害防治新模式,为有效执行"预测预报、有疑必探、先探后掘、先治后采"的防治水原则提供了可靠的技术保障。

（1）围绕1个安全目标

针对彬长矿区涌水量大的特征,确立了"有水无灾"的水害"零事故"目标。

（2）坚持1套管理理念

顶板洛河组砂岩水是彬长矿区多种水害的主要充水水源。针对矿区煤层开采条件"两厚一弱一大"特征[112-113],即开采煤层厚、洛河组含水层厚、直接覆岩隔水层强度较弱和煤层埋深大,构建了"立体探查、精准预报、主动疏排、综合治理"[114-117]这一防治水管理理念。

（3）探索2条治水路径

在水害防治实践中坚持以绿色发展为指引,积极探索矿井水清污分离、污水井下过滤等高效排水路径和"截流式"开采布局、矿井水综合利用等绿色减排路径,形成了"水煤分离、分区排水、清污分排、综合利用"的矿井水管理模式。

（4）筑牢3项基础保障

透明地质是基础保障。以地质透明化为水害防治的首要保障,大力推行"2+2"地质透明化工作,在坚持地面钻探补勘、三维地震及瞬变电磁物探补勘、井下槽波勘探和顶板水文物探等地质条件综合勘查的基础上,创新引进了"随掘随探+定向钻进"和"随采微震+电法"的地质变化动态监测系统,并综合运用地质信息化技术和智能地质保障系统两大分析应用平台,实现了矿井地质成果资料的"多源化收集、智能化分析、透明化应用"。

近年来,陕西彬长矿业集团有限公司加大与科研院所合作,从充水水源、导水通道和充水强度三个方面开展了防治水技术研究,以"科学预测、监测预警、主动泄水、优化疏排"为核心,采用探、防、疏、排、监等技术方法,先后开展了《复合煤层开采覆岩破坏规律及典型顶板水害综合防治技术研究》《工作面"两带"发育高度探查研究》《巨厚洛河组含水层精细划分及水害影响评价研究》等项目,探查了复合煤层开采覆岩破坏规律,形成了包含顶板水害精细探查预测、离层裂隙型水害主动疏排、集中泄水巷区域治水、采掘设计源头控水等关键技术的综合防治水技术体系,率先制定并发布了《彬长矿业煤矿防治水技术标准（试行）》,提供了更符合自身特色的水害防治经验。

具体来讲,首先结合各矿井涌水预测情况,在生产服务中心配置了7台额定排水能力550 m^3/h 的抢险救灾水泵及配套设备,为矿区水灾预防提供了安全保障;其次,在各矿井建设期间,优先建成投运矿井主要排水系统和强排系统,并根据各矿井井下生产布局和涌水量变化,大力推行区域集中泄水巷建设,积极推进排水系统扩容和优化,先后建设了大佛寺矿401、402、403采区、小庄矿二盘区等分区排水系统,实现了涌水自泄和独立排水,极大地提高了矿井排水能力和防灾抗灾能力。最后,强化工作面排水系统能力建设,保障工作面排水系统能力不小于预测最大涌水量的2倍,实现了工作面水害"有害无灾"。

9.1.3 自然发火防治"1343"新体系

彬长矿区的自然发火防治特征首先是自然发火期短。彬长矿业下辖5对矿井开采煤层均为容易自燃煤层,发火期3~5个月,最短自然发火期20 d;其次是多元灾害治理中煤层自燃防治。冲击地压、高瓦斯、易自燃厚煤层开采条件下高强度瓦斯抽采、防冲立体卸压和煤层自燃防治相互影响;最后是极近距离煤层开采条件下,采空区遗煤长期处于二次氧化或多次氧化。

多年来,彬长矿区各矿井坚持以采空区与采后防灭火管理为重点,树立了监测预警全覆盖、分级管控无疏漏、综合治理"零发火"防灭火目标,以分级预警防控技术为核心,构建形成了"1343"自然发火综合防治体系,如图9-2所示。

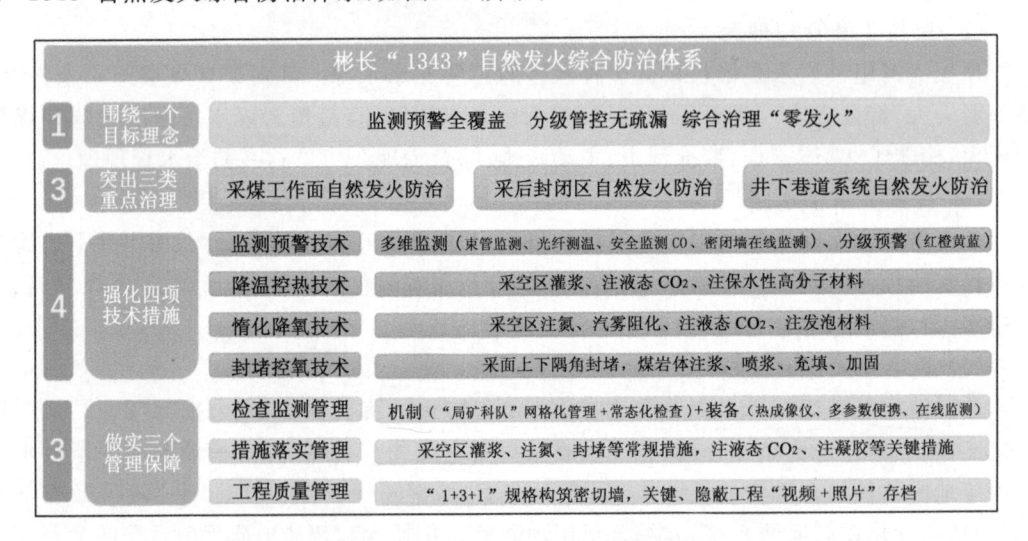

彬长"1343"自然发火综合防治体系			
1 围绕一个目标理念	监测预警全覆盖　分级管控无疏漏　综合治理"零发火"		
3 突出三类重点治理	采煤工作面自然发火防治	采后封闭区自然发火防治	井下巷道系统自然发火防治
4 强化四项技术措施	监测预警技术	多维监测(束管监测、光纤测温、安全监测CO、密闭在线监测)、分级预警(红橙黄蓝)	
	降温控热技术	采空区灌浆、注液态CO_2、注保水性高分子材料	
	惰化降氧技术	采空区注氮、汽雾阻化、注液态CO_2、注发泡材料	
	封堵控氧技术	采面上下隅角封堵,煤岩体注浆、喷浆、充填、加固	
3 做实三个管理保障	检查监测管理	机制("局矿科队"网格化管理+常态化检查)+装备(热成像仪、多参数便携、在线监测)	
	措施落实管理	采空区灌浆、注氮、封堵等常规措施,注液态CO_2、注凝胶等关键措施	
	工程质量管理	"1+3+1"规格构筑密切墙,关键、隐蔽工程"视频+照片"存档	

图9-2 "1343"自然发火综合防治体系

(1) 围绕1个目标理念

1个目标理念是指监测预警全覆盖,分级管控无疏漏,综合治理"零发火"。

(2) 突出3类重点治理

3类重点治理是指采煤工作面自然发火防治、采后封闭区自然发火防治和井下巷道系统自然发火防治。

(3) 强化4项技术措施

4项技术措施包括监测预警技术、降温控热技术、惰化降氧技术和封堵控氧技术。

(4) 做实3个管理保障

3个管理保障是指检查监测管理、措施落实管理和工程质量管理能够得到有效保障。彬长矿区在自然发火防治方面的主要做法与经验效果如下所述。

(1) 采煤工作面自然发火防治

通过各矿井采煤工作面安装的采空区束管在线监测分析系统和光纤测温系统,可实时采样分析,获得监测数据。在此基础上,依据自然发火参数,可将煤自燃分为六级预警指标(灰蓝黄橙红黑),如图9-3所示。

第9章 彬长矿区灾害智能化防治关键技术及工程实践

自然发火预警	采空区气体指标	煤自然发火阶段	采取措施
无自然发火预警	$O_2>18\% \cap CO<50$ ppm或$15\%<O_2<18\% \cap CO<150$ ppm 或$12\%<O_2<15\% \cap CO<250$ ppm或$12\%<O_2 \cap CO<200$ ppm		正常推采,月推进度不小于90 m,采空区预防性注氮气、汽雾阻化防灭火措施
灰色预警	$O_2>18\% \cap CO>50$ ppm或$15\%<O_2<18\% \cap CO>150$ ppm 或$12\%<O_2<15\% \cap CO>250$ ppm或$12\%<O_2 \cap CO>200$ ppm, $0.3<100\times\Delta CO/\Delta O_2<0.4$	低温氧化阶段	正常推采,月推进度不小于90 m,采空区预防性注氮气、汽雾阻化防灭火措施
蓝色预警	$O_2>18\% \cap CO>50$ ppm或$15\%<O_2<18\% \cap CO>150$ ppm 或$12\%<O_2<15\% \cap CO>250$ ppm或$12\%<O_2 \cap CO>200$ ppm, $0.4<100\times\Delta CO/\Delta O_2<0.5$	自热阶段	正常推采,月推进度不小于90 m,采空区注氮气、汽雾阻化、上下隅角封堵防灭火措施
黄色预警	$O_2>18\% \cap CO>50$ ppm或$15\%<O_2<18\% \cap CO>150$ ppm 或$12\%<O_2<15\% \cap CO>250$ ppm或$12\%<O_2 \cap CO>200$ ppm, $0.5<100\times\Delta CO/\Delta O_2<0.6$	临界阶段	正常推采,月推进度不小于90 m,并采取采空区注氮气、黄泥灌浆、汽雾阻化、注液态胶及上下隅角封堵防灭火措施
橙色预警	$O_2>18\% \cap CO>50$ ppm或$15\%<O_2<18\% \cap CO>150$ ppm 或$12\%<O_2<15\% \cap CO>250$ ppm或$12\%<O_2 \cap CO>200$ ppm, $C_2H_4>0$	热解阶段	正常推采,月推进度不小于90 m,并采取采空区注氮气、黄泥灌浆、汽雾阻化、注液态二氧化碳、注凝胶及上下隅角封堵防灭火措施
红色预警	$O_2>18\% \cap CO>50$ ppm或$15\%<O_2<18\% \cap CO>150$ ppm 或$12\%<O_2<15\% \cap CO>250$ ppm或$12\%<O_2 \cap CO>200$ ppm, $[C_2H_4]/[C_2H_6]$max	裂变阶段	立即对工作面进行封闭
黑色预警	$O_2>18\% \cap CO>50$ ppm或$15\%<O_2<18\% \cap CO>150$ ppm 或$12\%<O_2<15\% \cap CO>250$ ppm或$12\%<O_2 \cap CO>200$ ppm, 明烟、明火	燃烧阶段	立即对工作面进行封闭,对采区或矿井进行封闭

图 9-3 采煤工作面煤层自然发火分级预控

自然发火标志气体指标五个——$[CO]$、$[O_2]$、$\Delta[CO]/\Delta[O_2]$、$[C_2H_4]$ 和 $([C_2H_4]/[C_2H_6])_{max}^{[118-120]}$。根据采煤工作面采空区指标性气体分级预警情况,采取黄泥灌浆、注氮气、气雾阻化、上下隅角封堵和注液态二氧化碳等综合防灭火措施,能够保证工作面安全生产。

此外,彬长矿区率先在国内研究应用了采空区注液态二氧化碳防灭火技术。该技术采用专用液态二氧化碳罐车,通过工作面架后埋管向采空区灌注液态二氧化碳的方式,对后部采空区起到降温和惰化等作用,效果明显。2023年上半年,各矿井完成黄泥灌浆量2.8万 m^3,注氮气量4 100余万 m^3,灌注液态二氧化碳369 t。

(2) 采后封闭区自然发火防治

采后封闭区瞄准密闭墙这一关键环节,根据封闭区内氧气和瓦斯等气体参数及危险性,将密闭墙按"红、橙、黄、绿、蓝"等五个等级进行分级管控,并采取相应措施[121-123]。

执行"季度抽查、矿井月度巡查、科室旬度详查、区队每日精查"网格化管理,大力引进红外热成像仪、多参数气体便携检测仪和在线监测系统等装备,做到全覆盖、无疏漏。此外,利用全生命周期管理法进行密闭墙建设,按照"1+3+1"("1"为预制块墙,"3"为浇筑混凝土)规格施工密闭墙,确保质量坚固可靠;注浆、堵漏等关键和隐蔽工程执行"视频+照片"式存档管理;应用水玻璃+水泥"双液"和"CL—C—S"浆液堵塞围岩裂隙漏风通道,并安装密闭墙在线监测系统,实现墙内氧气浓度、一氧化碳浓度、瓦斯浓度、压差等参数连续监测。目前,彬长矿区通过大力实施综合防灭火措施,连续多年实现矿井"零发火"目标。

9.1.4 冲击地压防治"1155"新体系

陕西彬长矿业集团有限公司下辖的大佛寺、胡家河、小庄、文家坡和孟村5对矿井,矿区自然灾害多元复杂,冲击地压、瓦斯、水、火和顶板等灾害交织叠加。2013年开始出现动力现象,主要表现形式为:"煤炮"频繁,巷道局部漏顶、底鼓,锚杆(索)断裂等。

目前,胡家河矿、孟村矿主采煤层具有强冲击倾向性、强冲击危险性;小庄矿、文家坡矿主采煤层具有弱冲击倾向性、中等冲击危险性;大佛寺矿主采煤层具有弱冲击倾向性、弱冲击危险性。经过十余年的认识和探索,陕西彬长矿业集团有限公司形成了"以零冲击为目标、以冲击地压可预、可防和可控为理念、应用5种监测方法、深化5项卸压技术"的井上下立体防治冲击地压"1155"体系,致力于解决冲击地压耦合灾害防治难题,如图9-4所示。

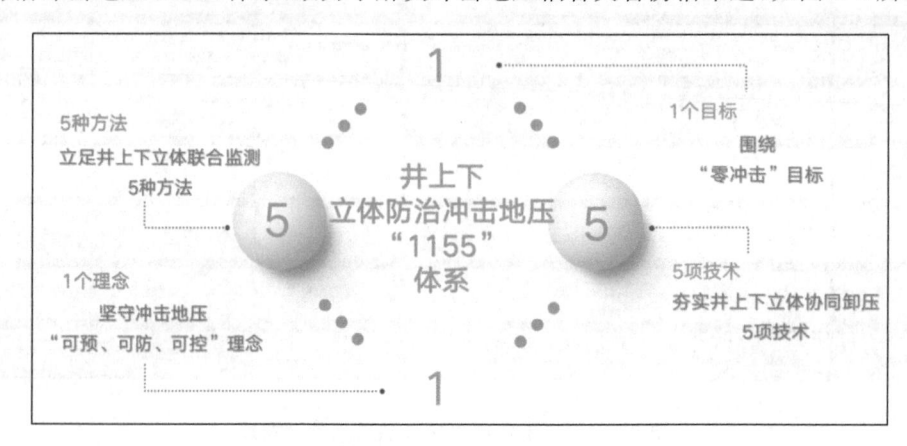

图9-4 井上下立体防治冲击地压"1155"体系

9.2 灾害防治工程实践

9.2.1 多元灾害风险的判识

陕西彬长矿业集团有限公司通过树立"精准监测、分级感知、闭环处置"预测、预警、预控新体系,建设完成了智能瓦斯、冲击地压、火灾监测预警系统。通过对已建成智能化综合管控平台、安全信息共享平台、产供销价值链智慧联动平台和设备全生命周期管理平台的数据挖掘,分析研判各类应用层级数据。各类灾害的风险判识主要有直接分析、特征分析和智能分析三类。其中,直接分析是对各类监测数据设置不同级别的预警报警线。当监测到的实时数据超过报警线时,会发出告警信息;特征分析是指能反映突水、火灾、冲击等灾害趋势的数据,主要包括各类灾害的趋势预警和梯度预警两部分;智能分析基于深度学习理论,利用预测算法,实现对多种监测数据的精准识别和预警,提供了可靠的多元灾害环境的工业互联网+安全生产解决方案。具体的安全监测实时数据如图9-5所示。

此外,建成了煤矿告警信息分级预警推送平台。该平台会根据人员层级要求,动态分类推送告警信息,以便达到告警信息的"监测-预报-消警"闭环管理。

9.2.2 灾害监测预警平台的构建

9.2.2.1 平台架构设计

在各类预警模型研究及评价指标制定的基础上,对各矿各类监测系统按照统一的标准集成到数据中台。借助云计算、大数据和GIS等技术构建灾害监测预警平台,实现数据处理、数据融合、数据分析和数据共享,构建了有效的安全预警模型。灾害监测预警平台主要分为数据采集层、数据中心层、技术支撑层和智能应用层4层架构。灾害监测预警平台架构

第9章 彬长矿区灾害智能化防治关键技术及工程实践

图 9-5 安全监测实时数据

如图 9-6 所示。

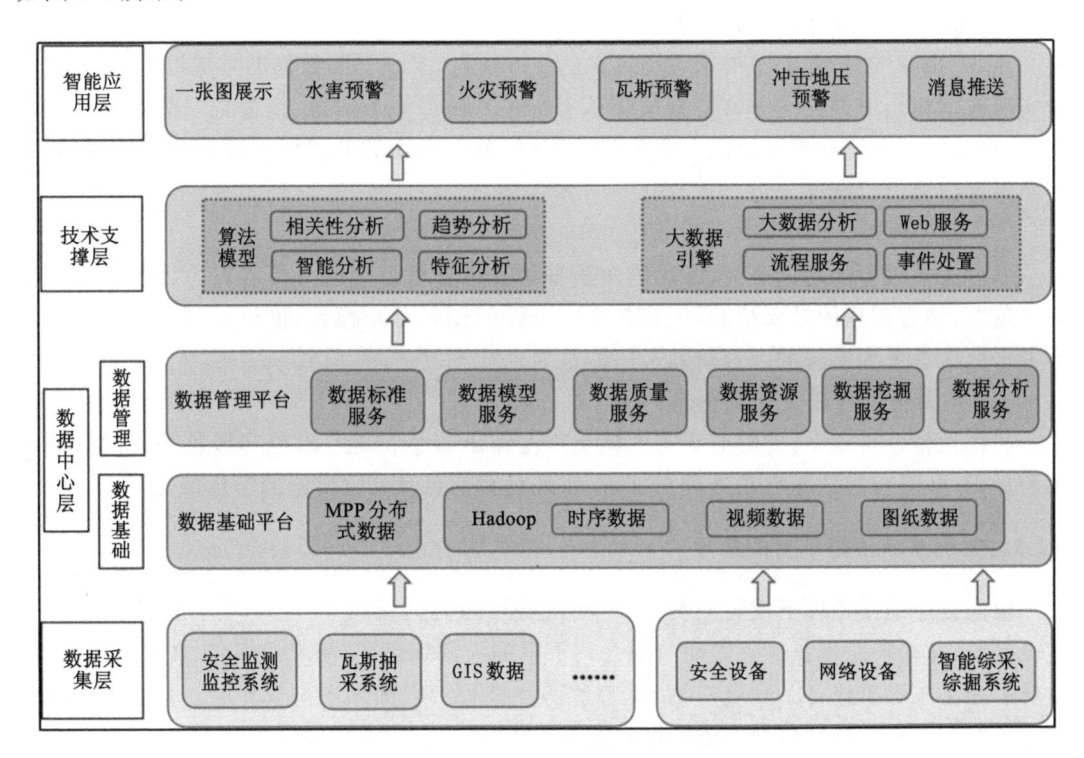

图 9-6 灾害监测预警平台架构

(1) 数据采集层

该层为灾害监测预警平台数据通信功能与各类监测系统提供数据源。其中，数据通信

· 257 ·

功能负责向数据中心层提供数据接口;各类监测系统主要包括微震监测系统、地音监测系统、应力监测系统、支架阻力监测系统、束管监测系统、水文监测系统和瓦斯抽采系统等。

(2) 数据中心层

针对数据采集层采集到的海量多源异构数据,需要数据存储框架具有高效性和容错性。对于不同系统采集到的分布式数据、时序数据和非结构化数据,采用"混搭式"的数据存储平台设计理念,构建数据湖和数据仓库融合的大数据管理平台,为复杂地质条件下灾害风险分析与预警提供数据保障。

(3) 技术支撑层

该层为灾害监测预警平台提供技术支撑,主要包括构建算法模型和大数据引擎,以便保障灾害监测预警平台的正常运行。

(4) 智能应用层

该层主要用于煤矿的水害、火灾、瓦斯和防冲地压,能够实现大数据风险预警、风险隐患自动识别、消息推送、问题处置及动态预警信息"一张图"展示等功能。

9.2.2.2 平台功能

灾害监测预警平台通过构建的算法模型能够进行各灾害的预警和报警。信息可通过平台推送给相关责任人,责任人接收到消息后,对出现的预警报警信息进行处置,实现闭环管理。具体功能如下所述:

(1) 信息展示与统计分析功能

以"一张图"的形式动态展示各类灾害的统计信息,实现监测数据的采集汇总,并可以查看实时数据与历史数据。灾害监测预警平台能够关联每一条预警、报警记录的实时工作状态,并自动分析预警和报警原因。此外,该平台还可以根据类型、时间、级别、所属矿井对预警和报警记录进行统计分析。

(2) 灾害预警分析功能

通过灾害预警的理论研究、常用监测预警与灾害分析模型的分析和灾害评价指标体系库的建立、结合现场的效果检验,构建具有针对性的预警分析模型,能够实现对水、火、瓦斯和冲击地压等重大灾害的综合研判及超前预警。

(3) 预警报警推送及处置功能

利用预警分析模型,能够对灾害的严重程度作出蓝色、黄色、红色和橙色等不同级别的预警标识,并对异常数据自动处理与分析,实现预警信息及处置措施的消息推送。

9.2.3 灾害监测预警平台的应用

根据复杂地质条件下灾害监测预警平台的建设思路,2022年6月,灾害监测预警平台建设完成,并在陕西彬长矿业集团有限公司下属的大佛寺煤矿、胡家河煤矿、文家坡煤矿、孟村煤矿和小庄煤矿进行了现场应用,灾害监测预警平台界面如图9-7所示。通过该监测预警平台对5个矿井预警数量和类型进行统计分析,为彬长矿业提供了重点监管目标和方向,辅助矿井进行智能监管且效果显著。

9.2.3.1 冲击地压综合监测预警

灾害监测预警平台根据建立的冲击地压预警模型,对微震监测系统、地音监测系统、应力监测系统和支架阻力监测系统采集到的各类数据进行前兆指标计算,并得到综合预警结

第9章 彬长矿区灾害智能化防治关键技术及工程实践

图 9-7 灾害监测预警平台界面

果。此外,灾害监测预警平台可直观展示监测预警情况。矿井单位可以根据该平台推送的预警等级,评估当前预警区域已有措施实施情况,并制定补强卸压方案。最后,根据下一阶段的冲击地压预警结果,可以检验卸压措施的有效性,从而达到预警防治互馈的目的。具体的工作面矿压监测界面如图 9-8 所示。

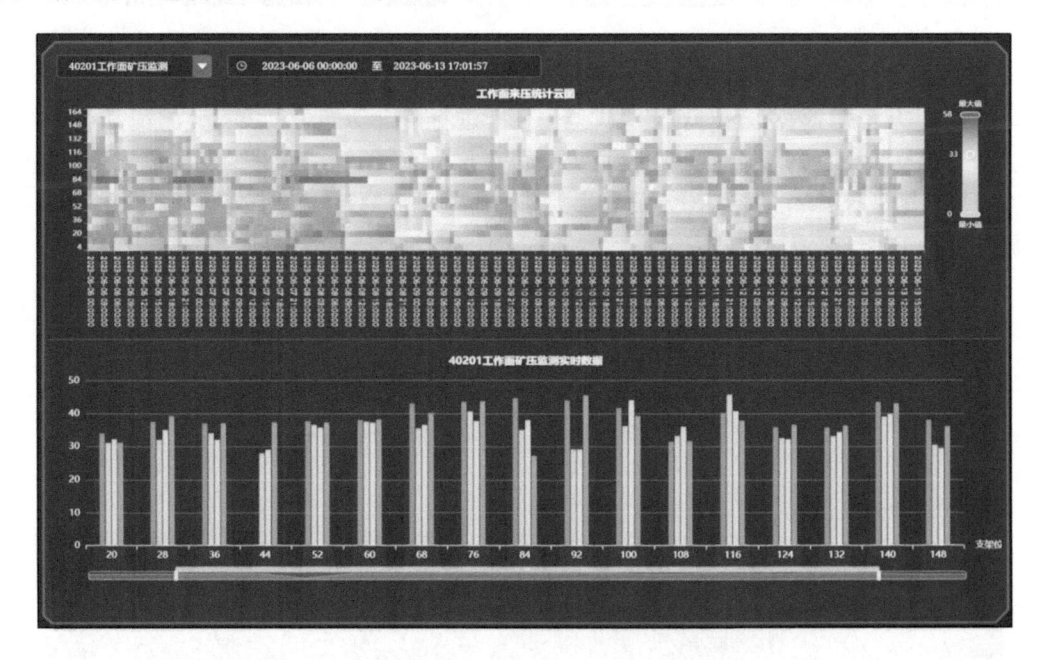

图 9-8 工作面矿压监测界面

9.2.3.2 水、火、瓦斯综合监测预警

基于矿井水、火和瓦斯等安全监测系统,能够实现重大危险源在线监测。通过建立的危

险源指标体系库,运用预测模型可以实现对水、火、瓦斯等灾害的预警,提高矿井整体安全管理水平。当出现水、火和瓦斯等异常情况时,灾害监测预警平台会对监测异常情况进行自动处理与分析,并进行预警信息的推送。

例如,2023年3月24日,灾害监测预警平台对瓦斯监测异常情况进行了自动处理、分析以及预警信息推送。通过将通风机倒机完成后恢复正常,封堵钻孔漏气。瓦斯预警功能界面如图9-9所示。

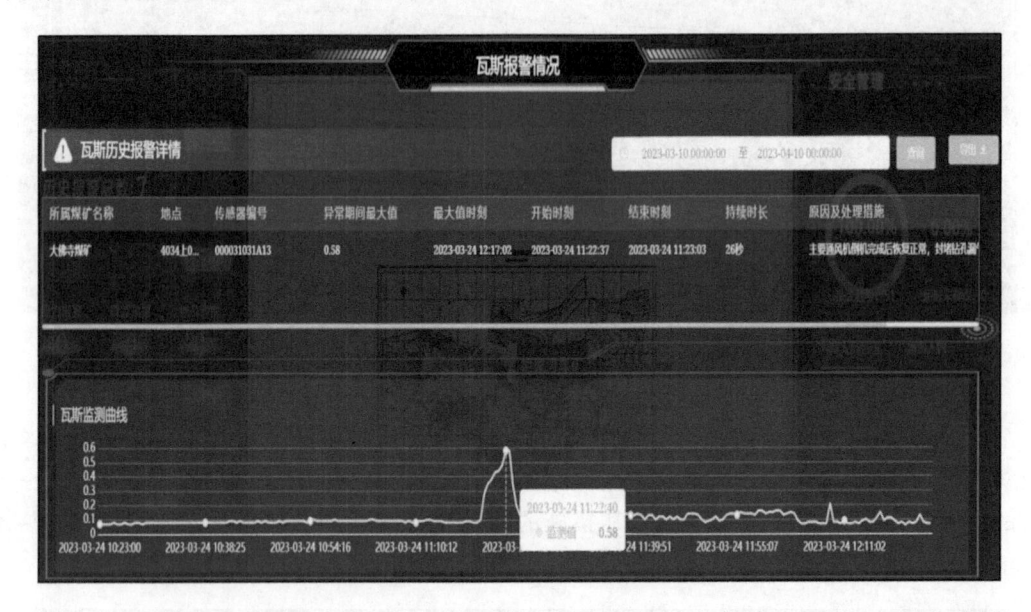

图9-9 瓦斯预警功能界面

此外,灾害监测预警平台对外因火灾监测情况进行了自动处理。灾害监测预警平台的数据显示了时长33 s的环境CO异常数据,并实施了尾气超标、严禁入井的安全措施;2023年3月30日,数据显示了时长持续31 s的异常数据。通过平台的算法模型分析烟雾异常情况,并实施了胶轮车尾气风流通散的安全措施。具体的外因火灾预警功能界面如图9-10所示。

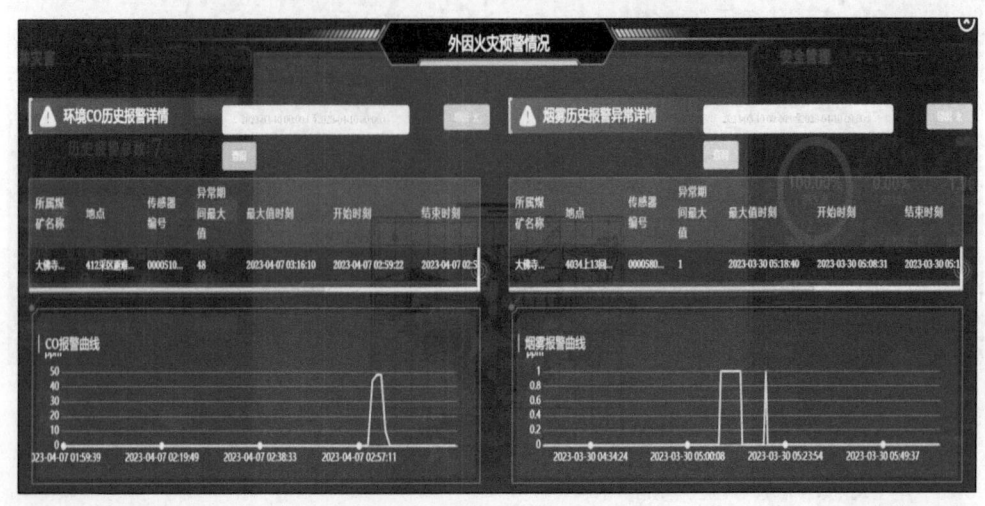

图9-10 外因火灾预警功能界面

第 9 章　彬长矿区灾害智能化防治关键技术及工程实践

2023 年 3 月 21 日,灾害监测预警平台对热害检测情况进行了自动处理,数据显示了时长 12 s 的异常数据。该平台通过模型分析得到施工时误触传感器的异常信息,之后自动推送"尽量减少误触感应头"的安全措施,进行了热害的防控。具体的热害预警功能界面如图 9-11 所示。

图 9-11　热害预警功能界面

综上所述,灾害监测预警平台在彬长矿业下属矿井进行了现场应用,并对平台的监测预警效果进行了检验。结果表明,灾害监测预警平台利用各类灾害信息的集成融合、灾害监测"一张图"展示、危险分级预警和推送等功能,能够辅助矿井单位进行灾害风险预警,实现矿井对灾害的预警和防治。

目前,陕西彬长矿业集团有限公司利用灾害智能化防治技术,实现了矿井灾害数据全采集、全感知和全治理的智能协同、灾害治理多源数据的实时共享、重大危险的智能预警、安全隐患的超前预测和智能协同的分析等特色,适用于其他具有多元灾害的矿井单位,具有广阔的推广应用前景。未来,随着各类监测系统的不断完善,以及大数据挖掘、云计算和工业物联网等技术的深化应用,复杂地质条件下的灾害监测和分级预警水平会进一步显著提升。

第 10 章 结论与展望

近年来,陕西陕煤彬长矿业集团有限公司深入贯彻落实国家八部委《关于加快煤矿智能化发展的指导意见》精神,在陕煤集团、陕西煤业公司的坚强领导下,以"智能矿井、智慧矿区、一流企业"为建设目标,围绕数字化转型管理体系建设、生产经营数字化升级、数字技术创新应用、激活数据要素潜能、重点领域数字化转型等内容,持续推进智能矿井、智慧矿区建设,形成了"一平台、一朵云、一张网、六大板块、五化融合、八个业务链条"的"111658"智慧矿山建设体系,智能化建设取得了重大成果,企业数字化转型进程不断加快。

陕西陕煤彬长矿业集团有限公司在智慧矿区建设过程中,重点进行了多元灾害的协同治理,实现了管理创新和路径创新。其中,在管理创新方面,基于灾害数据的深度挖掘和智能化防灾、治灾的决策分析,进一步提升了彬长矿业公司复杂地质条件下多元灾害协同治理的能力,通过生产系统智能化和灾害防治智慧化,提高了企业的生产效能。在路径创新方面,具有业态化、集中化和高效化的特点。首先,通过业态化的创新路径,完成了安全、生产、管理数据标准化建设,构建了统一的数据模型,实现了数据业务链条的差异化业态变革。其次,通过集中化的创新路径,形成了智慧生产、安全保障、智能决策、智能治灾的保障体系,融合了技术管理、生产管理、经营管理、安全环保和新技术推广应用为一体的智能集中管理生态。最后,通过高效化的创新路径,对各类灾害数据特征进行筛选和融合分析,实现了灾害信息全局可视及协同治理新模式。因此,创新了一条具有标准化、集中化和可视化协同治灾的新路径,可以强化多元灾害耦合叠加条件下灾害预防及治理的管理水平,为实现公司的"123355"发展目标迈出坚实的一步。

在智慧矿区建设的创新实践方面,陕西陕煤彬长矿业集团有限公司实现了全国"首创"的复杂地质灾害条件下5G+智慧矿山智能化应用和全国"首次"的八项应用突破,建立了煤炭行业"首个"智慧矿山培训基地,完成了陕煤集团"首推"的设备全生命周期管理系统示范标杆项目应用和 6.53 m 大口径 TBM"首例"应用。此外,陕西陕煤彬长矿业集团有限公司建成了全国"首个"煤炭产供销价值链智慧联动示范标杆项目。该项目以实现产供销联动、人财物统筹、分析研判决策智能为目标,坚持"一轴两翼四中心"建设主线,利用大数据、工业互联网构建精益管控之轴,依托安全保障、技术保障两翼之力,建立矿端数据、业务辅助、公司级大数据、智能应用四大中心,构建 6 大业务模块和 8 大主题展示的核心应用,以数据赋能安全生产运营。该项目的建设,使得陕西陕煤彬长矿业有限公司基于"时空 GIS 一张图",实现了矿井工作面在线协同智能辅助设计和规划接续分析管理,推动产供销全业务流程的数据共享和高效协同,实现了生产驱动采购、产销数据智能感知、业务智能链接、风险智能管控。以陕煤"双十体系"和彬长"13510"成本管控模式为指引,构建了公司与矿井两级定额,为全面预算、过程管控、经营考核提供依据。以管理模式创新为驱动,融合已有生产、供应、销售、财务信息化系统,建立安全生产经营过程管理体系、创新的产供销联动模式、全价

第 10 章 结论与展望

值链成本管控体系、数据赋能的智慧决策机制。通过构建智慧矿区煤炭大脑,归集海量数据,深挖数据价值,进行煤矿全要素预测预警分析,形成了生产一张图、安全一把锁、设备一颗芯、供应一套码、销售一条链、员工一览表、资金一个池、经营一盘棋的"八个一"综合展示,充分体现了"产、供、销、人、财、物"全产业链煤炭智慧大脑的价值,对于煤炭企业数字化管理具有重要意义。

陕西陕煤彬长矿业集团有限公司在智慧矿区建设过程中,针对煤矿多元灾害的治理问题,提出了多元灾害智能协同治理体系。在该体系中,针对水害、火灾、瓦斯、冲击地压和顶板灾害等多元灾害类型,不仅采用了防冲钻机、智能物探、顶板里层检测仪等灾害治理的先进智能设备进行多元灾害的监测,而且采用了三维地震勘探、智能联动、超前物探、2-111 瓦斯高效抽采技术和立体掩护式抽采技术等灾害防治先进技术,实现了多元灾害耦合叠加条件下的灾害预防及治理。在此基础上,建成了冲击地压防治体系、瓦斯治理体系和自然发火综合防治体系,并实现了煤矿多元灾害治理的六项企业标准,包括煤矿冲击地压防治技术标准、地面 L 型水平井分段压裂防治冲击地压技术标准、煤矿防治水技术标准、煤矿防灭火技术标准、煤矿瓦斯抽采技术标准和灾害治理"五超前"验收标准。通过上述多元灾害智能协同治理体系和相关技术标准的建立,可以推广应用于其他矿井企业的多元灾害防治与治理。

总体来说,通过彬长矿区智能化高质量转型发展的探索与实践,可以为其他煤矿企业在智慧矿区建设方面提供一些先进经验,如下所述。

(1) 敢为人先,拉高标杆

为实现"复杂地质条件下多元灾害协同治理智慧矿区"的目标,利用 5G+井上下一体化数字孪生等技术赋能矿山多元灾害环境的安全生产全过程,融合生产管理、灾害治理和机电保障的全要素,诠释了"5G+智慧矿山"的安全新标杆。

(2) 智能智慧,协同治灾

通过融合新一代信息化和智能化等技术,解决多元灾害耦合叠加条件下的灾害预防与治理问题,强化了多元灾害"监、管、控"的智能协同治理能力,提升了"科学治灾、精准治灾"的智能化水平。

(3) 创新驱动,数字赋能

以管理模式创新为驱动,重构了全价值链成本管控体系,建成了产供销价值链智慧联动示范项目,打造了煤炭行业全产业链智能高效管理新标杆。

(4) 聚才之智,筑才之机

通过建立全国煤炭行业首个"5G+智慧矿山"的培训基地,培育涉及煤矿安全生产流程的智能化管运人才,为加快推进"智能矿井、智慧矿区"建设提供人才保障。

未来,陕西陕煤彬长矿业集团有限公司将科学、规范和有序地开展煤矿智能化建设,加快新一代信息技术与矿井安全生产的深度融合,进一步推动智能化示范矿井建设工作,在实现各智能化系统常态化稳定运行的基础上,深入践行"创新、安全、高效、绿色、和谐"的煤炭资源开发理念,最终在陕煤集团"1116"战略体系的引领下,完成"智能矿井、智慧矿区、一流企业"的发展目标。

参 考 文 献

[1] 王国法.加快煤矿智能化建设 推进煤炭行业高质量发展[J].中国煤炭,2021,47(1):2-10.

[2] 王国法,徐亚军,孟祥军,等.智能化采煤工作面分类、分级评价指标体系[J].煤炭学报,2020,45(9):3033-3044.

[3] 吴群英,蒋林,王国法,等.智慧矿山顶层架构设计及其关键技术[J].煤炭科学技术,2020,48(7):80-91.

[4] 王国法.加快煤矿智能化发展 建设智能＋绿色煤炭工业新体系[J].中国煤炭工业,2020(4):8-15.

[5] 刘峰,曹文君,张建明.持续推进煤矿智能化 促进我国煤炭工业高质量发展[J].中国煤炭,2019,45(12):32-36.

[6] 王国法,刘峰,庞义辉,等.煤矿智能化:煤炭工业高质量发展的核心技术支撑[J].煤炭学报,2019,44(2):349-357.

[7] 王国法,张德生.煤炭智能化综采技术创新实践与发展展望[J].中国矿业大学学报,2018,47(3):459-467.

[8] 王国法,王虹,任怀伟,等.智慧煤矿2025情景目标和发展路径[J].煤炭学报,2018,43(2):295-305.

[9] 葛世荣,丁恩杰.感知矿山理论与应用[M].北京:科学出版社,2017.

[10] 赵文才,付国军.煤矿智能化技术[M].北京:煤炭工业出版社,2020.

[11] 王国法,刘峰.中国煤矿智能化发展报告[M].北京:应急管理出版社,2022.

[12] 尤文顺.国家能源集团打造"1235"煤矿智能化建设模式 加快推进煤炭工业高质量发展[J].智能矿山,2022,3(2):26-33.

[13] 崔萌,王越,张小霞,等.5G技术在煤矿智能化建设的应用[J].内蒙古煤炭经济,2023(19):160-162.

[14] 周子涵.浅谈5G技术在智慧矿山建设中的应用前景[J].科学技术创新,2020(14):45-46.

[15] 霍振龙,张袁浩.5G通信技术及其在煤矿的应用构想[J].工矿自动化,2020,46(3):1-5.

[16] 王中伟.煤矿供电智能化建设关键技术分析[J].内蒙古煤炭经济,2023(22):75-77.

[17] 王翀,魏立科,张冬阳,等.煤矿智能化建设目标和总体框架的研究与设计[J].中国煤炭,2020,46(4):26-31.

[18] 张倩,王翀,杨泽,等.煤矿智能安全管控系统研究与应用[J].中国煤炭,2023,49(12):78-84.

[19] 范京道,李川,闫振国.融合5G技术生态的智能煤矿总体架构及核心场景[J].煤炭学

报,2020,45(6):1949-1958.

[20] 庞义辉,王国法,任怀伟.智慧煤矿主体架构设计与系统平台建设关键技术[J].煤炭科学技术,2019,47(3):35-42.

[21] 申雪,刘驰,孔宁,等.智慧矿山物联网技术发展现状研究[J].中国矿业,2018,27(7):120-125,143.

[22] 李梅,杨帅伟,孙振明,等.智慧矿山框架与发展前景研究[J].煤炭科学技术,2017,45(1):121-128,134.

[23] 杨健健,张强,吴淼,等.巷道智能化掘进的自主感知及调控技术研究进展[J].煤炭学报,2020,45(6):2045-2055.

[24] 吕沁军.煤矿安全生产标准管理体系智能化研究[J].中国石油和化工标准与质量,2020,40(24):3-5.

[25] 王成.浅谈建设煤矿安全智能化的具体措施[J].产业创新研究,2021(22):120-122.

[26] 李爽,薛广哲,方新秋,等.煤矿智能化安全保障体系及关键技术[J].煤炭学报,2020,45(6):2320-2330.

[27] 王国法,赵国瑞,胡亚辉.5G技术在煤矿智能化中的应用展望[J].煤炭学报,2020,45(1):16-23.

[28] 葛世荣,胡而已,裴文良.煤矿机器人体系及关键技术[J].煤炭学报,2020,45(1):455-463.

[29] 张翼.煤矿安全监控多系统融合与联动交互方案[J].煤矿安全,2019,50(6):100-103.

[30] 姬生利,晁文鹏.煤矿安全监控系统升级改造问题分析及对策建议[J].山东煤炭科技,2018(11):7-9.

[31] 张海波,茹瑞鹏,张静.煤矿井下瓦斯智能巡检机器人系统的研究与设计[J].中国煤炭,2019,45(4):77-81.

[32] 姜德义,魏立科,王翀,等.智慧矿山边缘云协同计算技术架构与基础保障关键技术探讨[J].煤炭学报,2020,45(1):484-492.

[33] 方新秋,梁敏富,李爽,等.智能工作面多参量精准感知与安全决策关键技术[J].煤炭学报,2020,45(1):493-508.

[34] 陈军章.高瓦斯煤矿采掘工程中通风技术和安全管控方式研究[J].山西能源学院学报,2018,31(1):34-36.

[35] 杨万海.智能化采煤工作面建设关键技术应用[J].价值工程,2023,42(36):157-159.

[36] 方新秋,冯豪天,梁敏富,等.煤矿智能化开采光纤传感关键技术体系[J].工矿自动化,2023,49(6):78-87.

[37] 唐恩贤,张玉良,马骋.煤矿智能化开采技术研究现状及展望[J].煤炭科学技术,2019,47(10):111-115.

[38] 范京道.煤矿智能化开采技术创新与发展[J].煤炭科学技术,2017,45(9):65-71.

[39] 姜红敏.煤矿综采智能化工作面建设分析[J].能源与节能,2023(5):208-211.

[40] 詹召伟.煤矿综采工作面智能化开采关键技术和发展方向[J].能源与节能,2023(1):82-86.

[41] 付超云.智能化采煤工作面建设关键技术研究[J].科学技术创新,2021(29):111-113.

[42] 杜向阳.矿井智能化高效掘进技术研究[J].西部探矿工程,2023,35(12):159-161,164.

[43] 张子昊.机电自动化技术在煤矿掘进工作面中的应用研究[J].中国设备工程,2021(8):174-175.

[44] 郭连安,董广乐,蒋帅旗.智能煤巷掘进工作面建设关键技术探讨[J].能源与节能,2023(11):126-130.

[45] 张建国,孙海良,张国川,等.煤矿智能掘进关键技术探讨及工程实践研究[J].地下空间与工程学报,2023,19(2):609-621.

[46] 马宏伟,王鹏,张旭辉,等.煤矿巷道智能掘进机器人系统关键技术研究[J].西安科技大学学报,2020,40(5):751-759.

[47] 张超,张旭辉,毛清华,等.煤矿智能掘进机器人数字孪生系统研究及应用[J].西安科技大学学报,2020,40(5):813-822.

[48] 龚晓燕,雷可凡,吴群英,等.数字孪生驱动的掘进工作面出风口风流智能调控系统[J].煤炭学报,2021,46(4):1331-1340.

[49] 毛善君,崔建军,王世斌,等.煤矿智能开采信息共享管理平台构建研究[J].煤炭学报,2020,45(6):1937-1948.

[50] 高旭彬.综掘工作面远程可视化控制关键技术研究[J].煤炭科学技术,2019,47(6):17-22.

[51] 谢嘉成,王学文,杨兆建.基于数字孪生的综采工作面生产系统设计与运行模式[J].计算机集成制造系统,2019,25(6):1381-1391.

[52] 冯晓斌.矿井智能化建设模式与管理途径研究[J].工矿自动化,2022,48(S2):1-3.

[53] 谷树伟,高巾栋,郗存根.煤矿主煤流智能化监控系统设计及应用[J].煤炭技术,2023,42(10):243-246.

[54] 张元刚,刘坤,杨林,等.煤炭工业监控大数据平台建设与数据处理应用技术[J].煤炭科学技术,2019,47(3):75-80.

[55] 刘海滨,刘浩,刘曦萌.煤矿安全数据分析与辅助决策云平台研究[J].中国煤炭,2017,43(4):84-88,136.

[56] 刘昕.主煤流运输控制系统关键技术[J].煤矿安全,2023,54(6):229-232.

[57] 王志文,武利生.井下带式输送机智能调速控制系统设计与研究[J].煤矿机械,2020,41(4):8-11.

[58] 代伟,赵杰,杨春雨,等.基于双目视觉深度感知的带式输送机煤量检测方法[J].煤炭学报,2017,42(S2):547-555.

[59] 武静蕾.主煤流运输系统多级协同控制与视频异物识别技术研究[D].南昌:华东交通大学,2023.

[60] 李跃鹏.主煤流提运智能运行控制系统升级改造实践[J].内蒙古煤炭经济,2023(8):133-135.

[61] 王雁峰.永智煤矿运输系统智能化改造技术[J].山西焦煤科技,2022,46(7):48-51.

[62] 高强.基于机器视觉识别技术的主煤流运输智能控制系统研究与设计[J].中国煤炭,2022,48(S1):12-16.

[63] 陈一兵.智能主煤流运输系统研究与应用[J].煤矿机械,2022,43(8):154-157.

[64] 蒋卫良,刘冰,郝存根.煤矿主煤流运输系统技术现状及发展趋势[J].智能矿山,2022,3(6):62-70.

[65] 朱富文,侯志会,李明振.轻量化的多尺度跨通道注意力煤流检测网络[J].工矿自动化,2023,49(8):100-105.

[66] 胡而已,李梦雅,张耀.基于机器视觉的矿井主煤流流场信息监测技术研究[J].智能矿山,2022,3(1):60-65.

[67] 高强,高小强,任文清,等.主煤流运输无人化智能视频管控系统[J].工矿自动化,2021,47(S2):60-61,102.

[68] 董立红,宋伟思,符立梅.基于双目视觉的动态煤量测量方法[J].煤炭科学技术,2022,50(8):196-203.

[69] 梁月伟.智能综放面全煤流双集控云台监控系统设计[J].山西煤炭,2021,41(1):84-87.

[70] 徐建军,齐延辉,潘博.黄陵矿区供电系统智能化建设与技术实践[J].智能矿山,2022,3(10):23-33.

[71] 陈永光,王学强.智能化煤矿设备全生命周期管理体系建设与应用[J].智能矿山,2023,4(11):84-90.

[72] 王铁军.煤矿设备全生命周期健康诊断系统[J].工矿自动化,2022,48(S1):101-104.

[73] 宁少锋,赵建伟,白云鹏.煤矿机电设备全生命周期管理的研究与探索[J].内蒙古煤炭经济,2021(24):71-73.

[74] 黄天尘.煤矿机电设备全生命周期管理研究与应用[J].内蒙古煤炭经济,2021(2):121-122.

[75] 刘孝孔,鲁守明,赵仁乐,等.数据平台在煤矿设备管理中的探索应用[J].设备管理与维修,2020(16):1-2.

[76] 杨大村,荣东,周国宾.商务智能技术在智能化选煤厂应用的探讨[J].煤炭加工与综合利用,2023(12):30-32,38.

[77] 鲍久圣,章全利,葛世荣,等.煤矿井下无人化辅助运输系统关键基础研究及应用实践[J].煤炭学报,2023,48(2):1085-1098.

[78] 刘星合.树立效益观念 在两个"常态化"下强化矿井经营管控[J].中国煤炭工业,2021(2):42-43.

[79] 刘林魁.电商环境下我国煤炭供应链产供销模式研究[J].内蒙古煤炭经济,2023(19):88-90.

[80] 白永明,王福怀,杨景峰,等.彬长矿业煤炭产供销价值链智慧联动管理平台研究与应用[J].中国煤炭,2023,49(2):1-10.

[81] 屈永利,于水,刘长来,等.坚持创新驱动 引领煤矿智能化发展:陕煤集团以科技创新打造世界一流企业[J].智能矿山,2022,3(8):11-16.

[82] 吴安波,吕星星,孙林辉.电商环境下我国煤炭供应链产供销模式研究[J].时代经贸,2022,19(4):131-136.

[83] 李新华.以工业互联网推进煤炭产业数字化转型研究与实践[J].中国煤炭,2021,47(10):1-5.

[84] 刘瑞华,阳桂桃.大数据技术在供应链金融中的应用分析[J].时代经贸,2019(24):

80-82.

[85] 郭佐宁,韩华东.抓实基础管理 强化智能建设 推进矿井高质量发展[J].中国煤炭工业,2020(1):36-37.

[86] 田泽鹏.人员少 任务重 二十四人"玩转"二百六十万吨矿井维修[J].班组天地,2020(1):51-52.

[87] 张文骏.基于智能化技术的自动化机房管控调度系统研究[J].电气技术与经济,2023(10):83-86.

[88] 张鑫.西北某煤矿智能化矿井建设分析[J].煤炭加工与综合利用,2023(12):81-86.

[89] 李东坡,于励民,张文钶,等.煤矿智能化转型下的超融合技术应用分析[C]//中国煤炭学会煤矿自动化专业委员会.第31届全国煤矿自动化与信息化学术会议暨第12届中国煤矿信息化与自动化高层论坛论文集.徐州:平宝煤业有限公司,2023:7.

[90] 孟峰,徐煦,薛国庆,等.5G+无人驾驶技术在国能宝日希勒露天煤矿智能化建设中的应用研究[J].中国煤炭,2021,47(S1):172-182.

[91] 张磊,瞿晓倩.私有云和物联网技术在煤矿智能化建设中的综合应用[J].无线互联科技,2023,20(19):92-94.

[92] 夏蒙健,丁震.5G技术在煤矿智能化建设的应用[J].工矿自动化,2023,49(S1):4-6.

[93] 杨景峰,刘战武.基于大数据分析的安全生产信息共享平台建设及管理[J].陕西煤炭,2020,39(3):123-127.

[94] 张一如,张蕙,刘乘溢,等.煤矿企业智能化人才培养策略研究[J].矿业研究与开发,2024,44(6):258-268.

[95] 何学秋,林柏泉,王恩元."矿井瓦斯防治利用战略研究与进展"专题:庆祝我国矿井瓦斯防治专家周世宁院士九十华诞[J].中国矿业大学学报,2023,52(6):1037-1038.

[96] 杨飞.煤矿井下瓦斯治理及通风系统优化[J].矿业装备,2023(11):114-116.

[97] 刘慧敏,张彬.掘进工作面瓦斯涌出影响因素及防治策略[J].能源与节能,2023(10):41-43.

[98] 郭磊.150315综放工作面"一通三防"技术措施[J].能源与节能,2023(10):132-134,138.

[99] 王挥,张振国,潘兴松.煤矿井下瓦斯防治技术[J].冶金管理,2023(19):73-74.

[100] 刘淑红,侯建军,李美晨,等.典型山地压覆煤层冲击地压与瓦斯协同防治技术研究[J].煤炭工程,2023,55(9):60-66.

[101] 褚新龙,王磊,钟国.基于采掘工作面瓦斯涌出特征的瓦斯灾害精准预警系统[J].工矿自动化,2023,49(S1):39-43,55.

[102] 杨宏伟,钱志良.矿井瓦斯超限实时预警技术研究[J].煤炭科学技术,2019,47(8):158-163.

[103] 尚林伟,孙宝强.瓦斯精细化治理与多源协同抽采技术的应用研究[J].矿业安全与环保,2023,50(4):135-141.

[104] 范有达.瞬变电磁物探技术在矿井水害防治中的应用[J].能源与环境,2023(6):55-57.

[105] 孙文洁,李文杰,宁殿艳,等.我国煤矿水害事故现状、预测及防治建议[J].煤田地质与勘探,2023,51(12):185-194.

[106] 王跃杰.新工煤业煤矿防治水分区管理论证分析[J].华北自然资源,2023(6):14-17.

[107] 罗钦钊,朱永峰.煤矿地质防治水中定向钻技术的应用[J].矿业装备,2023(12):170-172.

[108] 孙学军,汪庆国,刘孟辉.大佛寺煤矿复合煤层开采覆岩破坏规律与水害形成机理[J].山东煤炭科技,2023,41(11):125-129.

[109] 李艳龙,孙建军,王亮,等.煤矿水害防治技术的现状与发展探讨[J].矿业装备,2023(11):117-119.

[110] 王若琨."钻探+物探"一体化技术在煤矿水害防治中的应用[J].山西冶金,2023,46(9):204-205,240.

[111] 孙建军,王亮,邢佳佳,等.瞬变电磁法在煤矿水害防治中的实践探析[J].矿业装备,2023(8):111-113.

[112] 韩定锋,张旺余,郝宝利.特厚煤层水害防治技术实践[J].内蒙古煤炭经济,2023(13):154-156.

[113] 刘罡.矿井水水文地质研究及水害防治对策研究[J].西部探矿工程,2023,35(6):105-107.

[114] 尹尚先,徐斌,尹慧超,等.矿井水防治学科基本架构及内涵[J].煤炭科学技术,2023,51(7):24-35.

[115] 王正.煤矿开采中综合防治水技术分析[J].内蒙古煤炭经济,2023(13):43-45.

[116] 董书宁.人工智能技术在煤矿水害防治智能化发展中的应用[J].煤矿安全,2023,54(5):1-12.

[117] 赵群,汪玉泉,童世杰,等.煤矿水文智能监测系统在底板水害防治中的应用[J].煤炭与化工,2023,46(3):71-75.

[118] 张智慧.矿井煤层自然发火防治技术研究[J].内蒙古煤炭经济,2023(21):59-61.

[119] 郝天轩,张龙龙,李帆,等.基于主成分分析的煤自燃标志气体优选[J].煤炭技术,2023,42(10):176-181.

[120] 虎晓龙,朱德清,张海洋,等.灵新煤矿煤自然发火规律及指标气体研究[J].煤,2023,32(2):1-5,10.

[121] 孟文锋,种传强.煤矿自然发火重大灾害综合防治技术探索与应用[J].内蒙古煤炭经济,2023(16):154-156.

[122] 秦波涛,史全林,曲宝,等.火成岩侵蚀煤层易自然发火特性及关键致因研究[J].矿业科学学报,2023,8(1):15-25.

[123] 李世强,陈军,王磊.大埋深复杂地质条件下灾害风险研究与防治[J].中国煤炭,2022,48(S2):68-75.